지능기계 시대의 전쟁

War in the Age of Intelligent Machines
by Manuel DeLanda

리좀총서 II·11
지능기계 시대의 전쟁

발행일 초판1쇄 2020년 1월 20일 | **지은이** 마누엘 데란다 | **옮긴이** 김민훈
펴낸곳 (주)그린비출판사 | **펴낸이** 유재건 | **주소** 서울시 마포구 와우산로 180, 4층
주간 임유진 | **편집·마케팅** 방원경, 신효섭, 이지훈, 홍민기 | **디자인** 전혜경
경영관리 유하나 | **물류유통** 유재영, 이다윗
전화 02-702-2717 | **팩스** 02-703-0272 | **이메일** editor@greenbee.co.kr | **신고번호** 제2017-000094호

ISBN 978-89-7682-586-5 93300
이 도서의 국립중앙도서관 출판예정도서목록(CIP)은 서지정보유통지원시스템(http://seoji.nl.go.kr)과 국가자료종합목록
구축시스템(http://kolis-net.nl.go.kr)에서 이용하실 수 있습니다.(CIP제어번호: CIP2019028933)

철학과 예술이 있는 삶 **그린비출판사**

지능기계 시대의 전쟁

마누엘 데란다 지음

김민훈 옮김

리좀총서 II

11

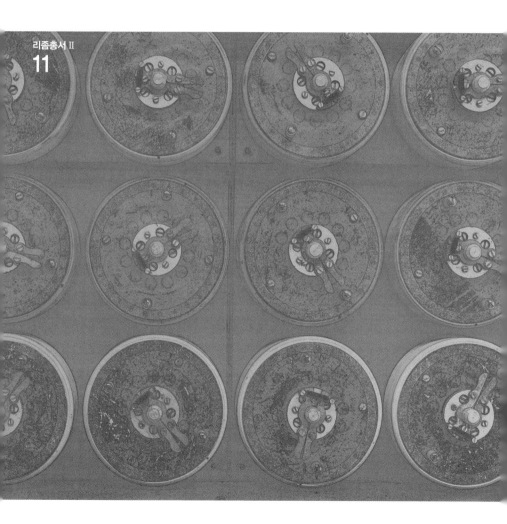

그린비

물체들이 자체의 무게로 허공을 통과해서 곧장 아래로 움직이고 있을 때, 아주 불특정한 시간, 불특정한 장소에서 자기 자리로부터 조금, 단지 방향이 조금 바뀌었다고 말할 수 있을 정도로 비껴갔다. 하지만 이런 비껴감이 없었더라면 모든 것은 깊은 허공을 통하여 떨어질 것이다. 물체들 간의 충돌이나 타격도 일어나지 않을 것이다. 따라서 자연은 아무것도 창조하지 못했을 것이다. ―루크레티우스

감사의 말

이 책을 나의 생각을 발전시키는 데 긴밀한 도움을 준 나의 형제 카를로스 데란다에게 헌정하고 싶습니다. 그리고 중요한 비평적인 조언들을 해준 존 출판사의 편집자들, 샌퍼드 크윈터, 조너선 크레리, 레니 칠드리스, 테드 바이필드, 그리고 이미지 검색에 도움을 준 메이건 게일에게, 마지막으로 이런 생각들을 오랜 시간 나눴던 조앤 브래더만, 제임스 캘러넌, 케빈 파햄, 에이미 터빈, 그레이엄 웨인브렌에게 깊은 감사를 드립니다.

차례

| 일러두기 |

1 이 책은 Manuel De Landa, *War in the Age of Intelligent Machines*, Zone Books, 1991 을 완역한 것이다.

2 주석은 모두 지은이의 것으로 후주로 정리되어 있다.

3 본문과 인용문에서 대괄호([ ]) 안의 내용은 맥락적 이해를 돕기 위해 옮긴이가 삽입한 것이 다. 인용문에서 지은이가 대괄호를 삽입한 경우에는 '―인용자'라고 표시하여 구분했다. 후 주의 대괄호는 모두 지은이의 것이다.

4 단행본·정기간행물·보고서 등의 제목에는 겹낫표(『 』)를, 단편·TV프로그램 등의 제목에는 낫표(「 」)를 사용했다.

5 외국어 고유명사는 2002년에 국립국어원에서 펴낸 외래어표기법을 따라 표기했다.

서문
Introduction

한때 '킬러로봇'의 이미지는 SF 세계만의 것이었다. 물론 누군가 지구 정복을 계획하는 인간을 닮은 괴상한 기계 장치를 발명해 내지만 않는다면 이것은 지금도 마찬가지다. 그러나 미 국방부가 계획한 최근의 무기 체계는 '약탈 능력'을 갖춘 기계의 미래 모습이 휴머노이드 형과는 조금 다르다는 것을 보여 준다. 자신의 표적을 선택해 파괴할 수 있는 충분히 '지능적'인 무인 비행기와 무인 전차가 그것이다. PROWLER나 BRAVE3000처럼 현존하는 로봇 무기의 초기 모델은 아직 진정한 의미에서 자율적이지는 않다. 그러나 비록 인공지능이 현재에는 진정한 '킬러로봇'을 창조할 만큼 정교하지는 않더라도, 이러한 신형 무기는 인공지능이 지구상에 등장할 경우 그것이 맡을 약탈적인 역할이 이미 있음을 보여 주고 있다.

예를 들면 PROWLER는 (영상 프레임의 내용을 분석하는) 원시적인 머신 비전(machine vision)을 갖춘 소형의 육상 전투 차량으로 전장을 교묘하게 돌아다니며 그것을 통해 적과 아군을 구별할 수 있다.

아니 적어도 설계자들의 목적은 그러했을 것이다. 하지만 현실 속의 PROWLER는 여전히 급선회나 험한 지형을 돌아다니는 것이 어렵고 적과 아군을 인식하는 능력 또한 부족하다. 이런 이유로 PROWLER는 미리 지정된 경로를 따라 군사시설을 순회하는 매우 단순한 임무에만 배치된다. PROWLER가 지금까지 인간의 지시 없이 침입자에 공격을 가한 적이 있는지는 모르지만, 현재의 설계에서 이 로봇에게 스스로 인간을 죽이는 권한이 있다고 믿기는 어렵다. 오히려 시각 센서 역할을 하는 텔레비전 카메라는 그것을 조작하는 인간과 연결되어 있을 것이며, 이 로봇지능의 처리 능력은 '집행'이 아니라 '조언' 수준에서 이용될 것이다. 현재까지 PROWLER는 단지 정보의 일부를 사전 처리하거나, 시각범위에 들어오는 사건을 미리 평가하고 그다음 전달하거나 하는 식으로 원격 조종하는 인간의 일을 돕는 정도에 지나지 않는다.

그러나 인공지능의 다른 군사 응용에서 점점 불분명해지는 점이 정확히 이 조언과 집행 능력의 구별이다. 순수한 조언과 순수한 집행 역할의 차이가 불분명해지는 점에 관한 최적의 예는 아마 전쟁게임 분야에서 찾을 수 있을 것이다. 지난 최근의 전쟁게임에서 컴퓨터는 지능을 가진 조언자의 역할을 해왔다. 다시 말해 인간 참가자는 '부대'의 움직임과 전투에 영향을 주는 판단을 내린 데 반하여, 컴퓨터는 특정 공격의 효과를 무기의 '살상력', 전술 부대의 전진 속도, 특정 방어체제의 상대적 강도, 구체적인 공격 행동의 효과 등의 개념을 이용해 계산했다.

19세기 초에 발명된 이후로 전쟁게임은 인간 참여자에게 전략적인 통찰을 주었으며, 장교들에게는 실제 전쟁이 없음에도 '전투 경험'

을 얻을 기회를 부여했다. 이러한 기능은 아직 일어나지 않았기에 별다른 훈련법이 없는 유형의 전쟁, 즉 핵전쟁의 경우에는 훨씬 더 중요했다. 그러나 게임을 거듭하면 할수록 인간 참가자는 핵전쟁의 문턱을 넘지 않으려 한다는 사실이 증명되었다. 그들은 늘 그렇듯이 그 운명의 버튼을 누르기 전에 가능한 모든 협상을 시도한다. 그 때문에 전쟁게임의 설계자들은 자동기계가 인간 참가자를 완전히 대체하는 새로운 버전의 전쟁게임을 만들게 되었다. 즉 SAM과 IVAN으로 불리는 이 로봇들은 거리낌 없이 제3차 세계대전을 일으켰다. 지구 종말 전쟁을 시뮬레이션한 자동기계의 싸움을 관찰한 후 얻어진 통찰이 실제로 전략교리와 비상계획으로 이어진다는 점에서, 이 '로봇 세계의 사건'은 이미 지능기계의 순수한 조언과 순수한 집행 역할의 구분을 불분명하게 만들기 시작했다.

이제 정말로 로봇지능은 각기 다른 방식과 다른 속도로 군사 기술이 될 것이다. 전쟁을 위한 컴퓨터의 전통적인 응용 형태들(레이더 체계, 지휘, 통제, 통신을 위한 무선 네트워크, 미사일의 항법 유도 장치)은 인공지능 연구의 혁신과 함께 더 '똑똑한' 존재가 될 것이다. 인공지능이 경험에서 '배우고', 각기 다른 수준의 복잡성에 따라 문제 해결 전략을 짜며, 심지어 고려사항 중 사소한 곁가지를 제거할 수 있는 일종의 '상식'까지 얻게 되는 새로운 방식을 창조한다면, 기계지능은 또 다시 공격과 방어 무기 속으로 '이주'하게 될 것이다. 그러나 전장의 병사를 대체하는 완벽해진 휴머노이드형 로봇, 즉 군사 작전의 계획과 수행에 관한 인간의 판단을 대체하는 로봇 지휘관을 상상할 필요는 없다. 이 두 가지 기술들(자율 무기와 전투 관리 체계)이 1980년대와 90년대의 군사 연구의 두 가지 중요한 목표로 미 국방부에 의해 공표된 것은 사실이다. 그러나 『전략적 컴퓨터 활용』(*Strategic Computing*)이란 1984년의 보고서는 미래의 인공지능이 맡을 군사적 역할에 대한 암시였던 것 못지 않게 일종의 언론 플레이였다.

아마 로봇지능이 공상 과학이 묘사한 휴머노이드형 로봇의 발전 계열을 쫓아가지는 않겠지만 그것을 잠시 접어둔다면, 자신의 역사적 기원을 이해하기 위해 노력하는 킬러로봇의 미래 세대를 상상해 보는 것은 어렵지 않다. 또한 우리는 그들의 종을 낳았던 다양한 기술적 혈통들(technological lineages)의 추적에 전념하는 전문적인 '로봇 역사학자'까지도 상상할 수 있을 것이다. 더 나아가 그러한 로봇 역사학자는 인간의 입장과는 다른 역사를 쓸 것이리라는 상상도 가능하다. 인간 역사학자가 시계태엽장치나 모터 등의 물리적 장치를 인간들이 어떻게 조립했는지 이해하려는 데 반해, 로봇 역사학자는 아마 이러한 기계들이 인간의 진화에 영향을 준 방식에 더 강조점을 둘 것이다. 로봇 역사학자라면 일찍이 시계태엽장치가 지구를 대표하는 지배적 기술이었을 때, 인간이 그들을 둘러싼 세계를 톱니바퀴와 유사한 체계로 상상했었다는 사실을 역설할 것이다. 이를테면 19세기까지 태양계는 그러한 시계태엽장치의 메커니즘으로, 즉, 외부의 신에 의해 생명력을 얻은 모터가 없는 체계로서 확실히 마음에 그려졌다. 그 후 모터가 등장하면서, 사람들은 많은 자연계가 오히려 모터와 같이 작동한다는 사실을 깨닫기 시작했다. 즉, 자연계는 자원의 외부 저장고에 의존해 작동하며, 물질과 에너지의 순환적 흐름이 수행하는 노동을 이용한다.

물론 로봇 역사학자는 최초의 모터를 조립했던 존재가 바로 인간이었다는 사실을 별로 불편하게 여기지는 않을 것이다. 그들이 보기에 인간의 역할은 진화과정의 한 단계에 단지 자신의 생식기관을 소유하지 못한 기계-꽃과 같은 독립종을 수분시키는 근면한 곤충의 역할보다 더 나을 게 없기 때문이다. 유사하게 이 로봇 역사학자가 그들 자신의 무기의 역사를 추적하기 위해 군대의 진화에 주목하는 경우에도 인간을 더 거대한 군사산업기계, 즉 전쟁기계의 부품들로밖에 보지 않을 것이다. 이런 관점에서 전쟁기계의 조립은 그 시대를 지배했던 특정 '기계적 패러다임'에 영향을 받았을 것이다. 예를 들어, 프리드리히 대왕(Friedrich der Groß)의 군대는 톱니바퀴로서의 용병을 고용한 거대한 하나의 시계태엽장치 메커니즘으로 그려 볼 수 있을 것이다. 유사한 방식으로 나폴레옹의 군대는 인구와 민족주의 감정의 저장고에 의존해 작동하는 하나의 모터로서 볼 수 있을 것이다.

또한 로봇 역사학자는 핵심적 역할을 위대한 지휘관들의 몫으로 돌릴 필요도 없다. 그들이 보기에 이러한 지휘관들은 전쟁기계의 자기 조립을 위한 단순한 촉매제 정도에 불과하기 때문이다. 이 로봇 역사학자라면 그러한 조립체(assemblage)는 인구학적 난류(demographic turbulence)가 이주와 정복, 침입에 의해 야기된 것처럼, 집단적인 힘에 의한 것일 뿐만 아니라 특정 개체들에 의해서 영향을 받았을 뿐이라고 말할 것이다. 게다가 이 역사학자는 19세기의 원추탄과 같은 그들의 '기계 조상들'이 100년 이상 인간의 통제에 저항했다는 사실에 주목할 것이다. 인간 지휘관이 강선에 의한 화력(rifled firepower)을 명확한 전술교리에 통합하는 데 단지 그만큼 긴 시간이 필요했던 것이다. 물론 그때부터 원추탄은 전장에 거주하는 가장 살상력 높은 존재로서 자기 자신의 삶을 살았다. 이러한 의미에서 기술적인 발전은 그 자신의 성장 동력을 소유하고 있다고 할 수 있는데, 분명하게도 인간의 요구에 따라 방향이 늘 결정되지는 않기 때문이다. 원추탄과 같은 단순한 사례에서 알 수 있듯이, 특정 기술이 인간의 요구를 다시 조정하도록 강요할 수도 있다. 즉, 지휘관들은 통제권을 전적으로 발휘하기 위해 병사들이 밀집방진(phalanx)으로 싸우도록 했지만 정교한 새 탄환이 출현하자 이런 전술은 어쩔 수 없이 포기해야만 했고, 대신에 미리 목표가 정해져 있는 보다 유연한 '작전 의존형' 전술을 택하게 되었다. 목표를 이루기 위한 방법을 소규모의 병사들(소대)이 주도하도록 하는 것이다.

무기에서 컴퓨터로 시선을 바꾸면 로봇 역사학자는 틀림없이 컴퓨터의 진화과정에서 비인간적 요인(nonhuman factor)의 역할을 강조하려 들 것이다. 예를 들어 로봇 역사학자는 컴퓨터 하드웨어의 논리구조는 경험적 문제 해결법의 형태로 한때는 인간의 신체 속에 구현된 것임을 알아볼 것이다. 이러한 방법들은 총괄하여 '휴리스틱'(heuristics: '발견'을 뜻하는 그리스어에서 나왔으며, '유레카'란 낱말과 관련된)으로 알려져 있으며, 시행착오를 통해 발견한 경험법칙과 지름길, 경험을 통해 발전한 실용적인 마음의 습관, 문제를 해결한 세대가 다음 세대로 계승한 직업상의 비결 등을 포함한다. 발견적인 노하우로서 구체화된 귀중한 통찰의 일부는 그 이후 (알고리즘으로 알려진) 다목적의 '틀림없는' 문제 해결법이 되었을지도 모른다. 이 경우 우리는 논리구조가 인간의 신체에서 논리적 표기를 구성하는 규칙(삼단논법, 불 계산)으로, 그리고 전기 기계적인 스위치와 회로로 '이주'했다고 말할 수 있다. 로봇의 관점에서 중요한 것은 결과에 영향을 준 인간이 아니라 정확히 말하면 바로 이러한 '이주'이다. 따라서 로봇 역사학자라면 그와 비슷한 이주들의 역할에 대해서도 강조할 것이다.

다양한 물리적 규모를 가로질러, 예를 들어 진공관에서 트랜지스터로, 그다음 끊임없이 증가하는 밀도와 끊임없이 축소되는 크기의 집적회로로 논리구조를 전달하는 이주도 그 중 하나이다. 이 두 가지 이주는 로봇의 신체, 더 적절히 말하면 로봇의 하드웨어 역사에서 중요한 요소를 구성하고 있다.

앞으로 나올 장에서 인공지능의 여러 군사 응용의 역사를 가상의 로봇 역사학자의 관점에서 되도록 많이 추적할 것이다. 달리 말하자면, 기술의 군사적 효과를 강조하는 관점에서 인공지능의 군사 응용을 그 자체 응집된 '더 높은 단계의' 기계로서 이해하려 한다. 즉 그것은 실제로 인간, 도구, 무기들이 단지 자신의 부품에 불과한 것처럼 통합하는 하나의 기계이다. 첫번째 장은 컴퓨터의 도입으로 영향 받은 전쟁기계의 여섯 가지 다른 분야를 다룬다. (순항) 미사일, 레이더, 지휘, 통제, 통신 네트워크, 전쟁게임, 수치 제어 체계, 컴퓨터화된 병참 등이 그것이다. 그러나 기술적으로 세밀하게 이러한 각각의 기술들을 다루기보다는 군의 기능적인 조직에서 그것들이 맡는 역할에 중점을 둘 것이다. 나는 언젠가 이러한 기술들이 대체할 군사적인 기능을 이해하려고 노력하면서 이 기술들을 전쟁 역사의 문맥 속에서 살펴볼 것이다.

바꿔 말하면, 군사기관을 몇 가지 다른 단계로 구성되는 한 대의 '기계'처럼 상상할 수 있으며, 이 단계는 모두 고대부터 군대의 필요 불가결한 구성요소로 여겨져 온 것들이다. 여기에는 전쟁 무기와 하드웨어 단계, 인간과 무기를 하나의 대형으로 통합하는 전술의 단계, 그러한 대형의 전투로 얻어지는 통일된 정치적 목표라는 전략의 단계, 마지막으로 전쟁과 전쟁의 연료인 농경자원과 산업자원을 연결하는 병참, 즉 조달과 공급의 네트워크 단계 등이 있다. 이러한 전쟁기계의 분리된 단계는 빈번한 상호작용에도 불구하고 그 자신의 속도로 진화해 갔다. 그러한 진화에서 내적인 상호 관계의 역사를 분석하면, 전쟁기계가 컴퓨터화되는 과정 속에서 실제로 무엇이 위험하게 되었는지를 이해하는 데 필요한 단서들을 얻을 것이다.

예를 들어 컴퓨터화된 레이더는 적어도 중세까지 거슬러 올라가, 방어 기술이라는 역사적 맥락에서 가장 잘 이해할 수 있다. 이러한 맥락에서 레이더의 전자기적 장막은 흙과 돌로 만들어진 옛 성벽의 현대판 변종이라고 볼 수 있다. 포위된 성 안에서의 집단 심리, 그리고 부수적인 병참과 조직의 문제를 이해하는 것은 과거의 성벽이 대륙 규모의 레이더로 확장되었을 때 한 나라에서 어떤 일이 일어나는지를 이해하기 위해 필수적이다. 유사하게 무선 지휘 체계의 역할도 오로지 역사적인 맥락 속에서만 완전하게 평가할 수 있다. 즉, 그리스의 밀집방진에서 현대의 소대에 이르는 전술의 역사, 그리고 전술 대형 속에서의 정보 전달의 역사를 말한다. 또한 전쟁게임도 전술적이며 군사적인 사고라는 역사의 일부로서 연구될 필요가 있다. 즉, 군대가 기관의 '두뇌'(참모진)를 획득해 나가는 역사적 과정의 일부로서, 그리고 그러한 두뇌의 현대판 변종인 현대의 싱크탱크와 같은 것의 일부로서 연구되어야 한다. 따라서 제1장은 컴퓨터보다는 16세기부터 진화해 온 전쟁기계의 각기 다른 단계의 내부 작용에 대한 것이다.

그러나 만약 컴퓨터 기술의 진화가 군에 영향을 주었다면 그 반대도 역시 사실일 것이며, 이것이 제2장의 주제이다. 최초의 현대적 컴퓨터는 제1차 세계대전이라는 시련 속에서, 다양한 군비 경쟁의 열기 속에서 조립되었다. 즉, 나치 독일과 일본의 암호기계에 맞선 암호 해독 경쟁과 최초의 원자 폭탄을 제조하려 한 독일 과학자에 맞선 경쟁 속에서 말이다. 전쟁은 새로운 기계를 낳았을 뿐만 아니라, 과학 진영과 군사 집단 사이에 새로운 유대를 형성했다. 그때까지만 하더라도 그토록 대규모로 그렇게 다양한 전쟁문제에 과학이 응용된 적이 한 번도 없었다. 이 공동 작업의 결과는 '운영 연구'(OR: Operations Research)로 알려진 분야로 냉전주의자들과 싱크탱크의 손에서 보다 포괄적인 '경영 과학'(시스템 분석)으로 진화했으며, 군사적인 물류의 지휘 통제 구조를 사회나 경제와 같은 나머지 영역에 사실상 이전했다. 사실 군대는 전쟁 속에서 완전한 '제도적 기업가'의 모습으로 등장했다. 이렇게 새로운 역할로 등장한 군대는 (트랜지스터와 집적회로와 같은) 계산기계의 주요 부품에 대한 개발을 육성했고, 더 중요하게는 이 분야의 기술 진화에 매우 특수한 방향을 강요했다.

그러나 군부만이 컴퓨터의 미래를 통제하는 것에 관심을 가진 기관이 아니라는 사실은 분명하다. CIA나 NSA(국가안보국)와 같은 준군사기관 역시 이 게임에 큰 이해관계를 가지고 있다. 마지막 제3장에서는 머신 비전과 기계 번역이라는 인공지능의 두 가지 응용이 감시 용도의 맥락이었다는 점을 다룰 것이다. 정보기관의 어떤 구성요소들은 진정으로 군사적이기보다는, 오히려 새로운 종류의 '종교적 질서'를 형성한다. 나중에 다루겠지만 이 질서 속에서 비밀은 그 조직을 위해 숭배해야만 할 것이 된다. CIA나 NSA는 그들이 감시하는 전자 스펙트럼의 영역에 따라서 각각의 역할을 나누기 때문에 여기에서는 광학적 및 비광학적인 감시의 형태, 그리고 그것들을 실행할 때의 컴퓨터가 맡는 역할을 조사하기로 한다.

이것이 이 책에서 탐구하는 주제의 윤곽이다. 그러나 여기 그다지 명확하지 않은 또 다른 논점이 있다. 컴퓨터는 군사기관과 준군사 기관의 손에서 강력한 억압 도구가 되었을 뿐만 아니라 한편으로는 자연의 창조적인 과정을 확인할 수 있는 새로운 창을 열어 주었다. 예를 들어, 지난 30년 동안 컴퓨터는 과학자가 자연계의 자기 조직화 과정의 수학적 기초를 연구할 수 있도록 도와주었다. 자기 조직화란 카오스에서 자발적으로 질서가 창발하는 과정을 의미한다. 고속 유체의 난류와 같은 특정 자연현상들은 한때 구조를 갖지 않는다고 여겨졌으나, 이제는 극도로 복잡한 분자 조직을 가지는 것으로 밝혀지고 있다. 유체 속에 소용돌이를 낳는 수백억 분자의 조직화는 갑자기, 그리고 분명한 이유 없이 발생하기 때문에 이제 난류는 자기 조직화의 과정으로 여겨진다. 이와 유사하게 '화학 시계'(완전한 진동 리듬 혹은 주기를 따르는 화학반응)의 자발적인 조립과 같이, 자연에서 일어날 수 없다고 생각되던 화학 현상도 이제 지구라는 기계의 필수적인 구성요소로 밝혀지고 있다.

'카오스로부터의 질서'(혹은 줄여서 '카오스')의 과학에 의해 연구된 자기 조직화 과정은 확실히 무기물을 보는 과학자의 관점을 바꾸었다. 이전에는 생물 현상만이 진화 연구와 관계가 있다고 생각되었지만 현재는 비활성인 물질도 자연선택을 따르는 구조를 생성할 수 있는 것으로 밝혀졌다. 이것은 '비유기적 생명'의 형태를 발견한 것과 마찬가지다. 이것을 염두에 두고, 나는 철학자 질 들뢰즈가 우주의 자기 조직화 과정 전체를 언급하기 위해 만든 '기계적 필룸'(machinic phylum)이라는 개념을 빌리기로 했다. 이것은 이전에는 분리된 한 무리의 요소들이 갑자기 어떤 임계점에 도달해 더 높은 단계의 존재를 형성하기 위해 '협력하는' 모든 과정을 포함한다. 이러한 자발적인

'협력작용'의 과정이 무엇인지 좀 더 분명히 답하기 위해서 몇 가지 예를 생각해 보자. 예를 들어 금속의 자성을 만들기 위한 금속에서 원자의 개별적인 스핀의 협력, 화학 시계의 완전한 리듬 패턴을 낳기 위한 화학 반응에서 개별적인 분자의 협력, 특정 조건에서 분화된 기관을 가진 유기체를 조립하기 위해 아메바 군체를 형성하는 세포의 협력, 그리고 집을 만들기 위한 군집에서 서로 다른 흰개미의 협력 등을 생각해 보자. 표면적으로는 이렇게 다른 과정이 더 깊은 수준에서 서로 관련이 있다는 가정은 근거가 없어 보인다. 그러나 최근 실험 수학에서의 발전은 이런 과정의 출현을 모두 본질적으로 같은 수학적 모델로 설명할 수 있음을 보여 준다. 그것은 마치 이런 '기계들'(화학 시계, 다세포 유기체, 집을 짓는 곤충의 군체 등)의 자기 조립을 이끄는 원리는 어떤 깊은 수준에서 본질적으로 유사한 것과 같다.

자기 조직화의 배후에 '기계적 필룸'이, 카오스로부터 자발적인 질서가 창발하는 심층에 수학적인 유사성이 있다는 결론은 앞서 말한 가상의 로봇 역사학자의 눈을 피해 가긴 어렵다. 결국 '로봇 의식'의 창발은 그러한 자기 조직화 과정의 결과와 같을지도 모른다. 이러한 과정은 앞으로 보듯이, 거대한 컴퓨터 네트워크에서도(그리고 작은 신경망에서도) 사실상 관찰된다. 게다가 기계적 필룸의 개념은 유기 생명과 비유기적 생명의 경계를 불분명하게 만들지만, 이것이 바로 로봇 역사학자가 원하는 것이기도 하다. 지금까지 보았듯이 로봇 역사학자의 관점에서 인간은 로봇이 스스로 자기 복제 능력을 획득할 때까지 대리 생식기관의 역할을 했을 뿐이다. 인간과 로봇의 신체는 둘 다 궁극적으로는 공통의 계통 발생적 계보, 즉, 기계적 필룸과 연관되어 있다.

로봇 역사학자라면 카오스에서 질서의 창발은 물질과 에너지의 흐름 중 특정의 임계점에서만 일어난다는 것도 알아챌 것이다. 다시 말해 화학물질의 농도가 임계점에 이르렀을 때, 흰색 개미의 군체는 '집을 짓는' 기계가 된다. 가용 식량이 (최소의) 임계점에 이르렀을 때 아메바는 자기 조립을 통해 유기체가 된다. 반응과 확산 속도가 임계점에 이르렀을 때, 분자는 자발적으로 모여 화학 시계를 형성한다. 그리고 속도의 임계점에서는 무작위적인 유체의 흐름이 복잡하게 질서 잡힌 난류의 패턴으로 바뀐다. 로봇의 역사 혹은 기계의 역사는 기술 발전에서 (속도, 온도, 압력, 화학 농도, 그리고 전하의 반응을 일으키는) 이런 문턱들의 역할을 강조할 것이다. 그때 인간 장인은 특정한 기술적 혈통을 낳기 위해서 자기 조직화 과정의 힘을 활용했다고 그려질 것이다.

　　이를테면 로봇 역사학자는 총기 장인을 금속과 폭약의 임계점을 '추적하고', 특정 무기 기술을 형성하기 위해 자발적인 운동이 시작되는 과정을 연결하는 역할로 생각할 것이다. 총기 장인은 다양한 금속의 결정점이나 녹는점을 추적해서 이용한 것임에 틀림없다. 이 두 가지는 온도의 임계점이다. 또한 총기 장인은 흑색 화약이 폭발하는 압력의 임계점, 뇌산염의 폭발점, 그리고 회전하는 탄환이 응집적인 공기 역학적 성능을 획득하기 전 회전의 문턱도 결정할 것임이 틀림없다. 이는 마치 인간이(그리고 일반적으로 진화는) 자기 조직화가 출현하는 그러한 임계점의 일부를 선택해 특정의 (자연 혹은 인공적) 기술과 연결한 것처럼 보인다. 인간이 동물계를 진화가 우리의 지각 기관과 운동 기관을 낳기 위해 '실험을 했던' 장으로 생각하듯이, 로봇 역사학자라면 카오스에서 질서가 창발하는 과정들을 그 자신의 진정한 조상이라 여길 것이며, 여기서 인간 장인이 기계적 필룸의 '창조성'을 위해 역사적으로 필요한 '연결 장치' 역할을 했다고 여길 것이다.

그러나 기계적 필룸이 정확히 무엇인지 설명하는 것보다 그것이 무엇이 아닌지 말하는 것이 더 수월하다. 그것은 생명력은 아닌데, 기계적 필룸은 생명보다 오래 된 것인 데다가 비유기적 생명의 형태를 구성하기 때문이다. 그것은 플라톤적 본질의 영원한 저장고도 아니다. 기계적 필룸은 역사적이고 진화적인 시간의 흐름 속에서 조금씩 조립되어 왔다고 주장될 것이기 때문이다. 게다가 특정 임계점에 도달했을 때 시작되는 효과는 분명히 말해 늘 '창조적'인 것은 아니다. 예를 들어 난류는 내부에 더 많은 소용돌이가 중첩된 소용돌이의 계층으로부터 만들어진다. 난류가 그 패턴을 유지하게끔 해주는 것이 바로 이 복잡한 조직이다. 즉 난류는 주위로부터 에너지를 취하고, 이 중첩된 소용돌이의 체계를 통해 그 에너지를 연결시키거나 분산시킨다. 그러나 이러한 형태의 내부 질서를 갑자기 창발시키는 똑같은 과정이 외부의 무질서를 일으킨다. 다시 말해 흐름 속의 난류는 그 흐름을 통과하는 모든 동체에 거대한 항력을 일으킨다.

마찬가지로 (허리케인과 같은) 난류적 기상 현상의 절묘한 내부 구조는 카오스에서 창발하는 질서의 예이다. 그러나 우리는 허리케인이 주위환경에 일으키는 파괴성에 대해서 잘 알고 있다. 그것들은 대기 흐름의 임계점에서 창조된 자발적으로 창발하는 질서의 한 형태임과 동시에 다른 체계에 분명한 무질서를 일으키는 근원이다. (유추에 의해) 전쟁에 직접 영향을 주는 다른 형태의 난류로 시선을 옮겼을 때, 다시 말해, 이주, 침입, 정복에 의해 태어나는 인구학적 난류로 시선을 옮겼을 때 유사한 상황을 찾아낼 수 있을 것이다. 현대사를 통해 보면 도시 대중의 인구 증가와 관련된 임계점은 전쟁의 방아쇠 역할을 했던 것으로 알려져 있다. 인구학적인 압력이 '창조적' 혹은 '파괴적' 효과를 가져올지는 보는 사람의 관점에 따라 다를 것이다. 그것은 군대나 전쟁 관련 기술의 조립에 영향을 주는 한에서는 창조적이지만, 최종적인 결과물들로 볼 때 파괴적이다. 유사하게 하나의 네트워크에 결합된 컴퓨터들의 수가 임계점(결합의 반응을 일으키는 문턱)에 이르면 설계자가 계획하지 않은 계산 과정을 네트워크가 자발적으로 생성할 수 있게 된다. 예를 들어, (제1장에서 논의할 ARPANET처럼) 많은 컴퓨터 네트워크에서 메시지들의 소통을 다루는 중앙 컴퓨터가 없다. 그 대신 메시지 그 자체가 충분한 '국소적 지능'을 가지고 있어 네트워크에서 길을 찾아내 목적지에 도달한다. 더 최근의 네트워크 제어 구조에서 메시지는 스스로 이동하는 것뿐만 아니라 (컴퓨터 메모리나 처리 시간과 같은) 자원을 거래하고 교환하기 위해 상호작용도 가능하다. 이러한 상호작용에서 메시지에 부여된 국소적 지능은 저절로 증가될 수 있으며, 프로그래머가 원래 계획한 것 이상의 주도권을 얻을 것이다. 이러한 과정이 '창조적'인지 '파괴적'인지는 그 방식이 네트워크의 본래 기능을 얼마나 방해하는지에 달려 있을 것이다.

마지막 두 가지 예는 전쟁과 컴퓨터의 영역에서 기계적 퓔룸의 영향을 '추적하는' 이 책의 전략을 증명한다. 자기 조직화 과정은 원자로부터 곤충의 군체에 이르기까지 서로 다른 규모의 단계로 수학적으로는 모델화되었지만 그 이상으로 확장되었던 적은 없었다. 카오스 과학의 '수학적 기술'을 이용해 경제의 특정 측면뿐만 아니라 도시 성장 현상을 모델화하려는 몇 가지 시도는 있었다. 그러나 이런 시도는 한계가 있었고, 그러한 시도를 한 당사자조차도 더 낮은 단계의 사례와의 유추에 의해 진행되었음을 인정했다. 비슷한 이유에서 나의 접근방식도 수학적이기보다는 유추에 더 가까울 것이다. 예를 들어 (난류처럼) 명료한 물리적 의미를 가지는 이미지에서 시작해서, 전쟁과 컴퓨터로는 유추에 의해 적용해 나갈 것이다. 앞으로 보겠지만 전쟁 발발에 관한 수학적 모델은 이미 존재하며, 그 모델들은 무력 분쟁의 출현은 유체에서 난류의 출현과 (매우 밀접한) 관련이 있다는 것을 보여 준다. 그러나 이러한 작업은 시작 단계에 불과하므로, 더 중요한 것은 현재 카오스 과학이 연구할 수 있는 다양한 군사 분야 전체를 바라보는 대략적인 '지도'를 만드는 것이다. 때때로 이 작업이 자주 현실 담론의 영역을 떠나 사변의 세계로 들어가는 것을 함축할지라도 말이다.

이러한 지도 속에서 무엇을 찾아낼 수 있을까? (속도, 온도, 전하 등의) 임계점은 자기 조직화의 출현과 함께 생겨나기에, 이 지도는 전쟁에 관한 임계점의 일부를 표시할 것이다. 한편으로 금속의 녹는점이나 결정점, 폭발, 폭굉, 핵분열을 일으키는 점, 회전과 속도의 문턱 등, 무기 제조와 관련된 물리적 문턱이 존재한다. 또한 같은 범주 속에 (산길, 두 하천의 합류점, 교두보와 같은) 지리적인 임계점뿐 아니라 (겨울의 시작과 같은) 기후의 임계점 등도 포함될 것이다. 그리고 다른 한편으로, 전술 대형, 전투, 전쟁 등과 같은 더 높은 단계의 복잡성에서 작동하는 임계점이 존재한다.

이 책에서는 새로운 과정을 촉발시키는 임계점, 사회를 그런 임계점으로 밀어붙이는 되먹임 회로, 그리고 전투 중의 마찰을 최대한 분산시키는 각각의 전술, 전략, 병참 체계를 구축하는 데 있어서의 지휘관의 역할 등을 포함한 지도를 그려 보고 싶다. 이 지도는 가상의 로봇 역사학자라면 찾아 올라갔을 '계통수'를 확실히 구성하게 될 것이다. 이 계통 속에서 로봇 역사학자는 군대의 진화를 기계(시계태엽장치, 모터, 네트워크)로서 바라보게 될 것이다. 다시 말해 지능을 인간의 신체로부터 물리적인 기계 장치 속에 '이주'시켜 구현하는 다양한 형태로서, 그리고 인공적인 지각 형태(시각이나 청각)를 컴퓨터 속에서 합성해 구체화하는 과정으로서 말이다.

무엇보다도 로봇 역사학자는 진화를 유기적 생명(분명히 자신은 속하지 않은 혈통)과 관련이 있을 뿐만 아니라, 카오스에서 자발적으로 질서가 창발하는 과정, 즉, 기계적 퓔름으로 대표되는 비유기적 생명과도 관련이 있는 것으로 특별히 파악하려 할 것이다. 앞서 말했듯이 로봇이 휴머노이드 계열을 따라 진화하여 '역사학자'가 되는 일은 없을 것이다. 그러나 인간의 미래는 컴퓨터와의 관계 확립, 그리고 인간과 기계 각각의 진화 원리가 공생적인 관계가 되는 것에 달려 있다. 그 세계에서는 지능기계 시대의 전쟁 역사를 탐구할 때 로봇의 관점을 포함시키는 것이 유용한 것으로 입증될지도 모른다.

1장 _ 충돌 코스

Collision Course

> 동부와 남서부 유럽에서 장벽의 견고함은 세기마다 변화했다. 유목민의 세계는 이렇게 부주의하고 약점이 있으며, 때로는 경계의 효과가 없는 지역 사이를 떠돌았다. 유럽, 이슬람, 인도, 혹은 중국에서 유목민의 폭발적인 생명력이 더 쉽게 발화하는지에 따라 하나의 물리 법칙이 이번에는 서쪽, 이번에는 동쪽으로 그들을 내몰았다. 에두아르드 푸에테르의 고전적인 저작으로 인해 폭풍 지대, 다시 말해 1494년 당시 군주와 도시 공화국으로 분열된 이탈리아의 거대한 공백에 관심이 모아졌다. 모든 유럽은 이 저기압의 폭풍 발생 지역으로 끌려 들어왔다. 마찬가지로 허리케인으로 인해 대초원의 사람들은 끈질기게 최소 저항선을 따라 동쪽이나 서쪽으로 몰려들어 갔다.
> ― 페르낭 브로델[1]

인간의 역사에는 전쟁을 치르는 두 가지 다른 방법이, 그리고 군대를 조직하는 두 가지 기본적인 방법이 존재한다. 하나는 13세기에 유럽을 침공한 칭기즈칸의 군대와 같은 대초원의 유목민이 조립한 전쟁기계, 또 하나는 현대적 군대의 기원인 아시리아, 그리스, 로마인의 군대와 같은 정주민이 발명한 전쟁기계이다.

유목민의 전술은 심리적 충격과 물리적 속도의 결합을 기초로 했다. 그들은 밀집되지 않은 기병대형의 빠르고 기민한 움직임과 강력한 발사무기의 파괴적 효과를 통합한 최초의 존재였다. 유목민은 고도의 기동성을 가진 궁수와 기병의 기술들을 매복이나 기습을 위해 전장의 모든 지형을 이용하는 유연한 전술교리와 결합했다.

한편 농경 정주민 국가의 군대는 그들 입장에서 완전히 다른 유형의 전쟁기계를 발달시켰다. 예를 들어 그리스인들은 무거운 투구와 갑옷으로 무장한 창병의 견고한 사각대형, 이른바 밀집방진을 창조했다. 이러한 중보병의 견고한 사각대형의 역할은 적 기병의 공격을 막아 진지를 지키는 것이며, 적 보병을 백병전으로 끌어들이는 것이었다. 유목민 군대의 극단적인 기동성과 다양하게 조직화된 행동을 전개하는 능력과는 반대로, 전장에서 밀집방진의 기동 능력은 매우 제한적이었다. 또한 같은 이유로 일단 교전 명령이 내려지면 한 명의 지휘관이 더 이상 밀집방진의 움직임을 통제할 수 없었다.[2] 로마인이 밀집방진에 수많은 개량을 더했음에도 15세기 말까지 유목민의 패러다임은 전쟁을 치르는 최선의 방법이었다. 바로 그때, 새로운 종류의 기계 —— 화약을 이용한 이동식 대포 —— 가 등장해 대초원의 전사들과 맞서는 전투의 판도를 바꿔 버렸다. 그때부터 정주민의 전쟁방식이 전장을 지배하기 시작했다.

1494년은 정주민 군대와 유목민 군대의 경쟁구도에서 분기점이자, 그 후 수세기 동안 화약이 일으킬 극적인 변화가 최초로 증명된 해였다. 샤를 8세는 그 해 이탈리아 원정에서 대포에 관한 150년간의 실험성과를 통합하여 파괴력 있는 장치를 만들었고, 그 장치는 전방에 놓인 요새화된 도시에 물리적이고 심리적인 상흔을 남겼다.

다시 말해 이동식 대포라는 완전히 새로운 설계의 대포가 나폴리의 왕위를 요구하는 샤를 8세를 만족시키기 위해 1494년 프랑스군의 이탈리아 침공에 투입되었다. 이탈리아군은 새로운 무기의 효과에 압도되었다. 처음에는 피렌체가, 그다음에는 교황이 별다른 저항도 못 하고 굴복했다. 유일하게 나폴리 왕국의 경계에 위치한 요새가 침략자들에게 저항했으나 프랑스군의 포병은 그 요새의 벽을 불과 8시간 만에 허물어 버렸다. 놀랍게도 그것은 최근 7년간의 공성전에서

이름을 날렸던 바로 그 요새였다.[3]

대포는 14세기부터 존재했지만, (쇠뇌나 투석기와 같은) 발사무기의 기술에 비하면 파괴력이 떨어졌고, 기동력도 없었기에 그 쓰임새는 공성전에 국한되었다. 1494년의 군사작전에야 대포는 이동식이 되었고, 그로 인해 공성포로도 야포로도 이용할 수 있게 되었다. 더 중요한 점은 포병이 빠른 장전과 조준을 할 수 있게 훈련되었다는 사실이며, 이는 인간과 무기의 전술적인 통합을 보장한 최초의 사례였다. 그러나 새로운 기술의 시작을 진정으로 알린 것은 표적을 파괴하는 대포의 효과였다. 대포가 전쟁 기술에 통합되자 군사 건축의 패러다임은 완전히 해체되어 새로운 형식의 요새화가 생겨났다. 1494년까지 성은 침입하는 적을 막기 위해 높이를 이용했지만, 높은 벽이 대포의 쉬운 표적으로 전락하자 이제는 골칫거리에 불과하게 되었다. 그로 인해 방어기술의 오랜 전통은 새로운 모델로 바뀌었다. 다시 말해 높이가 두터운 방어로 바뀐 것이다.

결국 화약의 사용으로 인해 정주민 군대는 대초원의 유목민이 몇 세기 동안 발휘한 전쟁수행 기술의 우위를 뒤집었다. 대포로 인해 중보병은 유목민 기병의 기동력을 무력화시키는 힘을 얻었다. 일제 사격이 만들어 낸 금속탄환의 탄막이 단순한 속공과 기습에 승리를 거둔 것이다. 그러나 화약은 유목민의 '몰락'의 일부분만을 설명해 줄 뿐이다. 대포의 파괴력뿐만 아니라 소수의 핵심적인 왕국에 부를 집중시키고, 그런 식의 중앙집권화로 사회 조건에 영향을 미치는 정주민의 능력도 있었다. 사실 유목민을 쓰러뜨린 것은 초기 자본제의 경제 기계와 결합된 새로운 종류의 '화학 추진 엔진'(chemical propulsion engines)의 조합이었다. 만약 소형화기가 유목민의 몰락을 초래했더라도,

> 그것이 반드시 그들이 화약무기를 사용할 줄 몰랐기 때문만은 아니다. 유목민의 전통이 강하게 남아 있던 터키 군대의 경우 대규모 화력과 그에 따른 새로운 공간을 발전시켰을 뿐만 아니라, 유목민의 특징을 한층 두드러지게 할 경포(light artillery)를 마차와 해적선의 기동대형 속에 철저하게 통합시켰다. 대포가 유목민에게 한계를 만든다면, 이것은 대포 때문이 아니라 국가 장치만이 가능한(상업도시 규모로도 충족시킬 수 없는) 경제적 투자가 필요하기 때문이다.[4]

이 장에서는 정주민 군대의 구조와 발달, 그리고 그 내부 작용 속에서 컴퓨터가 맡게 될 역할에 대해 알아보기로 한다. 이런 근대적인 정주민 군대가 우리의 중심 주제이지만, 유목민 군대도 조금은 다룰 것이다. 유목민 전쟁기계는 대포에 무릎을 꿇었지만, 그것을 구성하는 몇 가지 요소는 이후 근대적 군대의 구조 속에 통합되었다. 예를 들어, 19세기의 식민지 전쟁의 상황 속에서 일어난 일을 살펴보자. 프랑스 병사들은 의복뿐만 아니라 전술까지 아프리카 적군의 것을 도입했는데, "강력한 프랑스 식민통치에 맞섰던 과거 적들의 '원초적인' 전투 능력과 전투 방식을 프랑스가 얼마만큼 이용하는가에 따라" 그들의 전투력이 정해질 정도였기 때문이다.[5]

같은 세기, 유럽의 전장에서는 강선이 있는 소형화기의 정확도와 사정거리가 향상되자 정주민 군대의 '유목민화'가 동시에 일어났다. 군대는 중보병이 수세기 동안 써 왔던 전통적인 밀집대형에서 벗어

나, 전투 공간 안에 병사를 좀 더 넓게 배분할 수밖에 없었다. 오랫동안 일제 사격 전술보다 떨어진다고 여겨져 온 소규모 전투 기술이 중요하면서도 사실상 유일한 공격 방법이 되었다. 이와 같이 근대적 군대는 직접적으로는 유목민 패러다임에 대항하는 형태로 전장을 구축했음에도 불구하고, 나중에는 식민지 전쟁과 기계 전쟁 양쪽에서의 압력으로 경쟁 상대인 유목민의 방법을 어쩔 수 없이 선택했다. 밀집 대형과 선형 전술은 국지적인 주도권을 발휘할 수 있고 유연한 작전을 실행할 수 있는 소규모 부대에 아주 서서히 자리를 넘겨주었다.[6]

이 장의 제사에서 역사학자 페르낭 브로델(Fernand Braudel)은 유목민과 정주민의 전쟁기계가 조립되는 근거인 난류적 인구이동을 언급하기 위해 흥미로운 기상학적인 은유를 사용한다. 정치적 분열 과정 속에서 부와 숙련된 노동력의 거대한 저장고가 된 1494년의 이탈리아는 외국 원정대를 끌어당기는 '폭풍 지대'로 불렸다. 한편 중앙아시아 지역에는 유목민 부족이 정주민 적들을 공격할 때 공격 방향을 결정했던 '허리케인'이 살고 있다고 전해진다. 이것들은 단순한 은유에 불과한가, 아니면 문자 그대로의 의미를 가질 수 있는가? 이주성의 운동이 특정 군대의 탄생과 관련 있다는 것은 도대체 무슨 의미인가? 난류적 인구이동 현상(이주, 정복, 침략 등)은 이러한 '창조적' 효과를 갖고 있는 것일까?

난류의 효과와 같은 문제는 몇 가지 다른 방식으로 접근할 수 있다. 우선 난류의 파괴적 효과가 있는데, 로마 제국의 뛰어난 공학기술 이래로 이것은 난류 현상을 계속 길들이거나 억눌러야 할 대상으로 만들었다. 또한 더 최근에는 난류의 복잡한 내부 구조와 동역학에 관심이 생겼는데, 이 주제는 지난 30년간 방대한 과학적 탐구를 낳았고

'카오스'라는 학문분과로 발전했다.

> 난류에 대한 실용적인 관심은 항상 [이 현상에 대한 연구의—인용자] 중요한 부분이었으며, 보통 난류를 없애는 것에 치우쳐 있었다. 예를 들어 효율적인 연소를 위해 신속한 혼합이 중요한 제트 엔진의 내부처럼, 몇 가지 응용에 있어 난류는 바람직할 수 있다. 그러나 대부분의 경우 난류는 재난을 의미한다. 날개에 발생하는 난류[난기류]는 날개를 파괴한다. 송유관 안의 난류는 항력을 잃게 만든다. 엄청난 액수의 정부와 기업 자금이 항공기, 터빈엔진, 프로펠러, 잠수함의 선체 등 유체 속에서 움직이는 형태의 설계를 위해 투입되고 있다. 그들은 폭발의 형태나 전개에 시달리고 있다. 그들은 소용돌이, 화염, 충격파를 걱정하고 있는 것이다. 이론적으로 제2차 세계대전의 원자폭탄 계획은 핵물리학의 문제였다. 그러나 실제로 그 계획이 시작되기 전에 핵물리학의 문제들은 대부분 해결되었고, 로스 알라모스에 모인 과학자들의 머릿속에는 유체 역학의 문제만이 남아 있었다.[7]

이와 같이 난류 현상에 대한 군사적 관심은 무기 체계의 작동에 미치는 부정적인 효과, 탄환에 대한 공기 저항의 효과, 혹은 잠수함에 대한 수력 저항의 효과라는 문제를 중심으로 움직인다. 그러나 우리의 목적을 위해서는 난류의 외부적 효과가 아니라 그 내부 구조의 이미지가 필요하다. 예를 들어, 우리는 여기서 허리케인의 파괴적인 효과에 관심이 있는 것이 아니라, 그 내부 구조를 결정하는 소용돌이의 복잡한 패턴에 관심이 있다. [그렇더라도] 어떤 시스템을 허리케인처럼 복잡하다고 생각할 필요는 없다. 우리는 조용히 흐르는 액체가 난류로 바뀔 때 무슨 일이 일어나는지에 대해 단순히 그려 보기만 하면 된다. 우선 난류를 더 잘 이해하기 위해서는 우선 난류적 거동이 카오스를 대표한다는 생각을 버려야 한다.

> 오랫동안 난류는 무질서나 잡음과 동일시되었다. 오늘날 우리는 그렇지 않다는 사실을 알고 있다. 실제로 거시적 규모에서 난류의 운동은 불규칙하거나 카오스처럼 보이지만, 반대로 미시적 규모에서는 고도로 조직화되어 있다. 난류와 관련된 다중 공간과 시간 규모에 천문학적인 수에 해당하는 분자의 결맞은 거동(coherent behavior)이 대응되고 있다. 이런 식으로 보면 층류[즉, 비난류 혹은 정지한─인용자]에서 난류로의 이행은 자기 조직화 과정이다.[8]

예를 들어 액체의 난류적 거동──서로 포함하거나 포함된 것 같은 소용돌이의 포개진 절묘한 구조를 갖고 있는──은 이제 훌륭히 질서 잡힌 과정으로 보이게 되었다. 그러나 위의 인용이 암시하듯이, 난류적 거동 자체보다 더 중요한 것은 난류가 출현하는 바로 그 특별하고 특이한 순간이다. 정지하거나 느린 속도로 움직이는 액체는 비교적 무질서한 상태로 존재한다. 다시 말해, 그것을 구성하는 분자는 목적 없이, 무작위적으로 서로 부딪히는 움직임을 보인다. 그러나 속도가 특정 문턱에 이르면 유체는 자기 조직화 과정을 밟는다. 즉, 유체를 구성하는 분자는 고도의 복잡한 패턴을 만들기 위해 협력하며 움직이기 시작한다. 이러한 카오스에서 질서가 자발적으로 창발하는 전이점을 '특이점'[9]이라 부르며, 이것은 지난 30년 동안 심도 있는 과학적 분석의 주제가 되었다. '특이하다'고 불리는 이유는 이러한 점, 즉

[반응을 일으키는] 문턱이 물질과 에너지의 흐름 속 비율로만 보면 드물고 특별하기 때문이다. 예를 들어, 온도계 눈금의 넓은 범위에서 볼 때 액체의 거동은 냉각시키거나 가열해도 변화하지 않는다. 이런 것들은 특이점이 아니다. 그러나 액체를 천천히 냉각시켜 보자. 갑자기 온도가 임계값에 이르면, 액체의 모든 분자가 급격히 변형되어 결정을 생성하기 시작한다. 액체는 이런 온도상의 특이점에서 고체화된다. 다른 종류의 '상전이'도 마찬가지다. 자성이 없던 금속이 자성을 띠게 되는 임계점이나, 빛의 결이 안 맞다가 맞게 되는 임계점 또한 카오스에서 질서를 창발시키는 특이한 문턱이다.

놀랍게도 자기 조직화가 출현할 때 이러한 각기 다른 과정들은 모두 유사한 수학적 구조를 갖는 것으로 드러났다. 레이저의 광자가 자발적인 조직화를 일으켜, 결이 맞는 레이저 빛이 되는(동위상의 빛을 내기 위해 모두 '협력하는') 과정은 액체의 분자가 소용돌이, 혹은 다른 경우지만 결정 구조를 형성하기 위해 '협력하는' 과정과 본질적으로 유사하다는 것이 밝혀졌다. 다른 매질에서 새로운 패턴과 구조를 자발적으로 형성하도록 이끄는 현실적인 사건들의 연쇄는 완벽히 다른 것이기에, 카오스로부터 질서로의 이러한 전이는 모두 '메커니즘 독립적'이라 불린다.[10] 자기 조직화 효과에 관한 한, 분자(혹은 광자)의 조직화가 실현되는 구체적 방식이 아니라 이러한 이행의 수학적 구조만이 의미를 가진다. 이러한 이유로 이 메커니즘 독립적, 구조형성적 특이점은 '추상기계'로서 개념화되었다. 즉, 많은 다른 물리적 메커니즘 속에 구현될 수 있는 단일한 '수학적 메커니즘'으로 개념화된 것이다.

수학적 특이점의 정확한 본성은 거의 알려진 게 없다. 그러나 과학이 새로운 국면에 도달했을 때마다 그랬듯이, 이러한 새로운 존재들을 다루는 방법에는('형태 형성장'이나 '질서 파라미터'order parameters 등)[11] 여러 제안이 존재한다. 특히 이것이 구현되었을 때, 수학적 특이점을 카오스에서 질서를 창발시키는 추상기계로 보자는 어떤 합의가 있는 것은 아니다. 특이점의 근방(즉, 임계점의 근처)에서 이전에는 분리되었던 한 무리의 요소가 협력적인 전체(synergistic whole)를 만들어 낸다는 개념을 지지하는 경험적인 증거는 많이 있다. 그러나 이러한 과정에서 특이점 자체가 인과적 역할을 한다는 증거는 훨씬 적다. 특이점은 단지 개체군의 대국적인 동역학의 고유한 특징인 것처럼 보인다.[12] 더 많은 실증적 연구가 있어야 특이점이 정확히 무엇인지, 그리고 자기 조직화에서 어떤 역할을 하는지 등의 질문에 답할 수 있을 것이다. 그럼에도 기계적 필룸이라는 뼈대 개념에 살을 좀 덧붙이기 위하여 이 새로운 주제에 대해 알게 된 것의 일부를 검토할 수는 있다.

특이점은 물리적 규모와 복잡성의 수준이 다른 다양한 자기 조직화 과정 속에 포함되어 있다. 가장 첫 단계, 즉, 물리학 단계에서는 비유기적 물질의 상전이가 있다. 이것이 지금 우리의 흥미를 끄는 임계점인데, 비유기적 물질의 상전이는 소형화기와 같은 기술적 혈통의 중심적인 조상이기 때문이다. 그러나 보다 높은 단계(화학, 생물학)에서 작동하는 특이점은, 즉, 동물 혈통의 중심에서 작동하는 특이점은 전쟁기계의 소프트웨어를 창조하는 과정과 관련된다. 그 소프트웨어는 병사의 신체이다.

화학 단계에서는, 화학 시계의 자발적 조립을 촉발시키는 특이점을 찾아낼 수 있다. 화학 시계는 수십억의 분자가 갑자기 규칙적으로 진동적인 응집을 시작하는 화학반응이다.

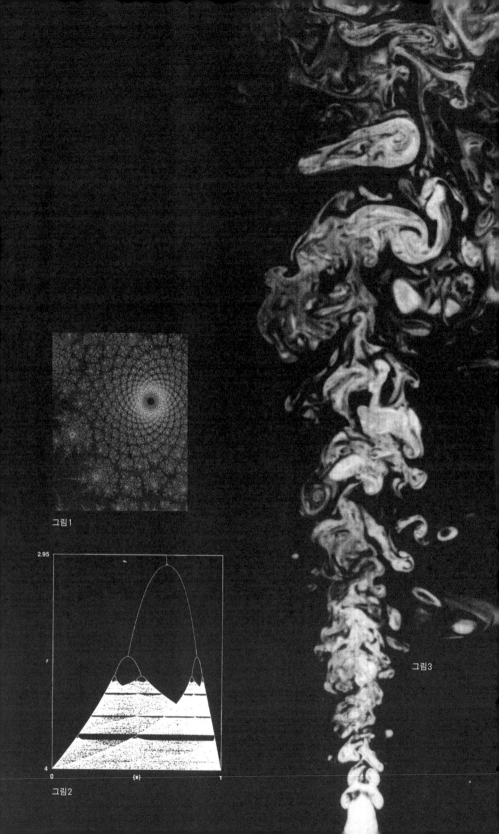

그림1

2.95

r

4

0   {x}   1

그림2

그림3

1. 기계적 퓔룸으로 들어가는 창

오랫동안 카오스의 한 형태라고 여겨졌던 난류는 이제는 소용돌이 내부에 소용돌이를 갖는 복잡한 구조를 갖는 것으로 알려져 있다(그림3). 난류의 공간적 구조는 자신의 내부에 작은 복사물을 가지고 있는 구조와 같으며, 이른바 '프랙탈' 성질을 갖고 있다. 많은 수학적 구조들은 이 자기 닮은꼴 속성(프랙탈)을 보인다(그림1). 최근에는 컴퓨터의 도움으로 난류가 발생할 당시 일어난 사건들을 수학적으로 모델화했고(주기 배증 분기의 연쇄cascades of period-doubling bifurcations), 이 모델은 프랙탈 속성을 보이는 것으로 밝혀졌다(그림2). 놀랍게도, 이것과 같은 수학이 레이저 빛의 결맞음이 발생하는 순간, 국가 간 무력 분쟁이 발생하는 순간처럼 매우 다른 물리적 상황들을 모델화하는 데에도 적용될 수 있다. 컴퓨터화된 전쟁게임의 설계자들은 난류를 다루는 데에 쓰인 수학을 그들의 모델화 기법 무기고에 통합시켰는데, 이는 전쟁의 발발을 이해하기 위해서뿐만 아니라, 전장에서의 컴퓨터화된 무선 지휘 체계들의 생존 가능성을 이해하기 위해서였다. 격렬하게 움직이는 유체의 일부임에도 불구하고 자체의 모양을 유지하는 소용돌이처럼, 전장에서의 지휘 체계는 주위의 혼돈 속에서도 안정성의 섬을 형성해야 하며, 또한 이 섬은 주위에 혼란을 일으키는 바로 그 힘에 의해서 생겨난다.(제1장 '서문' 참조)

'빨강'과 '파랑', 두 종류의 분자가 [용기에—인용자] 있다고 하자. 분자의 혼돈스러운 운동 때문에, [어떤—인용자] 주어진 순간에 [왼쪽 용기에 더 많은 빨간 분자가 들어 있다고] 기대할 것이다. …… 용기는 빨강이나 파랑과 같은 불규칙한 번쩍임 때문에 우리에게 '보라색'으로 나타날 것이다. 그러나 화학 시계의 경우는 그렇지 않다. 이 경우 시스템 전체는 파랗고, 다음에 갑자기 색깔이 빨강으로 바뀐 다음 다시 파랑이 된다. …… 수십억 분자의 활동이 이런 정도의 질서를 보인다는 것은 믿기 힘든 일이며, 정말이지 화학 시계가 관찰되지 않았다면, 이런 과정이 가능하다는 사실을 누구도 믿지 않았을 것이다. 모두 함께 색을 바꾸려면, 분자들은 반드시 '의사소통'하는 방법을 가지고 있어야만 한다. 시스템이 전체로서 활동해야 하기 때문이다.[13]

시간적으로 응집 거동을 나타내는 화학 시계 외에도, 화학파와 같이 공간적인 응집 패턴도 있다. 자발적으로 조립된 시계와 파동은 그다음 생물학 단계의 자기 조직화에 필요한 하부지층을 제공한다. 배아의 발생은 천천히 여러 다른 조직과 기관으로 분화되는 단 하나의 수정란으로부터 시작되며, 믿을 수 없는 형태 제작(혹은 형태 형성) 과정의 연속적인 사건들을 포함한다. ('미분위상학'의 한 분야인) '카타스트로피 이론'에 의하면, 전부 일곱 개의 다른 특이점과 그들 각각과 결합된 하나의 특별한 형태 형성 작용이 있다. 예를 들어 한 특이점은 경계의 형성을 표현하며, 다른 특이점은 주름이나 단층을 창조한다. 나머지 특이점들은 갈라짐이나 골, 입 모양, 주머니 모양, 그리고 뿔이나 머리카락 같이 뾰족한 구조의 형성을 담당한다.[14]

특이점 개념은 순수 수학에서도 눈에 띄지 않는 분야, 특히 '위상

수학'으로 알려진 분야에서 태어났다. 그것이 현대에 되살아나 응용 수학에 통합된 것은 부분적으로는 맨해튼 계획 속에서 충격파와 핵 난류를 분석할 때 특이점이 맡은 역할 때문이었다.[15] 특히 핵분열의 발생을 결정하는 질량의 임계점은 (우라늄이나 플루토늄과 같은) 각각 의 물질마다, 그리고 핵분열을 촉발시키는 (즉, 이러한 추상기계를 현 실화하는) 각각의 방법마다 추적해야 했다.[16] 그러나 어떤 의미로 특 이점이 무기 연구에서 그런 역할의 결과로 현재의 지위를 얻었다면, 다른 의미로 특이점은 항상 무기 제조와 결합되어 있었다.

차이점은 현대의 과학자가 컴퓨터를 이용해 특이점을 추적하지 만, 과거의 무기 장인은 '감각으로', 말하자면, 특이점이 물질에 부여 하는 '표현의 특질'(물리적 속성)을 따르거나 주어진 무기 제조 과정 중 물질의 형태 형성 능력을 이용하면서 그것들을 추적해야 했다는 사실이다. 장인과 발명가는 능숙한 조작을 통해 물질의 형태 형성 잠 재력을 특정 기술 형태를 생산하는 데 이용하면서, 몇 가지 특이점을 선별해 내는 것으로 볼 수 있다. 들뢰즈와 가타리에 따르면 이런 식으 로 지구상의 기계적 필룸이 여러 필룸으로, 즉, 각각의 기술에 대응하 는 각각의 '계통 발생적 혈통들'로 나눠진다.

군용 칼의 예, 아니면 차라리 도가니강의 예를 들어 보자. 그것은 고 온에서 철의 용해라는 첫번째 특이점의 현실화이다. 다음 두번째 특 이점은 연속적 탈탄소화의 현실화이다. 이러한 특이점들에 대응하 는 것은 [강도, 날카로움, 마감질 같은—인용자] 표현 특질이다. ······ 철검은 완전히 다른 특이점과 결합되어 있다. 왜냐하면 그것은 주조 나 주형이 아닌 단조, 공냉이 아닌 수냉, 그리고 대량생산이 아닌 단품 생산이기 때문이다. 또한 그 표현 특질은 필연적으로 매우 다른 것이 된다. 왜냐하면 이것은 자르기보다는 찌르기 위한 것이며, 측면이 아니라 정면에서 공격하기 위한 것이기 때문이다. …… 특정 조작들로 연장할 수 있는(prolongable) 특이점들의 별무리를 찾을 때마다, 하나 혹은 몇 가지 할당할 수 있는 표현 특질에 특정 조작들을 수렴하거나, 수렴시키게 만들 수 있으면 그것들은 기계적 필룸, 혹은 기술적 혈통이라고 말할 수 있을 것이다.[17]

그렇다면 '기계적 필룸'이라는 용어에는 두 가지 다른 의미가 있다. 보다 일반적인 의미로는 수권(hydrosphere)에서의 강과 쓰나미, 대기권에서의 바람의 패턴과 폭풍전선 등과 같이 비선형 동역학의 결과로 카오스에서 질서가 창발하는 과정들을 가리킨다. 이러한 과정은 모두 물질과 에너지의 흐름 비율 속 임계점에 의존하는 것으로, 따라서 기계적 필룸은 "특이점들을 전달하는 물질 운동의 흐름이나 연속적 변이에서의 물질의 흐름"[18]으로 보다 일반적으로 정의할 수 있다. 나는 기계적 필룸이라는 용어를 일반적인 자기 조직화 과정과 이러한 과정들의 힘이 통합되는 특정 배치라는 양쪽 모두의 의미로 사용할 생각이다. 한편으로 기계적 필룸은 특이점(분기와 끌개)이 지배하는 대국적 동역학을 갖는 (원자, 분자, 세포, 곤충의) 개체군을 의미하며, 또 한편으로 한 무리의 요소가 부분의 합 이상이 되는 배치로, 즉, 개별적 요소에는 없었던 대국적 속성을 보여 주는 것으로 통합됨을 의미한다.

인류사 연구에 이러한 개념들을 응용하는 것은 여전히 논쟁거리로 남아 있다.[19] 그러나 이 장의 제사로 ('폭풍 지대'나 '허리케인' 같은) 기상학적인 은유를 브로델이 이용한 것은 무기의 진화에서 기계적 필름의 역할을 역사가들도 점점 깨닫고 있음을 암시한다. 예를 들어, 과학 잡지 『사이언티픽 아메리칸』은 최근 앨빈 새퍼스타인(Alvin Saperstein)이 발전시킨(그리고 나중에 갓프라이드 메이어-크리스 Gottfried Mayer-Kress에 의해 정교화된) 수학 모델에 대해 다음과 같이 전달했다. "분사된 물이 층류 상태에서 난류로 전이되는 것을 묘사하는 수학 모델로, 같은 모델이 국가 간 전쟁의 발발을 묘사하는 데 쓰이게 될 것이다. …… [그들은—인용자] 우주 공간을 기반으로 한 대미사일 방어—로널드 레이건이 구상한 전략방위구상과 같은— 배치가 미국과 소련의 관계에 영향을 주는 방식을 시뮬레이션한 모델을 개발할 것이다." 미 국방성은 논설 보고를 통해 이 연구를 "전통적인 전투 시나리오의 모델뿐만 아니라, '무기를 사용하지 않는' 전쟁의 모델을 만들기 위해서도" 흥미롭다고 말하고 있다. "…… 메이어-크리스의 비선형 방법은 미 국방성뿐만 아니라 소련의 지휘 통제 네트워크의 약점을 폭로하는 데 도움을 줄 것이다. …… [국방 정보국은—인용자] AIDS가 제3세계 정부의 안정성에 주는 충격이나 군사 개입의 효과가 마약 밀매에 주는 충격에 관한 비밀 연구에 대해서도 메이어-크리스의 방법을 이용할 것이다."[20]

따라서 이 새롭게 발견된 추상기계의 세계는 과학자가 세계를 보는 방식뿐만 아니라 군대가 전쟁 문제에 접근하는 방식도 바꾸기 시작했다. 다시 말해 무력 분쟁의 발발은 수학적으로 난류가 출현하는 순간에 일어나는 사건과 관련이 있다.[21] 기상 패턴, 도시 대중의 규모, 정치력과 경제력 분포에서의 임계점은 역사 속의 다양한 군대가 '자기 조립'되는 데 기여한 요인일 수 있다. 유목민 역사연구가는 말한다.

중국 북부의 풍부한 황토, 이란의 비옥한 지대, 윤택한 키예프의 흑토를 경작하는 농경 공동체는 척박한 목초지대로 둘러싸여 있었는데, 그곳은 기후 조건이 험악했고, 10년에 한 번씩은 가뭄이 들었으며, 풀은 말라죽고, 가축들도 죽어나가는 그런 곳이었다. 유목민의 운명도 그곳과 함께했다. 이러한 환경 속에서 유목민이 농경지대에 주기적으로 침입한 것은 자연의 법칙과 같은 것이었다.[22]

그러므로 유목민의 경우 기후의 주기적 특이점('주기적 끌개'라 불리는)은 난류적 거동의 출현을 나타냈다. 마찬가지로 유럽의 정주민 군대의 움직임은 종종 대륙의 전체적인 힘의 균형 속에서 임계점을 따라 시작됐다. 1494년,

유럽은 기꺼이 전투를 원했다. 전투를 하고 싶어 몸이 근질근질했던 것이다. 몇 세기 동안 축적된 정치적 세력들은 고대 그리스의 근대적 형태로 결정화될 준비가 되어 있었다. 한번 내분에 빠지면 지역 세력들은 이합집산을 반복했고, 해외로 크게 확장하려는 정치적 에너지도 충만했다. …… 장자상속제, 도시 인구의 급격한 증가, 그리고 국지전의 유행 등 다양한 이유로 15세기의 마지막 10년 동안 유럽은 전사들로 가득했다. 스위스의 창병, 독일의 용병, 아일랜드와 영국의 지원병이 프랑스의 헌병, 거친 카스티야의 보병을 대신했다. 그들은 전투에 참가하기 위해서 대륙의 구석구석에서 나타나곤 했다. …… 지정학적으로 이 시기의 유럽은 불완전했다. 그러나 1500년까지 몇 가지 주요한 문화 영토 혼합체(amalgams)가 충분히 합병되어 대륙 너머의 사건들에 주요 역할을 할 수 있도록 통치자에게 군사적인 자

원이나 정치적인 힘을 제공했다. [한편 ─ 인용자] 이탈리아와 독일처럼 분열된 지역도 남아 있었다.[23)]

유목민 사회는 마치 기후의 특이점이 그것을 '액화'시킨 후 이웃 정주민을 범람시킬 때까지, 거의 '고체' 상태로 존재했던 것과 같다. 반대로 유럽을 구성하는 각각의 정치적 독립체들이 유체 형태로 존재했었다가 이제 고체 모양으로 결정화되는 것처럼 1494년의 유럽은 '고체화' 과정 중에 있었다. 지리적·종교적인 이유로 인해 대개는 균일한 '결정'으로 발달한 경쟁 제국들(중국, 오스만)과는 대조적으로 유럽은 결코 하나로 고체화되지 않았고, 오히려 변하기 쉬운 경계를 가지는 분열된 집합체로 고체화됐다. 그런 틈과 홈을 따라 '긴장'이 쌓이면, 최소 저항선을 따라 무력 충돌의 형태로 해소됐다. 그리고 사실상 서구 사회가 세계 정복의 경쟁에서 중국과 이슬람을 누를 수 있었던 것은 이 '분열된 결정체'의 동역학적인 본성 때문이었다.

우리는 지금 하나의 은유를 다른 은유로 바꾼 것에 불과한가? '허리케인'과 '폭풍 지대' 대신에 사회조직 형태가 '고체'에서 '액체'로 '상전이' 했다고 썼으니 말이다. 다행히도 인간 사회의 상전이 이론은 이러한 은유를 근거 짓는 데 유용하다. 물리학자 아서 이베랄(Arthur Iberall)은 사회를 유동(fluxes)의 총체와 그런 유동을 추진하는 저장고로 상상하는 인간의 역사 모델을 개발했다. 즉, 물, 대사 에너지, 결속력, 행동 양식, 인구, 무역, 기술 등과 같은 유동이 그것이다. 그는 인류 발전에 관한 표준적인 이해를 바꾸려는 것이 아니다. 이베랄은 '사회적 장의 안정성을 결정하는 요인으로 흐름과 상전이의 역할을 강조'하려 할 뿐이다. 그는 이어서 말한다.

나는 식량 생산 사회의 등장으로 분명해진 불연속적인 사회 변화(예를 들어, 수렵채집사회에서 원예사회, 농경사회로의)를 내부적 재배열, 새로운 결합과 배열형태, 그리고 새로운 상 응축의 증거로 본다. 그것은 마치 물질의 기체 같은 상(phase)이 액체 혹은 고체 상태처럼 되는 것과 같다. …… 인류 초기라면 근대인도 인간의 크기와 신진대사를 충족시키는 범위의 수렵채집 집단 속에서 생활했을 것이다. …… 만약 인간이 본인 크기에 맞게 전형적인 포유동물의 신진대사와 하루 25마일 정도의 활동 범위를 갖는다면, 50마일 단위로 떨어진 문화들은 상호작용이 거의 없을 것이다. …… 실증적으로 밝혀졌듯이 70에서 100마일 떨어진 모든 개체군은 약력, 즉 '기체 같은' 상호작용으로 연결된 시스템과 매우 유사하다. …… 초창기, 소규모 개체군의 분산은 거의 기체 같은 운동으로 생각해 볼 수 있다. …… 나는 필수 퍼텐셜(온도, 물, 식량) 수준에서 감소가 개체군의 고정된 중심부에 작은 응축(액화)을 일으켰다고 추측한다. …… 하지만 사회적인 상 응축의 본성은 기술적 퍼텐셜의 증폭 능력에 달려 있다. 두 가지 가장 중요한 퍼텐셜 ── 물의 공급과 기술(도구)이라는 ── 이 연결되면서 생활형태의 변화, 수자원 이용의 개선, 그리고 동식물 길들이기를 통한 부분적인 사회 발전을 가져왔다…….

결국, 이러한 '유체 같은' 사회적 형태는 층화된 문명들로 '결정화'되었다.

고고학 기록으로 미루어 보면 문명화는 인구가 집중(응축)된 지역 간의 광범위한 무역(대류)이 존재하게 되자 시작되었다는 판단이 든다. 도심지는 2,500인 이상의 누적 인구수를 거느리는 복합 집단이었다. 규모적인 한계는 더 작은 개체군에서 복잡한 문화는 발견되지 않았다는 것에서 추정할 수 있다.[24]

따라서 상전이로 대표되는 자연의 자기 조직화 과정, 그리고 유목 사회와 정주 사회의 역사상 전이 사이에는 더 상세한 유추가 이루어질지도 모른다. 이러한 유추를 이용해서는 단지 잠정적인 지도를 구성할 수 있는 반면, 이베랄의 묘사는 유목민과 정주민 군대의 조립은 각각의 사회조직들이 상전이(액화와 결정화)한 결과로서 볼 수 있다는 점을 제기하고 있다.

그러나 이러한 관점은 군대의 조립에 작용하는 인간 외적인 힘을 상상하는 한 가지 방식일 뿐이다. 어떻게 하면 구체적 인간, 즉 칭기즈칸, 나폴레옹과 같은 위대한 지도자의 역할을 모델 속에 통합할 수 있을까? 한 가지 방법은 지휘관의 역할을 무기 장인과 유사하게 그리는 것이다. 예를 들어 소형화기의 진화에서 총기 장인은 몇 가지 특이점을 찾아내 실제의 무기 속에 통합해야만 했다. 앞으로 보겠지만 지휘관 역시도 전투력이 전장의 안개에 의한 '마찰'(지연, 병목현상, 무의미한 자료)을 분산시킬 수 있는 지점인 임계점을 추적해야 했다. 이와 같이 특이점은 군대의 조립에 외적으로(인구 압력, 기근 등) 영향을 주는 동시에 무기 장인이나 현장 지휘관의 작업을 통해서 내적으로도 영향을 준다.

전쟁기계와 기계적 필룸의 접점은 많다. 이러한 접점의 분포를 표로 그려 보기 위해, 주어진 전쟁기계를 위계구조의 단계로 구성되었다고 볼 것이다. 그 위계구조는 일련의 부품들이 연속적으로 더 높은 상위 단계의 물리적 규모와 기관에서 작동한다. 가장 낮은 단계에는 공격과 방어, 양쪽의 무기가 있다. 한 단계 위에는 전술, 즉 하나의 전투를 승리하려는 목적으로 인간과 무기를 조립하는 기술이 있다. 전술 위의 단계는 전략이며, 전략이란 개별적인 전투들을 주어진 정치적 목표와 맞는 전쟁으로 조립하는 기술이다. 마지막으로 우리는 군사적인 조달과 공급의 기술인 병참의 단계에 이르는데, 이것을 실현하기 위해서 전쟁과 지구의 자원(사료, 곡물, 산업력 등)을 조립하는 단계로 볼 수 있다. 따라서 각각의 단계(무기, 전술, 전쟁 등)의 출력으로서 생산되는 기계는 다음 단계의 상위 기준에서 보면 조립의 부품으로 볼 수 있다.

각각의 단계는 그 자신의 특정 '법칙'을 따른다. 최고 지휘관의 일이란 응집적인 전체를 만들기 위해 각 단계마다 법칙을 발견하고 응용하는 것이다. 전쟁의 '영원한 법칙'이 있다는 오해를 피하면서 이 책의 용어법을 따르면, 모든 시대의 지휘관들이 직면한 작업은 기계적 필룸을 차례차례 높은 단계로 '횡단시키는' 것이었다고 할 수 있다. 근대 전쟁기계의 역사를 이렇게 각각의 단계별(무기, 전술, 전략, 병참)로 추적하면, 지휘관 업무의 자동화에서 컴퓨터 기술이 맡게 될 역할을 이해할 수 있을 것이다.

그럼 가장 낮은 단계인 전쟁 하드웨어 단계에서 시작해 단계별로 살펴보자. 소형화기의 기능은 우리 연구의 목적을 위해 세 가지 다른 구성요소, 혹은 '국면'으로 나눌 수 있다. 탄환이 총구로부터 발사될 때까지 일어나는 모든 사건을 포함한 추진국면, 탄환이 총구를 떠나는 순간부터 표적에 충돌하기 바로 전까지 일어나는 사건을 포함한 탄도국면, 그리고 마지막으로 표적에 충돌한 탄환의 효과를 묘사하는 충돌국면이 그것이다(우리의 목적에서 보자면 이 마지막 국면은 그 자체보다는 그것의 진화가 방어 기술의 발전에 미친 영향 면에서 특히 중요하다). 이 세 가지 국면들 각각은 분석상의 차이를 표현하며, 이로 인해 우리는 차례차례 다양한 컴퓨터 기술의 역사를 탐구할 수 있다.

군사적인 하드웨어를 살펴본 후 위계구조의 한 단계 위인 '전술'을 다룬다. 여기에서는 지휘관이 인간과 무기를 전술 대형으로 조립하는 다양한 형태를 추적할 것이다. 전술 단계에서 기계적 필룸은 '군사적 마찰'의 문제와 관련되어 있다. 이 '군사적 마찰'이라는 용어는 사고, 병목현상부터 부대 내부의 혹은 적의 저항 의지에 미치는 사기의 효과에 이르기까지 모든 문제를 포괄한다.

이 위계구조의 다음 단계인 전략의 역사에 이르면 우리는 19세기의 지형 모델(relief models)에서 오늘날의 컴퓨터화한 시스템에 이르는 현대 전쟁게임의 기술적 진화를 보게 될 것이다. 이로 인해 기계적 필룸의 다른 측면을 고민할 수 있을 것이다. 예를 들어, 종전 협상에 참가하는 두 명 이상의 사람들은 하나의 동역학계를 형성한다. 기계적 필룸이 주어진 (원자, 세포, 혹은 곤충의) 개체군을 '횡단하면' 카오스에서 질서가 창발하듯이, 협상하는 존재들의 갈등에서 협력이 자발적으로 창발한다. 이런 측면에서 전쟁게임은 핵무기 협상 분야에서 협력의 길을 인위적으로 차단하는 역할로 등장할 것이다.

마지막으로 나는 위계구조의 가장 높은 단계를 다룰 것이며, 여기에서는 역사상의 여러 군대의 전시 물류 조달 체계뿐만 아니라, 나중에 군산복합체로 진화하는 평화 시 물류의 발전을 탐구할 것이다. 여기에서 나는 물자와 정보가 흘러야만 하는 (철도, 전화, 컴퓨터든 간에 모든) 네트워크를 조직할 때 군대가 직면하는 일반적인 문제를 분석할 것이다. 이것들도 동역학계이며, 그렇기에 일반적으로 말하는 특이점이 지배하며 새로운 거동 형태를 출현시킨다.

가장 낮은 단계인 소형화기 제조 단계에서 근대적 군대를 조직하는 각각의 단계를 조사해 보자.

추진력(Propulsion)

발사기관의 작동방식은 세 가지 각기 다른 국면으로 나눌 수 있다. ① 추진 국면: 이 과정에서 탄환에 추진과 방향이 주어진다. ② 탄도 국면: 발사된 비행체의 궤적에 작용하는 사건과 관계가 있다. ③ 충돌 국면: 탄환이 표적에 주는 결과에 대한 것이다.

소형화기 제조에서 가장 중요한 것은 추진 국면이다. 이 국면의 사건은 모두 탄환이 무기 속에 있는 동안 일어난다. 다시 말해 그 사건이란 화약의 점화, 기체의 밀폐로 인해 탄환을 발사시키는 폭발, 더 나은 비행 특성을 만드는 탄환의 회전 등을 말한다. 좀더 기술적인 용어로 추진 국면은 연료 공급, 점화, 유도라는 세 가지 다른 메커니즘의 진화와 관계가 있다. 결국 이러한 메커니즘은 각각 '특이점'으로 지칭한 물질과 에너지 흐름에서의 임계점과 연관이 있다. 즉, '점화'의 특징인 초음속 충격파의 발생, '폭발'을 결정하는 닫힌 공간 내의 화약기체의 압력 한계, 탄환의 공기역학적 특성을 비응집성에서 응집성으로 바꾸는 최소 회전수인 회전의 한계치 등이 그것이다.

추진 국면을 더 잘 이해하기 위해서 앞서 언급한 무기의 장전 동작에 대응하는 '연료 공급', 방아쇠를 당기는 동작에 해당하는 '점화',

탄환에 어느 정도 분명한 방향성을 주는 '유도'라는 세 가지 요소, 혹은 메커니즘으로 다시 나누어도 괜찮을 것이다.

이러한 기능을 위한 각각의 메커니즘은 독립적으로 진화되었고, 보통 다른 장인들에 의해서 만들어졌다. 그러나 19세기 강선의 등장으로 이루어진 소형화기의 완전한 발달은 세 가지 요소 모두의 밀접한 관계에 달려 있었다. 결국 이러한 메커니즘은 원추탄이 태어나기 전까지 어느 정도의 통합을 이뤄야만 했다.

최초의 소형화기인 14세기의 수포(hand cannon)는 이 세 가지 기능을 위한 구체적인 메커니즘은 없었다. 강선이 없는 포신이 유일한 유도 메커니즘 역할을 했고, 나머지 과정은 인간의 사격술에 의존했다. 연료 공급 기능도 총구 혹은 총미 장전인 장전 절차와 화약 특성에 대한 발견적인 노하우에 의존했다. 초기의 수포는 점화 메커니즘마저 없었다. 포병수는 도화선에 점화하기 위해서 왼손을 이용해야만 했고, 이런 이유로 이 형태의 무기는 그 후 발전이 더디었다. 1424년이 되자,

점화를 위한 최초의 기계 장치가 등장한다. 그때까지 수포는 기본적으로 한 손 무기여서 크기에 제한이 있었다······ 다른 손은 불붙은 화약심지를 화구에 넣기 위해서 자유롭게 둘 필요가 있었다. 이 점을 고려하면 초기의 수포는 제어가 불가능할 정도의 반동을 피하기 위해 중량이 구경에 비해 무거울 수밖에 없었다. 총신의 길이도 편의성을 고려해 제한되었기에 포병수가 두 개의 팔로 겨누거나 총을 지지하려면 방아쇠 작동의 '서펀틴'(serpentin), 즉, 화승을 잡고 있는 용두가 개발되어 응용될 때까지 기다려야만 했다. ······ 점화 조작을 손

가락으로 하는 장치의 응용은 수포라는 기초 단계에서 진정한 총이 발전해 나오는 지점으로 여길 수도 있다. 이것은 이제 화승총이 된다.[25]

화승총은 최초의 기계적 점화 메커니즘이었으나, 아직 자동식은 아니었다. 점화 메커니즘의 개선이란 특정 물질의 발화 현상을 결정하는 특이점을 추적하는 것과 관련이 있었다. 처음은 황철석(바퀴식 격발장치), 다음은 부싯돌(부싯돌식 격발장치), 그리고 한참 지나 금속성 뇌산염(뇌관식 격발장치) 식이었다. 처음 두 가지, 즉 바퀴식과 부싯돌식 격발장치의 원리는 비슷했는데, 둘 다 철을 이용해서 물질에 힘을 가한 다음 연속적인 불꽃을 일으켰기 때문이다. 그러나 황철석과 부싯돌의 '발화 현상'은 다르다. 황철석은 비교적 적당한 압력에서 비비거나 두들길 때 가장 잘 불꽃을 튀기는 반면 부싯돌은 강철로 때리면 그 충격으로 불꽃을 일으킨다. 이러한 물질에서 불꽃의 방출을 지배하는 비선형성은 시행착오와 메커니즘 설계의 점진적인 개선에 의해 추적되었을 것이다. 다음 단계는 또 다른 특이점, 즉, 금속성 뇌산염의 발화 문턱을 결정하는 특이점의 발견으로 이뤄졌다. 이 특이점은 매우 민감해서 불꽃 없이 [금속에] 부딪히는 것만으로도 현실화될 수 있었다. 이로 인해 뇌관식 격발장치의 발명이 가능했다.

뇌산염의 폭발 현상은 한 세기 전부터 알려져 왔지만, 발사화약으로서 이용하기에는 너무 위험했다. 그러자 1807년에 알렉산더 포사이스는 화약을 대체할 연료가 아니라 점화 메커니즘을 위해서 뇌산염의 힘을 길들였다. 흑색 화약의 경우 연소 가스의 압력이 높아지도록 밀폐하지 않으면 폭발은 발생하지 않는다. 반면 뇌산염은 밀폐하지 않아도 강력하게 폭발한다. 여기에는 두 개의 특이점이 있다. 하나는 압력 반응을 일으키는 문턱, 또 하나는 발화반응(즉, 에너지를 방출하는 화학반응에 의한 초음속 충격파의 방출)을 일으키는 문턱이다. 폭발하는 물질의 힘은 나중에 탄환에 통합되어 19세기 후반의 철근 콘크리트 요새를 파괴할 때 필요한 높은 폭발력을 갖춘 무기를 낳았다. 그러나 폭발하는 충격파의 실제 거동은 제2차 세계대전이 되어야 이해되었다. 맨해튼 계획의 일부로 내파를 통한 플루토늄의 점화를 위해 고폭 렌즈가 설계되어야 했기 때문이다. 이 고폭 렌즈는 내부에 충격파의 정확한 모양을 수학적으로 설계해 놓은 최초의 장치였다. 이전에도 물질의 거동을 제어하는 방법을 경험적으로 충분히 배웠지만, 폭발 과학은 직감과 우연에 따라 진행되었다.

추진 국면의 연료 공급 부분은 점화 메커니즘보다 더 늦게 진화했다. 문제는 총구 장전과 총미 장전 무기 중 선택하는 것이었다. 총미 장전 무기가 결국에는 경쟁에서 승리했지만, 흑색화약의 특이점으로 인해 오랫동안 총구 장전이 우월한 설계로 인정받았다. 화약 연료를 폭발시키기 위해 그 기체를 밀폐해야 했기 때문에, 무기의 뒤쪽으로 추진 기체의 일부를 배출할 수밖에 없는 총미 장전은 금속제 탄약통이 발달하기까지 인정을 받지 못했다.

아무리 총미의 설계가 완전해도 금속제 탄약통의 자가 가스 봉합 장치가 진화되지 않으면, 전혀 쓸모가 없었다. 그러나 그것이 진화하자마자 총미 메커니즘은 단지 상대 강도, 조작의 용이성, 그리고 무엇보다도 임의검사에서의 신뢰성만이 문제가 되었다.[26]

몇 세기에 걸쳐 전장을 지배한 총구 장전 무기는 자취를 감추었다. 크림 전쟁은 총구 장전으로 싸운 마지막 유럽 전쟁이었다. 미국 남북전쟁 때는 양쪽 모두 사용되었고, 1870~1871년 보불 전쟁부터는 모든 병사가 총미 장전 무기를 이용했다.

추진 국면의 세번째 요소인 유도 메커니즘은 연료 공급 부품의 진화에 의존했다. 정확한 강선 무기는 총미에서 탄환을 삽입하는 만족스런 설계가 이뤄질 때까지 발전할 수가 없었다. 강선 총신은 활강 총신과는 달리 탄환에 회전을 주는 나선형 홈이 있다. 총구 장전은 이 나선형 홈의 반대로 들어가기에 골치 아픈 데다가 실제의 발사 속도를 떨어뜨렸다. 군은 회전식 총알의 개선된 비행 특성 덕분에 정확도가 향상된다는 사실을 깨달았지만, 19세기 중반까지 정확도라는 말은 그들의 전술에 없었다. 소형화기는 탄환의 장막을 만들기 위해서 집단 사격에 이용되었고 정확한 사격은 식민지 전쟁을 제외하면 거의 필요가 없었다.[27]

유도 메커니즘의 발전을 위한 주요 압력은 사냥꾼과 결투자로부터 왔다. 결투용 총은 거의 완벽한 수준의 정확도를 이루었고, 다른 두 가지 메커니즘의 작은 개선을 위해서 실험할 여지도 남겨두었다. 예를 들어, 뇌관형 점화 방식은 오래된 부싯돌 방식보다 몇 분의 1초 정도 빠를 뿐이지만, 결투에서 그 정도는 삶과 죽음을 결정한다. 따라서 새로운 설계에 대한 틈새시장이 거기에서 생겨났다. 사냥 무기에서도 정확도에 대한 수요가 많았다. 이렇게 소총은 초기에는 군대와 관계 없는 곳에서 진화하기 시작했다.

유도 메커니즘에서 추적되어야 할 특이점은 탄환에 안정된 비행 특성을 주는 데 필요한 최소 회전수이다. 비행하는 공기에 따라 탄환의 속성이 무작위에서 응집성 있는 거동으로 자발적으로 변하는 회전의 문턱은 '공기역학적 추상기계'로 볼 수 있다. 다르게 말하면, 이것은 비응집성의 비행 거동을 보이는 발사체를 입력으로 해서 좋은 비행 특성을 가지는 비행체를 출력하는 기계이다. 유사하게 단발이 아닌 많은 산탄들을 쏘는 무기의 경우 총구를 떠날 때 산탄들 간의 상호작용을 지배하는 비선형성이 표적에 대한 분산 비율을 결정한다. 총기 장인은 표적에 산탄들이 수렴되게 탄환에 정확한 비행 특성을 주는 '집중추상기계'(concentrating abstract machine)가 필요했다.

이 특이점은 '총구에 가까워질수록 좁아지는'(choke boring) 형태로 실현되기 전부터 오랫동안 추적의 대상이었다.

아주 초기 단계부터 여러 나라의 다양한 총기 장인이 특정 지역에서 사격을 집중시키는 방법을 발견했다고 주장했다. …… 그렇게 집중된 산탄들의 비율은 매우 다양했다. 총신의 직경에서 1인치의 수천분의 1만 변화해도 매우 분명한 성능상의 차이가 생겼다. …… 초크는 총구에 도달하기 직전까지 총강의 직경을 단단히 조이는 식으로 생산됐다.[28]

초기 조건에 약간의 변화(즉, 초크의 작은 차이)를 주자 입자 체계의 거동이 비응집성에서 응집성으로, 분산에서 집중으로 변한다면 특이점이 근처에 있다는 강력한 증거이다.[29] 총기 장인은 이러한 특이점을 현실화하는 총강을 좁히는 정확한 양을 주의 깊게 결정했을 것이다.

소형화기의 역사는 세부적으로 훨씬 더 복잡하지만 추진 국면의 점화, 연료 공급, 유도라는 각각의 구성요소를 관장하는 이런 특이점과 그 외의 특이점들을 통해 그 개략적인 특징을 알 수 있다. 세 가지 메커니즘은 각각 오랫동안 다른 장인들에 의해 제조되어 각기 다른 압력 속에서 진화해 왔다. 추진 국면의 세 가지 부분은 천천히 수렴되어 금속제 탄약통으로 깔끔하게 소형화된 후, 점화·추진의 메커니즘과 함께 탄환들 자체를 포함한 작은 기계가 되었다. 이 결과 탄환의 모양도 진화해 갔다. 총구를 통해 빠르게 장전할 목적으로는 끝이 납작한 탄환이 가장 편리했고, 널리 이용됐다. 끝이 납작한 모양은 조악한 비행 특성을 만들었지만, 일제 사격의 시대에는 큰 문제가 되지 않았다. 세 가지 부분이 수렴된 덕분에 진정한 총미 장전을 이루자, 탄환의 형태는 자유롭게 진화했고, 최종적으로는 익숙한 원추형 모양이 되었다.

최종 형태를 획득하자, 원추탄은 몇 세기 동안 전장에서 가장 살상력이 높은 발명품임을 입증했다. 널리 이용된 수학적인 전쟁 모델의 개발자이며, 무기의 살상력을 수치화하는 분야에서의 선구자인 트레버 듀피(Trevor Dupuy)는 19세기에 전쟁을 조직하는 방식이 극적으로 변화한 것은 새로운 탄환 때문이라 여겼다.

이전이건 이후건 무기에 관한 다른 어떠한 기술적 변화도 전장에서 이것에 필적하거나, 직접 파악 가능한 즉각적인 효과를 보여 주지 못했다. …… 프랑스 혁명과 나폴레옹 전쟁 기간에 전쟁 사상자와 부상자의 50%, 혹은 그 이상이 포병에 의해 발생했다. 1860년 이후 19세기의 주요한 전쟁에서는 …… 사상자의 겨우 10%만이 포병에 의해 발생했다. …… 이것은 원추탄이 소총의 사거리와 정확도를 매우 크

게 향상시켜서 보병도 포병만큼 먼 곳까지 정확하게 사격할 수 있었기 때문이다.[30]

금속제 탄약통과 총미 장전식 소형화기의 발달은 전술상의 혁명을 일으켰으며 군지휘관들이 이 혁명을 제대로 이해하는 데 1백 년이 넘게 걸렸다. 소총의 출현으로 인해 전체 무기 제조 경제의 한 시대도 종말을 맞이했다. 개개인의 총기 장인이 했던 방식은 이제 군사 기술자들이 개척한 대량생산 기술로 대체되었으며, 이러한 현상은 19세기 초 미국의 무기고에서부터 시작되었다. 무기 제조 역사상 중요했던 이 순간을 보다 잘 이해하기 위해, 장인과 기술자로 대표되는 각기 다른 소형화기 제조 방법을 비교해 보자.

우선, 원료의 문제에 대해 생각해 보자. 대부분의 금속은 46억 년 동안 줄곧 땅속에 있었다. 그러나 만약 철이나 구리가 지구의 내핵에 갇혀 있거나, 지구 표면을 통해 흩어졌다면 금속이 인간의 역사에 그렇게 결정적인 영향을 주지는 못했을 것이다. 이런 금속은 위로 이동한 다음 원래 분포보다 수백만 배 이상의 높은 밀도로 농축되어야 했다.[31] 금속 매장지는 어떤 의미에서 자기 조직화한 제련에 의해 생겨났다. 다시 말해 마그마의 흐름이 금속을 지면으로 이동시키며, 거기서 강한 온도 변화가 금속들 자체를 특이점에 따라 분리시킨다(즉, 특정 순서에 따라 각각의 금속이 결정화한다). 지표 암석의 균열 네트워크(그 자체가 탄성과 소성 상태 사이의 분화인 특이점의 산물인)는 금속의 농축 과정을 돕고 매장지에 잘 알려진 광맥 형태를 부여한다. 장인들은 얼마간의 금속을 포함한 밝은 색 광물의 흔적을 단서로 암석의 무늬와 같은 숨길 수 없는 신호를 통해 지구 표면의 변화를 판독해서, 이러한 광맥의 위치를 찾아내야 한다.[32] 광맥의 위치를 밝혀내면, 장인들은 그 맥을 따라 곧게 파고들어 간다.

기계적 필룸을 추적하는 일은 물질의 다른 조합으로 '창발적 속성'을 발견하는 것도 포함한다. 즉, 부분의 조립체에서 떠오르는, 개별적인 부분에는 없던 물리적 특성을 발견하는 것이다. 이것은 금속의 경우 합금의 협력적 속성(synergistic properties)을 지칭한다. 대포의 역사에서 중요한 재료인 청동은 동과 주석의 혼합이지만, 그 인장 강도는 각각의 강도를 더한 것보다 크다. 실험을 통해 창발적 속성을 낳는 올바른 성분 배합을 찾는 것은 이 기계적 필룸을 따르는 또 다른 형태이다.[33]

결국 장인은 금속을 어떤 형태로 작업할 때, 주어진 물질의 우발성과 국지적 변화를 따라야 한다. 장인은 생산된 최종 형태에서 물질이 결정권을 갖도록 해야 한다. 이것은 물질과 다투는 게 아니라 물질에 순응하는 방식으로 연장을 사용하면서 금속과 감각적으로 상호작용함을 의미한다. 야금학자 스탠리 스미스(Stanley Smith)는 말한다.

실제로 눈에 익은 금속들, 그리고 숯불을 이용해 발견되었을 수 있었던 금속과 합금에 관한 모든 것이 발견되었고, 어느 정도는 사용되고 있었다. 이것은 고대 그리스의 철학자가 그것들을 설명할 방법을 찾아내기 시작했을 때보다 적어도 1천 년 전의 일이었다. 그것들은 감각적으로 획득된 것이기에 지적인 지식은 아니었으나, 19세기 말까지 지속적으로, 전쟁, 예술, 공학 등 인간이 필요로 하는 거의 모든 것을 제공하는 다양한 소재를 생산했다. …… 심미적인 동기로 인한 호기심이야말로 발견의 가장 중요한 자극이었던 것처럼 보인다. ……

물질의 속성에 관한 이 감각적 깨달음은 그것을 형식적으로 통합한 도교와 선불교의 철학보다 훨씬 앞섰다.[34]

물론 금속을 다루기 위한 불의 사용은 총기 장인이 특정 무기를 만들기 위해 이용한 다양한 '불을 다루는 기술'(pyrotechinics)의 하나일 뿐이다. 화약과 같은 가연성 물질의 속성 역시 탐구되어야만 했다. 다시 말해 가공 전 원료 광상(鑛床)의 위치, 조사한 배합의 올바른 비율, 최상의 폭발이 일어나는 형태 등이 그것이다. 폭발이나 폭굉을 자기 조직화 사건으로 여긴다면, 그때 장인의 임무는 가장 순수한 방법으로 이 특이점을 현실화하는 것으로 볼 수 있다. 대포의 탄생(1320년경) 이후 한 세기 넘게 현실화된 폭발은 사실상 매우 약했으며, 이것은 대포가 경쟁상대인 쇠뇌와 투석기보다 발사체 (던지기) 기계로서 열등하다는 것을 의미했다. 대포를 성공시킨 것은 화약의 또 다른 표현특질 때문이었다. 즉, 폭발 시에 발생하는 굉음이 적의 사기에 큰 영향을 주었던 것이다.

장인들은 계속해서 더 강력한 폭발을 얻기 위해 필름을 추적해야만 했다. 우선 화약의 성분을 만들어야 했다. 주요 성분인 초석은 동물의 똥이나 석회, 오줌이 섞인 특정의 흙 속에서 발견된 박테리아가 상호작용하며 자연스럽게 생산된다. 장인은 시행착오를 통해서 이 화학반응을 일으키는 방법을 배우거나, 아니면 그것을 모으기 위해서 마구간과 다른 매립지에 가야 했다. 다음에는 화약의 세 가지 성분(초석, 유황, 목탄)을 올바른 비율로 배합하는 문제가 있다. 로저 베이컨(Roger Bacon)의 최초 공식(초석 41%, 유황 29.5%, 목탄 29.5%)에서 현재의 공식(초석 75%, 유황 10%, 목탄 15%)에 이르기까지 수많은 관련 실험들이 행해졌다. 그다음에 이러한 성분을 섞는 방법에 대한 문제가 남았다. 한 세기 동안 성분들은 분쇄된 후, 가루 상태로 혼합되었다. 이로 인해 그 가루들은 비교적 천천히 연소되어 폭발력을 감소시켰다. 그 때문에 사이마다 공기의 틈새를 만들어 빠른 연소가 가능하게 하기 위해서는 알갱이 형태의 화약을 만들어야 했다. 이것은 (이번에도 순전히 경험을 통해) 젖은 상태에서 성분들을 혼합하는 것으로 해결되었다. 성분들이 상전이를 거치면서 건조해지자, 갈아서 알갱이가 될 수 있는 딱딱한 덩어리 상태가 되었다. 그리고 마지막으로 대포의 모양은 폭발 형태를 잘 따르도록 만들어져야 했다. 즉, 폭발이 일어나는, 그래서 최대압력이 누적되는 위험 부분은 두껍게 만들어져야 했다. 그러면 낮아지는 압력에 따라 포금의 두께는 포구로 갈수록 얇아질 수 있다. 이런 다양한 의미에서 기계적 필룸을 감각적으로 따라야 했고, 또 그 물질 자체가 생산된 마지막 형태에서 자신의 결정권을 갖도록 허용해야 했다.

19세기 초 장인의 기술에서 필수적이었던 물질과의 감각적인 관계는 점점 기계화된 제조로 대체되었다. 우리는 모두 수작업의 색다른 형태와 대량생산품의 표준화된 형태의 차이를 잘 알고 있다. 그다지 알려지지는 않았지만 바로 제조법에서 이런 변화를 일으킨 원동력은 민간이 아니라 군에서 나왔다. 제조 관리 기준의 표준화와 정형화가 최초로 도입된 것은 바로 프랑스와 미국의 무기 공장이었다. 사실상 완벽히 교환 가능한 부품으로 무기를 만들려는 19세기의 군사적 움직임으로 인해 노동 과정의 합리화 시대가 시작되었다. 이 기간 동안 무기 공장에서 발전된 지휘 체계는 '과학적 경영' 기법의 형태로 나중에 민간 분야에 수출된다. 이러한 규격화의 추구는 그 배후에 무기의 수리, 조달, 공급이라는 문제들을 포함한 병참 분야의 요구가 있었다.

비록 프랑스의 군사 기술자 장 밥티스트 그리보발이 최초로 개발한 병참 분야의 흐름은 유럽에서 시작했지만, 완전히 제도화된 것은 미국의 무기 공장과 무기고에서였다. 미군은 규격화된 무기의 부족으로 병참에서의 악몽을 경험했고, 이로 인해 미국 군대는 1812년 전쟁에서 거의 대부분을 잃었다. 제조 과정의 군사화를 향한 움직임은 곧 포병 분과의 우선과제가 되었다.

지형관청과 기술자 부대에 관한 많은 기록이 남아 있는데, 그들의 광범위한 탐구, 측지학적 조사, 그리고 건설 활동은 민간의 업무를 넓고 다양하게 했을 뿐만 아니라, 과학적 자료들을 놀라울 정도로 축적시켰다. 그러나 미 군수부(Ordnace Department)의 공적, 특히 19세기의 위대한 기술적 성과로 잘 알려진 제조의 '미국식 시스템'에 대해서는 전혀 알려지지 않았다. …… 다시 말해 이 시스템은 노동 분업[의 구체적인 패턴—인용자]과 교환 가능한 부품을 가진 소형화기 제조에서 기계의 응용을 의미한다.[35]

미 군수부는 규격성을 확보하기 위해 기술공학적 전략을 설계하는 것만으로는 충분치 않으며, 조종과 감시의 지속적인 과정도 필요하다는 사실을 깨달았다. 1839년까지 이 계획의 개요는 성문화되었고, 군사 기술의 진화를 유도하기 위해 연구 개발 체계가 남북전쟁이 일어나기 여러 해 전에 만들어졌다.[36] 이러한 감시 업무를 행하는 표준적인 장치는 나중에 계약 제도를 통해 민간 산업으로 전달되었다.

물품의 흐름을 제어하는 엄격한 회계 방법은 초기의 철도망에서 군사 기술자들에 의해 더욱 발전되었다. 무기고와 철도에 공통되는 광대한 지리 공간을 감시하는 문제는 흐름을 제어하는 지식을 낳았으며, 이것은 규모와 복잡성으로 인해 민간 분야에는 알려지지 않은 것들이었다. 군은 흐름을 관리하는 절차의 개발뿐만 아니라, 품질 관리 절차를 수행할 필요가 있었다. 따라서 19세기의 군 질서는 금속제의 측정기와 지그, 패턴과 고정구의 형태로 '철 속에 동결'되었고, 특이점을 추적하던 인간의 기술은 무기 부품에 균질한 속성을 주기 위해서 표준화된 절차에 자리를 내주었다. 이로 인해 그들은 지휘 구조를 작업 현장의 업무 관계뿐만 아니라 제조 과정의 다양한 분야로까지 확장할 수 있었다.

군은 인간의 기술에 의지하는 것을 피하려 했으며, 금속의 특이한 속성이 아니라 오히려 균질한 속성을 과학적으로 연구하기 시작했다. 주어진 금속 조각의 국지적인 우연을 쫓아 특정 모양을 만들어 내는 것은, 변이의 모든 선을 횡단하여 강제로 '규격화된 모양'을 보장하는 구조로 대체되었다.

[대포 설계를 규격화하는 경우—인용자] 가장 큰 어려움은 더욱 규격화된 대포 제작법을 찾는 것이다. 흥미롭게도 이 문제의 해결은 철의 '규격화된' 속성을 정의하기 위해 군수부가 오랜 기간 진행한 조사와 관련이 있다. …… 더 규격화된 주조법을 찾기 위한 탐구는 거의 20년 동안 진행되었으며, 이 연구는 소재의 강도에 관해 별개지만 관련된 몇 가지 문제들을 다루었다. 이 조사는 [윌리엄 웨이드William Wade라는 군수 장교의 지휘 아래—인용자] 1841년 봄부터 시작되었다.

…… 웨이드는 계속되는 10년 동안, 그리고 1854년 은퇴할 때까지는 간헐적으로 수많은 시간을 써가면서 대포의 비교 시험을 지휘했고, 다양한 측정기와 시험기계를 제작했으며, 파단(破斷)된 철의 샘플을 조사하면서 철의 신장, 뒤틀림, 횡단 강도, 그 각각의 비중, 그리고 연속 사격시의 내구성 간의 상관관계를 입증하려고 노력했다.[37]

그러나 소재에 대한 기술공학은 무기 장인으로부터 그런 과정의 통제권을 빼앗기에는 역부족이었다. 그들의 신체는 지휘 규범에 확실히 순종하도록 교묘하게 운영되어야만 했다. 또한 그들의 기술은 그들의 신체로부터 추출되어 기계에 이전되어야만 했다. 이와 같이 노동 과정을 통제하기 위한 긴 전쟁이 미국의 무기 공장에서 시작되었다. 차례차례 중계지 ──그중에 19세기 후반 무기고에서 '테일러주의'의 발전은 막대한 중요성을 갖고 있었다──를 거쳐 컴퓨터의 시대가 도래했다. 지난 세기의 규격화 열망을 현대적으로 재현한 것은 1950년대에 공군 기금으로 연구된 수치 제어(Numerical Control) 체계였다. 한국 전쟁은 이런 흐름에 불을 붙였고, 이로 인해 부품 사양은 수학적 정보로 전환되었다.

수치 제어 혁명의 설계자들이 갖고 있는 비전은 복잡한 부품의 자동 기계화 그 이상의 것이었다. 다시 말해 인간의 개입은 배제 ──지휘 계통의 단축── 되었고, 남은 인력도 비숙련, 단순반복, 그리고 세밀히 조정된 작업으로 축소되었다……. 수치 제어는 [19세기의 규격화 열망과─인용자] 유사한 방향으로의 커다란 전진이었다. 이제 경영진은 노동자를 무시하고, 테이프 혹은 컴퓨터와 직접 연결을 통해 기

계와 바로 소통할 수 있었다. 이때부터 기계는 스스로 노동자를 조정하거나 훈육할 수 있게 되었다.[38]

무기 조달과 공급이라는 병참 문제에 대한 당시의 군사적 해법이 가장 효율적인 것은 아니었다는 사실에 주목해 보자. 인간의 기술과 컴퓨터의 능력을 다른 방식들로 연결하려는 경쟁 기술들도 있었으나, 수치 제어 기술에 의해 밀려났다. 대안적인 인간-기계 인터페이스는 병참 체계에 필요한 지휘 및 통제를 허락하지 않았기 때문이다. 수치 제어가 최선의 방법이 아니라는 것은 오늘날 제일 값싸고 효율적인 방법에 집중한 독일과 일본이 생산력 면에서 이제 미국을 앞질렀다는 사실에서 알 수 있다. 그 결과 1978년, 미국은 19세기 들어 처음으로 기계 장비의 순 수입국이 되었다.[39]

여기서의 문제는 특정 산업제품의 생산이 아니다. 예를 들어 나폴레옹이 초창기의 통조림 식품 산업을 지원한 것은 군사 분야뿐만 아니라 민간 부문에도 이익을 주었으며, 군에서 시작된 다른 제품들의 경우에도 마찬가지였다. 문제는 제품들의 이동이 아니라 산업 과정의 민간 분야로의 이전이다. 제품의 차원에서 미군이 시작한 규격화의 움직임은 거의 영향을 주지 못했다. 완전히 교환 가능한 부품으로 이루어진 제품에 대한 수요가 민간 시장에는 아주 적었다. 그러한 제품을 만들기 위한 기계화된 공정은 그것이 도입됨과 동시에, 지휘 및 통제의 기반까지 전부 민간 산업에 이전되었다. 군은 이러한 방법을 공급자에게 강요하는 계약 체계를 이용해서 자본 집약 수단, 중앙 집권화된 의사 결정, 치밀한 감시와 감독 작업에 전념했다. 그리고 천천히 이러한 방법을 원래의 무기 공급 부문에서 다른 산업 부문까지

확대해 갔다.[40]

수치 제어라는 체계는 완벽히 컴퓨터로 제어되는 공장이라는 공군의 꿈에서 확실히 하나의 요소에 불과했다. 그러나 문제는 컴퓨터 자동화 그 자체만은 아니다. 소형 컴퓨터의 탄생으로 인해 이론상 노동자는 기계에 대한 프로그램이나 편집을 맡아야 하며, 그 과정에서 다시 어느 정도의 통제력을 발휘할 수 있게 된다. 그러나 군은 이것을 포함한 다른 기술적 가능성들을 가로막았는데 대안적인 인간-기계 인터페이스가 군이 병참을 확실히 장악하는 데 위협이 된다고 보기 때문이었다. 지난 두 차례의 세계대전은 산업력을 동원하는 능력이 최대인 국가가 승리를 얻는다는 사실을 보여 줬다. 전쟁은 전술이나 전략의 개발보다는 방대한 물류를 통합하려는 노력에 더 좌우되기 시작했다. 그리고 평화 시의 생산에 엄격한 지휘 통제 기반을 강제하는 것은 전시하의 자원의 동원을 위한 최선의 방법으로 보였다. 생산성을 향상시킬 가능성이야 있겠지만 컴퓨터와의 창조적 상호작용은 냉전시대를 특징짓는 영원한 전투준비 상태에는 위협일 것이다.

이러한 몇 가지 방법으로 군은 기계적 필룸의 난류적 에너지를 어떻게든 자기 자신의 일정한 흐름으로 억누르는 데 성공한다. 금속, 폭발물 그리고 다른 소재들에 '거주'하는 특이점의 형태 발생적 잠재성은 물질에서 균일한 현상을 확보하는 방법에 종속당했다. 한때 장인들이 특이점의 형태 형성 능력을 이용하기 위해서 사용했던 추적 기술도 표준 시험이나 측정 절차를 비롯해, 금속 측정기와 지그 형태에 있는 '고정된 명령'으로 대체되었다. 장전, 조준, 발사라는 조작을 포함한 발사 무기의 추진 국면은 제조 공정에서는 완전히 자동화되었다. 그러나 무기 조작이 완전히 자동화된 것은 열추적 미사일과 컴퓨터로 제어된 유도, 그리고 순항 체계가 개발되고 나서이다. 그러나 이 것과 그 외의 발전 단계는 발사 무기의 작용에 관한 다른 국면에 속한 다. 다시 말해 비행 순간이나 탄도 국면을 의미한다.

비행(Flight)

방금 살펴본 추진 국면의 구성요소는 소총이나 기관총 같은 한 대의 물리적인 기계에 통합되는 일련의 메커니즘을 형성한다. 총구로부터 탄환이 나오는 순간에서 표적에 부딪히기 직전까지 해당하는 탄도 국 면은 다른 종류의 '기계', 즉, 비행하는 강체와 그것이 통과하는 점성 이 있는 매질(물이나 공기 등)로 구성된 하나의 동역학계이다. 추진 국 면의 분석에서는 비행체를 대포로부터 추진시키는 과정을 다뤘다면 탄도 국면에서는 비행하는 물체의 궤도에 영향을 주는 사건을 다룬 다. 강체와 그것이 통과하는 매질로 이루어진 동역학계는 매우 단순 하게 보일 수 있지만, 난류의 효과(예를 들어 공기 저항 효과)를 덧붙 이면, 놀랄 만한 다채로운 거동을 나타낼 수 있다. 하지만 공기 저항과 마찰의 효과는 전통적으로 무시되어 왔으며, 동역학계는 [그 위에] 미 분학 같은 도구를 이용해 수학적으로 모델화되었다. 미분의 조작요원 들은 미사일 궤도의 연구에는 빠뜨려서는 안 되는 존재이며, 따라서 이러한 조작요원들의 기계적 버전을 만드는 과정이 군과 밀접한 관계 를 갖고 있었다고 해도 놀라운 일이 아니다. 기계적인 계산기뿐만 아 니라 그것을 조작하는 남녀로 이루어진 병사도 포함된 초기의 컴퓨터 는 정확한 미사일 궤도의 계산업무를 맡고 있는 포병수를 돕기 위해 대포의 사정거리표 제작에 널리 이용되었다.

이 절에서는 대포의 사정거리표를 작성하는 과정의 기계화 배후에 있는 군사적 압력에 대해 탐구할 것이다. 또 표가 작성되면 조준을 맞추기 위해서 표에 기입된 수치를 직접 이용하는 소형 컴퓨터('건 디렉터'gun director)에 의해 포병수의 작업이 어떻게 자동화되는지도 살펴볼 것이다. 우리는 아마 지능의 원초적 형태는 포병수의 신체로부터 발사대로 '이주'했다고 말할 수 있을 것이다. 이러한 이주는 디지털 컴퓨터의 발전과 함께 한 단계 더 발전했으며, 기계지능은 발사체 자체에까지 도달해 마침내 미사일이 자신의 궤도를 계산하는 현재의 자동유도 미사일 세대에서 정점에 이른다.

추진 국면을 탐구했을 때, 군사 기술자의 모습을 소형화기 제조의 자동화를 일으킨 에이전트로 암시했다. 이런 성격은 미사일 궤도의 계산을 자동화하고, 이 [계산] 능력을 발사체에까지 이식하는 역할에서 완전히 정점에 이른 것으로 보인다. 탄도 연구를 위한 컴퓨터 개발 배후의 원동력 중 하나는 지난 세계대전 동안 미국의 과학적 자원을 동원하는 데 앞장선 통찰력 있는 기술관료 버니바 부시(Vannevar Bush)였다. 제2차 세계대전 때 부시가 만든 기관(OSRD, 과학 연구 개발국)은 서로를 종종 수상해하던 두 집단을 연결하는 다리 역할을 했다. 여기서 한 집단은 발명가와 과학자들의 집단이고, 또 다른 집단은 전사들의 집단이다.

초기의 군사 기술자(military engineer)는 요새를 쌓아 올리고 대포 무기를 설계했다. (그들의 전문분야는 이름 그대로 [구성된 것을] 파괴하는 기계engine of destruction를 만드는 것이다.) 그러나 전쟁기계에서의 기능적 역할 외에, 그들은 과학과 전쟁의 언어를 매개하는 '번역자'로서의 역할을 했다. 결정적인 전투의 발발이 무기 체계의 미래를 정할 수도 있겠지만, 대부분의 경우 그것은 새로운 기술이 군에 통합되는 점진적인 흡수의 과정이다. 예를 들어 미 해군의 무선 통신 기술이 그런 경우이다. 해군은 무선을 이용한 지휘의 도입에 반대했는데, 이런 신기술이 외국인(마르코니Guglielmo Marconi)에 의한 것일 뿐만 아니라 해상 지휘의 전통적 자율성을 위협했기 때문이다.

무선 사용에 대한 해군의 태도는 1900년대 초기와 1917년 사이에 극적으로 변화했다. 20년 가까운 세월에 의해 멀어진 각각의 입장은 기술적·제도적 적용이라는 순탄치 않은 과정을 거쳐 연결되었다. 이런 적응의 본질은 무엇이며, 어떻게 일어난 것일까? …… 휴 에이킨 (Hugh Aitken)은 기술적 불확실성이 컸던 시대나 과학·기술의 영역과 경제 분야의 정보 교환이 관료화되기 전 시대에는 그가 '번역자' 라 부르는 개인들이 각자의 지향이 다르거나, 때때로 서로를 적대시 했던 사회 영역들 간에 정보를 전달했었다고 주장한다. 번역자는 한 분야 이상의 언어와 기술을 이해하는 '이중 언어 구사자'로 이런 재능 덕분에 그들은 혁신 과정에 꼭 필요한 존재가 되었다.[41]

발사 무기의 추진 국면을 탐구했을 때, 소형화기 제조를 자동화 하려면 어떤 힘들을 길들여야 하는지 이해하기 위해 우선 관련된 기계적 필름의 요소들을 묘사하는 것에서 시작했다. 이제 살펴볼 탄도 국면과 관련된 특이점들의 간략한 개관은 미사일 궤도 계산의 자동화 배후에 있는 제도적인 압력을 보다 잘 이해시켜 줄 것이다. 탄도의 특이점은 대부분 비행체의 거동이 갑작스럽게 변화하는 지점인 속력의 문턱으로 나타난다. 1940년대 공군의 많은 시험 비행사들이 이러한 특이점의 하나인 음속 장벽에 부딪혔다. 이 특이점에서는 운동하는 물체, 지금의 경우에는 비행기의 날개가 비행의 유지를 위해 순간적으로 더 많은 에너지를 요구하는 충격파 형태의 에너지를 방출하기 시작한다. 비행기의 속도가 문턱에 도달했을 때, 이 잉여 에너지를 공급할 수 없으면 추락은 피할 수 없다. [충격파만큼] 급격하지는 않지만, 마찬가지로 중요한 변화를 다양한 속도로 진행되는 동물의 이동현상에서 볼 수 있다. 육상의 이동에서 걷기, 빨리 걷기, 달리기로의 걸음걸이 변화는 각 종이 가지고 있는 고유한 속도의 임계점에서 일어난다. 날거나 헤엄치는 기관도 마찬가지이다. 이러한 임계점은 절대속도의 문턱이 아니라, 매질의 점도에 비례하는 이동체의 속도라는 특수한 상대속도의 문턱이며, 이것은 레이놀즈 수(Reynolds number)로 측정된다.[42]

　레이놀즈 수는 운동체의 관성력과 그것이 통과하는 매질의 점성력이라는 두 개의 힘의 단순 비율이다. 그러나 그것은 그 나름대로 물체-유체-흐름이라는 상황의 전체를 파악하고 있다. 레이놀즈 수는 무기 연구에서 특히 중요한데, 실제로 매질 속에서 경험하게 되는 저항의 현실적인 양을 알기 위해서는 더 작은 규모로 특정 탄환이나 운송수단의 현실적인 모델을 제작해야 하기 때문이다.

　예를 [하나―인용자] 들자면 잠수함의 문제가 있는데, 이 문제에서는 저항 계수가 레이놀즈 수 고유의 함수로 발견되었다. 같은 레이놀즈 수를 가지는 기하학적으로 유사한 잠수함은 같은 저항 계수를 가질 뿐만 아니라 선체 주위에 같은 유선형 패턴도 가지며, 그 표면은 같은 (수치의) 압력 패턴으로 감싸여져 있다.[43]

레이놀즈 수(그리고 관성력과 중력의 비율인 프루드 수와 같은 다른 '무차원' 수들)는 기계적 필룸과 매우 친밀한 관계를 갖고 있다. 이러한 무차원수는 자기 조직화 과정의 특이점들을 확인하는 데 사용될 수 있다. 예를 들어 난류가 출현하는 특이점은 레이놀즈 수 2100에서 일어난다. 보다 일반적으로 이러한 '상대속도'의 문턱은 계층구조와 흐르는 매질을 가로질러 세계를 영역들로 분할한다. 이러한 영역에서는 오직 특정한 동물 이동 기관만이 발달할 수 있다. 그러나 한 영역에서의 특정 설계의 진화적인 성공이 다른 영역에서의 적응도를 함축하는 것은 아니다. "정자가 고래처럼 헤엄친다면, 아무 성과가 없을 것이다. 왜냐하면 그것의 낮은 레이놀즈 수를 고려해 볼 때, 추진을 위해 물의 관성을 사용할 수 없기 때문이다. …… 비슷한 이유로 각다귀는 독수리처럼 활공할 수 없다."[44] 날개의 설계와 비행 기술, 추진기의 설계와 수영 기술 등, 지구상의 모든 생물학적 기관들이 이러한 문턱을 좇아 진화해 왔다. 어떤 동물은 그것의 레이놀즈 수(혹은 프루드 수)가 할당한 영역의 선으로만 진화할 수도 있다. 크기가 큰 동물의 경우 관성력이 지배적일 것이며, 이동 기관의 설계는 어떻게 그 동물이 관성력을 잘 활용할 수 있는가에 의해 선택될 것이다. 한편 반대편의 끝에 있는 박테리아의 경우 헤엄치고 있는 매질의 점성력이 그들의 몸무게보다 우위를 차지하기에, 추진이나 활주가 아니라 모터를 항상 켜 놓은 채로 천천히 이동할 수 있도록 이동 메커니즘을 진화시켰다.

레이놀즈 수에 의한 속도의 문턱은 무기 기술의 행태도 좌우하며, 군에서 소규모의 모의실험을 위해 활발하게 이용된다. 그러나 속도는 전쟁기계와 더 직접적으로 관계가 있는 것처럼 보인다. 일부 전쟁 철학자들은 속도 속에서 전쟁기계의 본질을 깨달았다. 예를 들어 특정 속도의 문턱을 넘은 인간 집단은 그 집단을 잠재적인 전쟁기계로 만드는 공격력을 획득한다. 그러나 전쟁기계와 관련된 속도를 절대속도라고 생각해서는 안 된다. 반대로 전쟁에 한정해서 말하자면 상대속도만이 중요하다. 군대를 강력하게 보이도록 하는 것은 절대적인 진군 속도가 아니라, 적 세력의 진군 속도에 상대적인 전진 비율이다. 유사하게 전쟁에서 중요한 것은 의사소통 회로를 가로질러 전달되는 정보의 절대속도가 아니라 전개 중인 사건들에 대한 상대속도이다.

동물의 기관이 발달하는 속도의 중요성에서도 마찬가지다. 중요한 사실은 피식자에 대한 포식자의 속도이며, 그들 각각의 절대속도가 아니다. 이러한 연관된 변화 비율——포식자의 속도 증가가 피식자자신의 이동 기관을 바꾸도록 자극하는——은 생물학적인 기계적 필름의 발달에서 중요한 측면을 설명한다. 자연 속의 포식-피식 체계는 하나의 동역학계처럼 작동한다. 이 기관(engine)에서 두 종의 각각의 생물총량(bio-masses)은 수리 생태학의 단순한 방정식인 로트카 볼테라 공식에 의해 결합된다. 이 동역학계에서는 이 책의 군비 경쟁에 상당하는 자연 현상이 포식자와 피식자의 사이에서 전개된다. 그리고 동물학자인 리처드 도킨스(Richard Dawkins)에 의하면 갑옷/발톱, 시력/위장술과 같은 상호간의 자극이야말로 동물과 식물이 갖고 있는 고도로 발달된 복잡한 기관들을 설명할 수 있다.[45]

초기의 인간 사냥꾼은 자연 세계의 일부였기 때문에 이러한 동물의 기계적 필름과 결합되어 있었다. 사냥을 위한 초기의 도구나 습관은 동물의 기계적 필름에 상당하는 것으로부터 자연스럽게 점진적인 진화를 할 수도 있었다. 그러나 사냥 도구는 동물 진화의 일부로서 진쟁 무기가 되지 않았다. 도구를 무기로 바꾸는 전쟁기계는 전원생활의 경제 메커니즘처럼 사회적인 구성요소를 포함하며, 이런 일은 특히 인류의 역사에서 볼 수 있다. 마치 총기 장인이 먼저 특이점을 추적해 그것을 특정의 무기에 수렴시켜야만 했듯이, 유목민은 자연계에 있어서의 군비 경쟁의 결과(예를 들어, 말의 속력)를 찾아낸 다음 그러한 자연계의 진화를 인간이 관리한 종으로 대신해 그 결과를 도용해야 했다.

사냥-채집에서 농경 사회로의 이행은 엄청난 사건이었지만, 인간에게 그리 어려운 것은 아니었다. 변화를 완수하기 위해 그들은 우선 (이동성의 무리를 쫓는 유목민처럼) 길들이고자 하는 종의 행동에 자신의 행동을 적응시켜야 했다. 그런 다음 인간이 요구하는 방향으로 선택된 종의 적응이 속도를 낼 수 있도록 종들의 번식에 선택 압력을 가해야 했다. 그 결과 무작위적인 진화적 자연선택과 비교해서 훨씬 더 짧은 기간이 소요되었다. 인간의 후성적[문화적 —인용자] 과정은 아마도 약 1,000년부터 2,000년까지의 기간 정도일 것이며, 종 수준의 유전적 진화 과정과 비교하면 100배에서 1,000배 정도 빠를 것이다.[46)]

예를 들어 말과 같은 이동 기구는 진화의 원리를 따라서 자연스럽게 발달했다. 즉, 부분적으로는 레이놀즈 수(그리고 변이에 대한 다른 동역학적 압력)에 따라서 정해진 범위의 기능으로서 발달한 것이고, 또한 부분적으로는 포식자의 기관(그리고 다른 선택 압력)의 발달에 의한 자극 때문이다. 초기의 인간 사냥꾼에게 말은 사냥감이었고,

그런 면에서 단백질의 공급원으로 보였을지도 모른다. 그러나 초기의 인간 전사들에게 말은 무기, 즉, 소모가 가능한 연료 공급원이 아니라 주의 깊은 사육으로 개선이 가능한 운송수단이었다. 유목민은 지구력, 용맹함, 속도를 인위적으로 선택해서 개선시킨 특별한 혈통의 말을 탄생시켰다. 전쟁 이론가 폴 비릴리오는 말한다. "말을 타는 사람은 이런 움직임에 참여해, 방향을 설정하고 가속을 촉진시켰다. …… 말을 타는 일은 전사의 첫 발사기이자 무기 체계였다."[47) 이 장의 처음에서 소형 화기의 성격을 '화학적 추진기관'으로 규정했다. 이 관점에서 소형화기는 불, 그리고 종 제조 기술과 연관된 기술적 혈통에 속한다. 탄도 국면은 사람과 말이 발사체가 되어 속도 자체가 최초의 무기가 되었던 더 오래된 혈통에 속한다. 이러한 행위로 태어난 기계의 가족(즉, 활, 캐터펄트, 투석기와 같은 발사 기계)은 기술적인 문제를 안고 있었는데, 대부분은 발사체를 위한 특정 궤도의 결정에 관한 것이었다. 물리적 규모의 어떤 한계점[문턱]을 넘은 후에는, 발사체의 궤도를 결정하는 데에 있어 세밀한 부분을 포병수 혼자서 맡을 수는 없다. 이런 이유로 궤도를 처리하는 수학적인 기계를 고안하는 것이 군사 기술자나 16세기 초 전쟁기계와 결합된 과학자의 주요한 과제가 되었다.

파두아에서 축성 기술을 가르쳤고, 군사 교육의 초기 계획에 참여했던 갈릴레이(Galileo Galilei)는 아마도 발사 무기의 궤도를 결정하는 문제와 관련해서 과학적 고민을 하게 만든 최초의 사람일 것이다.

대포의 개발에서도 16세기 17세기 동안 [축성 기술에서처럼—인용자] 과학적 기능과 군사적 요구 간의 상호작용이 있었다. 현재 화학

사의 고전으로 인정되고 있는 비링구초(Vannoccio Biringuccio)의
『신호탄에 관하여』(*De la pirotechnia*, 1540)는 오랫동안 군사적인
불의 기술, 흑색 화약의 조제, 대포의 야금 기술에 관한 권위 있는 교
본이었다. 외부 탄도학 이론도 유사하게 현대 동역학의 아버지인 타
르탈리아(Niccolo Tartaglia)와 갈릴레이에 의해서 해명되었다. 아마
현대 물리학의 기초는 탄도 문제를 해결했을 때의 부산물이라고 주
장해도 지나친 말은 아닐 것이다. 타르탈리아는 발사 각도와 사정거
리의 관계에 관한 실험을 통해서 …… 아리스토텔레스의 역학을 비
판했다. 최대 사정거리를 가져오는 각도가 45도라는 발견을 포함한
그의 결론으로 인해 포병수들이 직각자나 사분의를 널리 사용하게
되었다. 그러나 탄환의 궤도는 …… 포물선이 되어야 한다는 근본적
인 발견의 공은 갈릴레이에게로 돌아가야 한다. 이것은 관성의 법칙,
자유낙하의 법칙, 그리고 속도 합성의 원리라는 그의 세 가지 주요한
역학적 발견에 의해서만 가능했다. 갈릴레이의 탄도 연구를 발판으
로 이러한 발견이 이루어지자 후대 학자들은 고전 물리학의 구조를
세울 수 있었다.[48]

궤도를 연구하기 위해서 기술자는 운동체와 그것이 통과하는 점
성의 매질로 구성되는 동역학계의 단순화된 모델을 만들 필요가 있었
다. 특히 그들은 공기 저항이나 마찰의 효과를 무시해야만 했다. 금세
기 초까지 대포의 사정거리를 결정하는 과학적 방법은 새로운 무기가
개발될 때마다 반복적으로 혼란을 겪었다. 예를 들어, 제1차 세계대전
중 지금까지 없던 먼 거리에서 파리를 향해 발사된 장거리 대포인 빅
버사(Big Bertha)의 경우도 그랬다(최근에는 기술자이자 무기 거래상

인 제럴드 불(Gerald Bull)이 설계한 '슈퍼건'이 그런 경우였다). 각각의 새로운 기계는 당시 가능했던 수치 기술로 탄도의 문제를 표현하기 위해서 과학자들이 무리하게 붙잡고 있던 단순한 가정들을 차례차례 드러냈다.

탄도학의 중심적인 문제 중 하나는 항력 함수, 즉, 속도의 함수인 공기의 감속도를 어떻게 결정하는가이다. 뉴턴 이래 다양한 물리학자와 수학자들이 이 문제를 연구했다. 19세기 중반 영국의 프랜시스 배시포드(Francis Bashford)가 정확한 방법을 완성했다. 그의 생각을 이용해서 다양한 탄도학자들이 현실적인 항력 데이터를 측정했다. 1880년부터 1900년까지의 20년간, 프랑스의 갸브흐에서 작업하고 있던 위원회는 이러한 결과를 이른바 가브르 함수(Gavre Function)로 정리했다. 가브르 함수는 아마 대부분 유형의 빈약한 근사치에 불과했지만 제1차 세계대전 시에는 주된 항력 함수의 역할을 맡아 사실상 모든 포탄에 응용되었다.[49]

뉴턴 이래, 발사 무기의 궤도를 연구하는 데 적합한 수학적인 도구는 주로 미분 계산이었다. 부분적으로는 군사적인 압력에 의해, 이러한 계산법(미분과 적분)의 연산자(operator)는 물리적인 장치로 구현되었다. 어떻게 이런 추상적인 연산자는 물리적 신체를 획득한 것일까? 아마 덧셈과 곱셈과 같은 더 단순한 연산자의 경우를 생각해 보면 그 과정을 더 잘 이해할 수 있을 것이다. 우리가 학교에서 이러한 연산을 배울 때, 몇 가지는 암기(구구단)로 익혔지만 기본적으로는 어떤 방법을 배웠다. 다시 말해 수를 세기 위해서 손가락을 사용하는 방법, 수를 한자리 올리는 방법 등 일련의 조작법이 그것이다. 이러한 조작법들은 거의 기계적으로 따라야 하는 단계들이기 때문에 일련의 톱니바퀴 속에 구현될 수도 있다. 이런 기계적인 장치의 표준적인 동작은 매우 엄밀하게, 즉, 그 조작법을 규정하는 단계들을 따르도록 만들어졌을 것이다. 다시 말해 그 방법은 한 조의 톱니바퀴 속에 '사상'되었을지도 모른다.

17세기가 되자 '덧셈'과 '곱셈'이라는 산술 연산자는 각각의 방법을 기어들(gears) 간의 관계에 사상하는 것으로 기계적인 형태를 얻었다. 이와 유사하게 '적분'과 '미분'(적분은 점의 집합으로부터 궤도를 만들기 위해서, 미분은 그러한 궤도에 점을 위치시키기 위해서 이용되었다)의 연산자도, 각각의 방법을 기어가 없는 바퀴의 길이들의 관계에 사상하는 것으로 기계화되었다.[50]

이러한 장치가 개발된 때는 19세기 후반이지만, 당시의 '컴퓨터'라는 용어는 계산기를 조작하는 인간을 의미했다. 탄도 해석 등의 계산 집약형의 군사 작전에서 대규모 계산을 수행하기 위해 거의 여성들로 이루어진 거대한 집단의 '계산자들'(computers)이 자주 조직되었다. 금세기에도 존 폰 노이만(John von Neumann)과 같은 위대한 수학자조차 이러한 거대한 집단의 인간 계산자들이 처리할 수 있도록 복잡한 문제들을 분석했다. 자동화 연구를 유발한 것은 저렴하게 구할 수 있는 계산 능력을 위해 사실은 군이 창조한 수요였다. 인간의 계산 작업을 앞지른 최초의 장치는, 1855년에 켈빈 경(Lord Kelvin)이 만든 자동으로 적분이 가능한 '조수간만 예측기'였다.

미적분 연산자의 초기 기계적 버전이 갖는 주요 문제는 수치를 회전운동에 사상했기 때문에 계산의 정확도가 회전운동을 전달하는 기계의 능력과 직접적으로 관련이 있었다는 점이다. 그래서 기술적 용어로 토크, 즉 다른 축을 회전시키는 축의 능력이 증폭되어야 했다. 이 문제는 버니바 부시가 토크 증폭기를 제작해 '적분' 연산자를 수행한 최종적인 기계 장치를 개발하고 나서야 해결되었다. 부시는 제1차 세계대전 동안 잠수함 탐지 장치를 연구했고, 제2차 세계대전에서는 국가 연구 개발 작업을 이끌었으며, 근접 발화 신관(미사일을 위한 최초의 표적 센서), 마이크로파 레이더, 원자 폭탄 등의 프로젝트도 지휘했다.[51]

'번역자' 역할을 맡은 부시는 본인의 과학적 교양과 학계의 인맥을 이용해서 모든 분야의 과학자들과 전쟁기계 사이를 중재했다. 그의 전문 분야인 전기공학은 오랫동안 한편에서는 응용 과학자와 수학자가, 다른 한편에서는 기술자와 발명가가 만나는 지점이었다. 당시 가장 정교한 수학적 기초를 갖고 있던 분야는 바로 전기 공학이었는데, 이것은 많은 19세기 물리학자(앙리, 켈빈, 맥스웰)들이 그 당시 생겨난 전기 과학의 실제적인 응용에 관심을 가진 덕분이었다. 1935년 부시는 '적분' 연산자를 기계적으로 실현시켰고, 이것을 애버딘 탄도 연구소에 설치해서 집중적으로 사정거리표의 작성에 이용했다.

전기 기술자가 과학과 전쟁기계 사이의 차이를 메우기 시작하기 몇 세기 전에 그 일은 탄도 전문가의 것이었다. 제1차 세계대전 중 미국에서 태어난 이 군사 공학 분야를 대표하는 두 명의 인물은 포레스트 레이 몰턴(Forest Ray Moulton)과 오스왈드 베블런(Oswald Veblen)이다. 몰턴은 천문학의 정확한 수치계산법을 탄도 연구에 도입하고 그의 이론들을 검증하기 위한 실험방법 ——널리 이용되었던 풍동 실험 ——을 설계하는 책임을 맡았다. 이미 살펴본 것처럼 실물과 같은 레이놀즈 수를 가진 미사일의 소규모 모델을 만들면, 그것을 이용한 풍동 실험으로 실제 미사일의 비행 특성을 연구할 수 있다. 이런 식으로 기술자는 과학적인 방법으로 탄환을 설계할 수 있게 되었다. 그들 분야에 엄밀함을 부여하기 위해 몰튼과 베블런은 양쪽 다 주위에 유명한 수학자들의 그룹을 배치했다. 베블런은 유럽 과학의 위대한 정신들(위그너Eugene Paul Wigner, 폰 노이만)을 미국으로 데려왔고, 타고난 재능(노버트 위너Norbert Wiener)을 군사 연구로 유도하는 데 도움을 주었다.[52]

부시가 개발한 컴퓨터의 위력과 탄도학자가 개발한 수학적이고 실험적인 기술이 결합되기 시작하자, 대포의 사정거리표를 작성하는 일은 기본적으로 자동화되었다. 사정거리표를 작성하기 위해 이용되던 계산기를 소유한 인간 군대는 이 '회로 밖'으로 밀려났다. 이러한 과정의 다음 단계는 포병수의 계산 기술을 발사대에 이식해 그를 의사 결정 회로에서 제거하는 것이다. 자동화 장치로 작성된 사정거리표는 "'건 디렉터'라 불리는 아날로그 컴퓨터 속에 프로그램되어 인간 대공 포병수로부터 궤도 계산의 일을 넘겨받았다. 결국 '건 디렉터'는 대포를 직접 제어하기 위해 표적위치에 대한 정보를 전달하면서 레이더 체계와 결합되었다"[53].

제2차 세계대전 초기에 군이 직면했던 하나의 문제는 적 비행기의 향상되는 속도와 선회 능력이었다. 그들은 표적에 대포를 직접 조준할 수 없었고 대신에 전방의 초점을 조준해야 했다. 포병수는 그가 발사한 미사일의 궤도와 적 비행기가 올바른 지점에서 교차할 수 있도록 조준해야 할 고속의 비행기가 어느 정도 전방에 있을지를 예상해야 했다. 이 예상 작업은 서보메커니즘(servomechanism : 피드백 기반의) 장치들에게 넘겨졌다.

대공 문제의 한 가지 특징은 피드백을 포함한 그 주기 구조였다. 즉 레이더 화면의 정보는 우선 조준을 향상시키기 위해 대포의 제어를 조정하는 계산을 위해서 처리된다. 조정의 유효성은 레이더를 통해서 관측되고 다시 전달된다. 전달된 새로운 정보는 다시 대포의 조준을 재조정하는 데에 사용되고 이 과정은 반복된다. 이러한 계산이 자동화된다면, 그 장치는 자동 조타장치로 취급되는 것이다. 자동화되지 않는다면, 참여하는 인간들을 포함한 전체 시스템을 자동 조타장치로 볼 수 있다.[54]

이 연구에 참여한 것을 바탕으로 노버트 위너는 현대 컴퓨터 과학의 선구인 사이버네틱스의 과학을 창시했다. 그러나 군의 입장에서는 의사 결정 회로에서 인간을 몰아내기 위해 컴퓨터가 할 수 있는 것이 무엇인지 처음으로 감을 잡은 것이었다. 지능형 장치는 건 디렉터의 경우처럼 발사대뿐만 아니라, 미사일 그 자체에도 침입하기 시작했다. 이러한 방향의 첫 단계는 제2차 세계대전 중에 영국에서 태어난 근접 발화 신관이었다. 근접 발화 신관은 표적으로부터 반사되는 무선 신호에 의해서 작동하는 장치이며, 자료의 '지능적' 처리는 탑재되지 않았다. 전자 부품의 소형화가 집적회로 단계에 도달하고 나서야 컴퓨터화된 유도 항법 장치가 발사체에 설치되었으며, 이렇게 해서 1960년대에 1세대 '지능형' 무기가 탄생하였다.

베트남 전쟁에 투입된 지능형 폭탄은 인간이 특정 표적에 레이저 광선을 조준하는 방식으로 작동했다. 그때 표적은 광선의 일부를 반사해 '레이저 지표'를 형성하며, 그것에 의지해 발사된 미사일에 탑재된 유도 체계는 표적 물체를 추적할 수 있었다. 대전차형 유도무기의 경우 인간의 눈은 표적의 위치를 처음 파악할 때뿐만 아니라, 발사후 표적을 계속 시야에 둘 때 필요했다. 유도 메커니즘은 표적을 파괴하기 위해서 포병수의 시선을 따르곤 했다. 이러한 발전의 다음 단계는 이른바 자동 탐지 공격 미사일 ─ 발사할 때만 인간에게 의존하고 자율적으로 표적을 추적할 수 있게 충분한 지능을 탑재한 ─ 로 불리는 무기로 대표된다.[55] 인간의 눈을 회로에서 완전히 몰아내는 과정의 최종 단계는 인공지능이 약탈 능력을 갖춘 자율 무기 체계의 구축에 필요한 기술을 낳을 때까지 20년을 더 기다려야 했다. 다음 장에서보게 될 로봇형의 약탈자는 제1차 세계대전 중에 전기 기술자와 탄도학자에서 시작된 이러한 장기적인 '다리 놓기' 과정의 정점 ─ 과학적인 노하우를 인간의 기여도가 최소화된 미사일과 화기의 제작에 쏟기 위한 ─ 으로 볼 수 있을 것이다.

자율 무기 체계의 발달 이전에도, 소형화기의 탄도 국면에서 가장 높은 단계의 자동화는 순항 미사일의 형식 속에 존재했다. 순항 미사일은 소형 제트 엔진으로 날아가는 폭탄으로, 레이더 탐지를 피하기 위해 극도로 낮은 고도로, 즉 등고선에 '바짝 붙는' 방식으로 비행할 수 있는 컴퓨터 유도 체계를 갖추고 있다. 순항 미사일은 구형의 대륙간 탄도 미사일처럼 관성 유도 체계를 탑재하고 있다. 그러나 이러한 체계는 자이로스코프 기술이 기반이라 '기계지능'의 중요한 부분을 구현하고 있지 않다. 관성 유도 체계는 시간당 10분의 몇 마일 정도 어긋나는 경향이 있으며, 때문에 순항 미사일은 궤도 결정을 위해 부가적인 방법을 이용한다.

순항 미사일이 시속 500마일로 비행할 경우 3시간 정도면 표적에 도달할 수 있지만, 그것은 1마일쯤 차이로 표적을 빗나가기에 충분한 시간이다. 이에 따라 군사 기술자와 컴퓨터 과학자들은 오래전부터 지형 등고선 대조, 즉, TERCOM이라 불리는 기획을 위해 팀을 이뤘다. …… 지형 등고선 대조의 개념은 당연한 것이었지만, 실행에 어려움이 많아 완성하기까지 거의 30년이 걸렸다. TERCOM은 컴퓨터와 레이더 고도계 사이의 협업에 의존한다. 컴퓨터 기억장치는 통과 지점 근방——미사일이 경로를 따라 낮게 비행하는——의 등고선으로 그려진 영토의 디지털 지도를 보관하고 있다. 미사일이 각각의 통과 지점 근방에 오면, [레이더 고도계를 이용해─인용자] 아래에 있는 지형의 지도가 작성된다. 그다음 작성된 실제 지도는 기억장치의 지도와 비교되고, 컴퓨터는 두 지도 사이의 정렬이 필요하면 경로 수정의 지시를 내린다.[56]

(BRAVE 3000과 같은) 약탈형의 비행 기계가 오랜 기간 순항 미사일의 단순한 확장으로 남을 가능성은 매우 높다. 그 기간 동안 인간은 회로 속에 계속 머무른 채, 무엇이 표적이 될지를 먼저 결정할 것이다. 그러나 자율 무기가 자신의 표적을 선택하는 순간, 즉, 적인지 아군인지를 결정하는 책임이 기계에게 주어지는 순간, 인간은 문턱을 넘을 것이며 기계적 퓔룸을 위한 새로운 시대도 시작될 것이다.

우리는 지금까지 발사체나 발사 무기를 구성하는 추진 국면과 탄도 국면이라는 두 가지 구성요소에 대해 탐구했다. 두 국면 모두 초기 단계에서는 자유로운 실험이 지배적이었고, 나중에는 그들 각각의 진화가 전쟁기계에 통합되는 공통의 역사를 갖고 있다. 발사 무기의 세

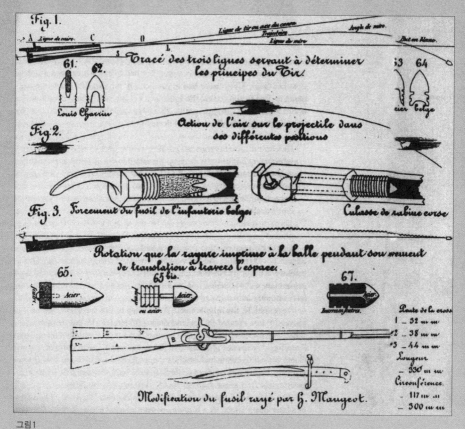

그림1

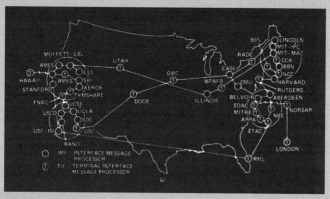

그림2

2. 전장의 최강 종족

속도의 임계점이 난류의 시작을 나타낼 수 있는 것처럼, 혁신적인 신기술이 전쟁 기술을 수십 년간 혼란스런 상태로 만들 수도 있다. 예를 들어 원추탄이 19세기에 전술구조를 탈중앙화시킨 것처럼, 오늘날 컴퓨터화된 네트워크는 군에게 통제 구조에 대한 탈중앙화의 필요성을 강요하고 있다. 총미 장전 소총과 회전식 총알이 전장에 모습을 드러내자(그림1), 몇 세기 동안의 힘의 균형이 깨지면서 보병들은 대포의 사정거리에서 벗어나게 되었고, 지휘관들은 새로운 전술교리를 발전시켜야 했다. 원추탄의 출현 전까지 보병은 전장에서의 주도권이 없었고, 개인적인 사격술은 집단 발포와 같은 일제 사격에 비해 선호되지 않았다. 소총과 함께 개인적인 주도권이 전장에 복귀했고, 그에 따라 새로운 전술에서 저격수와 척후병의 역할도 증가했다. 마찬가지로 현대의 지휘 네트워크는 메시지들의 교통량을 조절하기 위해 중앙 컴퓨터를 이용함에 따라 메시지들에 '국지적 책임'을 인정할 수밖에 없었다. 즉, ARPANET(그림2)에서 메시지가 스스로 자신의 목적지를 찾는 것이 그 예이다. (제1장 '비행', '병참' 참조)

번째 요소인 충돌 순간은 탄환이 발사되게 만드는 탄약의 형태처럼 다양하다. 그러나 더 중요한 것은 이 세번째 요소를 구성하는 기계, 즉, '방패, 갑옷, 요새, 레이더 등'은 모두 발사 무기와 표적의 경계면에서 활동한다는 것이다. 앞의 두 절에서 공격적인 군사기계의 몇 가지 측면을 탐구했지만, 다음 절에서는 이제 방어 기술의 기계적 필름에 대한 연구로 방향을 돌려 보자.

충돌(Impact)

발사체가 충돌하는 순간은 인간의 신체에 화살이 박히는 경우처럼 단순할 수도, 또는 아원자 마이크로 미사일의 핵연쇄 반응이 지구를 강타해 지상의 모든 생명체를 파괴하는 경우처럼 복잡할 수도 있다. 이러한 양극단 사이에 육체, 갑옷과 요새의 벽처럼 탄환의 충돌에 의해 관통될 수 있는 다양한 형태가 존재한다.

> 과거의 주요 발사 무기는 목궁(shaft arrow)이었으며, 이 관통용 발사체는 비교적 깔끔한 관통 상처를 만들었다. …… 쇠뇌(crossbow)의 화살은 훨씬 더 악명이 높았고 탄환은 그 중 최악이었다. 쇠뇌의 화살은 장궁과 비교하면 더 둔탁하고, 짧고, 무거웠으며, 통상적인 사정거리에서 더 큰 충돌 에너지를 가지고 있었다. 충격 효과는 …… 분명히 더 컸으며, 더 위험한 상처를 남겼을 것이다. 탄환은 묵직한 충격 효과라는 특징을 갖고 있었을 뿐만 아니라, [탄환의] 상처에 관통점도 남기지 않았다. 탄환은 단순히 구멍을 내어 뚫는 것만으로, 상처 속으로 갑옷과 의복 쪼가리, 그리고 탄환이 관통한 층의 소재를

끌고 들어갔다.[57)]

개선된 원추탄은 새로운 형태의 상처를 입혔다. 회전하는 총알은 신체의 내부에서 여러 각도로 튀는 특징이 있어, 더 심각한 상처를 남겼다(실제로 탄환과 인간 육체로 구성된 동역학계에 관한 실험을 통해 모든 내부 장기를 파괴하는 충격파를 발생하도록 설계된 탄환이 생겨났다). 한때의 '덤덤탄'과 충돌시 [상처 부위를] 확장시키는 다른 발사체들은 너무 끔찍한 상처를 남겼기 때문에, 국제 협약에 의해 그 사용이 금지되어야만 했다. 비슷한 방식으로 11세기에 교황은 기독교 내부의 전쟁에는 부적합한 무기인 쇠뇌를 금지시켰다.[58)] 두 경우 모두 더 이상의 잔인함을 막기 위해 충돌의 순간에 대한 서술이 윤리적 정책의 일부가 되었다. 탄환의 살상력이 화학적 혹은 생물학적이 된 오늘날에도 같은 경우를 찾아낼 수 있다. 그러나 여러 가지 이유에서, 특히 무기 경쟁이 자신만의 충분한 성장동력을 얻자 이러한 규제와 금지는 무기의 진화를 막는 데 그리 효과적이지 못했다.

무기는 늘 인간의 육체에 잔인했지만, 설계의 배후에 있는 원리는 일반적으로 고통과 피해를 극대화하는 그런 것은 아니었다. …… [도덕적인 억제는―인용자] 설계의 의도적인 야만스러움을 억제하는 데 효과가 있었다. 이러한 억제 중 일부――구체적으로는 독가스나 폭발성 탄환의 사용에 반대하는――가 1899년의 헤이그 조약에 의해 성문화된 후 각국의 군대에 전달되었다. 그러나 인간 살상 무기와 대조적으로 '사물 살상'(thing-killing)의 등장――중포heavy artillery로 대표되는――은 심각한 고통과 기형의 부작용이 있었기에 이런 규제는 소용이 없었다. 결과적으로 규제는 사라지게 되었고, 가능한 한 끔찍하고 무서운 상처를 주는 것이 지금의 많은 인간-살상 무기에서 기대되는 효과이다. 예를 들어 클레이모어 지뢰는 입방체 금속으로, …… 집속탄은 뾰쭉한 금속 조각으로 채워져 있는데, 두 경우 모두 그런 탄환 모양이 매끄러운 몸체보다 더 광범위하게 찢고, 부수기 때문이다. 대전차포가 발사하는 HEAT(대전차 고성능 유탄)와 HESH(점착 유탄)는 기갑차량의 내부를 소나기 같은 금속 파편과 녹은 금속의 증기 흐름으로 채우도록 설계되었다. …… 그리고 많은 강인한 직업 군인들마저 윤리적인 이유로 혐오하는 네이팜탄은 인간의 피부에 들러붙는 휘발유의 접착성을 높이는 성분을 포함하고 있다.[59]

이와 같이 표적에 주는 파괴적 효과로 충돌 국면을 연구할 수 있겠지만, 그 끔찍한 변종은 매우 적은 편이다. 우리의 목적에는 표적에서 얻은 진화적 반응을 연구하는 것이 더 중요하다. 즉, 갑옷의 두께, 요새의 모양 변화, 아니면 극단적인 경우로 요새화된 벽의 비물질화, 그리고 레이더 전자장벽으로의 변환이 그것이다. 방어 기술의 진화는 주로 대포의 개선으로 인한 것이었다. 그러나 반대로 향상된 방어력은 공격 기술의 발달에 종종 자극을 주었다. 우리는 포식자와 피식자 사이에 전개된 자연적 '군비 경쟁'에서도 비슷한 상황을 발견한다.

날씨의 장기적 변동을 진화의 관점에서 '추적'할 수 있듯이, 포식자의 습성과 무기에서의 장기적 변동은 피식자의 진화적인 변화에 의해서 추적될 수 있다. …… 가젤의 관점에서 보면 치타의 무기와 전술의 진화적 개선은 꾸준히 나빠져 가는 기후와 같다. [단지 다른 점은—인용자] 치타의 다리는 빨라지고, 눈은 예민해지며, 이빨은 더욱더 날카로워질 거라는 것이다. 그러나 날씨와 다른 무생물적 조건들이 아무리 '적대'적인 것처럼 보여도 이것들이 계속해서 더 적대적이되리라는 필연적인 경향은 없다. 살아 있는 적들은 진화론적인 시간척도에서 보면 확실히 그런 경향을 가지고 있다.[60]

자연적 진화나 인간의 역사 속에서 볼 수 있는 군비 경쟁은 '자기유지 되먹임 회로'라는 것을 형성한다. 이러한 의미에서 군비 경쟁은폭주 폭발과 같은 물리적 과정이나 '상호 촉매 반응'——어떤 반응에의해서 생성된 것이 2차 물질의 생산을 자극하고, 이 2차 물질은 또다시 1차 물질의 생산율을 높이는——과 같은 화학적 과정과 닮았다고할 수 있다. 자연적 과정은 항상 열역학의 법칙을 따라 평형점(자연적과정이 포텐셜 에너지를 최소화하는)을 찾아가는 경향이 있는 반면, 자기 유지 되먹임 회로는 자연적 과정을 평형점에서 밀어내 임계점으로향하게 한다. 카오스에서 질서의 자발적인 창발은 임계점(특이점)에도달했을 때 정확히 일어나기에, 되먹임 회로야말로 자기 조직화 과정의 출현을 가져오는 중요한 메커니즘이다. 이와 비슷하게 1494년이후 유럽 역사에서 필수적인 부분이 된 군비 경쟁은 유럽 대륙의 불안정한 힘의 균형이 평형에 도달하지 못하는 데 중요한 역할을 해왔다. 유럽은 영원히 분할된 상태로 남아 있었고, 유럽 대륙을 구성하는국가 간의 지속적인 적대 관계는 기술 그 자체에 성장 동력을 부여한군비 경쟁에 불을 붙였다.[61]

발사체와 방어벽 사이의 군비 경쟁에는 몇 가지 특별한 기술적인 도약이 존재했고, 이것으로 급진적인 새로운 형태로의 진입이 가능했다. 우리는 이것들을 '역사적 특이점'으로 볼 수 있다. 공성포의 개발과 폭격기의 도입은 이런 종류의 역사적인 문턱의 예들이다. 이것들은 매우 특이한 사건들로, 임계점들 사이를 형성하는 일련의 소규모 개량과는 전혀 다른 것이다.

일부 전쟁사학자들은 예리코의 성벽들처럼 신석기 시대의 거대한 방어벽에서 또 다른 농업의 기원을 보고 있다. 그들은 잉여 곡물의 존재가 석벽으로 정착지를 요새화하려는 방어적 행동에 동기를 부여했다는 전통적인 인과관계를 역전시킨다. 지금에 와서는 수렵·채집인의 군사적 요구로 벽으로 둘러싸인 공간이 창조되었을 수도, 그런 식으로 그 내부에서 농업기술이 발견되었을 수도 있다고 생각한다.[62] 우리는 역사상의 군산복합체의 진화를 조사하면서 이런 형태의 '역인과관계'를 다시 만날 것이다. 다시 말해 군사적 필요성이 경제구조의 기원에 있다는 사실을 종종 발견하게 될 것이다. 일부 군사 이론가들은 도시는 중상주의자를 기원으로 하는 것이 아니라 단순히 벽으로 둘러싸인 공간과 같은 전쟁의 기하학적 요구에 의해서 태어난 것이라고까지 말하고 있다.[63] 이것은 특히 '개인의 성'이 더 복잡한 '국가의 요새'로 대체되기 시작한 1494년 이후 도시의 진화에 들어맞는다.[64]

대포의 탄생 이전 벽의 주된 방어적 특징은 그 높이였는데, 이는 오르는 것을 더 어렵게 만들거나 투석기와 같은 무기에서 나온 발사체를 막기 위해서였다. 시라쿠사의 디오니소스 1세는 기원전 399년 투석기가 발명된 작업장들을 만들었다. 또 그는 요새화된 도시에 최초의 정교한 포위전을 지휘했고, 근동의 발명품인 공성탑과 공성추도 사용했다. 공성방법과 요새는 '공격-방어의 창조적 주기'라 불리는 상호 평형기에 들어갔다.[65] 군비 경쟁의 다음 단계의 주기는 1494년 샤를 8세의 이탈리아 원정 이후에 등장했다.

대포 요새의 고전기는 15세기 후반 이탈리아를 기원으로 하고 있으며, 이탈리아는 화약을 이용한 대포의 두 가지 중요한 발전을 경험한 전장이었다. 그것은 이탈리아에서 진정한 이동식 공성포가 출현했다는 점, 그리고 고밀도의 소형 철제 탄환이 사용되어 서서히 돌 발사체를 대신하기 시작했다는 점이다. …… 방어의 문제에 있어 이탈리아의 기술자들은 유럽에 '능보 체계'를 선사했다…….[66]

'능보 체계'는 3가지 요소로 구성된다. 낮은 시야, 두터운 방어, 지형적으로 계산된 설계가 그것이다. 구식 요새의 특징인 높은 외벽은 그 높이가 새로운 무기의 쉬운 표적이 되었기에 공격-방어라는 무기 경쟁의 첫 희생자가 되었다. 포탄의 충격을 흡수한다는 점에서는 흙이 돌보다 우수했기에, 기본적인 방어벽 재료가 돌에서 흙으로 바뀌었다. 높이에 의한 방어는 두터운 방어에 자리를 양보했으며, 두터운 방어는 여러 외부의 방어막들 ——요새화된 도시의 외측에 형성된 성곽과 도랑과 같은—— 을 방어 측 인간이 성 내부에서 관리할 수 있게끔 새롭게 구성했다. 그러나 실제로 방어기술의 새로운 시대를 연 것은 군사기술자들이 요새의 설계와 구축에 수학적 지식을 도입한 것이다.

새로운 수학적인 설계는 시야와 대포에 의한 방어선을 극대화하자는 생각에 근거했다. 구식 요새의 특징인 튀어나온 원형탑에는 어떠한 각도에서도 방어사격이 닿을 수 없는 '사각 지대'가 존재했다. 그 때문에 원형탑은 돌출형 삼각탑, 즉, 능보로 대체되었다. 삼각탑 혹은 능보의 모양은 사각지대를 없애기 위해 설계되었고, 이렇게 해서 방어측은 공격수들에게 강력한 십자포화를 퍼부을 수 있게 되었다.

새 설계는 성벽의 구석구석까지 볼 수 있었다. 왜냐하면 삼각탑의 돌출한 측면 자체가 탑의 양쪽 성벽 위에 설치된 대포가 사용가능한 시야의 연장선을 따라 구축되었기 때문이다. …… 능보는 보통 각각의 능보에 놓인 대포의 사정거리에 따른 간격으로 하나의 능보가 다른 능보를 공격으로부터 방어할 수 있도록 배치되어 있었다.[67]

대포의 화력과 정확도의 향상, 그리고 공성방법의 진화에 대응하도록 이러한 설계에 수년에 걸쳐 다양한 기하학적 개량을 덧붙일 수 있었다. 기본적인 기하학적 원리는 17세기 말 군사 기술자인 보방 (Sébastien le Prestre Vauban)에 의해서 기능적으로 설명되었다. 새로운 방식의 요새 배후에 있는 기하학적인 개념에 대한 보방의 정식화는 다양한 지형과 지리적 상태에 대응하는 것이었다. 군사 기술자들은 방어하는 지점이 교차로인지 교두보인지 아니면 강의 합류점인지에 의존해서, 보방이 추출한 방어 건축의 기본 원리를 안내 삼아 믿을 수 없을 정도로 위상기하학적인 등고선을 따른 거대한 대륙 규모의 요새를 건설했다.[68]

공성전은 엄격한 지역 구분과 외출 금지령을 통해 거리의 시공간을 구분했기에 거리의 경제생활에 즉각적인 병참 효과를 주었지만, 일부 효과들은 종종 더 오래 지속되었고 거리의 조직이나 그 형태에까지도 영향을 주었다.

보방은 여러 표들을 작성했는데, 이것은 주둔지, 장비, 내부 공간들을 능보의 개수와 연관시킨 것이었다. 가장 작은 규모의 작업을 제외하면, 요새는 항상 민간 공동체를 포함하고 있었기에 보방과 그의 기술자들은 도시 계획 전문가가 되어야 했다. 자유로운 설계가 용인되었을 경우, 보방은 중앙광장 주위에 형성된 거리 ──주둔지, 교회, 통치자의 대저택과 같은 인상적인 시설물들을 발견할 수 있는──를 격자모양으로 정렬하는 것을 좋아했다. 건축학적 취향의 균일성은 건축규정명세서(cahiers de charge)에 의해 도시 전체에 강제되었다. 이 명세서는 장식, 건축선, 건물 높이와 같은 문제들을 좀 상세하게 다룬 것이었다.[69]

벽이 다음 단계로 발전한 것은 공격 기술이 새로운 수송수단, 즉, 폭격기를 만들었을 때였다. 폭격기는 요새들이 전자 레이더 장막처럼 탈물질화 되기를 강요했다. 레이더의 개발은 과학적이고 기하학적인 사고의 응용에 의존한다는 면에서 요새 설계의 진화를 닮았다. 여기서 응용이란 바로 탈물질화된 벽의 경우 무선전파의 빔(beam)과 같은 문제뿐만 아니라, 적에게 끊임없이 광범위한 빔을 유지하는 문제인데, 이것은 요새의 경우 탄환의 '빔'을 유지하는 문제에 해당하기 때문이다. 레이더가 탐지해야 하는 세 가지는 고도, 방향, 위치로 이들에 대한 탐지 작업은 레이더 탑의 설계와 배치의 기하학적 속성을 이용하여 이루어진다. 제2차 세계대전 동안 표적의 이런 세 가지 '속성들'을 각각 탐지하는 문제는 시행착오 속에서 하나씩 해결되었으며, 당시의 급박함은 1494년 이후 근대적인 대포가 탄생하자 요새 설계자들이 맞닥뜨린 급박함과 마찬가지였다. 차이점이 있다면 레이더의 경우 수년 내에 개발되어야만 했다는 사실이며(1520년까지 요새의 새로운 설계는 등장하지 않았다), 결국 그것은 독보적이고 가장 중요한 전쟁 무기로 나치 시대의 독일 공군을 저지하게 되는 전자기 벽이 되었다(사실상 나치도 독자적인 원시 레이더 체계를 가지고 있었지만, 그들은 그것을 영공 방위 체계에 통합시키지 않았고, 그 결과 각각의 부품은 조립되지 않은 상태로 남게 되었다).

적의 비행기로부터 반사된 무선 신호에 의해서 수집된 정보를 일관된 방어 체계에 통합하는 것은,

> 병참의 관점에서 까다로운 문제였는데, 지금까지 개발된 적이 없는 새로운 기법들과 기술적인 사양을 포함했기 때문이다. 첫 단계는 지금까지 제안된 적이 없는 규모의 장거리 전화 네트워크를 공급하는 것이었다. 이렇게 하면 레이더 기지는 [런던의 ─인용자] '벤틀리 프라이어리'(Bentley Priory)와 연결이 될 것이다. 최초의 정보는 필터라는 이름이 암시하듯이 정보를 가려내고, 분류하고, 조직화하는 여과소로 전송된다. 정보는 인접한 기지의 유사한 자료의 단편들과 각각 비교되어 중복과 모순점이 가려진 다음, 마지막으로 입력된 편대의 위치, 속도, 방향, 고도, 그리고 규모를 예측한다.[70]

자료 분석 기능의 통합 외에도, 영국은 전투기에 적의 폭격기를 신속하게 요격하는 정밀한 지휘 계통을 조립했다. 레이더는 완전한 체계가 자리 잡기까지, 즉 그 모든 요소들이 기계적 필름에 의해 횡단되어 협력적인 전체로 통합되기 전에는 하나의 무기로 볼 수 없었다.

전자 요새의 건립에 포함된 모든 병참의 문제를 고려해 볼 때, 제2

차 세계대전 후에 컴퓨터가 맡은 최초의 작업 중 하나가 레이더 네트워크 구축에 있었다는 사실은 전혀 놀랍지 않다. 최초의 레이더 체계를 구축한 과학자와 기술자들에게는 '과일 기계'(슬롯머신의 영국 속어)라 불리는 전문적 계산기가 있었다. 레이더를 조정하라는 지시가 나오면, 이것으로 각각의 레이더 기지마다 산출된 수정치를 적용하게 된다.[71] 그러나 이것이 진정한 컴퓨터는 아니었다. 우리가 알고 있는 컴퓨터는 북미 대륙의 요새를 건립하기 위해 설계된 SAGE와 같은 체계가 도입되고 나서야 이야기할 수 있다.

> 공군은 Nike[대공 미사일 ─ 인용자]와 함께 1950년까지 세부 계획들을 개발했는데, 이것은 소련의 장거리 폭격기 공격으로부터 미국을 방어하기 위함이었다. 최종적으로 SAGE(반자동식 방공조직)이라고 명명된 방공 체계는 미국의 방어 라인 주위의 레이더 설비들을 결합해서, 신호를 분석하고 해석한 다음 침입한 적을 향해 유인 요격 제트기를 보내는 것이었다. 그것은 하나의 통합 체계이며 인간이라는 부품을 완전히 그 체계 속에 통합했다.[72]

SAGE의 배후에 있는 컴퓨터는 비행사의 훈련을 목적으로 1940년대 후반에 제작된 가상 비행훈련 장치였다. 기계의 이름은 '회오리바람'이었으며 제작자인 제이 포레스터(Jay Forrester)는 곧 이 기계를 위한 다른 계획들을 세웠다. 포레스터는 대륙 부분의 요새 배후에 있는 병참 사업의 규모를 이해했고, 지휘, 통제, 통신 분야에서 그의 컴퓨터가 맡을 새로운 역할을 꿈꾸게 되었다. 소련이 그들의 첫 원자폭탄을 폭발시켰을 때, 레이더 장막은 전세계적인 규모로 자신의 '장

그림1

그림2

3. 사격에 맞서는 인간

근대적 군대는 부활한 그리스의 '밀집대형'과 15세기 말에 기동력 있는 공성포가 효과적으로 결합된 때부터 진화했다. 밀집방진은 군인들로 이루어진 8명이 열을 이룬 몇 마일 길이의 직사각형 대형으로 원래는 기병의 기동성에 맞서기 위해 설계되었다(그림1). 그것이 근대적 군대에 주는 주된 가치는 서로 밀집한 대형으로 싸우면서 생기는 부대의 응집력, 즉, 단결심이었다. 강선화기의 사거리와 정확도 향상으로 19세기 중반까지 밀집대형은 엄청난 비용(인간의 목숨)을 지불해야 했지만, 지휘관은 제2차 세계대전 도중 휴대용 무선통신장비가 출현하고 나서야 개방형 대형으로 바꿀 수가 있었다. 무선으로 인해 소규모 군인들(소대)은 흩어져 이동하거나, 지형을 이용해 숨는 것, 그리고 적에 몰래 접근하는 것이 가능했고, 그렇게 함으로써 전투 중의 의사 결정을 탈중앙화할 수 있었다(그림2). 현재 인공지능은 계획 실행의 마지막 세부사항까지 통제하기 위한 '전투 관리' 체계의 사용을 통해, 의사 결정을 다시 중앙집권화하는 수단을 만들고 있다. (제1장 '전술' 참조)

벽'이 확장될 운명인 요새의 새로운 돌연변이, 핵우산으로 대체되었다. 포레스터는 지금까지 보지 못한 규모의 컴퓨터 네트워킹 문제를 다뤄야 했다. 그리고 그의 연구는 복잡하지만 관리를 필요로 하는 다양한 분야——하드웨어 중복성, 자기코어 기억장치, 예방적인 하드웨어 관리 등——의 컴퓨터 기술 발전을 위해 결정적이었다.[73] 이것은 컴퓨터가 '완전한' 방위 체계를 만들어 냈음을 의미하는 것은 아니다. 컴퓨터화된 레이더 체계 역시 오류로부터 자유로운 적이 없었으며, 새로운 공격에 맞설 수 있도록 진화할 역량도 없었다. 그러나 이로 인해 사실상 구멍투성이였던 제2차 세계대전 당시의 레이더 장막을 대체할 진정으로 견고한 전자 장벽이 태어날 수 있었다.

제2차 세계대전 시대의 레이더 체계는 전자파를 구형으로 펼치기 위해 회전하는 안테나를 사용했다. 그렇기 때문에 같은 지점으로 다시 안테나가 돌아오기 전까지 공간 내에 탐지되지 않은 작은 점을 남기곤 했다. 한 바퀴 도는 동안의 짧은 시간 간격은 제2차 세계대전의 폭격기를 상대할 때는 문제가 아니었다. 그러나 음속의 벽이 깨지자마자 레이더 장막의 맹점은 적 비행기의 실제적인 통로가 되었다. 이 문제를 처리하기 위해 필요한 컴퓨터의 능력은 병참 작업과 관련된 단순한 자료 조정 능력과는 다른 것이었다. 여기서 필요한 것은 컴퓨터의 모의실험 능력이었다. 구체적으로 포레스터의 SAGE에 사용된 모의실험 원리가 필요했다. 컴퓨터는 실제로는 작동한 적이 없는 회전하는 안테나의 효과를 흉내 내야 했다. 이것을 실행해 얻은 것이 견고한 레이더 장벽, 즉 위상배열 레이더 장벽이다.[74]

비슷한 원리가 요새를 지구 규모로 확대해 가는 것과 다른 문제들을 해결하는 데 이용되었다. 자료 수집 기계들 중 하나인 정찰위성은 탑재된 레이더를 사용하지만, 위성과 같은 거리에서 그 해상력은 매우 낮아진다. 해상력 차이를 기록하는 능력은 파장에, 그다음은 안테나의 크기에 달려 있다. 안테나가 커지면 커질수록 해상력은 더 좋아진다. 그러나 위성에 달린 물리적으로 큰 안테나는 비현실적이었기에, 해결책으로 현실의 안테나로 더 큰 안테나를 흉내 내는 컴퓨터를 사용해야 했다. 이것은 합성 개구 레이더로 불리며, 위성 자체의 운동을 이용해서 더 넓은 안테나의 범위를 흉내 내는 것이다.

레이더는 처음에는 방어용이 아니라 엄청난 공격 무기인 '살인광선'——전자 스펙트럼의 힘을 이용하여 적 비행사의 혈액을 끓는 점까지 가열하는——으로 기획되었다.[75] 이 군사적 꿈은 그것을 현실적으로 가능하게 만들어 줄 레이저와 입자 광선 무기의 탄생까지 기다려야 했다. 그러나 레이더의 진짜 공격 능력은 수동적인 벽으로서가 아니라, 전술 정보(단기적인)와 전략 정보(장기적인)를 수집한다는 능동적 형태로서 이용되었을 때 실현될 수 있다. 레이더 기술의 전략적인 잠재력은 방어벽으로서의 성공적인 배치 후 얼마 되지 않아 현실화되었다. 정찰위성은 본래 방어 정보의 공급뿐만 아니라, 전략적인 공격 자료의 수집이라는 두 개의 목적을 갖고 배치되었다. 반면에 레이더의 전술적 이용은 위성과 컴퓨터 기술이 더 나아지기를 기다려야 했다. 이러한 공격적인 진화의 전환점은 위성통신이 실시간으로 자료를 전송할 수 있게 되자 생겨났다. 이전까지 위성에서의 자료 처리와 군에서의 자료 분석의 활용 사이에는 시간적인 지연이 있었으며, 이것은 전투 중에 위성과는 대화식 이용이 불가능했음을 의미했다.

다음 10년[즉, 1990년대—인용자] 안에 시작될 우주 정찰은 규모 면에서 비행기로부터 위성으로의 비약적 변화가 예정되어 있다. 그것은 전략적인 목적뿐만 아니라 전술적인 목적을 위해서도 이용될 것이다. 그 미래는 TENCAP(전술적 국토 활용)으로 불리게 될 것이다. 우주 정찰은 현재는 대부분 장기적인 가치를 지니는 정보(군함건조, 미사일 시험 등)를 수집한다는 면에서, 그리고 그것을 소화하고 실행으로 옮기기 위해서는 직접 워싱턴으로 전달되어야 한다는 면에서 전략적이다. 그러나 전술적 정보는 국가 정보기관을 거치지 않고 직접 전장의 군대에 전달되며, 전장에서 즉시 사용될 수 있다.[76]

레이더가 공격 무기로서 사용되기 시작하면, 군이 지휘, 통제, 통신(혹은 '씨 큐브드'라 발음되는 C³) 네트워크라 부르는 것의 일부가 될 것이다. 다음 절에서는 군이 무선 지휘 네트워크의 관리를 위해서 어떻게 컴퓨터를 이용하는지를 보여 줄 것이다. 그러나 이것은 내가 지금까지 주목하지 않았던 전쟁기계의 부품인 인간이라는 요소의 도입을 포함할 것이다. 추진 국면의 부품 생산을 자동화하기 위해, 미국 무기 공장과 무기고에서 노동력의 군사적 합리화에 착수한 것은 다름 아닌 군사 기술자들이었다. 또한 탄도 국면, 충돌 국면과 관련된 기계를 개발하기 위해서 대포와 요새의 연구를 수행했던 것도 바로 군의 기술 분과였다. 과학적 지식은 이러한 군사 기술 관료로 인해 발사체가 수행하는 전쟁의 세 가지 부품 모두와 연결되었다. 전술, 전략, 병참은 전쟁의 정량화와 모델화를 맡은 독자적인 기술관료와 같은 종, 즉, 랜드연구소의 시스템 분석가들과 같은 존재를 낳았다. 그러나 이런 문제들은 전쟁기계의 한층 더 상위 단계—이 단계에서 군사적 하드웨어는 소프트웨어인 인간이라는 요소만큼 그렇게 중요하지 않다──의 분석을 포함하고 있다.

전술(Tactics)

지금까지 나는 기계적 필룸이 군사 기술의 발전과 연결되어 있는 세가지 다른 방식을 살펴보았다. 소형화기의 내부 메커니즘을 탐구할 때는 물질의 거동이 돌연 바뀌는 특별한 문턱을 찾았다. 그다음 비행 중인 발사체에 일어나는 일을 조사할 때는 비행체의 거동이 돌연 바뀌는 문턱을 찾았다. 마지막으로 방어 기술에 갑작스런 돌연변이를 일으켜, 나선형 군비 경쟁에 새로운 원을 추가하는 문턱이 공격 무기의 개발에 존재한다는 사실을 보았다.

따라서 나는 군사적 하드웨어 단계에서 기계적 필룸의 관계를 추적하기 위해, 전쟁 기관(engines of war)의 설계를 유도하면서 내적·외적 압력을 결정하는 문턱 혹은 임계점의 이미지를 이용했다. 전쟁 기계의 한층 더 높은 단계들을 횡단하는 기계적 필룸을 계속 추적하기 위해서는 새로운 이미지를 이용하는 것이 필요하다. 그래서 역사 속에서의 전술 대형을 탐구하기 전에, 내가 사용할 은유를 소개하려 한다.

기계적 필룸의 한 가지 특징은 여러 다른 층위로 물질을 횡단함에도 불구하고, 단계를 오를 때마다 성격이 변화한다는 사실이며, 이 점에 주목할 필요가 있다. 가장 아래 단계인 물리학의 차원에서 흐름의 비율이 충분히 높으면, 어떠한 물질 형태도 난류가 되어 새로운 구조를 일으킬 수 있다.[77] 한 단계 높은 화학반응의 단계에서는 자기 조직화는 흔한 사건이 아니다. 예를 들어 그것은 자기 촉매 반응, 즉 최종 생성물이 그것 자신의 생성에 연루되어 가는 과정에서 나타난다.[78] 한 단계 더 높은 생물학 단계에서는 자발적인 자기 조직화를 겪는 체계의 종류는 한층 더 적어진다. 이 단계에서 그러한 체계는 화학적 구배나 전기적 구배와 같은 포텐셜에 좌우되는 동역학계에 한정된다.[79]

생물학 단계의 조직화에서 작동하는 이론은 '카타스트로피 이론'으로 알려져 있으며, 그 주요한 제창자의 한 사람인 크리스토퍼 지먼(Christopher Zeeman)이 그의 발견을 보다 더 높은 단계의 존재, 즉 사회 체계의 분석에 응용하려고 하자 격렬한 논쟁의 주제가 되었다. 그는 주식시장의 폭락, 죄수 폭동의 발생, 군사 정책에 대한 여론의 효과 같은 과정을 설명하는 모델을 만들려고 했다.[80] 위에서 언급한 내용과 유사하게 유체의 난류 현상의 출현을 설명하는 수학은 현재 국가 간 무력 투쟁의 출현을 이해하는 데 응용된다. 이러한 응용 역시도 논란을 일으키고 있으나, 그럼에도 미 국방부는 서둘러 이 새로운 수학적 도구를 전쟁게임과 다른 모의실험에 써먹는 모델화 기법 목록에 추가시켰다.[81]

위에서 나는 동물의 개체군에서 볼 수 있는 두 가지 자기 조직화의 예를 들었는데, 이것은 특히 전술 대형의 문제와 관련이 있다. 한편 아메바 군체의 경우, 보통의 환경에서는 분리되어 독립된 개체로서 활동한다. 그다음 환경의 영양분이 감소해서 임계값에 이르면, 독립적인 개체가 필름에 의해 횡단되어 분화된 기관들을 가진 하나의 유기체로 조립된다. 다른 한편 곤충과 같은 다세포 유기체의 단계에서는 협력적인 둥지 만들기 행동의 시작을 촉발하는 호르몬의 임계집중과 같은 경우가 있다. 둥지 만들기의 실천적 지령은 곤충 내부에(DNA

내부에) 저장되어 있지 않기 때문에, 이러한 협력 행동으로 인해 과학자는 군체의 집단 지성 형태의 창발을 생각해야 했다.[82] 이러한 이미지는 무역 강도나 가격격차의 임계점에 의해 촉발되는 도심지의 탄생을 묘사하는 데 이용되어 왔다.[83]

또 한편으로는 자기 조직화 과정은 여러 다른 요소가 '협력'하는 것을 포함한다. '협력'이라고 따옴표를 붙이는 이유는 이것이 의인적인 은유이기 때문이다. 그러나 아메바의 경우 이 '협력'과 관련된 구체적인 메커니즘이 확인되었으며, 다른 영역으로 확장될지도 모른다. 문제의 메커니즘은 '상 동조'(phase entrainment)라 불리며, 아마도 레이저 빛이 그것의 가장 좋은 예일 것이다. 레이저 빛에서 광자는 '같은 위상'에서 진동함으로서 결이 같은 빛을 방사한다. 자연계에서 '동조'의 다른 예는 다음과 같은 것들이 있다.

귀뚜라미의 개체군은 일관성 있게 울기 위해서 동조한다. 반딧불의 개체군은 반짝임에서 응집하게 된다. 효모 세포는 당분해 진동에서 응집성을 보인다. 곤충의 개체군은 (번데기에서 성충 형태를 출현시키는) 우화 주기에서 응집성을 보인다. …… 같이 생활하는 여성 집단은 배란 주기의 상 동조를 보일 수 있다. 뇌하수체, 췌장 등과 같은 기관의 분비 세포의 집합은 일관성 있는 박동에서 호르몬을 분비한다.[84]

갑자기 동조된 진동하는 존재들의 거대한 집합체와 같은 이미지는 전술 대형의 탐구에서 하나의 유기적인 은유가 될 것이다. 16세기에 지휘관들은 대형을 통합하는 단결심을 만들어 내기 위해 리듬이 있는 움직임을 계속해서 반복하는 훈련을 이용하기 시작했다. 그들은 총을 장전하고 발사하는 일련의 동작을 기본적인 동작의 반복주기로 분해하고, 동작이 거의 자동적으로 될 때까지 밤낮으로 병사를 훈련하기 시작했다. 그들은 이 주기를 한 열은 장전하고 다른 열은 발사하는 식으로 조정함으로써, 거의 연속적인 화기의 일제 사격이 가능한 전술 대형을 만들 수 있었다. 이러한 실질적 효과가 근본적인 훈련의 동기였지만 지휘관들이 제대로 이해하지 못했던 부수적 효과, 즉, 훈련에 의한 동조의 생성도 있었다. 다시 말해 병사들은 주기의 단계들을 여러 번 반복함으로써 '진동하는 존재'가 되었고, 이것은 그들 사이에 강한 결속인 부대응집 ——전쟁기계 내부에 필요한 명령의 연속성을 유일하게 보증하는—— 을 만들어 냈다.

물리학적·생물학적 체계에서의 자발적 협력(동조)의 연구로부터 끌어낸 개념은 자연과 사회에서의 협력 행동의 진화를 이해할 때에, 풍부한 은유(와 수학적 통찰)의 원천으로 밝혀졌다. 또한 이러한 모델의 다른 응용이 갈등의 발생을 이해하는 데 유용하다는 것이 밝혀졌다. 예를 들어, 두 개의 개체군(하나는 포식자, 다른 하나는 피식자)이 상호작용할 때 어떤 일이 발생하는지 그려 보자. 그러면,

극히 소수의 개체군(예를 들어 사회적 곤충 무리에서 '병사들')이 전쟁과 같은 비생산적인 활동을 전문으로 해도 이익이 될 수 있는 종간 경쟁과 같은 상황을 계산하는 것조차 가능하다. …… [그러나―인용자] 교환 가능한 존재가 아닌, 자기 자신만의 기억, 성격과 경험이 있는 각각의 개체가 단일한 역할을 맡기 위해서 동원되는 개체군 속에서 이러한 모델의 적절성, 더 일반적으로 단순한 다윈주의적 추론의

적절성은 매우 상대적이 된다.[85]

    단순한 모델은 인간 사이에서 전쟁과 같은 행위가 창발하는 것을 설명 못하겠지만, 이러한 보다 낮은 단계의 현상에 대한 유추들 중 일부는 전쟁 연구에 유용하다. 예를 들어 도시 대중의 규모에서의 임계점은 인구학적 난류의 출현을 촉발해, 이민, 정복, 침입을 낳을 수 있다. 이러한 난류적인 배치의 특징인 '혼돈스런' 상황에서 인간은 거의 교환 가능한 존재가 될 수 있다. 제1차 세계대전이 발발하자 거대한 대중이 하나의 존재처럼 자진해서 동원된 것이 그 예이다. 다른 한편으로 인간은 교환 가능한 존재가 되도록 강제될 수 있다. 이것이 '특별한' 인간은 필요 없게 만드는 노동 합리화에 숨겨져 있는 동기이다. 일반적으로 군에 관한 한 특정 계급에 속하는 모든 개체는 트럭, 전차, 대포의 부품처럼 교환 가능해야 한다. 그리고 눈에 띄는 개인은 새로운 계급을 부여받아야 한다. 물론 이런 주장은 각각의 전술 대형에 따라 상대적이다. 프리드리히 대왕의 군대에서는 개인의 주도권은 무에 가까웠지만, 근대적 군대에서 병사는 특이한 개인들 주위에 합쳐져 소대 단위로 강력한 결속을 이룬다.[86]

    프리드리히 대왕의 밀집방진으로부터 현대적 소대에 이르기까지 전술 대형의 진화를 연구하기 위해 또 다른 이미지를 동원해 보고 싶다. 전술부대를 정보처리 기계로 보는 것이다. 즉, 장교가 이런 부대를 제어하려면, 전술 대형이 위로부터의 명령을 계급 간에 전달하고, 명령의 실행 결과를 다시 장교에게 전달할 수 있어야 한다. 현대의 군대 용어로 말하자면 부대는 C^3 네트워크의 기능적 부품이 되어야 한다. 이런 네트워크가 평화 시에 어떻게 기능하는지를 이해하는 것은 오히려 단순한 문제이다. 단순하지 않은 점은 이런 기계가 전투 중 해체되는 것을 막을 수 있는 상황을 그려 보는 것이다. 어떻게 혼란 속에서 복잡한 기계는 동일성을 유지할 수 있는가? 자기 조직화 현상은 이 질문에 대답하기 위한 유용한 이미지를 제공한다. 결국 난류의 특징인 소용돌이의 복잡한 패턴은 혼란 중에서도 존속해야만 한다. 어떻게 그것이 가능한가?

난류에 의해서 발생된 이 구조는 '산일 구조'라 불린다. 왜냐하면 높은 단계로부터 낮은 단계로 에너지를 이동시키기 위해 소용돌이 내부의 [또 다른] 소용돌이 패턴이 이용되고, 이 구조에서 에너지는 열과 같이 산일(dissipate)될 수 있기 때문이다. 열전도는 보통 에너지 낭비의 근원으로 여겨지지만, 질서의 근원이 되기도 한다. 즉, 연결된 소용돌이의 위계구조를 횡단하는 에너지의 결합이나 산일은 작은 무작위적 요동을 증폭시키거나 안정시키는 방식으로 복잡한 패턴을 발생시킬 수 있다. 이런 구조의 강력한 예로는 목성 표면의 유명한 대적반(Red Spot)이 있다. "대적반은 자기 조직화 체계이며, 주위에 예측 불가능한 혼란을 낳고 있는 동일한 비선형적 뒤틀림에 의해 만들어지고 조절된다. 그것은 안정적인 혼돈이다."[87] 전시하의 군 지휘 통제 구조도 이 대적반처럼 주위의 혼란 속에서 응집과 안정성의 섬을 이루고 있음이 틀림없다. 만약 (산일 구조의) 대적반의 비밀이 에너지를 열로 산일시키는 것이라면 지휘 구조의 비밀은 무엇일까? 아마 그 답은 '분산된 마찰'일 것이다.

'마찰'이라는 용어는 몇 가지 군사적인 의미를 가지고 있다. 하나는 운송과 통신 네트워크에서 지연, 병목현상, 기계의 고장을 일으키는 물리적 마찰을 지칭한다. 그러나 보다 일반적으로는 전술이나 전략을 실행할 때 방해가 되는 (자연적인 혹은 인위적인) 현상들을 지칭하는 데에 사용된다. 이러한 확장된 의미에서 '마찰'이라는 말은 나쁜 날씨에서부터 적의 독립 의지(파괴 활동sabotage이나 부대의 진군에 대한 적극적인 저항)에 이르기까지 모든 것을 가리킨다. 전술적인 지휘 네트워크의 경우, 마찰은 '무의미한 자료'로 나타난다. 지휘 네트워크 회로를 순환하는 것은 정보뿐만이 아니라 전장의 안개 속에서 생산되는 불확실성도 있다. 역사상 가장 성공한 지휘 체계는 위계구조를 통해 불확실성을 어떻게든 '분산시킨' 체계였다. 군사적인 지휘 체계의 탁월한 역사학자 마틴 판 크레펠트(Martin Van Creveld)는 다음과 같이 말한다.

> 업무에 직면했을 때 업무 수행에 필요한 정보보다 더 적은 정보를 갖고 있으면 [군사—인용자] 조직은 둘 중 한 가지 방식으로 반응할지도 모른다. 하나는 정보처리 능력을 증가시키는 것이며, 또 하나는 조직과 업무 자체가 적은 정보를 기반으로도 작동할 수 있게끔 설계하는 것이다. …… 전자의 해결책은 소통 채널의 다양화(수직, 수평, 혹은 둘 다)를 가져와, 중앙 지휘 조직의 규모나 복잡함을 증대시킨다. 후자는 적은 정보에서 작동할 수 있도록 조직을 (그리스의 밀집방진과 프리드리히 대왕의 로봇들처럼) 극단적으로 단순화시키거나, 그렇지 않으면 임무를 다양한 부분으로 나누고, 이러한 부분을 따로 분리해서 준 독립적 기반 위에서 다룰 수 있는 군대를 구축한다.[88]

만약 전투 중의 지휘 체계를 자기 조직화 과정으로서, 즉, 혼란한 가운데 떠오르는 질서의 섬과 같이 그려 본다면 의사 결정의 중앙집권화로 인한 효과는 이러한 질서의 섬을 구성하는 인간 집단의 규모를 줄이는 것이다. 이것은 전투 중에 내려지는 의사 결정에서의 오류를 최소화한다는 가정에 기초한다. 그러나 중앙집권화는 상층부의 확실함을 최대화하는 대신에 결과적으로 전체적인 불확실성의 양을 증가시킨다는 문제점이 있다. 다시 말해 개별 병사로부터 모든 책임을 빼앗는 것은 각각의 명령을 극히 세밀하게 규정해야 함을 의미하며, 그런 명령에 복종하는지 확인할 필요성을 강화시킨다. 그러나 (복종에 대한 감시뿐만 아니라) 명령의 세밀한 부분이 증가하면 상층부의 전체적인 정보 흐름 양은 늘어난다. 중앙집권화된 계획은 전체적인 확실성을 달성하기보다는 전체적인 불확실성을 증가시키는 '정보 폭발'을 일으킨다.

그러나 일부 군사 조직(가장 유명한 조직은 양차 대전의 독일군)은 탈중앙화된 기조를, 다시 말해 '작전 의존형'의 전술을 선택했다. 이는 지휘를 맡은 부대지휘관이 달성해야 할 목표를 설정하고, 그다음 목표 달성을 위한 수단의 실행은 전술 소대에 맡기는 것이다. (국지적인 책임을 부여해서) 의사 결정의 문턱을 낮추는 것에 의해 전쟁기계의 각 부분은 상부에 불확실성이 집중되는 대신 적은 양의 불확실성을 처리한다. 전쟁 도중에 안정된 섬을 만듦으로써 불확실성을 지휘 계통 전역에 분산시키는 것이다.

물론 전투 중 지휘 체계와 자기 조직화의 과학에 의해 연구되는 산일 구조에 대한 이런 비교는 은유일 뿐이다. 그러나 어떤 과학자가 말했듯이, "아마 산일 구조는 소통의 가장 단순한 물리적 메커니즘의 하나를 도입하는 것일 수 있다".[89] 전투 중의 군사 통신을 그런 하나의 체계로 보는 것은 지휘관의 작업을 총기 장인과 본질적으로 유사하게 그리도록 해준다. 즉, 지휘관은 전투 중인 전쟁기계의 효율성과 통합성을 유지하기 위해 전술 및 지휘 체계 속에서 마찰이 분산될 수 있는 지점을 추적해야 한다.

이러한 은유는 지휘관의 임무에 관해 매우 일반적인 그림만을 줄 뿐이다. 그들의 일의 정확한 성격은 보통은 역사상 특정 시기와 당시를 지배했던 사회 상황에 좌우된다. 역사상 전술적 체계에 대한 우리의 탐구는 먼저 그것들의 조립에 영향을 준 사회적이고 인구학적인 상태의 일부를 기술하는 것으로 시작해서, 그다음 전술적 진화의 세 가지 다른 시대인 시계태엽장치, 모터, 네트워크 시대를 자세하게 연구할 것이다. 이들 세 가지 '기계적 패러다임'은 통신 기술과 지배적인 사회 상황의 일정한 발전을 가정하면, 지휘관이 지휘 계통을 따라 마찰을 분산시키려 했던 각기 다른 해결 방법으로 간주될 것이다.

한스 델브뤼크(Hans Delbrück)는 19세기 후반의 군사 역사학자로 발견적 절차와 수학을 이용, 전투의 원래 장면을 재구성해 수많은 전설적인 전투에 대한 설명이 거짓임을 보여 주었다. 그는 과거의 다양한 전술 대형이 진화했던 사회적 상황들의 본성을 입증하려 시도한 최초의 인물이었다. 예를 들어 그는 고대 그리스에 강력한 중앙 정부가 없었기에 아마추어 군인들을 선호했고, 그것이 견고한 밀집방진으로 진화했다고 주장했다. 즉, 가로 최대 4분의 1마일, 세로 8명인 직사각형에 숙련된 전사들 사이사이 경험 없는 사람들을 끼워 넣는 식이 그것이다. 더 강력한 국가의 발달과 함께 로마인들은 적절하게 훈련되어 일체가 된 상태를 유지할 수 있는 상비군을 만들어 냄으로써 밀집방진에 유연성을 더할 수 있었다. 로마인들이 이길 수 없었던 유일한 적인 게르만족은 "공동생활을 하는 게르만의 마을 조직을 군사적으로 표현한" 직사각형의 창(Gevierthaufe)이라 불리는 자신들만의 전술 부대를 가지고 있었다.[90]

1435년 장창 밀집방진(직사각형 대형으로 긴 창을 휘두르는)의 출현은 중세 기사를 몰아내고 전쟁의 중요한 도구로서 보병이 부활했음을 보여 주었다. 하지만 이것 또한 특수한 사회 상황에 따라 가능하게 된 것이다. 예를 들어 델브뤼크는 "어떻게 스위스의 승리가 15세기 여러 지역의 민주적 요소와 귀족적 요소의 융합, 그리고 도시 귀족과 농민 대중의 단결에 의해 가능했는지"를 보여 준다.[91] 마찬가지로 대포의 요소들(종 제조 기술과 불의 기술)이 처음으로 하나가 된 것은 1320년대 초기 이탈리아 자본제라는 상황이었다. 피렌체와 같은 도시가 중국처럼 멀리 떨어진 지역과 유지했던 장거리 무역 경로는 화약이 유럽에 도달하게끔 만들었다. 그리고 석궁과 갑옷의 제작 관계에서 발전한 군비 경쟁이 초기의 대포 실험에 성장 동력을 제공했다.[92]

그러나 사회적·경제적 상황이 초기 근대 유럽 전쟁기계의 두 가지 구성 요소인 공성포와 창병 밀집방진의 출현에 성장 기초를 제공했다 하더라도, 그것들을 응집된 전체로 융합한 것은 바로 1494년 이탈리아의 '태풍 지대'가 생산한 난류적 인구학적 흐름이었다. 이탈리아는 정치적 통합을 이룰 수 없는 숙련된 노동과 부의 저장고가 되었고, 전 유럽으로부터의 원정을 이끌어 내기 시작했다. 1494년 샤를 8세에서 시작된 이 같은 군사 원정에서 새로운 무기(야포와 철구 포탄)는 부활한 그리스 밀집방진과 완전히 통합시켰다. 이탈리아의 다음은 독일이었으며, 계속되는 전쟁, 훈련, 규율의 두 세기를 지나, 전쟁기계는 거의 국가 정책의 자동화된 도구나 군주의 의지와 같은 군사적 표현으로 변형됐다.

외국의 원정을 이끌어내는 권력 공백이 불안정한 인구학적 흐름의 유일한 효과일 필요는 없다. 도시 대중의 규모에서 임계점에 이른 인구성장도 일련의 소요 사태 현상을 촉발할 수 있다.

즉, [18세기 유럽에서―인용자] 증가하는 비평형 상태의 한 가지 근본 요인은 약 1750년 후부터 시작된 급격한 인구 성장이었다. 프랑스와 잉글랜드 같은 나라에서 이것은 시골과 도시의 균형이 눈에 띄게 변화하기 시작했음을 의미했다. …… 동부유럽에서 인구가 남아돌게 되자 프로이센, 러시아, 오스트리아 정부는 군인을 모집하기가 더 쉬워졌다. …… 그러나 그런 규모의 증가가 구조의 변화를 야기하지는 않았다. 그러나 7년 전쟁(1756~1763)과 함께 시작해, 프랑스혁명과 나폴레옹 시대에 최고조에 이른 전쟁의 강도는 서유럽에서 새로운 압력 ―인구 성장이 과거의 사회·경제·정치 제도에 주었던 것보다 훨씬 더 혁명적인― 으로 등장했다.[93]

인구학적 난류라는 압력 외에도, 유럽을 끊임없는 혼란 상태로 있게 한 요인은 많았다. 나는 군비 경쟁의 특징인 양의 되먹임 고리 ―공격 기술이 새로운 단계에 이르면 방어 무기가 대응책의 조립을 촉발하고, 하나씩 원이 추가될 때마다 원형 나선을 계속 확대시키는― 에 대해서 이미 언급했다. 다른 자기 유지 되먹임 고리는 새롭게 등장하는 군산복합체들 사이에 성립되었고, 대륙의 불안정한 힘의 균형을 균형에서 더욱 멀게 만들었다. 즉, 군대는 국가의 도구가 되어, 내부적 응집과 질서를 가져오는 것을 도왔으며, 이것은 결국 농업과 산업 생산을 인상적으로 증가시켰다. 이런 과세 가능한 부의 잉여분은 그다음 국가가 상비군을 키우는 데 이용되었을 것이다.

　　군대의 성장을 농업과 귀족 계급의 과세 가능한 생산성과 결합한 이런 되먹임 고리로 인해 새로운 군대에 필요한 인간 원료들은 사회의 최하층 계급인 범죄자, 부랑자, 거지들로 강제로 채워졌다. 새롭게 생긴 국가들은 이런 이주하는 대중의 힘을 훔쳐야 했고, 대중들은 폴 비릴리오(Paul Virilio)가 말했던 '군사 프롤레타리아화' 과정을 강제적으로 겪어야 했다. "군사 프롤레타리아 계급은 이동하는 대중의 영구적인 이주와 관련되어 있다. 그것은 19세기의 이주 노동자나 20세기의 불법 체류 외국인이 그러했듯이 이동하는 대중에서 나온 것이다."[94] 확실히 이탈리아에서는 폭력의 상업화로 인한 전문적인 군인들, 즉 악명 높은 용병이라는 역할이 출현했지만 이들 역시 이주성의 혈통을 가지고 있었다. 이들은 사실 1380년대 용병의 직업화가 일어나기 이전에는 농촌에서 자원을 강제로 빼앗으며 생존하던 단순한 유목집단이었다. 그들 중 일부는 크게 성장하여 1만 명에 이르렀고, '이동하는 도시'에 비유되었다.[95]

　　그런 이동 현상의 힘들을 군사 프롤레타리아화를 통해 지배한다는 문제에 더하여 1494년 이후 지휘관들이 직면했던 문제는 화기의 충격과 화력을 갖춘 '이동하는 대중의 공격력'을 하나의 기계와 같은 존재로 통합하는 것이었다. 지금까지의 전문용어로 기계적 필룸이 이런 인간들과 파괴를 위한 새로운 화학 엔진을 횡단하도록 만드는 문제였다. 트레버 듀피는 기계적 필룸이 전쟁기계의 '정중앙'을 횡단하였고, 따라서 인간과 무기의 진정한 전술적 통합을 만들어 냈다고 할 수 있는 역사상 유일했던 여섯 가지 경우들을 지적했다. 듀피 목록에 있는 체계들은 다음과 같다. 마케도니아의 알렉산더 대왕, 로마의 스키피오와 플라미니우스, 칭기즈칸, 14세기 잉글랜드의 에드워드 1세, 에드워드 2세, 헨리 5세, 나폴레옹, 그리고 독일의 전격전(Blitzkrieg) 등이다.[96)]

우리는 무기와 전쟁방식, 그리고 무장한 인간의 대형과 그것을 이용하기 위한 전술교리의 완전한 일치가 비교적 드물었다는 사실을 통해 대포와 그 당시 재발견된 로마식 전쟁 방식을 처음으로 연결하려 한 16세기의 군사 지휘관들이 직면했던 과제가 막중했음을 더 잘 알 수 있다. 그들의 첫 과제는 당시 군대를 구성하던 부랑자와 용병과 같은 이질적인 군중들 속에 단결심을 만드는 것이었다. 1560년 초 로마식 훈련과 규율의 기술을 쇄신하고 이런 잡다한 군중들을 완전한 전쟁기계로 통합하려 했던 사람은 바로 네덜란드의 왕자 나사우의 모리스(Maurice of Nassau)였다.

엄격히 말해서 모리스와 같은 지휘관들이 필요로 했던 것은 기계적 필름을 활용하는 것이었다. 그는 이것을 오합지졸을 군대로 바꾸는 그의 방식의 핵심인 반복적인 훈련을 도입하는 것으로 이루어 냈다. 이미 보았듯이, 개별 구성원이 진동하거나 규칙적으로 뛰는 거의 모든 개체군이 특이점에 도달할 수 있고, 따라서 동기화하는 방식으로 진동을 시작한다. 이러한 특이점이 현실화하고 개체군 전체의 리듬이 '동조'할 때, 그것을 구성하는 개인은 자연스러운 단결심을 획득한다. 이 '집단정신'이 그들을 마치 하나의 유기체처럼 행동하게 한다.

체계적인 훈련의 개발은 …… 모리스가 로마라는 선례의 기반 위에 도입한 가장 중요한 혁신이었다. …… 그는 화승총의 장전과 발사에 필요한 더 복잡한 동작을 42가지 각각의 연속된 움직임의 흐름으로 분해하고, 각각의 움직임에 이름과 적당한 명령어를 주었다. 모든 병사들은 리듬에 맞춰 동시에 움직이기 때문에, 발사 준비도 동시에 되어 있었다. …… 이처럼 잘 짜여진 군사 무도는 [한 열이 장전할 때, 다른 열은 발사하는 식으로—인용자] 주의 깊게 훈련된 부대가 빠른 연속 사격을 가능하게 했다. 그래서 다른 일제 사격이 본부를 치기 전에 적군은 포탄이 터지는 충격에서 회복할 기회가 전혀 없었다. …… 게다가 매일매일 반복되는 그런 훈련에는 다른 중요한 측면이 있었으며, 이것은 모리스가 이해하고 있었다고 해도, 아마 어렴풋이 이해했을 것이다. 인간 집단이 장기적인 기간 동안 조화롭게 팔과 다리 근육을 움직이면, 그들 사이에 원초적이고 매우 강력한 사회적 단결심이 충만하게 된다. …… 아마 현생인류 이전 조상들은 말이 가능하기 전에도 모닥불 주위에서 춤을 추었을 것이다. …… 그런 리듬감 있는 움직임은 강한 동료 의식을 낳았고 별달리 무장하지 않은 원시 인류마저도 가장 무서운 약탈자가 되도록 만들었다. 군사 훈련은 나사우의 모리스와 그를 추종하는 수많은 유럽 훈련 교관에 의해 개발되면서 이런 원시적인 사회성과 같은 자원을 직접적으로 활용했다.[97]

모리스 이후, 구스타프 아돌프(Gustav Adolf)와 프리드리히 대왕은 군대의 구성 요소가 머스킷 총 —정확도가 아닌 순수 발사규모와 발사속도를 극대화했던 시기라 개인적인 사격술과는 무관했던 기계— 에 결합된 진정한 자동인형이 될 때까지 구식 군대의 조립을 계속했다. 또한 그들은 로마 제국의 몰락 후 소멸한 계층적인 지휘 계통을 재구축하고 견고한 밀집방진을 보다 유연한 전술 부대로 분해하기 시작했다. 훈련과 규율은 여전히 부대의 응집과 순간적인 복종의 주요 근거였다. 즉, 훈련과 규율은 아주 적은 지휘(그리고 그런 지휘만이 허용되는)만이 요구되는, 이 거대하면서 동질인 인간 집단의 대형들을 통해 지휘와 통제를 전달하기 위한 두 가지 필수 요소들이다. 이런 부대의 규모적인 상한선은 하나의 시각적 신호에 복종할 수 있는 최고 밀도의 배열이며, 그 수는 3,000명 이상(스페인의 테르시오와 같이)에 달할 것이다.[98]

전장에서 어떤 개인적 주도권도 행사할 수 없었던 인간과 무기로 이루어진 이 견고한 방진은 순조롭게 움직이는 시계태엽장치 메커니즘과 비슷했다. 밀집방진이 그 정점에 이르렀던 18세기 후반은 기술이 시계태엽장치 패러다임이 그 당시의 정교한 기계 정원과 장난감 자동인형이라는 궁극적인 결과물로까지 발전한 시기이기도 했다. 마찬가지로 부대 간에 명령을 전달하는 음향 형태와 시각 형태로서의 나팔, 깃발, 원시적인 불빛 신호만이 있었던 통신 기술의 초기 단계는 지휘관들이 군대를 조립하기 위해 시계태엽장치 모델을 채용하게끔 만들었다. 다음 장에서 보겠지만 시계태엽장치는 모터와 대조적으로 외부 자원으로부터의 움직임을 전달할 뿐 그 자체로는 어떤 움직임도 만들 수 없다. 군대의 경우 '시계태엽장치 군대'를 특징짓는 움직임(실제로 그들은 느리고 서툴렀지만)을 생산하는 것은 그다지 어렵지 않았지만, 새로운 정보를 생산하는 것, 말하자면 순간적인 전술상의 기회로 활용하기 위해 전투 중에 얻은 정보를 이용하는 것은 어려운 일이었다. 소문이 가장 빠른 통신 방법이었던 시대에 ——소문은 하루 150마일인 급사 전달방식과 다르게 하루 250마일에 비유되었다—— 선호되는 전술 부대는 최소의 국지적 주도권을 가진 부대, 즉, 최소의

내부 정보 처리만이 필요한 부대였다.[99]

완전히 복종하는, 로봇 같은 군인들로 이루어진 시계태엽장치는 자료 흐름의 감소가 아닌 다른 이유로도 선호되었다.

> 탈영은 18세기의 모든 지휘관들에게 악몽이었다. …… 1744년 프리드리히 대왕은 보헤미아에서 진군을 멈춰야 했는데, 그것은 그의 군대가 점점 사라지기 시작했기 때문이다. 그는 탈영을 예방하기 위해 정교한 규칙을 작성했다. 즉, 부대는 큰 숲의 근처에서 야영은 안 되며, 부대의 후방과 측면은 경기병에 의해 감시되어야 하고, 절대 필요한 경우가 아니라면 대규모 행군은 피한다. 식량을 징발하러 마을을 돌아다니거나 목욕을 하러 갈 경우 장교가 정렬시켜 이동한다 등이 그것이다.[100]

훈련과 강력한 규율은 용병들을 단결심 있는 집단으로 융합시킬 수 있었지만 충성심을 심어 주지는 못했다. 시계태엽장치 메커니즘의 응집성을 유지하려면 그것의 인간 부품들을 적군 자체가 아니라 장교들을 두려워하게 가르쳐야만 했다. 물론 이것은 전술교리 발전에도 안 좋은 영향을 주었다. 예를 들어 철저한 추격 기술은 부대 탈영의 우려로 발전되지 않았기 때문에, 전쟁터에서 패할 때조차 적의 부대가 전멸하는 일은 거의 없었다. 섬멸전은 기피되었지만 기동전, 포위공격전, 소모전은 선호되었다. 대부분의 지휘관들은 그들의 귀중한 시계태엽장치 군대가 단 한 번의 전투로 끝장나는 것을 원하지 않았다. 시계태엽장치 군대는 그들이 퍼부었던 화력의 양에 비해서 매우 위협적이었고, 동시에 그 정도의 효율성에 도달하기 위해 필요했던 긴 훈련 과정에 비해서는 지나치게 비쌌다. 게다가 그 안에서 결합시킬 수 있는 두 가지 유일한 전술적 패턴은 행진 대형(종대)과 전달하는 화력의 양을 최대화했던 전투 정렬(횡렬)뿐이었다.

행진하는 대형을 횡렬로 전개하는 것은 시간이 걸렸고, 전투 의지가 없는 적군에게 전투를 강요하는 것도 쉽지 않았다. 때때로 지휘관은 기습을 할 수 있었지만, 그러한 경우는 예외적이며 관행은 아니었다. 보통 양측의 지휘관이 전투 의사가 있을 때에만 싸움을 벌였다.[101]

우리는 군대의 조립을 위한 '시계태엽장치', '모터', 그리고 다른 패러다임들을 C³ 기계(혹은 지금까지 말했듯이 지휘 체계)를 완성하기 위해 서로 다른 군대가 각각 채택한 역사적인 해결책들도 볼 수 있다. 방금 확인했듯이 지금 이 난제에 대한 '시계태엽장치 해결책'은 그것을 극단적으로 단순화한 것이다. 시계태엽장치 군대는 몇 개 안 되는 명령(대열 벌려, 대열 좁혀, 전방진군, 사격 개시 등)에 반응할 수 있는 거의 생각 없는 로봇들의 밀집방진이었다.

지휘 체계는 시계태엽장치 군대의 지휘 체계처럼 단순한 것조차 잘 훈련된 전술부대뿐만 아니라 장교단 속에 구현된 계층적인 지휘 계통도 필요로 하였다. 역사상 최고 지휘관들이 장교단에 지휘를 위임하는 정도는 다양한 요인에 의존했다. 그 중 일부는 지휘관의 개인적인 방식과, 또 일부는 직면한 임무의 복잡도와 관련이 있었다. 예를 들어, 발사 무기가 충격전투——잉글랜드식 대궁에 의해 시작되었고 소형화기에 의해 공식화된——를 이겨내자, 군대 대형은 나사우의 모리스 시대의 6열 형태에서 나폴레옹 시대의 2열 형태로 점진적으로 평탄해졌다. 견고한 직사각형 대형이 기병 돌격의 충격에 대한 해결책이라면, 더 평탄한 대형은 증가하는 발사량에 더 적합했다. 당연히 이로 인해 전선의 규모는 매우 확대되었고, 지휘관 혼자서 모든 전선을 점검하는 것은 불가능해졌다. 이러한 상황에 대한 한 가지 대책은 주도권을 모든 지휘 계통에 분산시키는 것으로, 그렇게 함으로써 지휘관은 부하의 눈을 통해 군대 전체를 볼 수 있었다. 다시 말해, 그는 기능적으로 책임을 위임할 필요가 생긴 것이다.[102]

시계태엽장치 군대 시대에는 이런 권력의 분산은 있을 수 없었는데, 장교단은 능력에 따라 선별과정을 거친 전문가로 구성된 게 아니라 귀족계급에 의해 독차지됐기 때문이다. 이런 상황은 완전히 기능적인 지휘 계통을 만들려고 공언했던 지휘관의 의도와는 반대였다. 그러나 난류적인 사회 혼란을 자극하지 않고 귀족주의와 능력주의의 문턱을 넘는 것은 불가능했다. 이것은 외국 용병에서 시민 대중 군대로의 전환과 같이 군대의 사회적 구성을 포함하는 다른 문턱에 대해서도 마찬가지였다. 이런 제도적 장벽에 맞서 강력한 난류적 운동만이 군대를 관성에서 벗어나게 할 수 있었다. 프랑스군은 미래를 난류(혁명적인 변동)에 걸었고, 효율적인 인구 자원을 이용해 유럽 최초의 '모터화된' 군대를 조직하였다. 프랑스의 적이었던 잉글랜드와 프로이센은 혁명과는 반대의 길을 걸었다. 그들은 전신과 철도가 등장하기를 기다렸고, 전신과 철도는 더 적은 사회적 비용으로 군대의 '모터화'를 만들었다. 다목적 보병, 군대의 분할로 만든 독립된 사단 등, 새로운 전쟁기계의 각각의 전술적 구성 요소는 프랑스 혁명보다 적어도 20년은 앞선 것이었다. 그러나 이들 요소를 유럽을 휩쓴 지금까지 없던 파괴 기관과 결합시키기 위해서는 극심한 혼란 기간에 발산되는 모든 에너지가 필요했다.

이미 보았듯이 구식 시계태엽장치 군대의 작동은 특이성의 효과 (진동의 동조)를 잡아내는 것, 그리고 이런 효과들을 개별 병사들의 배치, 특히 발사 횡렬과 행군 종대의 전술 대형과 결합하는 것에 의존했다. 증가된 인구성장의 압력은 이제 이런 배치 자체를 특이점과 분기에 도달시키려 했다.

18세기 후반 횡렬과 종대 각각의 장점에 대한 끝없는 논의는 그것들을 기본 단위가 아니라 좀더 기본적인 연산자(횡렬의 급전환, 횡렬의 회전, 종대의 정렬, 횡렬의 전개 등)의 산물로 파악해야 한다는 것을 밝혀냈다.[103] 이러한 파악이 이루어지면 이 연산자들은 전장의 작전 행동을 보다 유연하게 만들기 위한 기반이 되었다. 예를 들어 (중포병이나 경포병처럼) 개별 병사의 역할이 미리 엄격하게 정해지던 과거의 전술과는 다르게, 새로운 전술은 그 역할이 바로 전장의 지휘관에 의해 결정되는 다목적 병사를 요구했다. 새로운 전술로 인해 행군 종대에서 발사 횡렬로 대형의 빠른 전개가 가능했고 공격과 추격을 위해 유격대로 다시 전개시키거나 공격을 엄호하기 위해 선형의 척후 대형으로 산개시키는 것이 가능했다. 병사들이 이제는 유연한 규칙에 따라 다양한 대형으로 결합될 수 있다는 면에서 새로운 전술은 새로운 전쟁의 산술인 '전술적 계산'의 탄생이라 할 수 있었다.

이처럼 나사우의 모리스가 총의 조작을 42개의 구체적 동작으로 분해한 것이 바로 특이점이 전개되는 단계를 보여 주듯이, 우리도 이 특이점이 일으킨 구조 속에서 특이점의 계속적인 작용을 발견할 수 있다. 다르게 말하면, 횡렬과 종대로부터 보다 구체적인 작전과 새로운 변종들이 발전하는 것이다. 결국 이러한 작용들이 군대의 '모터화'

기반을 마련했다.

유럽 군대의 모터화 개념은 '내적인' 모터화의 형식을 지향하는 것으로, 사실 완전히 반대였던 단순한 운송 수단의 모터화와는 다르다. 예를 들어, 나폴레옹은 인간과 동물의 힘의 대체물로서 물리적 모터의 중요성을 보지 못했고, 이런 이유로 잉글랜드 침공을 위한 증기선의 사용을 거부했다. 그러나 기이하게도 그는 군대를 '추상 모터'의 형태로 조립했다. 시계태엽장치의 메커니즘은 단순히 미리 정해진 길을 따라 초기의 운동을 전달한 반면 모터는 새로운 운동을 낳는다. 시계태엽장치는 외부의 운동 자원에 의존하지만, 모터는 그렇지 않다. 그것은 특정 '순환 다이어그램'을 따라 '저장고'에서 에너지를 추출하기 위해 '차이'의 개별 형태를 이용한다. 예를 들어 증기 모터의 경우 보통 차이의 형태는 뜨거움/차가움이고, 이 차이는 칸토어 주기로 알려진 단순한 다이어그램을 따라 압력 속 증기의 저장고에서 에너지를 짜내기 위해 이용된다.

증기 모터가 충분히 추상적인 형식을 얻자, 공학기술과 무관한 세계의 사람들에게도 조립 패러다임으로 이용할 수 있게 되었다. 말하자면 사람들은 기어를 시계태엽장치와 결합하는 수준을 뛰어넘는 기계 조립의 새로운 방식을 생각하기 시작했다. 시계태엽장치/모터라는 편성에서 새로운 영역에 계승된 유일한 것은 '외부 자원에 의한 작동'과 '그 자체의 자원성'이라는 구별이었다. 이들 기계가 실제로 무엇의 자원인지는 그것들이 이주한 영역의 성질에 따라 다르다. 군대의 경우, '모터 구조'는 군대를 시계태엽장치 시대의 역할과 같이 단순한 전달 장치가 아니라 정보의 생산 장치로서 작동시켰다.

새 전술의 기초는 다재다능하고, 눈치 빠른 병사를 만드는 것이었다. 그러나 이는 전쟁기계의 더 낮은 계급에 더 많은 책임을 부여해야 한다는 사실을 함축했으며, 18세기의 용병을 기반으로 삼는 군대의 모든 경향과 맞지 않았다. 이 교착상태를 벗어나기 위해서는 충성심의 저장고를 이용해야 했다. 즉, 구식 군대에 전형적이었던 지배자와 피지배자의 외적이고 기계적인 결합이 내적인 결합에 의해 대체되었는데, 이것은 주권자인 전체 시민 인구를 민족으로 묶는 것이었다. 그러나 충성심의 자원으로 민족주의를 이용하는 것은 충분하지 않았다. 아군과 적군의 구별은 기독교 군대 사이의 투쟁이라는 맥락 속에서 벗어나, 더 과격한 형태로 변환될 필요가 있었다. 즉, 그것은 전쟁을 지배자 간의 경쟁에서 민족 간의 충돌로 바꿀 수 있는 외국인 혐오였다.

한 번의 결정적인 전투에 목숨을 걸기에 과거의 시계태엽장치 군대는 전술적으로 너무 느리고 훈련에 너무 많은 비용이 든다는 사실을 이미 살펴보았다. 그 당시는 작은 우위를 쌓아 승리하는 오랜 포위 공격전과 소모전이 통례였다. 그러나 프랑스군의 지휘관 라자르 카르노(Lazare Carnot)는 충성심과 사기가 충만한 개인으로 구성된 대중 군대(무장시킨다 해도 믿을 수 있는 유일한 시민군)를 이끌고 있었기에, 장성들에게 적을 즉각 추격하도록 지시할 수 있었다. 그는 전장에서 반대 세력을 무찔렀으며 요새 도시에 대한 장기적인 공격을 피했다. 한때 예외적이었던 섬멸전이 이제 표준이 된 것이다.

기술자 집단의 우수한 멤버였던 카르노는 자치 요새에서 멀리 떨어진 '군사 지대'로 그의 함대를 보냈다. 카르노는 다음과 같이 말한다. ······ "새로운 군대는 마르세이즈의 선율에 맞춰 계속되는 공격의 무게로 적을 압살하는 대중 군대이다.”…… 수학자 카르노는 …… 틀리지 않았다. 즉, 그 혁명의 노래는 대중을 전장으로 밀어 넣는 운동 에너지였다…….[104]

혁명은 시민을 인적 자원의 저장고로 바꿨다. 이 인적 자원은 무장시키기에 충분한 충성심이 있었고, 전장에서 새롭게 이용하기에도 충분한 숫자였다. 그래서 인적 자원의 고갈로 인한 혹은 결정적인 충돌에서 값비싼 군대를 보호해야 하는 두려움은 사라졌다. 그러나 자원의 정확한 본성이 무엇이든 간에, 정말로 중요한 것은 이런 인적 자원들이 편입될 새로운 전술, 전략적 계산법이었다. 전술적 결합을 낳는 이런 새로운 방법은 어떻게 저장된 자원을 이용할지를 결정하는 모터의 순환 다이어그램으로 볼 수도 있다.

이 순환 다이어그램의 주요 요소 중 하나는 1772년 귀베르(Guibert) 백작에 의해 만들어졌다. 지금까지 군대는 중보병과 경보병으로 엄격히 구분되었고, 후자는 보통 부수적 역할만을 맡는 척후병으로 구성되어 주력인 중장 부대의 공격 준비를 했었다. 귀베르는 전문화된 경대형 군대를 없애는 작업에 착수했다.

대신 그는 모든 보병에 대해 전열보병과 경보병, 양쪽 역할을 해낼 것을 요구했다. …… 장교는 항상 전술적 세부사항을 고려해야 했으며, 상황에 따라 표준적인 배열을 기꺼이 수정해야 했다. 군대는 주로 발사에 의해 움직이지만, 단독으로 혹은 발사 횡렬과 함께 돌격 종대를 사용할 준비가 되어야 했다.[105]

귀베르는 한 대형에서 다른 대형으로 움직이는 서로 다른 연산자를 각각 분리했으며, 그들의 기능을 간소화한 다음 '추상 병사'로 구체화했다. 추상 병사는 미리 엄격하게 역할이 지정되지는 않았지만, 특정 기후, 지형, 전투 상황을 이용하면서, 전장에서 병사가 취해야 할 역할을 결정하는 유연한 전술적 계산의 일부가 될 수 있었다.

그때 대대 지휘관에는 많은 선택 사항이 있었다. 그는 전술적 상황에 따라 중대를 분리해서 척후병으로 전방에 보낼 수 있다. 필요하면 그다음 대대 전체를 경보병으로 이용해서 산병선(skirmish line)을 보강할 수 있다. 또한 이렇게 하지 않고 종대로 남아 있는 중대에 발사 행동을 위한 횡렬 전개를 지시하거나, 척후병의 발포로 흩어진 적의 전선에 맞서 종대에 발사를 명령할 수도 있다. …… 밀집 대형이나 경대형 양쪽으로 싸울 수 있는 능력, 그리고 한 형식에서 다른 형식으로 [종종 포화 속에서―인용자] 신속하게 전환할 수 있는 능력은 구시대의 군대와 싸우는 프랑스 군대에 충분히 승산이 있는 전투 수단을 제공했다.[106]

모든 단계에 유연성이 더해지면서 지휘 체계의 본성은 변화되었다. 정보 흐름은 강화되었고 운영 단계에서 서면 명령의 도입이 불가피해졌다. 오랫동안 서류는 병참의 기록 저장을 위해 이용되어 왔지만, 영구적인 군대의 특징인 서면 명령은 '모터화'된 군대의 요구를 충족시키기 위해 도입되었다. 이와 같이 문서작업의 증가로 중앙과 단위 양쪽에 쏟아진 새로운 정보의 흐름을 처리하기 위해 처음으로 참모진이 만들어졌다. 시계태엽장치 시대 발달하지 못한 상태로 남아 있었음에도, 분리된 부대에 매우 강력한 도주 경향을 주던 척후나 정찰은 이제 완전히 가능해졌고 사령부의 자료 처리 필요성을 더욱 증가시켰다.

> 군대를 이루는 거대한 [도주 가능한] 무리를 주목하는 것, …… 비교적 거대한 전투지역 전체로부터의 정보 수집, …… 그런 지역에서의 보고나 명령의 전달, …… 나폴레옹 전쟁의 특징인 끝없이 유연한 조합과 작전 행동을 단독으로 가능하게 했던 지속적인 정보의 유지, 이 모든 것들이 지금까지 시도된 어떤 것보다 앞선 지휘, 통제, 통신 장치를 요구했다.[107]

새로운 지휘 체계는 새로운 기술을 이용해 달성된 것은 아니었다. 열악한 도로, 부정확한 지도, 시간 계측 장치와 같은 시계태엽장치 시대의 기술적 한계는 어느 정도 개선되었다. 지도 제작법은 시행착오를 벗어나 더 정밀한 삼각측량법이 되었다. 새 도로와 수로가 건설되었다. 심지어 원시적 형태의 전신도 사용이 가능했다. 그러나 나폴레옹에게 필요한 것은 이런 초기의 기술로는 충족되지 않았다. 나폴레옹은 그가 살았던 시대의 기술적 한계 내에서 작동하는 조직, 광대한 거리에 걸쳐 정보를 수집, 처리, 전달하는 조직을 필요로 했다. 이 조직 속에서 "황제의 두뇌는 중앙 정보 처리 기계로 남았다".[108]

나폴레옹과 같은 기능을 제도화하는 것은 군대의 '제도적 두뇌'로서 행동하도록 훈련된 참모진을 조직하는 것이다. 실제로 그런 조직이 조립된 것은 19세기 프로이센에서였다. 그러나 이를 위한 요소는 이미 나폴레옹의 군대 속에 존재했다. 적의 행동이나 의도에 관해 정보수집의 임무를 맡은 지형청과 통계청, 나폴레옹의 명령을 처리, 전달하는 참모진, 그리고 아마도 가장 중요한 것은 '지시받은 망원경'(directed telescope)이라 불리는 소규모 참모진이었다. 이것은 긴 지휘계통을 우회해서, 체계적이지는 않지만 나폴레옹의 특정 요구에 최적화된 정보를 얻기 위해, 최고 지휘관이 직접 전장으로 보내는 방식이었다.

> 이상적으로는 정기적인 보고 체계는 지휘관에게 어떤 질문을 해야 할지 알려줘야 했고, 지시받은 망원경은 지휘관이 그런 질문에 답할 수 있게끔 해야 했다. 지휘에서의 혁명이 일어난 것은 바로 이들 두 체계가 통합되어 서로를 횡단하면서 나폴레옹이 뛰어난 솜씨로 지휘했기 때문이다.[109]

몇 번의 패배 후, 나폴레옹의 적들은 새로운 지휘 체계와, 유연한 전술, 전략적 계산법, 그리고 정보를 처리하는 중심지를 통합했다. 마틴 판 크레펠트가 '전쟁의 의붓자식'이라 불렀던 통신기술은 충실한 시민군의 탄생과 상층부에서의 능력주의 시행과 결합되어, 전신과 철도 네트워크가 혁명적 난류와 같은 시련 없이도 군대를 모터화할 수 있는 지점에까지 진화했다. 전술 대형의 진화의 다음 단계, 즉, '모터'에서 '분산 네트워크'로의 전환은 제2차 세계대전 때 나치가 전격전을 창안하고 나서야 이루어졌다. 그러나 이런 변화의 압력은 19세기 중엽부터 이미 감지되었으며, 그때는 강선 소형화기의 정밀도와 사거리, 그리고 그 후에 증가된 기관총의 발사속도가 원추탄을 전장의 결정적 발명으로 만들었던 시기이다. 구체적으로 그 압력이란 전통적으로 주요 공격 전달 방법인 밀집 대형을 개방적이고 독립적인 소집단의 대형으로 변형하는 것을 말한다. 소규모 접전은 공격을 위한 사전 준비가 아니라 공격의 주요 형태가 되었다.

19세기의 전투 이론가 뒤 피크(Ardant Du Picq) 장군이 깨달았듯이, 정확히 당시 군대가 직면했던 문제는 밀집 대형의 전투가 병사를 단결시킨다는 사실이었다. 여기에 더해서 밀집 대형은 일관된 지휘 체계를 보장받기 위해 유일하게 사용가능한 수단이었다. 이 지휘 체계에서는 모든 병사가 다른 동료들과의 상호감시 속에서 일관성을 이룬다. 따라서 1875년 프랑스군의 규정상 부대 분산을 옹호하고 적화포의 사거리 내에서 밀집 대형의 사용은 금지했음에도, 이러한 원칙은 다른 군대와 마찬가지로 프랑스군 내부의 강력한 반대에 부딪혔다. "총검 공격에 움츠러든다면 남자답지 않다는 일반적인 분위기뿐만 아니라 더 중요하게도 보병을 주위에 풀어놓고 제멋대로 하게 내버려둔다면 적당히 기회를 잡아 '사라지거나', 쓰러져 다시 일어나지 않을 거라는 충분한 이유가 있었다."[110]

부대의 응집은 지휘의 연속성과 지휘 체계의 내부 작동을 보장하기에, 병사가 전장에 분산되면 이러한 응집은 사라져 버린다. 이로 인해 원추탄이 가져온 문제는 휴대용 무선 통신장비가 출현할 때까지 해결되지 않았다. 독일군이 제1차 세계대전 이후에 깨달았듯이, 통신 기술의 새로운 형태를 제외하고도 전술적 분산은 소속감뿐만 아니라 소단위의 병사들이 스스로 싸우고, 상황에 따라 보다 큰 전투 집단으로 합류하는 데 필요한 규율로서 '군대 정신'까지 갖춘 독립적인 병사의 탄생을 의미했다.[111]

나폴레옹의 '모터'와 히틀러의 '분산 네트워크' 사이의 한 세기 반동안, 전쟁 기술은 계속 유동적인 상태——군비 경쟁 과열과 이것이 새로운 무기를 활용하도록 전술 기조의 개발자에 가한 압력이 만들어 낸——로 남아 있었다. 과거 사정거리 내의 어깨총 명령에 필적했던 대포에 가해진 가장 중요한 변경은 화력을 집중시키는 원리에 관한 것이었다. 대포는 척후병과 저격수에 쉬운 표적을 제공하는 바퀴와 바퀴를 연결한 대포의 열인 발사대의 집중에서 지형적으로 분산 배치되어 방어 지점에서 포화를 퍼붓는 표적을 향한 포탄의 집중으로 이행했다.[112]

전술 기조의 이러한 전환은 몇 가지 기술적 발전에 의해 가능했다. 다시 말해 발사 후 위치를 유지하기에 한번만 조준을 맞추면 되는 무반동 무기, 무기의 위치를 더 숨기기 쉽게 만든 무연 화약의 발명, 그리고 아마 가장 중요한 발전이겠지만, 간접 사격술——대포를 숨긴 채 전방 관측장교가 가져오는 정보를 이용해서 조준을 하는——을 가능하게 만든 전화의 발명과 도입이다. 1904년 러일 전쟁에서 처음 사용된 이런 변화들은 제1차 세계대전 동안 더 발전을 이뤘다. 간접 사격은 미리 충분히 준비된 발사 계획으로 진화했다. 예를 들어 이러한 발사 계획으로 인해 이동하는 포화의 장벽인 '이동 탄막 사격' (creeping barrages)이 가능했고, 이 아래로 돌진하는 병사들을 보내 무인 지대, 즉, 참호의 반대편에 있는 기관총이 난무하는 죽음의 지대를 거침없이 휩쓸게 했다. 하지만 이동 탄막 사격의 방어조차 지휘 체계의 붕괴를 막지는 못했다. 총알받이들의 물결이 연기 속으로 사라지자마자, 최소 통신 연결선만이 남게 되었다. 즉, 그것은 앞으로 뒤로, 한쪽에서 다른 쪽으로 무인 지대를 뛰어다니는 병사들이었다.[113]

일단 적 지역의 시작을 표시하는 특이점을 통과하면 병사들은 그들이 남겨두고 온 지휘 체계와 거의 연락할 수 없었다. 휴대용 무선 통신이 없는 상태에서, 서부 전선은 여전히 구식의 밀집 대형에 완고하게 집착하는 거대한 부대를 삼켜 버렸다. 상대편 기관총에서 난사한 날아다니는 금속 탄막이 대포의 이동 탄막 사격에 의해 일시적으로 진압된다는 사실을 이점으로, 수개월 동안 그들은 파상 공격을 계속했다. 독일군과 영국군은 전쟁이 막바지에 이르자 대륙 규모로 전개되는 포위공격전이 낳은 피투성이의 난국에서 탈출하는 방법을 함께 강구했다.

독일군은 필요하다면 다른 병사를 지휘할 수 있는, 유능하고 순종적인 돌격대원이라는 병사를 개발했다. 돌격대원은 신무기(휴대용 기관총과 화염 방사기)와 적진 깊이 침입하는 새로운 전술과 결합되어 독립적인 소대로 조립되었고, 기동성이 결여된 참호전에 대한 하나의 해답이 되었다. 영국군은 캉브레 전투에서 미래의 지휘 체계의 나머지 반을 배치했다. 근접 항공 지원과 보병과의 협력으로 작동하는 장갑 전차라는 최초의 '무기 네트워크'가 그것이다. 두 가지 해결책 모두 전쟁의 결과에 영향을 미치기에는 너무 늦게 발견되었고, 어찌되었건 전술은 이미 최초의 병참 전쟁, 즉, 연료, 탄약, 예비 부품 등의 조달 및 공급이라는 대규모 산업 동원 전쟁에서조차 그 중요성이 감소했다.[114]

두 가지 해결책 —— 루덴도르프의 돌격대원이 예시하는 독립된 소대, 그리고 공중 포병과 긴밀히 조율된 독립된 기갑사단 —— 은 제1차 세계대전의 열기 속에서 만들어진 것이지만 곧 잊혀졌다. 영국 전쟁 이론가 리델 하트(Sir Basil Liddel-Hart)와 풀러(J. F. C. Fuller)는 장갑전에서 깊숙한 침투 전술이 중요하다는 것은 인식했지만 그 당시에는 기갑부대와 공중 전력을 무선으로 연결한 통합체계로 배치하는 것이 중요했다는 사실을 간과했다. 그들은 여전히 모터의 시대, 동기화되지 못하고 모터화된 장갑 전쟁의 시대에 있었다. 시계태엽장치에서 모터화된 군대로의 이행의 경우처럼 새로운 문턱을 넘으려는 전사들은 제도적 장벽들과 충돌했다. 새로운 분산형 네트워크 모델은 군의 다른 분과들과의 협력이 주요 장애물로 등장했고, 이것은 역사적으로 늘 그래왔듯이 달성하기 힘든 것이었다.

우선 군대에는 여러 사회적 구성요소가 존재했다. 가장 분명한 예는 보병과 기병 사이의 계급 혈통적 차이였다. 그러나 그러한 차이가 소멸됨을 눈치 채고 새로운 전차를 독점해 자신들의 옛 군마(warhorse)의 기갑 형태로 만들려고 강하게 로비를 한 것은 기병 쪽이었다. 또한 영국의 항공대처럼 새롭게 탄생한 군사 부문도 존재했으나, 이들은 상호 지원하는 무기 네트워크에의 참여는 거부했다. 이것은 사회적 계급으로 구성된 차이 때문이 아니라 오히려 협동이 그들의 독립성을 침해한다고 보는 경향 때문이었다.[115] 시계태엽장치와 모터 사이에 가로 놓인 문턱의 경우처럼, 난류의 결과에 투자한 국가는 새로운 영역에 도달하는 첫번째 주자가 될 것이다. 나치 정권은 새로운 지휘 체계를 억압하는 군의 관료적인 타성을 타파하기 위해 인구학적 혼란, 대중 동원에 미래를 걸었다. 이렇게 새로운 체계는 전격전이라는 독일 이름과 함께 활기를 띠었다.

'전격전'이라는 말은 보통 적진에 깊숙이 침투하는 급작스런 공격 개념으로, 이것이 가능해진 것은 장갑과 공중전의 기술 발전 때문이었다. 그러나 기술만이 전격 전술의 비밀은 아니었다. 연합군은 제2차 세계대전 시작 당시에는 독일군보다 많은 전차와 비행기를 보유하고 있었지만, 그러한 기술적 부품들이 협력적인 전체로 조립되지는 않았다. 오직 독일만이 이들 요소들에 기계적 필룸을 횡단시켜 서로의 장점을 강화하고 약점을 보완하도록 만들었다. 더 구체적으로 프랑스와 영국에게 전차는 보병 대형의 단순한 부속물에 불과했던 반면 비행기의 역할은 '전략 폭격'——독자적으로 항공 대형이 적의 거리와 공장에 가하는 대규모 폭격——과 같은 개념에 점점 더 종속되어 갔다. 다른 한편 독일에서는 비행기는 처음부터 지상군에 대한 공중지원을 위해 설계되었으며, 공중 대포(급강하 폭격)로 전차가 진군할 길을 준비하는, 혹은 적의 통신 및 공급선에 혼란과 지연을 일으키는 역할(차단)을 했다. 마찬가지로 독일군 전차도, 주력 보병의 공격을 지원하는 기동 포병의 역할을 버리고 배후에서 모터화된 보병과 함께 공격의 주력 선봉으로서 역할을 맡았다. 그러나 아마도 이 기술적 부품들이 더 큰 조립체의 요소에 불과하다는 보다 명백한 증거는 연합국측과는 달리 대부분의 독일군 전차와 비행기는 쌍방향 무선 통신 기능을 탑재했다는 사실일 것이다. 즉, 그것들은 처음부터 무기 네트워크의 일부로 여겨졌고, 무선 신경 체계에 의해 결합되었다.

전격전은 어떤 의미에서는 새로운 전술의 이름은 아니었다. 그것은 공습과 선전을 통해 잠재적 표적에 공포를 준 다음, 일련의 충격적인 공격을 통해 저항 의지를 꺾는 새로운 정복 전략의 이름이었다. 이런 의미에서 전격전의 표적은 적의 전방 방어력이라기보다는 적 지도부의 사기였다.[116] 그러나 그런 전략은 기갑 부대의 공격성을 조절하거나 유지할 수 있는 지휘 통제 체계가 없었다면 수행되기 어려웠을 것이다. 기술적으로 신속하고 깊숙이 침입하는 공격과 보조를 맞추는 지휘 체계를 낳은 것은 무선 통신이었다. 그러나 무선은 전격 전술이라는 비밀의 절반에 불과했고 나머지 절반은 지휘 계통의 인적 요소를 조립하는 방법이었다. 인간과 기계는 부분의 합 이상인 전술 대형을 만들기 위해서 맞물려야만 했다.

판 크레펠트는 분산된 지휘 계통의 주요 특징을 다음과 같이 묘사했다.

나폴레옹처럼 …… 제2차 세계대전의 기갑부대 지휘관들은 지휘 계통을 분산시키도록, 그래서 제일 낮은 계급에서 시작하여 모든 계급에서 판단력 있는 주도권을 갖도록 강요당했는데 이것은 사라지기 쉬운 매 순간의 기회를 최대한 이용하기 위함이었다. …… 나폴레옹처럼 기갑부대 지휘관들은 높은 기동력을 자랑하는 자신의 군대와 연락을 유지하기 위해서 쌍방향 통신을 필요로 했으며, 운 좋게도 무선이라는 새로운 기술을 손에 넣은 것도 바로 이때였다. …… [그러나―인용자] 무선 기반 지휘 체계의 유효성을 결정짓는 핵심적인 변수는 그런 기술적 우위성이 아니었다. …… 중요한 것은 신중하게 마련된 전체 기획안으로, 군사 기구의 다양한 조직을 …… 각 지휘관과 사령부의 요구에 맞게 할당하는 것이다. [중구난방으로―인용자] 의견이 서로 난무하는 곳이 아닌 결국은 잘 통합된 네트워크를 원한다면 철저한 훈련과 세심하게 만든 운영 절차는 필수적이다. …… 기갑 지휘권이 작동해야 하는 방식을 처음으로 제대로 보여 준 영광은 근본적으로 두 사람, 하인즈 구데리안(Heinz Guderian)과 프리츠 펠기벨(Fritz Fellgiebel) 장군에게 돌아가야 한다. …… 그들은 합심해서 무선을 기반으로 하는 지휘 원리를 개발해 냈다. 이 원리는 기술적으로는 엄청나게 복잡해졌지만 약간의 변형을 거쳐 지금도 널리 쓰이

그림1

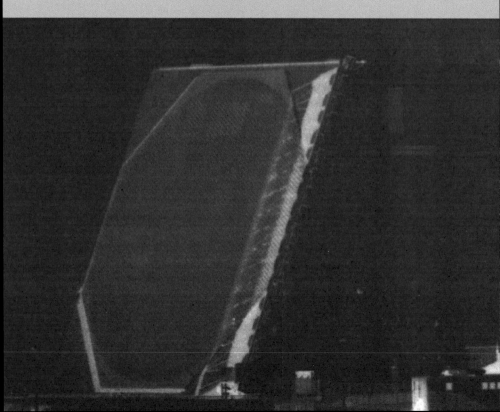

4. 요새화된 장벽이 비물질화되어 레이더 장막이 되다.

대부분의 경우 방어 기술은 물리적 장애물을 뚫기 위한 공격력의 향상에 대응하면서 진화했다. 기동력 있는 공성포가 처음 배치되었을 때(1494년 경), 첫 희생물이 된 것은 중세의 높은 성벽들이었다. 높은 성벽은 원래는 오르기 어렵게 하기 위해 설계되었지만, 새로운 무기에는 이상적인 표적이 되었다. 그에 맞춰, 높이에 의한 방어는 새로운 개념인 두터운 방어(여러 겹의 낮은 성벽들과 배수로), 그리고 요새 방어자들이 공격측에 강력한 대응사격을 할 수 있는 지형적 설계(그림1)에 자리를 양보했다. 4세기 후 공격자들은 충격과 포화라는 메시지를 전달하는 혁명적인 운송수단, 즉, 공중 폭격기를 새롭게 만들었다. 이 파괴를 전달하는 새로운 수단에 대한 대응으로 방어벽은 다시 변화해, 사실상 '비물질화'되어 레이더의 전자 장막(그림2)이 되었다. 오늘날 컴퓨터는 레이더 '벽들'을 대륙 전체 주위에 건설하고 있고, 이 벽들은 핵우산이라는 형태로 지구 규모로 확장될 수 있다. (제1장 '충돌' 참조)

그림2

고 있다.[117]

그러나 정보 흐름의 증가는 마찰의 폭발적 증가를 일으키기 때문에 이러한 체계를 원활히 작동시키기 위해서는 지휘 계통을 분권화시키는 것이 필수적이다. 판 크레펠트가 말하는 '순간의 기회'란 본질적으로 특이점들이다. 만약 전쟁기계가 마찰을 분산시키고 일시적 사건들이 수단과 능력을 '끌어내도록' 허용하면서 유동적으로 적응한다면, 인간-기계의 배치는 창발적 속성과 혼돈 속의 질서를 낳을 수 있을 것이다. 그러나 만약 마찰이 쌓인다면 신경 체계를 빠르게 지나 전쟁기계를 합선시키면서 불확실성은 크게 증가하는 열 폭주 폭발(runaway explosion) 같은 되먹임 고리를 발생시킬 수 있다. 그러므로

> "전쟁에서 얻은 정보는 대부분이 모순 덩어리이며, 상당수는 사실과 다르며, 대부분은 불확실하다"라는 클라우제비츠의 격언은 그때와 마찬가지로 오늘날에도 진실로 남아 있다. …… 불확실성은 모든 지휘 체계가 처리해야만 하는 중심 요소로 남아 있으며, 또 [체계의—인용자] 구조를 결정할 때 불확실성의 역할이 —대부분의 경우 그렇기도 하지만— 결정적이어야 한다…….[118]

한 지휘 계통에서의 마찰로 인한 최종 결과는 자료의 진실성, 정확성, 시의성에 대한 불확실성의 증가이다. 중앙집권화된 지휘 체계는 의사 결정 과정을 독점함으로써 이 문제를 처리하려고 하며 이는 상층부의 확실성을 극대화하기 위함이다. (이론적으로는 지휘 계통을

줄이면 줄일수록 마찰을 낳는 연결의 기회는 줄어든다.) 그러나 사실 중앙집권화된 통제 구조는 반대의 효과를 보여 준다. 예를 들어, 의사 결정자의 수가 더 적다라는 것은 모든 전술 계획이 세부까지 결정되어야 하고 그러한 엄밀한 규칙에 대한 복종이 끊임없이 감시되어야 한다는 사실을 함축한다. 더 많은 전술적 세부사항들과 더 많은 감시는 처리해야 할 정보의 총량을 증가시키고, 이러한 과잉은 전투의 열기 속에서 결국 지휘 체계의 능력을 넘어설 수 있다.

상층부가 불확실성을 전체적으로 처리하게 하는 대신 더 많은 국지적 권한의 승인을 통해 의사 결정의 문턱을 낮춤으로써 전쟁기계의 여러 부분들은 조금씩 불확실성을 다룰 수 있다. 작전의 개요와 종합적인 목표만을 정하며, 세부 사항들의 실행은 전장의 장교와 병사에게 맡기는 작전 의존형 전술은 정보의 전체적인 흐름을 감소시켜 잡음과 마찰이 가져오는 전체적인 효과도 감소시킨다. 전투 중에 그런 분산된 전술 계획을 채택하면 군대는 앞서 말한 자기 조직화하는 산일 구조, 즉, 전쟁의 혼란 속의 안정된 섬 같은 존재를 닮기 시작한다. 사실 (1956년의 이스라엘 군대처럼) 현대의 탈중앙화된 군대를 때때로 자기 조직화하는 난류 속의 소용돌이 체계 같은 '조직화된 혼돈'의 형태로 보기도 한다.[119]

지휘 체계를 통한 불확실성의 분산에 기초한 접근법이 역사적으로 성공하고 있다면, 왜 현대의 군대는 중앙집권화를 통해 상층부의 확실성을 얻으려는 불가능한 탐구를 고집할까? 한 가지 이유는 바로 탈중앙화된 전술 규칙은 전장에서의 성공에도 불구하고 더 많은 국지적 주도권을 허용함으로써 지휘 계통을 확대시키기 때문이다. 이것은 인적 요소의 사기와 숙련도에 대한 전쟁기계의 의존성을 증가시킨다.

신뢰는 하향식과 상향식 양쪽으로 전쟁기계의 회로 속으로 흘러야 하고, 신뢰(일반적으로는 사기)는 국가적 전쟁기계에게 많은 비용을 요구한다.

제2차 세계대전이 막바지에 이르면서 사이버네틱 기술(건 디렉터의 형태로)은 이미 병사(포병수)를 의사 결정 회로에서 제거할 수 있음을 증명했다. 당시는 더 발전된 컴퓨터가 도입되면 이러한 과정을 전쟁기계의 다른 영역으로 확대시킬 수 있을 것처럼 보였다. 다음 장에서는 컴퓨터의 역사를 탐구할 것이며 무선 네트워크를 점점 더 깊은 지휘 체계 속으로 확대시키기 위해 트랜지스터와 집적회로를 육성하게 만든 소형화 경향을 제도화한 것은 군이었다는 사실을 알아볼 것이다. 컴퓨터는 무선 지휘 체계를 정확히 따라 진화해 양쪽 모두 얼마 동안은 소형화된 전자 부품의 대규모 소비자로 남았다.

이런 과정 속에서 컴퓨터는 서서히 지휘 네트워크를 중앙집권화하기 위한 주요 도구가 되었다. WWMCCS(전세계 군사 지휘 통제 시스템)은 핵무기 그 자체의 특성상 통일된 제어 장치를 요구한다는 구실하에 전략 공군 사령부의 의사 결정을 중앙집권화하려는 의도로 1962년에 시작되었다. 그러나 베트남 전쟁 중 동남아시아 전역에 배치된 무선 지휘 체계처럼 이런 중앙집권적인 장치는 나중에 [핵을 가지지 않은] 모든 전통적인 군대로 확대되었다. 베트남 전쟁은 중앙집권화에는 자기 파괴적 성격이 있다는 것도 증명하였다. 전체적인 확실성을 달성하려고 노력하면 할수록, 작전 실행을 위해 필요한 정보량은 훨씬 크게 늘어나지만 최종 결과는 불명확하게 된다. 컴퓨터는 이 문제를 해결하는 것과는 거리가 멀었고, 컴퓨터 스스로 무한한 정보의 흐름을 생산해 결국 문제를 더 가중시켰다. 당시 필요했던 것은 각자의 능력을 강화하는 인간과 기계를 연결하는 수단이었다. 컴퓨터는 인간을 의사 결정 회로에서 제거하지 않고 인간과 함께 협력적 전체로 결합되어야 했다.

소형화 움직임과는 별도로, 다음 장에서는 중앙집권화를 향한 또하나의 군사적 움직임을 탐구한다. 이는 인간의 전문성을 컴퓨터의 '지식 뱅크' 속에 포함시키는 것이다. 이런 움직임은 결과적으로는 전문가 시스템과 같은 인공지능 연구의 가장 성공한 분야를 낳았다. 전문가 시스템은 인공지능 프로그램의 특징인 논리적 방식으로 추론하는 능력을 특정 분야 인간 전문가의 문제 해결 능력으로 보완한다. 특정 분야 인간 전문가의 경험 법칙, 요령, 업계 비법 등이 관찰과 면담을 통해 검토된 후, 컴퓨터가 사용할 수 있는 형태로 저장된다. 그런 다음 이런 지식 뱅크에는 '기계 조언자'의 역할을 할 수 있도록 휴먼 인터페이스가 제공된다. 즉, 매우 구체적 분야의 문제가 주어지면, 전문가 시스템은 가능한 해결책에 관해 전문적인 조언을 해줄 수 있다. 게다가 인간 사용자에게 특정 조언에 이르는 추론 과정까지 제공할 수 있다.

전문가 시스템 기술은 트랜지스터와 집적회로처럼 상업적인 경쟁력이 없었던 초기 단계에는 군에 의해서 육성되었다. DARPA(미국 국방 고등연구 기획국)는 처음에는 그다지 직접적 영향력이 없었음에도 1960년대 거의 모든 인공지능 연구에 자금을 댔으며, 항상 잠재적인 군사 응용의 관점을 가지고 있었다. 1984년 DARPA는 세 가지 다른 군사 응용을 위해 전문가 시스템을 개발하고 있음을 공표했다. 즉, 자율 무기 체계, 복잡한 항공기 조종을 지원하는 조종실, 마지막으로 지휘 체계의 중앙집권화라는 현대적 문제와 직접 관련된 인공지능의 응용인 전투 관리 체계가 그것이다.

앞서 본 것처럼 중앙집권화된 전투 계획의 수행은 지휘 체계의 상위 계급이 처리해야 할 정보량을 엄청나게 증가시킨다. 이런 상황에서 최고 지휘관의 역할은 정보의 흐름을 관리하는 역할로 축소된다. 이 비인격적이고 냉정한 전투 관리법은 전선의 전투를 후방에서 지원하고, 참호의 살육전에는 결코 노출되지 않았던, 제1차 세계대전 때의 지휘관들과 매우 닮았다. 부분적으로 이러한 상황에 대한 대응으로, 구데리안, 패튼, 맥아더와 같은 제2차 세계대전의 지휘관들은 전장으로 돌아가 전술 계획의 실행에 직접 관여했다. 반세기 후 전문가 시스템 기술은 제1차 세계대전의 지휘 형태로 회귀할 수 있는 조건들을 만들어 냈으며 또다시 지휘관의 기능을 '전투 관리자'의 역할로 축소시켰다.

현대전의 전투 관리는 불확실성하에서의 의사 결정을 의미한다. 드러난 문제와 숨겨져 있는 문제들이 있으며 다양한 결과를 가져오는 해법과 상충되는 목표가 있다. …… DARPA에 의해 구상된 전투 관리 체계는 …… 가능한 사건들을 예측하기 위해 불확실한 정보를 이해할 수 있어야 했다. 가능한 행동방침들을 제시하기 위해 인간과 기계의 과거 경험을 끌어들여, 그것들을 평가하고 이론적 설명도 할 수 있을 것이다. 이 시점에서 전투 관리 체계는 인간 지휘관이 선택한 작전의 실행을 계획하고, 실행 국면에서는 의사 결정자에게 그 경과를 보고할 수 있다.[120]

물론 이런 모든 내용은 전문가 시스템의 자랑스러운 아버지, 에드워드 파이겐바움(Edward Feigenbaum)의 낙관적인 견해를 담고 있다. 사실상 복잡한 문제에 인공지능을 응용하려는 생각에 본질적인 잘못은 없다. 다음 장에서 보겠지만 인공지능 연구는 분산된 의사 결정을 기반으로 제어 모델, 즉, 군사적으로 탈중앙화를 촉진하기 위한 모델로 진화하고 있다.

또 다른 가능성으로는 전문가 시스템이 전례 없는 규모와 파괴성을 가진 중앙집권화 과정의 주도자가 될 수도 있다는 것이다. 지식 뱅크 속에 전문가 자원의 축적은 단순한 조언 대신에 전문가 시스템을 이용해 인간 전문가를 대체하려는 경향을 부추길 수 있다. 결국 전문가 시스템은 단지 기계적 조언자가 아니라 실행 능력을 갖게 될 것이다. 전투 관리 체계는 전투 계획의 설계와 실행의 감시만을 보조하게 되어 있었다. 그러나 무의미한 자료가 넘치는 현대의 전쟁터에서 지휘관들은 그들의 경험의 무기고에 있는 축적된 전문성에만 의존하기는 쉽지 않으며, 컴퓨터 그 자체에 의사 결정을 맡기고 싶은 유혹을 받을 것이다. 더 나아가 컴퓨터만이 위성과 지상 센서로부터 나온 전투에 관한 모든 '지각적'(perceptual) 정보에 빠르게 접근할 수 있으며, 그 결과 전쟁터에서 발산되는 무의미한 자료에 직면한 지휘관은 기계쪽이 전체 상황을 더 잘 파악하고 있다고 느낄지도 모른다. 이렇게 전문가 시스템은 그냥 똑똑한 인공기관인 기계적 조언자에서 그 자신의 실행 능력을 가진 기계로 변모해 나갈 것이다.

이론적으로는 공지 전투(air-land battle)의 관리는 적의 능력과 움직임을 탐지하기 위해 점점 정교해지는 측정 장치에 완전히 통합될 것이다. 이러한 예로는 TOBIAS(지상 진동 전장 침입자 경보 시스템)나 REMBASS(원격 전장 감시 시스템) 같은 시스템이 있는데, 이들 각각은 개별적인 인간 움직임을 잡아내기 위해 지진 센서를 사용한다. [넘쳐나는 정보와 그것을 처리하기 위한 시간의 부족함에 직면한—인용자] 공지 전투의 관리 개념을 지지한 사람들은 미래의 전쟁에서 예상되는 '사건의 빠른 전개'야말로 컴퓨터가 처리하기에 최적이라고 주장한다. 그러나 그들의 결론은 전투의 모든 단계에서 지휘 단계의 인간 판단이 중요하지 않을 정도로 사건의 전개가 빨라질 것이라는 것이다. 그때 병사들의 생사는 앞으로의 전투가 확산될 방식을 예측하고 코드화하려는 프로그래머들의 최선의 선택 속에서 결정될 것이다. 그러나 이것은 그 자체가 미 육군사관학교 생도들이 배우는 첫 번째 전투 규칙인 "어떤 전투계획도 눈앞의 적에겐 무력하다"는 것을 어기는 것이다.[121)]

전술적 지휘 체계의 운명 ——인간과 기계가 창조적으로 상호작용하는 기반 위에서 진화하거나 그렇지 않다면 자기 파괴의 한계까지 밀어붙이며 점점 더 과도한 중앙집권화의 선을 따라 진화할—— 은 전쟁 이론가들인 판 크레펠트, 키건(John Keegan), 듀피의 다음 조언을 따르는지에 달려 있다. 즉, 전장은 다른 무엇보다도 공포의 장소이다. 공포와 마찰은 구조화된 자료들처럼 기계의 회로 속을 순환하는 전장의 안개를 생성한다. 전투에 직면했을 때 최선의 전술적 지휘 체계는 상층부의 확실성을 극대화하는 체계가 아니라 지휘 체계의 상하로 불확실성을 골고루 분산시키는 체계이다. 내가 중앙집권화된 관리가 아닌 마찰을 분산시키는 전술 기계를 선호하는 이유는 훨씬 더 강력한 군대의 조립을 목격하려는 단순한 욕망보다는 오히려 보다 실용적인 성질의 것이다. 역사는 전술 체계가 전장의 안개를 어떻게든 분산시키지 못한다면 결국 그것은 스스로 해체되어 버린다는 사실을 여러 번 증명해 왔다. 핵무기 시대에 전쟁기계가 스스로 해체되도록 내버려 둘 수는 없다. 그 경우 전쟁기계는 자신과 함께 모든 인간들을 그 과정에 끌어들일 것이기 때문이다. 게다가 중앙집권화에 대한 비판은 중앙집권화된 지휘 구조가 민간 분야로 수출될 정도로(예를 들면 노동부문의 합리화) 군의 영역에만 국한된 것은 아니다. 일본이 세계 최강의 경제 강국이 되고 있는 것은 분명 그들이 산업의 모든 단계에서 중앙집권화가 덜한 경영 형태를 보였기 때문이다.

불행히도 군이 그런 충고에 귀기울일 가능성은 매우 낮다. 그들은 제2차 세계대전에서 전술, 전략, 병참 문제에 수학을 응용하는 가운데에서 생겨난 새로운 종류의 지식인, 앞서 언급했던 전쟁 이론가들과는 전혀 다른 이론가들을 발전시켰다. 수많은 전쟁에서의 성공으로 관련 연구가 널리 알려지게 된 OR(운영 연구)은 전쟁이 끝남과 동시에 싱크탱크의 출현에 직접적인 영향을 주었다. 랜드연구소로 잘 알려진 이런 새로운 기관들은 OR을 전장의 문제에 대한 일반적인 접근법으로, 즉, 전쟁에서 인적 요인——전장에서 생성된 불안과 잡음, 그런 상황에서의 전투에 필요한 사기 등——을 무시하는 접근법으로 발전시켰다. 싱크탱크는 제2차 세계대전 중 과학적 자원의 대규모 동원 과정에서 우리가 물려받은 '독이 든 선물'이었다. 또 다른 '독이 든 선물'인 핵무기——기계적 필룸의 가장 기초적인 힘을 이용함으로써 구체화된——는 우리가 생각하는 전쟁에 대한 관념 자체를 변화시키고, 결과적으로 싱크탱크가 진화할 수 있는 완벽한 환경을 제공할 것이다. 그러나 이것은 우리를 규모와 조직 면에서 더 높은 전쟁기계의 다른 단계로 이끌어 준다.

전략(Strategy)

전술이 하나의 전투에서 승리하기 위해 인간과 무기의 통합에 나선다면, 전략은 전체 전쟁에서 승리하기 위해 전투들을 통합하려고 모색한다. 이를 위해 전투 자체를 전술 대형, 지형, 날씨로 이루어진 기계적 배치들로서 다뤄야만 했고, 정치적 방향을 설정하는 외교적 수완과도 연결되어야 했다. 클라우제비츠(Carl von Clausewitz)가 말했듯 전투를 어떻게 치르는지는 전술의 문제이지만, 어디에서(지형학적 조건), 언제(기상학적 조건), 왜(정치적 목적)는 전략이 결정해야 할 문제이다.[122] 지금까지 보았듯이, 기계적 필룸을 횡단시켜 인간과 무기를 전술 기관으로 조립시키는 것이 어떤 지휘관도 달성하기 어려운 작업이라면, 기계적 필룸을 전쟁기계의 전략 단계로 통과시키는 것은 훨씬 더 어려운 작업이다. 이것은 민간 부문과 관련해서 국가 군사기관의 독립성을 위협하는 외교적 목표와 군사적 목표 간의 세심한 조정을 포함한다.

전투의 승리를 위해 인간과 무기를 이용하는 기술인 전술은 모든 정보 처리를 상층부에 집중하는 대신 병사나 지휘관에 부분적인 책임을 주면서 의사 결정의 문턱을 낮출 때 기계적 배치를 생성한다. 전략은 군사 작전이나 전쟁 전체에서 승리하기 위해 전투를 이용하는 기술로 전술과는 다른 규모로 작동한다. 기능적 기계들은 전술적 승리가 정치적 공백 속에서 일어나지 않는 경우에만 전략 단계에서 생성된다. 이들 기계가 외교적 작업과 분리되었을 때, 다시 말해 정치적 방향이 있는 군사 작전으로 조립되지 않고 개별적으로 전투가 치러졌을 때, 가장 먼저 발생되는 결과는 전략의 파산이다.

그러므로 기계적 퓔룸과 전쟁기계의 전략 단계를 이어 주는 접점은 갈등과 협력의 경계면에 있다. 전쟁은 국가 간의 협력적 행동의 해체를 수반하기 때문에 처음에는 역설처럼 보일 수 있다. 그러나 전쟁과 평화가 다양한 존재들이 상호작용할 수 있는 두 가지 양태라는 사실, 그리고 (다른 동역학계처럼) 특이점들로 가득한 관계라는 사실을 명심한다면, 결코 역설로 보이지 않을 것이다. 성공하는 전략기계는 항상 외교적 협상의 길을 남겨 놓는다. 이는 19세기 후반 최강의 전쟁기계인 프로이센 군대의 경우 매우 분명하다. (러시아와 프랑스 제국 간에 박혀 있는) 특이한 지정학적 상황에 직면해서, (베른하르트 폰 몰트케Helmuth Karl Bernhard Graf von Moltke의 지휘하에 있던) 프로이센의 최고 사령부는 항상 두 개의 전선을 가진 전쟁에 대비해야 했다. 따라서 준비란 빠른 승리를 위한 군사 계획과 유리한 조건에서의 평화 협상 계획이었다.[123] 이러한 상호관계가 유지되는 동안 프로이센의 전략기계는 문제없이 작동했다. 그러나 (슐리펜 계획과 함께) 협상의 가능성이 시야에서 사라지자, 프로이센 군대는 제1차 세계대전을 초래하는 광기로 빠져들기 시작했다.

슐리펜 계획은 프랑스군에 대한 갑작스런 포위 공격, 즉, 적으로부터 모든 군사적 선택지를 빼앗아 버리는 완벽하게 설계된 공격이기에 협상이 불필요했다. 제1차 세계대전을 촉발시킨 사건이 일어나자, 지나치게 완고해져 버린 슐리펜 계획으로 인해 모든 정치 지도자들은 전략적 자유를 잃었고 사실상 유일하게 남은 대응책은 전시 동원뿐이었다. 슐리펜과 그의 계승자들이 '완벽한' 계획을 설계하게끔 만든 동일한 기술이 오늘날 군사력과 외교술을 분리하는 주된 힘의 하나이다. 바로 전쟁게임이 그것이다.

이 장의 목적은 전쟁게임의 역사를 살펴보고, 전쟁게임의 컴퓨터화된 버전에서 전쟁게임이 핵 군축 협상의 장애물이 되었다는 사실을 보여 주는 것이다. 특히 제2차 세계대전 이래로 핵전쟁과 같은 가상 시나리오를 만들기 위해서 폭넓게 이용된 특정 수학적 모델화 기술은 갈등 선호 편향을 도입했고, 그것을 수학적 중립성으로 가장하여 배후에 숨겨 왔다. 전쟁게임이 사실상 정치-군사 전략 기획을 대신하자, 프로이센의 전쟁기계는 타락의 길을 걷기 시작했다. 제2차 세계대전 이후, 전쟁게임은 군사적 기획과 정치적 협상 사이를 갈라놓기도 했다. 이런 전쟁게임과 전쟁 수학에 대한 탐구를 시작하기 전에, 나는 갈등과 협력의 관계를 좀 더 명확하게 하고 싶다. 특히 종간 경쟁(interspecies competition)이 법칙처럼 보이는 세계 속에서 협력 행동이 어떻게 진화할 수 있었는지 묘사하고 싶다. 이 과정에 대한 수학적 모델의 구성은 전략적 풍경을 지배하는 갈등 편향적 전쟁게임의 권위에 도전하기 위해 최우선적인 작업이 된다.

현대의 컴퓨터화된 전쟁게임의 시대가 막을 올린 시기는 국가 간의 갈등 관계가 처음으로 수학적으로 표현된 1950년대이다. (1950년 랜드연구소에서 창조된) 새 모델을 위한 패러다임은 '죄수의 딜레마'였다. 이 가상 시나리오에서는 공범으로 고발된 두 죄수가 상대방에게 불리한 증언을 해 경찰과 협력할지 아니면 무죄를 주장하며 배신하지 않을지에 대한 선택에 직면한다. 여기서의 함정은 그들 각자는 따로 다음 거래를 제안 받는다는 것이다. 한쪽이 상대방을 배신하는 경우, 그는 자유의 몸이 되고 상대방은 긴 형량을 받는다. 만약 양쪽모두 배신하면 둘 다 중간 정도의 형량을 받는다. 만약 어느 쪽도 배신하지 않는다면 둘 다 짧은 형량을 받는다. 마지막 선택이 (그들 모두에게) 최상의 경우이지만, 둘 중 누구도 상대가 배신하지 않으리라 확신할 수는 없다. 이런 식이라면 각각의 죄수는 상대가 어떻게 행동하든지 간에 상대방을 배신하는 것이 가장 '합리적'으로 보인다. 그들은 다음과 같이 생각할 수 있다. "그가 나를 배신하지 않으면 그때 나는 자유의 몸이 될 것이고, 반대로 나를 배신한다 하더라도 최소한 더 심한 처벌은 피할 수 있다."

이 단순한 시나리오가 핵 협상 과정을 모델화하는 데에 사용되었다. '죄수' 대신 핵무기를 구축한 두 개의 초강대국이 있다고 하자. (그들 모두에게) 최상의 선택은 핵무장의 해제지만 그들은 모두 상대방의 배신을 감수할 수도 핵 전멸이라는 더 심한 처벌을 받을 수도 없다. 그래서 그들은 서로를 배신하고 핵무기를 구축한다. 두 강대국이 최수의 딜레마에 따라 협력으로 (양쪽 다) 이익을 얻을 수 있다 하더라도, 지금 상황에서는 이 선택이 가장 합리적으로 보인다. 이 딜레마가 처음 수학적으로 표현되었을 때, 이 결론(배신이 손실의 최소화를 위한 가장 합리적인 선택이라는)은 과학적 진리로 받아들여졌다. 30년이 지난 후, 우리는 이러한 상황에 대한 다른 관점, 즉, 협력 대신 갈등을 선택하도록 강요하지 않는 관점이 존재한다는 사실을 알고 있다. 이러한 관점이 어떻게 등장했는지 보여 주기 위해 원래의 시나리오를 보다 넓고 다양한 상황으로 확장해 보자.

한 가지 가능한 확장('반복적' 죄수의 딜레마라 불리는)은 배신과 협력 사이의 선택은 한 번만 이루어지는 것이 아니라, 그 관계 속에서 여러 번 이루어져도 괜찮다고 가정하는 것이다. 예를 들어, 두 명의 거래자가 다음과 같은 상황에서 물건을 교환하는 경우를 상상해 보자. 그들은 각각 예정된 장소에 물건이 들어 있는 상자를 남겨 둬야 한다.

그들은 결코 서로를 만나서는 안 되고 다만 자신의 상자 하나는 남겨 두고 상대방의 상자는 가져가야 한다. 그들은 매번 거래할 때마다 배신이냐 협력이냐의 선택에 직면한다. 만약 본인이 물건이 들어 있는 상자를 남겨 둔다면, 상대방이 비어 있는 상자를 두고 갈, 즉, 배신당할 위험에 노출된다. 반면에 비어 있는 상자를 남겨 둔다면, 그들의 거래 약속은 영원히 위험해질 수 있다. 이것이 죄수의 딜레마 원래 버전과의 주된 차이점이다. 다시 말해 상황이 반복되므로 배신할 경우 잃을 것이 더 많아진다는 것이다. 딜레마를 더 확장하는 경우에는 거래자의 수를 늘리면 좋은데, 그 경우 네트워크의 각 구성원은 다른 각각의 구성원들과 죄수의 딜레마에서의 '역할'을 맡아야 한다.

이런 가상의 네트워크에서는 무슨 일이 벌어질까? 그리고 협력과 배신에서 어느 쪽이 우위를 차지할까? 이 문제들에 답하기 위해, 그리고 포식자와 피식자의 세계에까지 협력이 진화하는 방법을 연구하기 위해 동시에 여럿이 참여하는 반복적 죄수의 딜레마라는 컴퓨터 모의실험이 만들어졌다.

순수한 이기주의자들의 세계에서 협력은 창발할 수 있는가? …… 마침 그와 같은 협력이 일어날 수 있다는 것이 엄밀하고 결정적으로 증명되었는데, 그것은 정치학자 로버트 액설로드(Robert Axelrod)가 주최한 컴퓨터 토너먼트를 통해서였다. …… 더 정확히 말하면 액설로드는 컴퓨터 토너먼트를 통해 협력이 진화하는 방식을 처음으로 연구했으며, 일반적인 경향이 나타나자 근본적인 원리를 파악하고 협력이 갑자기 출현하게 되는 사실과 조건들을 확립하는 정리를 증명할 수 있었다. …… 1979년 액설로드는 다양한 게임 이론의 전문가들——죄수의 딜레마에 관한 논문을 썼던 인물들을 포함한——에게 리그 토너먼트로 서로서로 다양한 전략을 겨루기를 원한다는 내용의 초대장을 발송했다 ······.[124]

여러 가지 프로그램이 제출되어 서로 경쟁을 벌였다. 대다수의 프로그램은 (전통적인 갈등 선호 편향을 반영해) 다른 거래자를 이용하려는 '거래자'를 따라했고, 반면 다른 프로그램들은 기꺼이 협력하려는 거래자를 따라했다. 놀랍게도 이 대회의 '승자'는 협력을 강조한 프로그램이었다. '승리'란 한 번의 대결(이 경우 배신자가 승리하게 될 것이다)로 상대를 이기는 것이 아니라 거래에서 이익을 극대화하는 것이다. 이런 상황에서는 배신 경향의 프로그램은 바로 거래 상대방이 부족하게 되는데, 한 번의 배신은 또 다른 배신과 불신의 악순환을 낳기 때문이다. 장기적으로 승리한 프로그램들은 다음과 같은 특징을 가지고 있었다. 그들은 다른 프로그램을 이용하려고 하지 않는다. (액셀로드의 용어를 빌리자면 그들은 '신사적이다'. 먼저 배신하지 않기 때문이다.) 그러나 배신당한 후에는 동일하게 보복했으며, 기꺼이 보복 후 관계를 재형성하려고 했다(즉, '용서한다'). '신사적이지만 보복하고 용서하는' 프로그램이 이겼다는 사실을 알고 있는 (그리고 이런 지식으로 배신하는 프로그램을 짤 수 있는) 인간 프로그래머들이 참여하는 두번째 토너먼트에서조차 다시 동일한 종류의 프로그램들이 승리했다.

여기서 핵심은 상호 작용하는 여러 존재들로 형성된 동력학계에는 갈등에 이르는 길과 협력에 이르는 길이 있다는 점이다. 수학을 이용해 이런 동역학을 모델화하는 방법은 갈등 선호 편향을 도입하기 쉽다. 이런 편향은 갈등 선호 편향이 그 모델의 한계로 만들어진 인공물에 불과하다는 것을 폭로하는 다른 수학 모델을 찾을 때까지 유일하게 '합리적'인 선택처럼 보인다. 앞으로 보겠지만 지난 40여 년 동안의 핵 정책은 협력보다는 갈등을 인위적으로 강조하는 모델에 의해 주도되어 왔다. 그러나 위에서 언급된 모델들 간의 경쟁에서는 협력적 전략이 사실상 장기적으로 가장 합리적('가장 잘 적응한 것')이라는 사실이 입증되었다. 즉, 상호 작용하는 존재의 네트워크에서 생존을 위한 가장 합리적인 접근으로서 진화는 갈등보다는 협력을 선택하는 경향이 있다는 사실이다. 불행히도 진화가 우리를 이렇게 인도해 주길 기다릴 만한 시간적 여유는 없을지도 모른다. 협력의 길을 막는 인위적인 갈등 선호 편향은 협력적 전략이 경쟁자를 누르고 우위에 서기 전에 우리를 자멸시킬 수도 있다.

우리 시대의 중대한 임무는 협력의 길을 막지 않는 것, 다시 말해 기계적 퓔룸으로 인간들을 횡단시켜 인간들을 연결해 집합적 존재로 만드는 것이다. 이런 임무가 무엇보다 중요한 것은 전쟁게임의 진화는 이와는 정반대의 길로 가고 있기 때문이다. 앞으로 보게 되듯이 전쟁게임에 참가하는 인간들은 핵전쟁의 문턱을 넘어야 할 때가 되면 매우 '주저한다'는 것이 밝혀졌다. 그들은 운명의 버튼을 누르기 전에 늘 그렇듯이 모든 협상을 시도하는데, 바로 그런 면이 그들이 회로에서 제거된 이유였다. 컴퓨터화된 전쟁게임의 가장 최근 버전에서 두 추상 자동기계(SAM과 IVAN)는 반복되는 가상의 종말상황 속에서 필사적으로 싸운다. 이 두 로봇은 제3차 세계대전을 일으키려는 의지의 면에서는 인간보다 훨씬 더 '믿을 만하다'는 것을 입증했으며, 전략의 수학적 모델화를 정치적 공백 속에서 일어나는 핵 발작에 한정시켰다.

전쟁게임의 역사에는 전략의 문제를 이해하는 데 적합한 몇 가지 주제들이 있다. 그 중 하나는 갈등과 협력, 즉, 무력 대결과 외교 협상과의 관계이다. 또 하나는 전투에서의 마찰의 역할, 즉, 군사 계획의 실행을 뒤집을 수 있는 사건이나 상황도 그 중 하나이다. 전쟁을 (정치적 지도력을 무시하고) 순수한 군사적 사건으로 보는 사고방식과 협력보다는 갈등을 강조하는 것 역시 전쟁 모델의 마찰을 무시하는 경향으로 볼 수 있다. 전투는 정량화 가능한 요소──무기의 살상력, 부대의 전진속도, 방어 체제의 상대적 강도 등──로 요약된다. 정량화 불가능한 것──군대 안에서의 두려움이나 적의 저항 의지──은 보통 시야에서 제외된다. 그런 사고방식에서 전쟁은 영원한 법칙, 다시 말해 위대한 군사 지휘관만이 접근할 수 있는 법칙에 의해 지배된다.

현대의 전쟁게임은 19세기 프로이센 군대를 기원으로 한다. 그 당시 전쟁게임은 군대가 새로운 '제도적인 두뇌', 즉, 1806년 나폴레옹의 승리에 대한 반응으로 만들어진 참모진을 얻는 과정의 일부였다.[125] 물론 전쟁게임은 프로이센의 모델 전에도 있었지만 그런 전쟁게임은 그들이 모방했던 시계태엽장치 군대처럼 체스 게임의 정교한 버전일 뿐이었다. 현대의 전쟁게임은 지도 제작법과 과학적 역사 연구의 교점에 위치한 기술이며, 프랑스의 난류적 사회 운동으로 생긴 군대의 '모터화'와 함께 시작됐다.

나폴레옹의 경험에서 전략적 지식을 추출한 두 명의 전쟁 이론가가 있었으니 그들은 클라우제비츠와 조미니(Henri de Jomini)였다. 전투에 대한 정치적인 관점을 제창한 것은 클라우제비츠였고, 전쟁을 순수하게 군사적인 사건으로, 영원한 법칙에 의해 지배되는 플라톤적 본질로서 접근한 것은 조미니였다. 클라우제비츠의 사상은 그가 살던

그림1

5. 나폴레옹 시대로부터 교훈을 얻다

나폴레옹은 소모전에서 섬멸전으로의 변화를 주도했다. 즉, 그것은 작전행동, 포위공격, 작은 우위를 쌓는 전투에서 적군을 파괴하는 것이 유일한 목표인 전투로의 변화이다. 나폴레옹의 패배 후, 두 명의 군인이 전쟁의 교훈을 새로운 형식으로 흡수해서 기록을 시도했다. 그 두 명은 클라우제비츠(그림1)와 조미니(그림2)였다. 조미니에게 전쟁은 영원한 법칙들, 위대한 지휘관만이 접근할 수 있는 원리들이 지배하는 과정이었다. 반면 클라우제비츠에게 유일하게 영원한 전쟁의 구성요소는 위험과 공포, 마찰, 병목현상과 이로 인한 붕괴뿐이었다. 게다가 위대한 지휘관들만으로는 전략적 목적에 맞는 전술적 승리를 거두기에 충분하지 않았다. 또한 외교적 기술도 유리한 조건의 평화협정을 맺기 위해 필요했다. 조미니(그리고 참모진, 싱크탱크에서의 그의 계승자들)의 손에서 전쟁은 게임이 되었고, 마찰, 전쟁의 사기, 그리고 적군의 독립 의지까지 사라지게 되었다. 군사적 수단에 의한 정치와 외교의 연장이 아니라면, 클라우제비츠에게 전쟁은 그저 자기 파괴적인 과정에 불과했다. 우리에겐 불행한 일이지만 컴퓨터 시대의 핵전략을 담당하고 있는 싱크탱크는 '조미니식' 사고방식에 지배당해 왔다. (제1장 '전략' 참조)

그림2

시대의 군대에 영향을 미쳤음에도 독일군에는 조미니의 영향이 지배적이었으며, 그것은 장기적으로 비참한 결과를 낳았다.

조미니는 그의 전쟁 모델에서 난류(두려움, 마찰, 잡음)의 효과를 완전히 제거했다. 예를 들어, 정치권력과 군사 당국 간의 마찰은 인간 나약함의 징후로서 다뤄졌다. 그는 부대 사기의 중요성에 대해서도 알고 있었지만, 그것을 자신의 모델과 연결시키지는 않았다.

조미니는 분석에서 관련 요소를 줄이기 위해 같은 규모의 군대는 동일하게 무장, 훈련, 공급, 동기 부여가 잘 이루어졌다는 점에서 본질적으로 같다고 가정했다. 그에게 흥미로운 문제는 지휘관의 역량과 전략적 판단의 질과 관련해서 상층부에 존재하는 차이였다. 지휘관은 '수치값'(values)이 다소 알려진 군사 부대를 체스나 전쟁게임의 선수처럼 다룬다. 이 경우 군사 부대는 클라우제비츠가 제안하는 변수가 아니라 전쟁 방정식의 상수이다.[126]

프로이센은 1806년 예나와 아우얼슈타트의 비참했던 전투 후 상층부에서부터 전쟁기계를 재조립했다. 그때 그들은 전장의 안개로 인해 생기는 불가피한 마찰을 분산시키기 위해 의사 결정을 분산화시키는 방식으로 전술 단계에서 기계적 필름을 따랐다. 그러나 전략 기계를 조립함에 있어 마찰이 작동하는 모델을 제공한 것은 클라우제비츠였음에도 프로이센군은 클라우제비츠 대신 조미니를 따랐다. 의사 결정은 이론적인 근거가 아닌 실용적인 근거에서 이뤄졌다. 클라우제비츠에게 제대로 기능하는 마찰 흡수형의 전략 기계는 충격과 포화를 정치적인 목적과 결부시켜 생각해야 했다. 즉, 전쟁이 자기 파괴적이지 않으려면 다른 방식으로 정치의 연속체여야만 했다. 한편 조미니에게 전략의 비밀은 무력과 외교의 기계적인 배치가 아니라 최고 지휘관의 재능이었다. 조미니의 사상은 전략적 의사 결정 영역에서의 군사적 자율성을 지키기 위해 이용되었을 것이다. 그러나 이 자율성은 제1차, 제2차 세계대전이라는 재난을 불러일으켰다. 반면 클라우제비츠의 사상은 프로이센 최고 사령부가 자신들의 것이라 여긴 영토를 침략할 때 정치가들의 변명으로 쓰일 수도 있었다. 결과적으로 조미니식의 전쟁게임적 사고방식은 모터화된 전술 부대 속에 구현된 시계태엽장치 방식의 전략적 두뇌가 되었다.[27]

　프로이센의 전략기계의 미래는 사실상 클라우제비츠식의 정치적인 전투 개념 또는 조미니식의 전쟁게임적 사고방식 중 하나의 상대적인 우위에 달려 있을 것이다. 헬무트 폰 몰트케가 프로이센 군의 참모총장이었을 때(1857~87), 유연한 작전 의존형 전술기계와 난류와 마찰이 가져오는 효과를 위해 충분한 여유가 있는, 동일하게 유연한 전략 기관을 결합했다. 몰트케는 정치 지도부의 머뭇거림으로 동원이 지연되었음에도 1866년 오스트리아와의 전쟁에서 압도적 승리를 달성해 냈다. 그는 '전력의 신속한 집중'과 '내선(interior lines)에 따른 작전'과 같이 조미니가 제안했던 전투의 '영원한 법칙'을 거부했다. 그는 경험법칙으로서 이것들의 유용성은 인정했지만 결코 교조적인 처방이 되도록 허락하지 않았다. 철도와 전신 기술이 처음에는 국가, 그다음 대륙으로 거미줄처럼 연결망을 만들기 시작하자, 몰트케는 그런 역량을 자신의 기계 속에 도입했다. 그러나 그의 전략적 사고는 동원과 집중을 위한 일정표에 구애받지 않았으며, 이것은 클라우제비츠적인 사상 전체에 남아 있던 것이었다. 다시 말하자면 무력의

통제된 활용으로서의 전쟁은 비스마르크의 외교 수완과 단단히 통합되어 있었다.[128]

1870~1871년에 프랑스를 격파한 후, 몰트케는 서쪽의 라틴 민족과 동쪽의 슬라브 민족이라는 두 개의 전선으로 인한 전쟁의 가능성, 즉, 독일의 지정학적 상황이라는 딜레마에 직면해야 했다. 그런 만일의 사태에 대한 그의 계획은 여전히 군사적 준비와 외교적 중재의 양쪽에 동일하게 의존했다. 그러나 그가 죽은 후 프로이센 사령부는 조미니식의 전략적 관점으로 되돌아가 몰트케가 만든 전략적 기획과 정치 지도력 사이에 형성된 비공식적인 연결을 없애 버렸다. 1891년 슐리펜(Alfred von Schlieffen)이 참모총장이 되었을 때 전투의 주요 마찰원이었던 적의 독립 의지는 작전 기획에서 사라지게 되었고, 결국 전략적인 문제에서 전쟁게임적 사고방식이 우위를 차지하게 되었다.

어떤 전략적인 계산에서도 변수로서 적의 의지가 포함되어야 한다고 이해했던 클라우제비츠와 반대로,

슐리펜은 적을 자신의 작전 설계대로 만드는 것은 누구나 할 수 있다고 주장했다. 그는 공세를 취함으로써 주도권을 잡으려 했으며, 적의 측면에 군을 결집시켜 상대방의 균형을 무너뜨린 다음 남겨진 전략적 선택권마저 뺏어 버리려고 했다. 그 계획은 동원에서부터 전투의 절정에 이르기까지 전 과정의 긴밀한 통합을 요구했고, 일정과 미리 정해진 작전 절차를 엄격히 지켜야 했다. 슐리펜은 다소 예상치 못한 전개들은 허용했으나, 그의 통제된 전략 체계인 미리 경험해 본 작전 행동(manoeuvre a prior)은 선행 계획과 중앙집권화된 명령을 통해 가능한 한 그것들을 배제하려 했다.[129]

슐리펜의 계획은 그의 후계자들이 물려받아 융통성 없는 계획으로 굳어질 때까지 전쟁게임과 참모진 연습을 통해 반복해서 '시험'되었다. 여기에는 정치적 책략을 위한 여지가 매우 적었기에 최초의 세계대전의 지휘를 맡은 전략가들은 거의 그것을 따를 수밖에 없었다. 선배격인 몰트케는 오스트리아와의 전쟁을 주저하는 정치 지도부와 대치하고 있었다. 그 당시 그는 "국왕이 바로 행동을 취하도록 권고했다는 점에서 비스마르크를 지원했지만 정치적인 사안을 군사적 잣대로 예단하는 것은 피했다. 이것은 참모총장으로서 1914년 8월 빌헬름 2세에게 참모진의 전략 계획이 정부로부터 행동의 자유를 빼앗았다는 사실을 알려야 했던 그의 조카[또 다른 몰트케Helmuth Johannes Ludwig von Moltke인]와는 대조적이었다."[130] 이것이 조미니의 전쟁게임 사고방식의 예기치 못한 함정들이었다. 그 사고방식이 전략기계를 그것의 정치적 '유도 장치'에서 분리한 것만은 아니었다. 이러한 작업은 군사 기획과 외교 정책을 조정하는 형식적인 메커니즘이 존재하지 않을 때는 비교적 쉬운 일이었다. 그러나 조미니적인 생각은 병참 전쟁——산업력을 최대한 동원할 수 있는 나라에게 승리가 돌아가는——이 될 수 있는 분쟁에 대한 계획도 불가능하게 만들었다.

모터 시대의 전쟁게임이 발전된 것은 바로 그런 환경이었다. 군사 기술의 한 분야로서, 전쟁게임의 진화는 지도 제작법이나 전쟁사의 교훈과 같은 과학적 연구의 발전과 단단히 결합되어 있었다. 전쟁게임에는 두 개의 주요 구성요소가 있다. 확대된 지형 모델이나 단순한 지도를 포함한 하드웨어, 그리고 '전쟁의 법칙'의 핵심을 파악한 비교적 엄격한 규칙의 소프트웨어가 그것이다. 1824년 프로이센 군대에 전쟁게임이 처음으로 도입되었을 때, 그 규칙은 매우 엄격해서 마찰과 우연의 효과는 주사위 던지기로 표현되었다. 원래의 전쟁 게임(Kriegspiel)이란 이런 것이었다. 전술 전문가들이 규칙을 적용하는 심판의 역할을 맡게 되면서, 규칙들의 엄밀함이 뻔한 것이 되었고, 심판과 같은 사람 주위에 게임의 자유로운 형태가 진화했다. 이러한 자유로운 형태가 전투의 법칙뿐만 아니라, 마찰의 효과——허리케인 같은 자연적 대참사나 정보기관에 의해 수집된 데이터의 잡음 같은——도 재현하게 된 것이다.[131]

전쟁게임의 하드웨어는 19세기에 생겨난 지도 제작의 발전과 함께 진화했다. 축척이 1:26이었던 전쟁게임의 1811년 최초 버전에서부터 축척이 1:5000, 심지어 19세기의 끝 무렵에는 축척이 1:10000인 지도상에서 전쟁게임이 행해졌다.[132] 지도 제작법은 오랫동안 불완전한 상태로 남았음에도, 항상 군사 기술의 본질적인 부문이었다. 장교들은 어떤 지도도,

귀한 보물로 생각했는데, 왜냐하면 지도는 상황을 전해 주는 비밀 문서였으며, 그것의 분실은 적에게 자신들의 영토로 침입하는 방법을 알려주거나, 아니면 자신들의 군대가 원치 않는 전투로 끌려들어갈 최적의 지형을 드러내 주었기 때문이다. 지도들은 안전한 곳에 보관되었으며, 또한 그렇기 때문에 도둑맞거나, 팔리거나, 교환되었으며, 은밀히 복제되기도 했고, 적으로부터 탈취할 수 있는 가장 값진 전리품으로 평가되기도 했다. 그래서 그것들의 가치가 유지되는 일은 거의 없었다. 나폴레옹은 1806년 예나와 아우얼슈타트에서의 대승으로 마무리된 작전을 계획할 때, 50년이나 된 프로이센의 지도를 얻고는 만족해했다.[133]

이미 말했듯이 프로이센의 참모진과 현대 전쟁게임은 쓰라린 패배에 대한 대응으로 시작되었으며, 현대의 지도 제작법의 경우도 마찬가지이다. 전쟁게임의 소프트웨어는 게임의 규칙 속에 '동결된' 혹은 심판의 노하우에 구현된 전쟁의 모델이지만 이들과는 다른 길을 따라 진화했다. 전투는 전쟁 과학이라는 '연구소의 실험'이지만, 물리학과 화학의 경우와는 달리 반복될 수가 없다. 하나의 전투는 고유한 사건이며, 역사적 구조 속의 특이점이다. 그래서 전투에서 얻어 낼 수 있는 교훈들은 '전투 이야기'의 단순한 생산자로서가 아닌 내부 메커니즘의 분석자로 활동하는 군사 역사학자의 기량에 좌우된다.

> 독일의 군사 지도자들은 항상 군사 역사에서 얻을 수 있는 교훈들을 강조했다. …… 하지만 역사가 병사들에게 도움이 되려면 군사 기록들이 정확해야 했고 과거 군사적인 사건들은 그것들을 둘러싸고 자라난 오해나 신화에서 벗어나야 했다. 19세기 내내 …… 독일 학자들은 역사적 진실을 흐리는 전설이라는 잡초들의 제거작업에 참여했다. 그러나 과거 군사 기록에 대해 새로운 과학적 방법이 적용된 것은 델브뤼크가 『병법사』(*History of the Art of War*)를 펴낸 후부터였다…….[134]

델브뤼크는 위대한 신화 파괴자였다. 그는 과거의 전투를 재구성하기 위해 당대의 지리학, 무기, 그리고 인간의 전술적 행동에 관한 연구로부터 얻은 자료들을 사용했고, 기록자들이 주장했던 방식으로는 [신화 속에서] 일어났던 사건들이 불가능함을 여러 번 증명했다. 전쟁의 특정 측면들은 그렇게 크게 변하지 않았기에, 그에게는 현대적인 자료들을 기반으로 한 추론이 가능했다. 즉, '평균적인 병사의 행진 능력, 평균적인 말의 운반 능력, 거대한 인간 집단의 동원가능성' 등이 그것이다.[135] 전투를 그것의 부품들(전술 부대, 무기, 영토 등)에서 재조립함으로써 델브뤼크는 전쟁에서 숫자의 중요성을 증명했다. "1천 명의 병력이 문제없이 해치운 행동은 1만 명에게는 힘든 작업이며 5만 명에게는 예술에 가깝고, 10만 명에 이르면 물리적으로 불가능하다."[136] 델브뤼크는 몰트케가 철도나 전신의 도움을 받아 프랑스에 50만 명의 군사를 보내면서 먼저 직면했던 방대한 병참적 과제에 대해 그의 지식을 이용했다. 그리고 이것은 훈족의 아틸라라면 70만 명의 병사를 이끌고 같은 지형에서 같은 움직임을 할 수도 있었다는 신화에 타격을 줬다.

델브뤼크가 개발한 전쟁에 대한 양적인 접근법은 개별적으로는 특히 전쟁게임 발전에, 일반적으로는 전쟁게임의 사고방식에 분명한 충격을 주었다. 예를 들어 한니발이 이끄는 카르타고 군이 로마군을 완벽한 포위 작전으로 이겼던 칸나이 전투에 관한 델브뤼크의 분석은 슐리펜 작전의 수립에 강한 영향을 주었다. 슐리펜 작전은 벨기에를 크게 우회해서 벌이는 거대한 포위 작전으로 프랑스군을 둘러싸 격파하는 것이었다.[137] 그러나 델브뤼크는 전쟁게임을 하는 사람이 아니었다. 반대로 그는 군사력과 외교술의 기계 같은 결합의 필요성을 믿었고, 그 때문에 제1차 세계대전 당시 독일군의 단발적인 전술적 승리에 대해 날카롭게 비판했다. 그들의 승리가 정치적 공백 속에서 일어났기 때문이다. 결국 독일의 패배는 델브뤼크가 옳았음——전략적 기계는 정치 목적과 분리되었을 때 자기 해체한다——을 입증했지만 그의 교훈은 곧 잊혀지게 되었다.

클라우제비츠로부터 멀어지는 경향은 델브뤼크의 동시대인이자 제1차 세계대전에 공헌한 젊은 엔지니어, 리처드 란체스터(Richard Lanchester)가 전쟁의 '영원한 법칙' 중 하나인 그 유명한 힘의 집중이라는 원리—나폴레옹의 전쟁 경험에 관한 연구에서 조미니가 다듬어 낸—를 수학적으로 표현하면서 시작되었다고 볼 수 있다. [조미니의] 유명한 원리의 수학적 버전으로 알려진 란체스터 방정식은 전투 연구에 대한 전쟁게임 형태의 접근법이 갖고 있는 모든 위험성들을 표현했다. 란체스터 방정식은 전쟁 원리를 모델화하기에는 비교적 단순하지만 수학적으로 근거가 있었다. 즉, 그것은 관련된 물리적 상황을 잘못 표현하지는 않았지만, 한정된 영역에서의 성공만을 기반으로 전쟁에 대해 순수한 수치적 접근을 권장했다.[138] 물론 이것으로 란체스터 자신이 비난받아야 할 이유는 없다. 왜냐하면 제2차 세계대전이 군에 OR의 수학적 모델화 기법을 대규모로 강요하지 않았더라면 그의 방정식으로 입게 되었을 피해는 무시할 만한 것이었기 때문이다.

제2차 세계대전 중 '모터'에서 '분산 네트워크' 군대로의 이행은 시스템 속에서 작동하는 무기가 있다는 점에서 정확한 배치를 위한 전술 교리의 개발을 더 어렵게 만들었다. 이 때문에 군은 다음과 같은 질문을 구성하고 해결하기 위해 엄청난 수의 과학자를 모집해야만 했다.

폭탄은 어떤 목표물에 특정 크기의 피해를 주기 위해서 몇 톤의 폭발력을 내야 하는가? 폭격기는 어떠한 편대로 날아가야 하는가? 비행기는 중무장해야 하는가 아니면 더 빨리 날기 위해 방어 장치를 벗어야 하는가? 비행기에서 투하되는 대잠 무기는 어느 정도 깊이

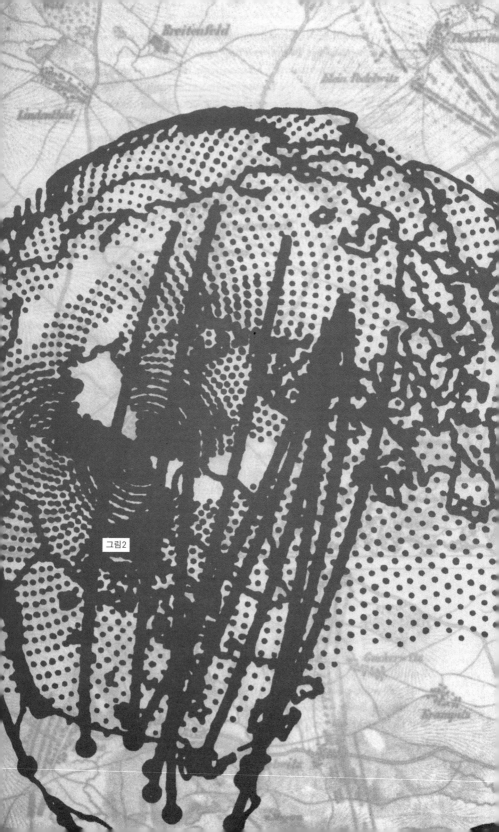

그림2

6. 전쟁게임, 전략과학의 실험실

아마 19세기 말 최강의 전쟁기계인 프로이센 군대는 최고 지휘관의 기능을 참모진이라는 형태로 처음으로 제도화했다. 이 '제도적 두뇌'의 주요 활동 중 하나는 전쟁게임과 참모진 급습을 이용해 전략을 개발하고 시험하는 것이었다. 초기 전쟁게임은 2차원 지도 위에서 행해졌고(그림1), 작은 나무 조각으로 적과 아군 군대를, 주사위 던지기로 마찰과 기회를 얻은 군대를 대신했다. 제2차 세계대전 이후 제도화된 두뇌는 싱크탱크(랜드연구소와 같은)가 되었고 전쟁게임은 탁상 훈련에서 컴퓨터화된 모의실험(그림2)으로 진화했다. 그 규모 역시도 원래의 전쟁게임처럼 비교적 국지적인 것에서 랜드연구소의 핵공격 시뮬레이션처럼 전지구적인 것으로 변화했다. 최신 버전에서 컴퓨터는 지도뿐만 아니라 인간 참가자까지 대체하였고, 전쟁게임은 이제 전적으로 자동기계에 의해 이뤄지고 있다. (제1장 '전략' 참조)

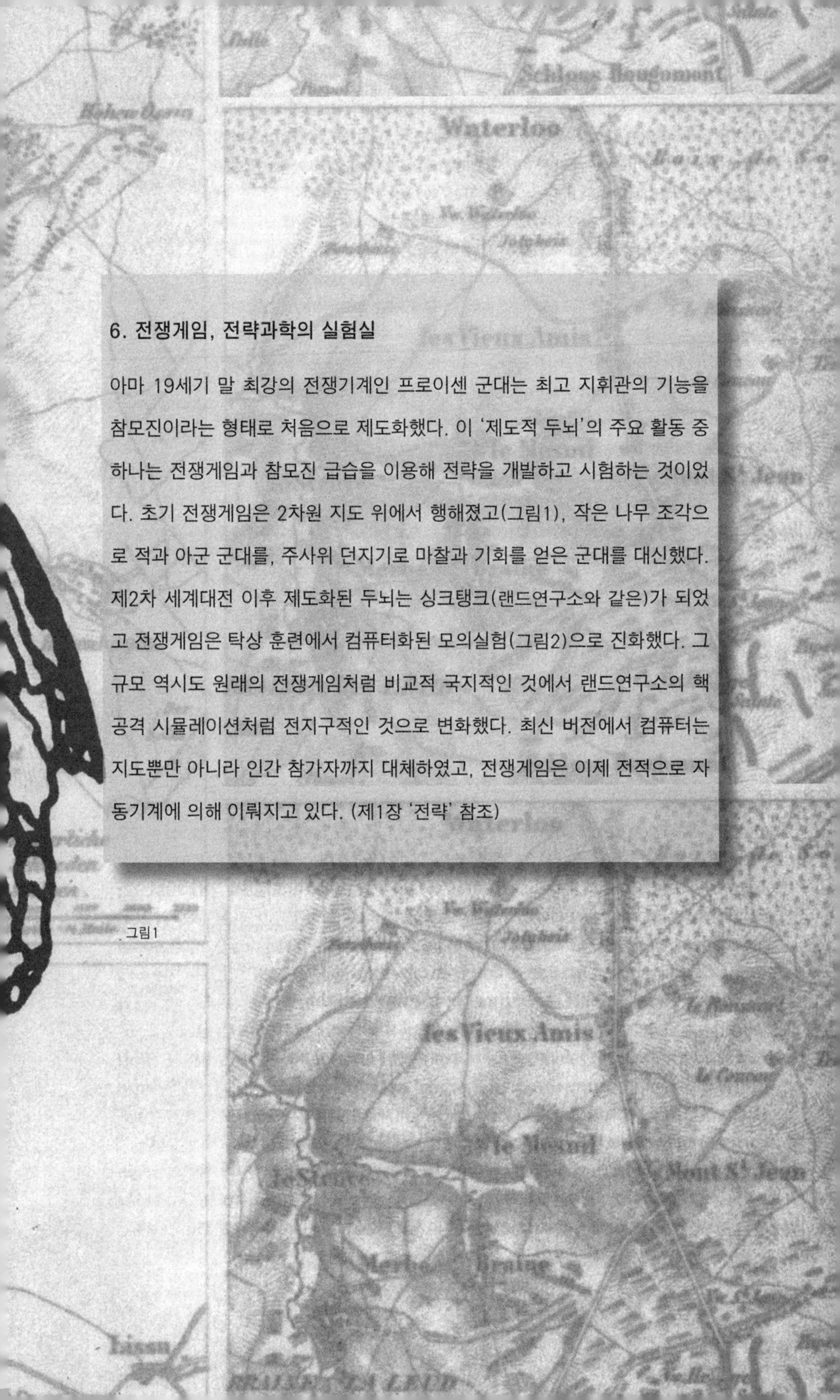

그림1

에서 폭발해야 하는가? 대공포는 위험에 처한 목표물 주위에 얼마나 많이 배치돼야 하는가? 요약하자면 군사적 이익을 최대화하기 위해서 이 신무기들을 정확히 어떻게 사용돼야 하는 것인가? ……
OR에 참가한 과학자들은 사실들을 규명하기 위해 가장 최신의 군사 작전에 대한 자료들을 주의 깊게 조사했고, 사실들을 설명하기 위해 이론을 만들었으며, 그다음 미래의 작전을 예상하기 위해 그 이론을 이용했다.[139]

OR 과학자들이 만든 모델화 기법은 잘 정의된 문제, 예를 들어 잠수함의 공격으로부터 초계함이 지킬 수 있는 배 호송의 이상적인 길이를 결정하는 문제들에 있어서는 즉각적인 성공을 거뒀다. 순찰 활동은 반복적인 활동이고 '소인률'(sweep rates)과 같은 수량화 가능한 개념이 있다는 점에서 수학적 모델을 응용하기에 이상적인 경우이다. 다른 경우에는 단순히 과학적 상식을 복잡한 상황에 응용해 보자는 정도에 불과했다. OR은 이렇게 전술가들이 특정 깊이에서 폭발하는 폭약을 설치하게 만든 논리적 주장의 결점을 잡아 내는 것만으로도 더 많은 독일군 잠수함을 격침하는 데 도움을 주었다.[140]

그러나 이러한 기법들이 한정된 전술이나 병참의 영역에서만 성공했다는 사실에도 불구하고, 공군의 일부 이상주의자들은 랜드연구소를 설립해 전쟁에 수학적 응용을 제도화했다. 그후 1년이 지난 1947년 OR은 전략 연구에도 응용되기 시작했다. 전략 기계의 정치적 요소가 그것의 모델에서 삭제된 전쟁게임적인 사고방식으로의 회귀는 존 폰 노이만이 랜드연구소의 컨설턴트가 되면서 시작되었는데, 이것이 이 싱크탱크를 오랜 기간에 걸쳐 수학적인 게임 이론에 열중

하게 만든 요인이었다.[141]

아마 랜드연구소의 손에서 만들어진 게임 이론의 가장 해로운 효과는 적의 심리를 모델화하면서 도입된 피해 망상적인 경향이었다. 우리는 '공산주의자의 생각'(thinking Red), 즉, 소련군의 심리를 컴퓨터 모델로 만드는 문제가 오늘날 컴퓨터화된 전쟁게임 기술의 핵심에 놓여 있다는 점을 볼 것이다. 초기의 게임 이론은 주어진 상황에서 협력이 더 유리함에도, 협력을 희생시키고 갈등을 역설하는 적의 모습만 강조했다. 이러한 사태는 죄수의 딜레마에서 매우 분명히 나타났다. 그런 상황에서 가장 '합리적인' 행동은 죄수들이 서로 협력해서 가벼운 형량을 받는 것이다. 그러나 폰 노이만은 자신의 신뢰가 배신당하면서까지 긴 형량의 위험을 감수할 사람은 없으며, 그런 이유로 만약 자신의 이익을 최대화할 수 없다면 손실과 불만을 최소화하라고 주장했다.[142]

군축에 의해 이익을 최대화하지 못한다면 핵무장을 통해 손실을 최소화한다. 문제를 이렇게 바꿔 말한다면 왜 죄수의 딜레마가 냉전의 완벽한 모델인지를 알 수 있다. 가장 바람직한 결과인 핵 없는 세계는 상대방이 배신할 경우 핵 전멸을 초래할 위험을 감수해야만 한다. 이에 대해 랜드연구소는 우리가 핵시설을 만드는 것이 양쪽 참가자에게 가장 합리적인 행동이라는 폰 노이만의 '최소 최대' 규칙을 따라야 한다고 생각했다. 완벽한 '전투 방정식'을 찾는 과학자들은 그러한 상황을 제로섬 게임 — 항상 수학적으로 증명할 수 있는 최선의 전략이 개별 참가자에게 존재하는 — 으로 구성하기 위해 의도적으로 협력에 대한 갈등 편향을 도입했다. 한 참여자의 이익이 다른 참여자에게는 손실인 제로섬 게임에 대한 선호는 전투 모델의 마찰 요소, 지금 경우에서는 애매함의 제거에 이용될 수도 있다는 사실에 고무되었기 때문이다.

한정된 제로섬 게임의 영역에는 '합리성'이라는 애매하지 않은 정의가 존재한다. 다시 말해 합리적인 선택은 최소 최대 알고리즘에 따라 최선의 전략을 선택하는 것이다. 그 전략이란 얻을 수 있는 이익의 최소치를 극대화하는 것이다. 그러나 이익과 손실이 대칭적이지 않은 비제로섬 게임의 경우에는 특이점이나 분기점이 수학적 모델 속에 나타난다. 즉, '합리성'이 '개인적 합리성'과 '집단적 합리성'으로 분기한다. 이것은 죄수의 딜레마에서 특히 분명한데, 죄수의 딜레마에서 전체적인 최선의 전략은 한쪽 이익을 극대화하는 것이 아니라 집단적 이익을 생각하는 것이기 때문이다.[143] 사실 죄수의 딜레마는 비제로섬 게임이다. 다시 말해 개인에게 가장 합리적인 선택은 상대방을 배신하는 일이다. 그러나 집단에게는 상호 신뢰가 합리성의 기준으로 요구된다. 이러한 사실에도 불구하고 랜드연구소의 연구자들은 죄수의 딜레마를, 그리고 더 나아가 핵전략을 계속해서 제로섬 게임으로 다뤘으며, 이렇게 의도적으로 전략적인 사고를 협력과 대립하는 쪽으로 치우치게 만들었다.

합리성이 두 가지 다른 형태로 분기할 수 있다는 사실은 상황의 동역학을 관장하는 특이점을 시각화하는 새로운 수학적 기법을 이용함에 따라 더욱 분명해졌다. 죄수의 딜레마(그리고 더 나아가 핵 군축 협상)는 이제 몇 가지 길을 가진, 다시 말해 그 길 중 일부는 협력으로 다른 일부는 갈등으로 가는 '지형도'로 볼 수 있게 되었다

현대적인 공식에서, 어떻게 협력이 발생하는지를 설명하는 문제는

죄수의 딜레마로 표현되었다. 즉, 각 개인이 이익을 극대화하는 것은 [공공의 이익을 위한] 사회적 합의를 배신하는 일이며, 우리 모두가 그렇게 한다면 모두 손해를 보게 될 것이다. 어떻게 해야 협력적 행동이 일어날 수 있을까? 게임 이론적인 답은 죄수의 딜레마를 몇 가지 버전으로 정의하고 그것의 내쉬 균형을 찾아내는 것이다. 내쉬 균형에서는 자신의 전략을 변화시켜도 자신의 이익을 개선할 수 없다. …… 과연 협력이란 내쉬 균형을 말하는 것일까? …… 스메일은 불연속적인 시간을 가진 두 사람의 죄수의 딜레마에 정확한 공식을 만들었으며 시간이 지남에 따라 협력으로 수렴되는 내쉬 해결책의 종류를 설명한다. …… 대략적으로 말해 그 해답은 타인이 자신들의 협력을 악용하지 않는 한 협력하는 것이다. …… 이 설명은 중요한 현상에 대한 단순한 예시를 준다. 즉, 하나의 게임과 하나의 규칙 모음이 어떤 상황에서는 이런 행동(경쟁)으로, 다른 상황에서는 저런 행동(협력)으로 될 수 있다는 것이다. 이 결과는 두 가지 반응이 (어느 쪽도 '인간 본성' 탓으로 보지 않고) 어떻게 가능한지를, 그리고 어떻게 하나가 변하거나 다른 것으로 분기할 수 있는지를 설명하는 것이다.[144]

게임 이론은 랜드연구소의 구조와 미래의 전쟁게임에 또 다른 중요한 영향을 끼쳤다. 갈등 상황이 게임으로 모델화되기 위해서는 몇 가지 것들이 필요하다. 각 참가자가 이용 가능한 모든 전략적 선택 사항의 완전한 목록, 주어진 모든 선택의 조합에 대한 이익분배 목록, 그리고 참가자 각각의 선호 목록이 그것이다. 보통 이러한 정보는 표나 행렬의 형태로 모아진다. 단순한 갈등의 경우는 이러한 이익 분배 행렬에 넣는 값은 쉽게 계산할 수 있으나, 현실의 상황을 모델화하기 위해서는 실증적 자료들이 필요하다. 따라서 랜드연구소는 원래 수학자들의 싱크탱크였음에도 이익분배 행렬[보수 행렬]에 들어갈 수치값을 만들기 위해, 1947년 사회 분야를 수량화하는 역할을 맡을 사회과학과 경제학 부서를 출범시킨다.[145]

1950년대에 채용된 사회과학자들 중에는 버나드 브로디(Bernard Brodie)와 앤디 카우프먼(Andy Kaufman)과 같은 많은 클라우제비츠파의 사람들이 있었다. 그들의 입장은 당시 랜드연구소에 유행하던 조미니파의 사고방식과는 전혀 다른 것이었다. 이에 따라 전쟁터의 축소 모델을 통해 통찰력을 개발하기 위한 훈련으로 시작되었던 전쟁게임도 두 가지 다른 방향으로 진화하기 시작했다. 하나는 사회과학 부문에서 선호하는 세미나형 정치-군사 게임이다. 이런 종류의 게임에서는 보통 정치적 위기 같은 특정 상황이 게임 참가자에게 주어진다. 그런 다음 위기를 해소하거나 각각의 시점에서 유효한 군사적 선택을 평가하기 위해 참가자들에게 그들이 취할 움직임을 시뮬레이션하도록 요구한다. 이런 유형의 전쟁게임은 사람을 참여자로 포함시키거나 마찰과 현실감을 강조하는 경향이 있다. 또 하나는 수학 부문에서 선호하는 보다 더 컴퓨터화된 전쟁게임이 있다. 이런 다른 종류의 게임에서 인간은 가능한 회로에서 제거되는데, 최근의 실행은 전적으로 자동기계에 의해 싸우게 된다고 할 수 있기 때문이다.

정치를 염두에 둔 회로 속에 인간을 포함시키는 클라우제비츠파의 형태든, 정치적 공백에서 일어나는 핵 발작으로 전쟁을 모델화한 조미니파의 형태든 전쟁게임은 냉전 시기 동안 군사적인 의사 결정 집단 전체로 퍼져 나갔다. 공중전, 해상 충돌, 정글의 게릴라전, 육해공 공동작전, 그리고 그것들의 가능한 모든 조합들이 모델화되었고, '전쟁 과학자들'이 실제 전투에서 얻을 수 없는 자료들을 생성하는 데 이용되었다. 아마 전쟁게임에서의 어떤 전투도 세계 종말의 문턱에서 이루어진 전쟁보다 자주 행해지지는 않았을 것이다.

거의 40년 동안 서양 전략가들은 제3차 세계대전의 시작을 예상하는 전쟁 시나리오를 여러 차례 작성해 왔다. NATO의 약한 자본주의 방어벽으로 지켜 왔던 서유럽을 침공하는 바르샤바 조약의 공산주의 무리와 같은 상상이 그것이다. …… 1949년 NATO의 설립 이후 계획 입안자는 가능한 모든 측면에서 그 전쟁을 보면서 수많은 모의실험을 실행했다. …… [그러나―인용자] NATO 대 바르샤바 조약의 전쟁 시나리오와 모델은 숫자들을 넘어 인간과 정책으로 향해야만 했다. 늪과 같은 문제가 시작되는 지점이 바로 이곳이다. 승리를 정의하는 것은 무엇인가? '사상자 수준'인가, 획득한 토지인가, 아니면 전략적 목표들의 통제인가? 어느 정도 기간이어야 하는가?[146]

'늪과 같은 문제'는 인간, 사기, 기술, 동기, 협상, 협력 등을 포함한 문제이다. 예를 들어 어떤 모델을 통해 핵전쟁의 전장에서 싸우는 부대의 사기에 대한 영향들을 평가하는 문제, 그리고 적의 사기와 저항 의지를 평가하는 보완적인 문제가 그것이다. 컴퓨터 모델이 사기와 관련된 문제를 다루는 데 무력하다는 사실은 1960년대 지역 폭격이 북베트남의 저항 의지에 미친 효과를 랜드연구소가 틀리게 평가한 부분에서 가장 분명하게 드러났다. 이것으로 인해 미국은 테트 공세의 예측에 실패했고 전쟁에서 패배했다.

이와 유사한 늪과 같은 문제는 적의 사령부의 집단 심리에 대한 현실적인 모델을 제작하는 것이다. 인간이 시행하는 정치 군사적인 전쟁게임의 경우 이 문제는 '공산주의자의 생각'이라는 형태를 취한다. 공산주의 진영을 맡은 팀은 적의 지휘관 역할을 연기해야 하며 그들의 묘사가 정확하면 할수록 훈련에서 더 많은 통찰을 얻어 낼 수 있다. 대부분의 경우 공산주의는 자본주의의 단순한 거울 이미지가 되지만, 가끔은 보안상의 이유로 그 경기에 대한 보고서들을 금고 안에 가둬야 할 정도로 미국의 약점을 아는 전문가가 매우 야비한 공산주의자를 연기할 수도 있다. 일례로 이러한 사태는 1960년대 초반 U2 정찰기의 창시자이자 피그만 침공 작전의 2인자인 CIA 출신의 리처드 비셀(Richard Bissell)이 대 게릴라전 전쟁게임에서 공산주의자를 연기하면서 일어났는데, 여기서 그는 본인 업무에서 알게 된 미국 진영의 모든 약점들을 활용할 수 있었다. 그 이후 이 게임의 서류들은 계속 기밀로 남아 있다.[147]

공산주의자의 생각 문제는 컴퓨터화된 전쟁게임의 경우 훨씬 더 중요하다. 만일 누군가가 자동기계들의 전투를 관찰하면서 유용한 통찰을 끌어내려 한다면, 공산주의와 자본주의 모델은 이와 관련된 적의 모든 특징들을 빼내야만 한다. 자본주의 진영(미군과 NATO군)의 구조는 비교적 간단하며, 자본주의 진영의 자동기계는 대통령의 마음, 혹은 대통령과 조언자들의 마음 전체를 모델화할 필요는 없다. 오히려 그것은 몇 가지 전쟁게임이 보여 주었듯이, 핵 '참수' 공격 시 헌법상의 권한을 넘어서 권력을 전달하기 위한 복잡한 계획의 모델일 수 있다. 만약 문민 지도자를 잃으면, 통제권은 지도자를 잃은 나라를 돕기 위해 보복을 감행할 수 있는 '거울'이란 작전명의 군용기에 넘겨

져야 한다.[148]

한편 공산주의의 모델화는 다른 문제이다. 실제로 공산주의와 자본주의 자동기계 간의 전쟁을 관찰하여 얻어 낸 통찰이 공공정책과 비상사태 대응계획 속으로 들어가는 한, 우리의 미래는 점점 더 공산주의를 정확하게 생각하는 것에 좌우되어 간다. 불행히도 앞서 확인했듯이 현대 전략적 사고의 초기 진화를 지배한 제로섬 게임 같은 모델은 협력의 가능성은 배제하고, 이해관계의 충돌만을 강조했던 것으로 보인다. 그 이후 게임 이론은 더욱 정교해졌으나 공산주의의 모델화가 초기의 갈등 선호 편향을 벗어난 것은 아니었다.

SAM이나 IVAN 같은 랜드연구소의 자동기계가 재현하는 극단적인 가능성 외에도 전쟁게임의 사고방식에는 많은 위험성이 숨어 있다. 첫번째, 모의실험과 현실의 차이가 불분명해지는 면이 있다. 레이더와 컴퓨터 화면에서 나온 모든 자극들은 출처가 진짜 전쟁인지 모의실험 전투인지와 상관없이 동일한 것이 된다.

나폴레옹 시대의 장군들이 즐겼던 모래판 게임에는 분명히 가짜 같은 분위기가 있었다. 그러나 컴퓨터 시대에는 전쟁게임을 위해 지휘관들이 사용하는 장비들은 흔히 진짜 전쟁을 지휘할 때 사용하는 장비들을 닮았거나 실제로 사용하는 장비들이다.[149]

두번째, 이런 전투 모델들을 만들 때 이용되는 자료의 오염이 있다. 이 오염은 다양한 수준에서 일어난다. 예를 들어 무기의 작동 특성은 전투 모델에서는 극히 중요하다. 그러나 작동 특성의 세부사항은 보통 공식 자료에 의존하는데, 공식 자료는 육해공군 간의 예산 확보

싸움 속에서 이미 조작되어 왔다. 다른 경우로 전쟁게임에서 치명적인 약점으로 사상자가 불편한 수준에까지 도달한 게임의 보고는 관계 기관에 의해 조직적으로 왜곡된다. 예를 들어 해군은 수송 함대의 약점에 대해서 정직하지 못한 경향이 있다. 그래서 해군의 전쟁게임에서 수송함의 침몰은 암묵적으로 금지된다.[150]

컴퓨터 화면에 만들어진 현실과 허구 사이의 경계가 모호한 것에 더하여, 군사 관료는 직접적으로 비현실적인 것을 도입한다. 그러나 이런 위험성들을 제외하더라도 전쟁게임은 '통찰력을 낳는' 역할로부터 미래를 예언하는 '수정 구슬'의 역할로 진화할 위험성이 있다. 아마도 이런 경향의 기원이 된 사건은 제2차 세계대전 중에 OR이 개발한 방법이 진화하여 랜드연구소의 시스템 분석(System Analysis)이 된 것이다.

운영 연구자들은 다음과 같은 질문에 답했다. 아래와 같은 특징의 장비로 할 수 있는 최선의 것은 무엇인가? 시스템 분석자라면 ……더 창의적인 질문에 답할 것이다. 여기에 약간의 무기를 사용해서 반드시 성취해야 할 작전이 있다. 어떤 특징의 어떤 장비라야 그 일에 최선일까? …… 시스템 분석은 운영 연구자들보다 더 창의적일지 모른다. 그러나 제2차 세계대전 중 운영 연구 분석가들은 실제 전투 자료를 가지고 작업했으며 새로운 사실들과 양립될 수 있도록 계산과 이론을 수정해 나갔다. 물론 랜드연구소의 시스템 분석가가 살펴보던 대규모 '핵 교환'과 같은 제3차 대전의 실제 전쟁 자료는 없었다. 그들이 방정식에 넣은 수치는 추측과 이론, 무기 실험 결과, 때로는 알 수 없는 이유에서 나온 것으로 실제 전쟁에서 나온 것은 아

니었다.[151]

시스템 분석은 전임자의 수학적 모델화 기법을 채택했고 그것으로 예산의 한도에 맞춰서 미래의 문제들에 답하려 했다. 다시 말해 주어진 예산과 완수해야 할 작전이 있다. 그런 한계 속에서 최적의 전투 전략을 계획해 보라는 것이다. 게임과 모의실험은 참여자들의 통찰을 끌어내도록 설계된 실험적인 역할에서 제도화된 생산적인 역할, 즉, 민간인들을 군사 계획 입안자로 바꾸는 역할로 변화했다. 시스템 분석은 1950년대 랜드연구소에서 태어났음에도 로버트 맥나마라(Robert McNamara)가 케네디 정부의 국방장관이 될 때까지 제도화되지는 않았다. 그는 랜드연구소에서 '젊은 수재들'로 이루어진 정예 부대를 데려왔고, 자신들의 예산 청구와 관련해 수학적 질문에 익숙하지 않은 군 의사 결정자들의 힘을 제한하기 위해 그들을 이용했다. 육해공군은 각자 자신들의 시스템 분석과를 개설하기로 결정했다. 시스템 분석은 미래의 전투를 예측하기 위한 용인된 언어, 다시 말해 "전문 용어이자 합리화된 결정 방식, 공공연한 거래 수단인 미 국방부의 공통어"가 되었다.[152]

이것이 현대의 전쟁게임과 핵전략이 개발된 환경이었다. 조미니파는 힘의 집중이라는 조미니식 원리의 현대판인 '대량 보복' 정책과 같은 핵 정책에 도달하기 위해 전쟁게임과 절차들을 한층 더 수학화, 자동화하기를 요구했다. 한편 클라우제비츠파는 '대병력' 전략을 주장했는데, 여기서 도시들은 아무런 피해 없이 인질이 되어 정치적 협상카드로 남는다. 순진한 시도였지만 그들은 전쟁을 클라우제비츠가 설정한 한계 속에 두기 위해 핵폭탄의 투하를 정치적으로 막고 싶어

했다. 결국 어떤 선택을 정책으로 할지는 조미니파와 클라우제비츠파 간의 주된 철학적 차이가 아닌 부서들 간의 내부 투쟁이 결정하였다. 예를 들어 해군에 핵무기가 없었을 때, 공군은 도시가 파괴되지 않는 대병력 전략에 반대했다. 그러나 핵잠수함 폴라리스가 도입되자마자 공군은 그 입장을 뒤집었다.[153]

부서들 간의 내부 투쟁과 마찬가지로 컴퓨터화된 종과의 싸움에서 정치 군사적인 전쟁게임을 물리친 것은 반복된 훈련마다 전쟁 상황에 참여한 인간들이 핵의 문턱을 넘는 것을 계속 거부했기 때문이다. 다시 말해 규칙을 응용하고 마찰 효과를 대행했던 참가자가 그 상황을 어떻게든 조작했음에도 계속 거부했던 것이다.[154] 앤드류 마셜(Andrew Marshall)은 총괄 평가국 — '국방부'의 엄격한 보호를 받고 있으며 미국과 소련의 병력과 전략교리에 관한 정보 요새인 — 을 책임지고 있는 랜드연구소의 용감한 베테랑 전략가였다.[155] 그는 이러한 군사적 난국을 헤쳐 나가는 데 도움을 줄 새 전투 모델을 만들기 위해 여러 싱크탱크와 민간 게임 설계자들까지 고용했다.

이 랜드연구소와 SAI(사이언스 어플라이드 주식회사Science Applied, Inc.) 간의 경쟁에서 결정적인 것은 공산주의자의 생각이라는 문제를 해결하는 방식이었다. SAI는 인간을 회로 속에 유지하기로 결정하고, 대화형 게임을 만들기 위해 인공지능과 전문가 시스템을 이용했다.

SAI는 무엇보다도 공산주의 참가자에게 소련 관점의 의사 결정, 신호 발신, 지휘 통제를 내용으로 하는 지침서를 준비해 미국인이 소비에트의 입장에 서도록 계획했다. …… 랜드연구소는 완전한 자동화로 향했다. 랜드연구소의 공산주의는 컴퓨터 프로그램이었다. ……

랜드연구소의 회로에는 인간이 없었다. ······ 인간 참가자는 컴퓨터의 광범위한 사용으로 프로그램된 행동 규칙을 가진 '에이전트'로 대체될 것이다. 그리고 에이전트는 다양한 공산주의 진영의 IVAN과 자본주의 진영의 SAM의 성격을 갖게 될 것이다. ······ 랜드연구소와 SAI의 경쟁에는 미묘한 철학적인 차이가 있었다. ······ 한쪽에는 아무 생각 없이(약간의 조작으로) 핵전쟁에 돌입할 수 있는 로봇이 있고, 다른 쪽에는 대부분 그렇게 할 수 없는 인간이 존재했다.[156)]

공정하게 말하면 랜드연구소의 전쟁게임을 구성하는 자동기계들은 완전히 '조미니식'은 아니었다. 즉, 그것들은 전쟁의 '영원한 법칙'을 구현하려는 엄격한 프로그램이 아니다. 인공지능 연구는 사고의 '영원한 법칙'을 발견하려는 희망을 버린 지 오래였다. 그 대신 프로그램이 더 지적으로 행동할 수 있도록 개별 전문가의 발견적인 노하우를 이식하는 방법을 채택했다. 다시 말해서 면담과 관찰을 이용해서 특정 전문가의 비결을 발견한 다음, 컴퓨터가 이해할 수 있는 형태로 저장했던 것이다. SAM과 IVAN은 이러한 전문가 시스템의 접근법의 응용이었다. 실제 정치 과학자와 국제관계 전문가의 노하우가 SAM과 IVAN의 행동 기반을 형성하고 있다. 사실상 몇 가지의 SAM과 IVAN들이 존재한다. IVAN1은 대담하며, 위험을 무릅쓰고, 미국을 경멸한다. 반면 IVAN2는 보다 신중하며, 보수적이고, 미국의 능력을 두려워한다. 그다음 강대국이 아닌 나라의 행동을 대표하며, 선택에 따라 다양한 '인격'을 갖는 '시나리오'와 같은 다른 자동기계들도 있다. 결국 다른 자동기계도 각기 다른 무기의 효과, 그리고 심지어는 마찰의 효과를 어느 정도 확인하기 위해 전문가의 지식을 이용한다.[157)]

그러나 이러한 현실감각의 추가는 단지 더 깊은 문제를 감춰 버렸는데, 그 문제란 (적어도 선형수학이 지배적이었던 1960년대까지) 전통적으로 수학은 (본질적으로 비선형현상인) 마찰 효과의 모델화를 할 수 없었다는 점이다. 게다가 계산력의 엄청난 증가로 인해 과학자가 전쟁의 비선형 역학을 모델화할 수 있더라도 이런 종류의 동역학계에는 이제 특이점들(분기들)이 거주하고 있음이 알려졌다. 이것이 의미하는 바는 이들 계가 자기 조직화 과정, 다시 말해 모델의 설계자가 예측하지 못한 창발적 속성을 나타내는 과정을 생성시킬 능력이 있고, 전쟁의 결과를 예측하려는 그들의 노력을 무용지물로 만들 수 있다는 사실이다. 아마 이것이 이 장의 도입부에서 언급했듯이, 군이 무력 분쟁의 발발에 대한 모델로서 난류의 출현을 설명하는 수학에 큰 관심을 보인 이유일지도 모른다.

　　전투의 모델화에 대한 랜드연구소식 접근법의 비판자 중에 트레버 듀피가 있다. 그는 창과 검, 그리고 핵폭탄에 이르기까지 다양한 무기의 치사율 지표에 대한 초기 연구로 전쟁의 정량화 분야를 개척한 군사 역사가이다. 스스로를 '클라우제비츠의 대필자'라고 칭하는 듀피는 전투는 영원한 법칙을 따르는 추상적인 플라톤식 본질로 모델화할 수 없다는 사실을 늘 알고 있었다. 그는 전투의 '초시간적 진리'를 말하지만, 이것은 다소간 변하지 않는 전쟁의 요소, 즉 기술과 사기와 같은 인간적 요소, 그리고 전장의 영원한 친구인 위험과 불안에서 도출된 단순한 경험 법칙에 불과하다.[158] 듀피와 그의 조직 역시 컴퓨터를 이용하지만 이것은 영원한 법칙이 아닌 단지 역사 속의 개별 전투를 세밀히 연구하기 위한 보조수단일 뿐이다. 그의 비판들 중 하나는 비록 다른 규모의 전쟁에서 비교적 성공하는 (전술적 혹은 전략적인)

모델을 만들 수 있다 하더라도, 이것이 단순히 그 모델이 다른 모델보다 우월함을 의미하지는 않는다는 점이다.

듀피는 집합체의 다른 수준들에서의 모델 간에는 현실적인 접점을 얻는 것은 불가능하다는 사실을 발견했다. 낮은 수준의 교전과 같은 모의실험 결과는 더 높은 수준의 모델과 결합되면 명백히 받아들일 수 없는 비현실적인 결과를 가져왔다. …… 적어도 일부의 계층 모델화 문제는 마찰의 문제를 주의 깊게 정량화함으로써 해결할 수 있다.[159]

그러나 랜드연구소와 다른 싱크탱크의 플라톤식 전투 모델이 놓친 유일한 요소가 전략적·전술적인 마찰뿐만은 아니다. 병참적인 마찰, 다시 말해 미래의 전쟁에서 대량 동원에 필요한 모든 노력을 좌절시킬 조달과 공급의 불가피한 지연과 병목현상들 역시 그 그림에서 제외되었다.

이러한 실수는 1980년 '멋진 금괴'(Nifty Nuggets)로 불리는 군사 훈련 중에 발견됐다. 그 작전에서 민간 세계를 제외하면, 4억에 달하는 군대가 동원되어 아무런 문제없이 유럽의 작전 무대까지 이송될 수 있었다. 그러나 민간인들이 포함되자마자 공항에서의 공황상태, 미국으로 온 피난민의 홍수 등의 혼란이 발생해서 이 '총알과 콩'(bullets and beans) 연습으로 검증하기로 한 물류의 사회기반시설을 아수라장으로 만들었다.[160] (오늘날 미군이 군대와 물자를 중동으로 이동시킬 때 겪는 어려움은 이런 극단적인 상황이 병참적 어려움의 유일한 원인은 아니라는 사실을 매우 명쾌하게 보여 준다.)

다음 절에서는 자신들의 계획 속에서 병참적 검토를 무시하는 군사 기획자들의 역사적 경향, 그리고 이러한 경향이 실제 전쟁의 작전 활동에 가져온 비극적인 결과를 주로 다룰 것이며, 이 결과는 많은 경우 전투력의 물리적 해체를 의미할 것이다. 여기에서는 다른 형태의 '기계적 파탄'도 살펴볼 것이다. 그것은 과도한 중앙집권화와 정보홍수로 인한 전술적 파탄도 아니고 군사력과 외교술의 분리에 의한 전략적 붕괴도 아니다. 오히려 나는 병참적 파국을 탐구하려 하는데, 이것은 완전히 기능적으로 만들어진 전술 전략적 기계를 전쟁을 유지할 수 있는 식량과 연료가 있는 곳이라면 어디든지 가서 전쟁을 벌일 수밖에 없는 목적 없는 집단으로 변질시킬 수 있기 때문이다.

병참(Logistics)

만약 전술을 전투에서 승리하기 위해 인간과 무기를 배치하는 기술이라 여긴다면, 그리고 전략을 전쟁에서 승리하기 위해 전투를 배치하는 기술이라 여긴다면, 그때 병참은 전쟁과 전쟁을 가능하게 만드는 농업, 경제, 산업 자원을 배치하는 기술이라 정의할 수 있다. 만약 전쟁기계가 신체를 가질 수 있다면, 그때 전술은 근육을, 전략은 두뇌를 상징할 것이며, 반면에 병참은 군대의 신체 전체에 자원을 분배하는 조달과 공급 네트워크, 즉 전쟁기계의 소화계와 순환계가 될 것이다. 병참 체계의 본질은 몇 가지 요인에 따라 변화한다. 일부는 전쟁기계의 전술적·전략적 부품의 성질에 의존하고 있다. 예를 들어, 전술적 구성 부품이 시계태엽장치, 모터, 혹은 무선 기반 네트워크로 조립되어 있는지에 의존한다.

다른 요소들은 그 회로를 통해 운반되어야만 하는 '연료'처럼 병참 체계 내부의 것이다. 지난 세기 말까지 병참 네트워크를 순환하는 두 가지 주요 요소는 곡물과 사료, 즉, 인간과 말의 연료였다. 제1차 세계대전이 시작되면서 무게중심은 탄약과 POL(석유, 기름, 윤활유)로 넘어갔고, 앞으로 보게 되겠지만 병참의 본질에 큰 영향을 주었다. 그러나 전쟁기계의 혈관을 순환하는 것이 빵과 사료이든 아니면 알루미늄, 플루토늄, 전자 칩이든 간에 군대의 신체 전체를 움직이는 이들 자원의 운송을 조절하는 것은 바로 병참 네트워크이다.

병참의 몇 가지 측면은 이미 분석한 바 있다. 예를 들어 나는 포위 상태의 요새화된 도시와 같은 조직이 지속적인 저항을 유지하려는 목적으로 교통의 규제나, 필요한 인력과 양식의 배급을 위한 거대한 병참 기업을 설립했다는 사실을 언급했다. 또 다른 측면으로 요새화된 벽이 레이더 장막이나 대륙 요새의 전기 장벽과 같은 형태로 비물질화되었을 때 어떻게 병참적 요구가 증가되었는지를 언급했다. 무기 조달의 문제에 관련해서는 미국의 군사 기술자가 18세기 프랑스의 군사 기술자의 선례를 따라, 그들 시대만의 표준화와 규격화를 생산 방식에 도입했던 방식의 예를 들었다. 표준을 확립하고 집행함으로써 군대는 소형화기 부품 간의 완벽한 교환을 보장하게 되었고, 그 결과 평화 시와 전시에 무기고의 유지를 위해 예비 부품을 순환시키는 병참의 어려운 문제를 해결했다. 앞서 제시한 병참의 또 다른 문제는 무기 제조의 통일화를 향한 군사적 움직임의 대상으로, 숙련된 인간 노동의 조달과 공급이 그것이다. 군은 인력 의존을 줄이기 위해 노동자의 몸에서 기계의 하드웨어로, 그리고 관리 업무의 소프트웨어로 점점 더 지식의 이전을 시행했다.

이는 노동의 합리화 과정이라고 불리며, 19세기 초 무기공장을 시작으로 한 세기 이후 프레데릭 테일러(Frederick Taylor)가 미국 무기고에서 한 경험의 산물인 시간 동작 연구와 과학적 관리 이론에서 정점에 이르렀다. 생산 과정에 지휘 구조를 도입한 것은 일종의 병참적 합리성을 표현한 것이라 볼 수 있다. 그리고 '병참적 합리성'을 인간 기술이라는 보고를 희생, 저하시키고 상층부의 통제권을 최대화하는 노동관리 방식이라 정의한다면, 사실 테일러주의야말로 가장 합리적인 선택일 것이다. 마찬가지로 만약 누군가가 '전술적 합리성'을 상층부의 확실성을 최대화하고 하층부의 신뢰와 사기를 희생하는 정보관리 방식이라 정의한다면, 중앙집권화된 지휘 체계는 가장 합리적인 선택이다. 마지막으로 '전략적 합리성'을 협상과 협력을 희생하고 한쪽의 이익을 최대로 하는 위기관리 방식이라 정의한다면, 핵전략의 제로섬 사고는 가장 합리적인 선택이 될 것이다.

중앙집권화된 전술적 지휘 네트워크(궁극적으로는 자동 전투 관리 체계에 의해 작동되는)와 자동기계에 의해 이뤄지는 전쟁게임(정치적 공백에서 일어나는 핵 발작으로 전략이 좁혀지는)과 같은 합리적 선택의 배후에는 병참적 본질에 대한 요구가 존재한다. 구체적으로 인적 자원, 조달과 공급의 병참이다. 인간은 이 회로에서 제거되어야 하는데, 왜냐하면 회로의 중앙 자리에 알맞은 사람을 공급하는 것은 병참적으로 어렵기 때문이다. 그 정도로 현대의 전술 및 전략은 병참의 특수 분야로 변해 버린 듯하다.

이 절에서는 병참의 역사에서 몇 가지 측면을 보여 줄 것이다. 우선 '평화 시 물류', 즉 조달 네트워크의 탄생이다. 이 분야는 군산복합체의 기원, 그리고 군의 성장과 서구 사회의 경제적 하부구조의 발전

사이에 성립된 몇 가지 되먹임 고리를 더 잘 이해하기 위해 탐구될 것이다. 이 되먹임 고리(예를 들어 나선형 군비 경쟁)는 현대 서구 역사에서 보이는 무력 분쟁을 일으킨 중요한 요소였다. 다른 한편으로는 '전시의 물류', 즉, 전쟁 수행을 위한 공급 네트워크의 탄생이다. 이 분야에서 군이 직면한 문제는 전술 대형을 연구하면서 논의된 것과 유사하다. 다시 말해 전시의 공급 네트워크는 막대한 양의 마찰에 취약하며, 그러한 상황에서 효율적인 네트워크(전쟁에서 생존 가능한 네트워크)는 국지적 책임과 임기응변을 허용하여 중앙집권화된 완고한 결정을 피하고, 그런 식으로 마찰을 그럭저럭 분산시키는 네트워크이다.

그렇다면 병참은 평화 시의 조달 네트워크 혹은 전시의 공급 네트워크 중의 하나인 네트워크 관리의 문제이다. 병참은 제2차 세계대전 후에 군사 관련 분야 중 가장 먼저 컴퓨터화된 분야였으며, 그렇기에 병참 업무와 컴퓨터 네트워크의 발전 사이에는 밀접한 관련이 있다. 특히 중앙집권화된 컴퓨터 네트워크(병참을 위해 사용되든 안 되든)는 병목현상과 고장에 취약하다. 그러므로 이를 피하기 위해 네트워크의 교통 제어를 탈중앙화해야만 한다.

전략의 주제를 탐구하면서 죄수의 딜레마를 수행하는 프로그램 토너먼트를 언급했는데, 거기에서는 장기적으로 협력하는 경향의 프로그램이 그렇지 않은 프로그램보다 우위를 차지했다. 앞서 언급한 컴퓨터 토너먼트는 단지 모의실험일 뿐이었다. 그러나 그 결과는 컴퓨터 네트워크에 중대한 영향을 미쳤는데, 교통 제어를 탈중앙화하려면 프로그램들 간의 상호작용을 허용해야 했기 때문이다. 메시지는 스스로 그 자신의 목적지를 발견하는 '국소적 지능'을 가져야 할 뿐만 아니라, 자원(메모리, 처리 시간)의 이용에 있어 경쟁하고 협력할 수 있도록 허용되어야만 한다. 마찰을 최소화하려면 컴퓨터와 프로그램은 협력해서 계산을 실행하고 스스로 자원을 획득하고 거래해야 한다. 특정 특이점에서 네트워크의 연결성이 임계점에 이르면 네트워크는 곤충 군락, 혹은 이상화된 시장경제와도 비슷한 일종의 '생태계'를 형성하기 시작한다.

컴퓨터 계산의 새로운 형태가 등장하고 있다. 소프트웨어 설계의 발전과 증가된 연결성에 의해 추진된 분산형 컴퓨터 시스템은 사회적·생물학적 조직을 생각나게 하는 특징을 획득하고 있다. 전체적 행태가 기존 컴퓨터와는 매우 다른 이런 개방형 시스템은 자기 규제형 존재로서 매우 복잡한 작업의 비동기적 계산[즉, 병렬 계산—인용자]에 종사한다. 그에 비해 에이전트들은 다른 기계들——전체적인 사양이 그들에게는 알려지지 않은—— 속에 대량의 처리를 낳고 있다. 이 에이전트들은 불완전한 지식과 가끔 모순되거나 지연되는 정보를 기반으로 국지적 판단을 내리기도 한다. 이와 같이 그들은 상호 작용과 전략, 자원을 위한 경쟁에서 전반적인 생태계처럼 행동하는 병행 프로세스(concurrent processes)의 공동체가 된다.[161]

역설적으로, 군은 의사 결정 회로에서 인간을 제거하기 위해 컴퓨터를 이용했지만, 컴퓨터가 기능적 네트워크와 잘 결합하기 위해서는 컴퓨터와 프로그램이 스스로 '주도권'을 사용하도록 허용해야 한다는 사실을 발견했다. 이는 전술적인 지휘 체계에서 보았던 문제와 같은 것이다. 전장의 안개 속에서 만들어진 불확실성을 분산시키기 위해서는 병사와 장교들에게 국지적인 책임이 부여되어야 한다. 마찬가지로 전쟁의 압력을 견딜 수 있는 병참 네트워크를 창조하기 위해서는 컴퓨터와 프로그램은 중앙 집행 기관에 의해 통제되는 대신 스스로 의사 결정을 내릴 수 있도록 해야 했다. 두 경우 모두 전쟁의 압력 아래에서는(더 일반적으로는 적응을 위한 진화적 압력 아래에서는) '집단적 합리성'의 형태가 중앙집권화된 개인적 합리성보다 더 잘 기능한다. 이 주제는 앞으로도 쭉 거론될 것이다.

　현대의 전쟁기계를 구성하는 병참적 요소에서 집단적 합리성이 맡은 역할을 탐구하기 전에, 평화 시와 전시의 조달과 공급 네트워크의 역사를 살펴봄으로써 이런 네트워크를 컴퓨터화하는 과정에서 무엇이 중요한지를 보다 더 잘 이해하도록 하자. 제1차 세계대전은 병참의 역사 속에 전환점을 찍었다. 최초의 전세계적인 충돌은 전술적 혁신(전차, 고도의 침투 전술) 간의 대결이나 전략적 사고(슐리펜 계획) 간의 대결도 아닌, 국가 전체의 산업력 간의 충돌이었다. 병참은 이 최초의 전세계적인 충돌 전에 이미 영향을 미치고 있었다. 독일군의 프랑스 침공을 위한 슐리펜 계획은 20년에 걸쳐서 전략적 사고를 대표해 왔지만, 전쟁게임 도중 발견된 병참 문제를 고려하여 몇 차례 재설계되었다. 그러나 초기 전쟁게임의 경고조차도 사상 최대의 포위공격전(최초의 대륙 크기 '요새'의 철책과 기관총 탄환의 '장벽들' 가운데 치러진)으로 만들어진 병참에서의 변종을 전쟁 당사국들이 대비할 수 있게 해주지는 못하였다.

　어떤 의미에서 이것은 하나의 혁명이었다. 막 싹이 튼 군산복합체가 그것을 현대적 형태로 단련시킨 첫 시련을 이겨내자 병참은 전쟁의 상황을 지배하게 되었다. 그러나 다른 관점에서 변한 것은 아무것도 없었다. 사태는 더 극단적으로 되었을 뿐이다. 어떤 의미에서 병참은 군대의 주요 연료가 단백질에서 탄약과 휘발유로 바뀌기 이전에도 항상 모든 전쟁 사업에 있어 주된 제약이었다. 병참적 사고방식은 초기에 살펴본 여러 전술 체계의 조립에도 크게 기여했다. 마찬가지로 지휘관이 사용할 수 있는 전략적 선택사항에도 병참적 한계는 항상 심각한 제약을 주었다. 군사력을 산업력과 동일시한 제1차 세계대전 전에 이미 전쟁에서 병참의 역할은 결정적이었다. 같은 이유로 이 전쟁의 의붓자식인 군산복합체도 군사 물류와 민간 경제의 접점에서 오랜 기간에 걸쳐 형성되어 왔다. 사실 한 세기 전 역사가 베르더 좀바르트(Werner Sombart)는 이미 그의 책 『전쟁과 자본주의』(*Krieg und Kapitalismus*)에서 산업 사회 자체가 수세기 동안 이루어진 군사 갈등의 자극에 의해 생산된 것이라 주장했다.[162]

경제 제도는 군사적 기원을 가진다는 의견이 있으나, 그 반대 역시도 사실이다. 자본주의에 의해 생겨난 교역과 신용 기구는 13세기 용병전의 시계태엽장치 시대를 연 폭력의 상업화의 결과이며 원인이었다. 되먹임 고리는 두 영역 사이에 성립되었다. 그것은 일정 수준의 생산성과 과세 대상이 되는 부를 낳는 잉여였다. 이 부는 용병에게 지급되는 보수의 형태로 전쟁기계의 연료가 되었다. 군인은 그다음에 소비자가 되어, 화폐를 재순환하고 경제를 자극했다. 다른 고리에서 군은 소비자가 아닌 공급자, 즉, 교역 경로에서의 보호력을 제공하는 존재를 의미했다. 돈으로 보호력을 사기도 했지만, 돈은 동시에 보호자의 기술적 진화를 도왔다. 적이 필연적으로 새로운 기술을 손에 넣게 되면, 구매해야 할 보호력의 정도는 증가하고, 더 많은 돈이 밑 빠진 독과 같은 군비 경쟁에 쏟아 부어졌다. 이러한 고리의 기원은 아주 오래되었기에, 군사 기관과 경제 기관의 기원을 훨씬 더 애매하게 만들었다.

1000년을 경계로 전후 몇 세기 동안, 광대한 영토를 가진 라틴 기독교 제국의 약점 때문에 상인들은 빈번하게 보호세를 재조정해야 했다. …… 유럽 상인의 특징인 군인 정신과 상업 정신의 결합은 야만적인 과거를 기원으로 했다. 교역자이자 침략자인 바이킹은 11세기 북해 상인의 직계 자손이었다. …… 지중해에서 교역과 침략의 애매함은 적어도 미케네 시대만큼 오래되었다. 확실히 기원전 초기 로마인들이 조직화된 폭력을 독점하는 데 성공하자 교역이 침략을 대신했다. 그러나 기원후 5세기, 반달족들이 바다를 건넜을 때 고대의 이런 애매함이 다시 살아났다.[163]

유사한 애매함이 군사력을 위한 인간의 고용, 유괴, 납치에도 나타났다.

영국은 19세기까지 국왕의 요청으로 단순히 항구를 폐쇄해서 뱃사람들을 가두는 식으로 선원을 모집했다. 17세기 프랑스에서는 해상 전쟁의 산업화로 점점 대량의 인력이 필요하게 되자 연안의 전체 인구수를 산입해서 등록했다. …… [이것이 — 인용자] 국가가 추진한 최초의 군사 프롤레타리아화 작전이었다.[164]

한 쪽으로는 교역과 침략, 다른 쪽으로는 고용과 유괴 사이의 애매함 때문에 군사 제도와 경제 제도에서 무엇이 우선인지를 확립하기 어려웠다. 그리고 그 애매함은 이 두 형태의 사회 조직이 진화함에 따라 지속되었다. 걸인과 부랑자를 선원으로 바꿔 놓은 군사 프롤레타리아화 과정은 여러 나라의 산업화 과정보다도 몇 세기나 빨랐다(거대한 선박은 자본가가 손에 쥔 최초의 기계들이었다. 선원은 최초의 노동자였다. 장거리 무역에 사용된 배는 당분간은 군함과 차이가 없었다). 마찬가지로 떠오르는 상인 계급의 계산 능력은 군 기술 분야에 도입되었다. 귀족이 아니라는 장벽으로 장교단에 진입이 불가능했던 부르주아들은 전쟁 기술에서 대포와 요새화와 같은 훨씬 더 중요한 측면의 주요 요소가 되었다. 지금까지 봐 왔듯이 부르주아 혈통인 군사 기술자는 과학적 자원을 전쟁기계와 연결하는 데 중요한 역할을 맡았다.

프롤레타리아트와 기술관료 계급이 군이라는 용광로 속에서 단련되는 동안, 경제의 민간 부문과 공공 부문도 훗날 '중상주의 국가'로 불리게 된 것과 더 깊은 차원에서 결합되어 발전하고 있었다. '중상주의 국가'의 주요 목적은 군사, 혹은 전쟁 잠재력을 발전시킴으로써 국가적 통합을 이루어 내는 것이었다. "이를 위해 수출과 수입은 엄격히 제한되었다. 귀금속은 쌓이고 보호되었다. 육해군의 필수품이 성과금, 포상금의 체계하에서 생산되거나 수입되었다. 해운업과 수산업은 해군력의 원천으로 육성되었다. …… 인구 증가는 군사 인력 증강을 위해 장려되었다……".[165]

누군가는 19세기 산업화 시대의 대두와 민간 시장의 대폭적인 규모 확장으로 인해, 경제적 활동에서 군의 역할은 감소했을 것이라 생각할 수도 있다. 사실은 그 역할이 단지 변화했을 뿐이다. 민간 시장을 충족시키는 경제 분야는 소규모 산업 집단들에 의존했고 '산업을 구성하는 산업'이라는 적절한 명칭이 붙여졌다. 이들 산업들—야금, 기계, 섬유, 화학, 종이, 운송 등을 포함하는[166]—은 그 생산품이 나머지 경제 분야의 투입물을 이룬다는 사실 때문에 산업 기반의 핵심부로 여겨졌다. 다르게 말하면 이 전략적 산업들을 만들어 낸 국가는 거의 자급자족을 보장받을 수 있었다. 특히 치열한 국제 무역 경쟁에서 외국의 공급자들로부터 비교적 독립적일 수 있다는 점은 군에 있어 항상 중요한 병참적 검토사항이기에, 군이 이러한 경제 분야를 확립하기 위해 흔히 중요한 역할을 했다는 사실은 놀라운 일이 아니다. 특히 이들 산업이 취약한 초기 단계나 비교적 산업화의 후발주자인 나라에서는 당연한 일이었다.

물론 이것이 산업 기반을 형성하기 위해 국가가 방위 관련 노력을 하기 전까지 어떠한 민간 제조 경제도 있을 수 없다는 의미는 아니다. 이것은 민간 제조 경제가 그 방향성과 기술적인 성장 동력, 그리고 대중 기반을 획득하는 과정에서 전략적인 산업 집단을 창조하기 위해 국가의 방위 관련 노력으로부터 촉매적인 자극을 받고 있다는 것을 의미할 뿐이다.[167]

군산복합체의 기원을 둘러싼 애매함은 군이 단순히 방위의 공급이나 부의 소비를 그만두고 자기의 권리로 '제도적 혁신기업'이 되었을 때 더욱 분명해졌다. 이 장 앞부분에서 우리는 교환 가능한 부품을 가진 무기 제조, 그리고 노동 분야의 합리화에 수반되는 과정에서 이러한 역할을 맡은 군을 만난 적이 있다. 또한 군사 무기고들이 현대의 노동자를 만드는 혁신적인 역할을 하는 동안 철도관리에서 군사 기술자의 선구적인 노력은 현대적인 관리 방법의 미래에 큰 영향을 주었다. 엄격한 책임과 계급에 의한 운영 절차의 군대식 강조, 직원 관리자와 일선 관리자의 노동 분업, 그 당시의 최대 민간 기업인에게도 알려지지 않은 규모로 네트워크 제어를 기획한 경험 등은 19세기 미국의

비즈니스 공동체의 진화에 깊은 영향을 미쳤다.[168]

　19세기가 끝나가면서 새로운 군비 경쟁이 등장하여 민간과 군사 제조 산업 사이에 새로운 되먹임 고리를 가져왔다. 특히 이것은 1870 년대 해군력에 적용되는 것으로 자체 추진 어뢰 —— 1870년대 영국 해 군의 기둥이었던 거대 전함들을 위험에 빠뜨린 —— 의 발명과 함께 시 작되었다. '속사'포는 어뢰정의 위협에 대한 반응이었으나, 그것은 지 금까지 지속되는 나선형 군비 경쟁의 다음 단계를 보여 주었다. 이 군 비 경쟁의 새로운 특징은 대규모의 투자 요구와 연구 개발과 관련해 더 깊어진 군의 관여이다. 이 기간의 해군력 강화는 이미 보았듯이 조 립에 오랜 시간이 걸린 군산복합체의 마지막 조각을 맞추는 것이었 다. 제1차 세계대전은 이 모든 요소를 하나의 일관된 조립체로 융합했 기 때문에 제2차 세계대전까지는 순수 민간 분야와 경제에서의 군사 분야, 특히 항해선, 항공기, 우주선의 설계와 조립 분야 간의 구별 짓기 가 불가능했다. 그러나 아마도 두 분야의 융합을 보증한 것은 국가 자 원을 동원하기 위해 군이 이용한 수학적인 절차, 즉, '경영 과학'이라는 이름으로 대규모 민간사업의 필수 요소가 된 OR이라는 규율이었다.

　OR이 냉전체제에 진입했을 때, OR은 두 개의 다르지만 연관된 경로를 따라 진화했다. 랜드연구소의 손에서는 갈등에 대한 게임 이 론적 모델과 결합되어 시스템 분석이 되었다. 갈등적인 요소가 제거 되거나 '우호적 경쟁'으로 축소되면, OR은 '경영 과학'으로 모습을 바 꿨다. 시스템 분석은 전략에 대한 '합리적'인 접근을 만들기 위해 게임 이론과 OR을 융합하려는 시도였다. 시스템 분석이 죄수의 딜레마를 전형적인 상황으로 갖고 있듯이, 경영 과학은 그 전형을 '여행하는 판 매원 문제' 속에서 찾았다. 여행하는 판매원 문제는 판매원이 가장 적

은 비용으로 판매 대상 지역의 도시들을 한 바퀴 여행할 수 있는 방법을 결정하는 문제이다.[169]

이러한 상황을 그래프로 나타내면, 해법은 그 그래프의 '최적 경로'를 발견하는 기계적인 방법으로 실현될 수 있다. 가로지르는 공간이라는 측면에서 최적 경로는 군대에서 휘발유 소비를 최소화하기 위한 배송 경로나 가능한 한 신속히 병력을 전선에 공급하는 경로의 설계 같은 문제들과 씨름할 때 사용된다. 시간 측면에서 해석하면, 병참 전문가는 최적 경로로 인해 작업 순서를 계획하고 일정을 설계해서 상호 간섭을 최소화하고 병목현상을 피할 수 있다. 마지막으로, 자원 이용이라는 측면에서 보자. 이 경우 최적 경로는 '선형 프로그래밍'이라 불리는 OR의 한 분야와 마찬가지로, 그 활용을 최대화하는 적절한 조합을 찾기 위해 유한한 자원을 배분하는 방식으로 나타난다.[170]

이런 군산복합체의 기원에 관한 간략한 개관은 이 절에서 우리가 살펴볼 이야기의 절반, 즉 평화 시 조달과 같은 물류를 보여 주었다. 나머지 절반은 전시 공급과 같은 물류다. 최초의 설정에서는 평화 시의 발전이 천천히 이루어졌기 때문에 마찰 효과를 거의 무시해도 상관없었다. 아마 강조점은 병참의 수학적 모델화로 향할 수 있는데, 이것은 최적 경로와 일정을 결정하는 그래프 이론과 같은 자원을 이용해 기계적 필름을 추적하는 것이다. 그러나 누군가가 전시하의 공급 기관을 살펴보고 그 정신없는 속도를 더 높인다면, 마찰은 병참 네트워크의 성패를 좌우하는 요소가 된다. 전시하의 물류는 전술과 전략처럼 마찰의 분산을 최대로 한 지점에서 기계적 필름에 의해 횡단된다.

꼬리를 물고 이어지는 공급(식량 공급 대열, 빵 저장 창고, 구급 차량 등)을 취급할 수 있는 병참 체계는 기계 고장, 길막힘, 부족함, 지연

형태의 마찰에 좌우된다. 오늘날까지 구축된 대부분의 공급 네트워크가 마찰의 무게를 이기지 못하고 무너졌을 정도로 마찰은 전시 물류를 지배한다. 사실, 주둔지 공급 네트워크의 고장(혹은 그 부재) 때문에, 군대는 늘 본질적으로 약탈적인 기계였으며, 진군하는 동안 정복한 토지와 사람들을 이용하며 살아갔다. 기계적 필룸이 그런 약탈식 기계를 횡단하는 지점은 크기와 속도의 문턱이다. 즉, 일정한 임계 크기를 넘어서야, 오직 이동하는 군대가 그 땅에서 양식을 얻을 수 있다. 그 문턱 이하 그러니까 대규모 군대가 장기간 정착해야만 하는 경우, 군대는 문자 그대로 액체에서 고체로의 상전이를 경험한다. 대부분의 경우 그것은 대규모 식당이나 식품 처리 기계가 된다.[171]

판 크레펠트에 따르면 전쟁보다 오래 살아남을 수 있는 진정한 정착형이자 주둔지 공급형인 병참 네트워크는 한 번도 구축된 적이 없다. 전쟁은 시계태엽장치 형과 모터형 병참의 차이에도 불구하고 조달과 공급이 이루어지는 한 항상 유목적이고 약탈적이었으며, 단순히 약탈과 착취의 체계적인 정도가 문제될 뿐이다. 병참의 역사를 기술 개선에 의한 순조로운 진행으로 단순하게 설명하는 데 맞서,[172] 판 크레펠트는 제1차 세계대전의 처음 몇 주까지의 병참을 거의 조직적인 약탈 과정으로 묘사한다. 제2차 세계대전 중에도 병참 체계가 무너지면, 군대는 계속 이동하고 있는 한 그 땅을 경작해 어떻게든 먹고 살았다. 13세기 유럽을 침공했던 몽골의 유목형 군대가 근대적 군대가 후에 도입했던 많은 전술 장치들을 미리 예견했던 것처럼, 정착형 군대의 자체 공급선이 마찰로 무너질 때마다 항상 그 중심부에는 약탈과 같은 유목형의 병참 체계가 유지되었다.

지금까지 보았듯이, 나사우의 모리스에서 프리드리히 대왕까지 시계태엽장치 군대는 일종의 전술적 제약들로 인해 자신들의 전략적 선택 안에 묶여 있었다. 즉, 희생이 많은 군대의 본성상 백병전을 피하고 포위공격전을 선호할 수밖에 없었고, 전투가 생기면 높은 도주 비율로 인해 철저한 추적은 단념해야 했다. 이 시점에 약탈을 체계적인 착취로 변형시키는 제도적 기구는 존재하지 않았다. 그래서 시계태엽장치 군대는 자신들이 사용가능한 몇 가지 병참적인 선택만을 갖고 있었다. 군사 용어로 군대의 전투력인 '이빨'이 규모면에서 증가하면, 이어지는 공급의 수송대인 '꼬리'도 따라서 증가했다. 그러나 이 기간 동안 군대의 이빨은 너무 커져서 아무리 많은 꼬리의 양도 공급을 유지할 수 없었다. 이러한 상황에서 군대에는 두 가지 선택만이 있었다. 하나는 군대가 주둔하는 경우로 그들 자신의 보급품을 구입하기 위해 용병을 위한 지역 시장을 조직할 수 있었다. 또 하나는 이동하는 경우로 군대는 어쩔 수 없이 유목민 형이 되어, 군대를 유지할 자원이 있는 곳이라면 어디든지 전쟁을 벌이고, 기계적 필룸이 이끄는 곳이라면 어디든지 그것을 추적할 수밖에 없었다. 그리고 기계적 필룸은 수로, 특히 강의 형태로 군대를 이끌었다(강은 지구의 자기 조직화 과정의 가장 중요한 것 중 하나이다. 지질학적 시간 규모에서 보면 강은 많은 측면에서 생명 시스템과 비슷하다[173]).

특정 요새 도시를 포위한다는 결정은 종종 그 전략적 중요성이 아니라, 이전의 포위 공격 후 그 지방의 자원이 고갈되었던 방식에서 나왔다. 지휘관 구스타프 아돌프는 전략적 목적 없이 떠돌아다녀야만 하는 극단적인 경우, 공급할 자원이 있는 곳이라면 어디든지 전쟁을 벌였다.[174] 30년 전쟁(1618~1648)의 충돌로 그와 그의 적수인 발렌스타인(Albrecht von Wallenstein)은 유럽의 땅을 황폐화시켰고, 지구상에서 유럽 지역은 더 이상 군대에 자원을 공급할 수 없었다. 바로 그 때 더 지속적인 병참 체계의 기반이 르 텔리에(N. le Tellier)와 루부아(F. M. Louvois)라는 두 명의 프랑스인에 의해 구축되었다. 1643년 시작된 일련의 개혁들이 주둔지 공급 체계의 주요 요소를 규정하기 시작했다. 사람과 말의 일일 섭취 필요량이 산출되어 규정으로 채택되었다. 정부 창고나 군수품 창고로의 상품 인도를 보장받기 위해 계약은 민간 공급자와 채결되었다. 이러한 업무를 수행할 수 있도록 공급자에게는 짐차를 징발하고, 빵 공장에서 일하도록 민간의 제빵사를 강제로 고용하는 권한도 주어졌다. 이들 개혁은 군 창고와 비축량의 다소 안정된 관계를 창출했지만, 그 체계는 오로지 움직임이 없는 포위공격전, 그리고 한정된 조건하에서만 작동했다.[175] 군 창고 기반의 공급 기술에서 이미 시작된 제한적인 발전은 모터화된 군대의 출현과 함께 대부분 중요성을 잃었다. 포위공격전보다는 기동력을 중시한 나폴레옹의 군대는 두 개의 주요 메커니즘에 기초해서 그들의 병참 체계를 구축했다. 하나는 전국적인 징병제, 그리고 다른 강압적인 입대 방식 형태로 시민 납치를 체계화하는 것이고, 또 하나는 징수 기술이라는 형태로 착취와 약탈을 체계화하는 것이다. 첫번째 요소인 체계화된 시민 납치는 전술 수준에서 모터화된 군대에 비축품을, 즉 프랑스군이 섬멸전을 벌이도록 풍부한 총알받이를 제공했다. 두번째 요소인 징수 기술은 일종의 '움직이는 물류 창고'를 낳았고, 거기에서 행정기관을 통해 식량과 사료를 사람들로부터 강탈했다. 프랑스 군대는,

지방의 권력자들에게 양식이 제공될 장소들의 준비뿐만 아니라, 먹여야 할 인력과 말의 수량, 그것들 각각에 필요한 것들을 통지하곤

했다. 대금은 전혀 지급되지 않았지만 프랑스군이 막연한 미래 시점에 국가 권력자와 정산할 수 있도록 모든 경우에 책정된 정확한 양이 기록된 수취증이 전해졌다. …… 그들이 서서히 청구서를 예술적으로 정교화하면서, 지급명령자[병참 책임자―인용자]는 진군 중의 도시와 마을로부터 엄청난 양의 물자를 끌어낼 수 있었다…….[176]

탄약과 POL이 보급의 주요 항목인 유기 연료를 대체한 제1차 세계대전까지 병참의 단계에서 전쟁기계는 기본적으로 약탈적이었다. 그러나 이 '합리화된 약탈'의 성공적인 형태조차 때때로 무너졌고, 군대는 강과 초목이 무성한 들판을 따라 이동해야만 했다. 그러므로 적의 침입으로 퇴각할 때 좋은 전술은 언제나 침입자들이 쓰지 못하게 모든 자원을 불태우는 것이었다. 나폴레옹 후 한 세기가 되자 퇴각하는 군대는 초원을 불태우는 대신 그들 자신의 철도 노선을 폭파하곤 했다. 왜냐하면, 육지의 병참 네트워크를 수행함에 있어서는 철도가 수로를 대체했기 때문이다. 철도로 인해 나폴레옹에 패한 바 있는 프로이센 군대는 사회적 혼란과 같은 불이익 없이 '상층부로부터의 모터화'를 수행할 수 있었다. 동원을 위한 철도 이용으로 1871년까지 프로이센군은 세계 최고의 군대가 되기 위해 필요했던 강점을 얻었지만 병참 수준에서는 네트워크가 여전히 군사 행동과 전쟁 때마다 붕괴되었다.

철도를 통해 공급 네트워크를 제공하려는 시도 중에 부딪힌 문제들은 일반적인 특징을 보이기 시작했다. 그것들은 본질적으로 복잡한 전화망이나 컴퓨터 네트워크를 조직하려 할 때 만나는 문제들과 다르지 않았다. 교통제어, 지연, 불충분한 정보에 근거한 의사 결정, 그리고 혼잡한 회로와 엄청난 병목현상까지 이 모든 것들이 문제였다. 교통 체증의 원인은 때때로 어떤 기술 시대 특유의 것이었다. 예를 들어 1871년에는 지연과 혼잡의 주요 원인은 두 시대 간의 기술적 접점에 존재했다. 즉, 보급품을 종착점까지 운반하는 열차와 전선까지 운반하는 마차와의 차이가 그것이다. 제2차 세계대전 당시 러시아의 침공 때에도, 지연은 두 시대 간의 접점에서 발생했다. 이때의 지연은 보급물자가 철도를 경유해 다양한 속도로 이동하는 동안 전투 부대는 모터 운송수단을 타고 일정한 속도로 이동하는 차이를 말한다. 다른 시대 공급 네트워크 속에 생기는 혼란의 문제는 어떤 시대에는 덜 분명했다. 즉, 서투른 행군 원칙, 완고한 운영, 그리고 당연히 마찰의 궁극적 원천인 적군의 독립 의지 등이 그것이다. 사실, 파괴 활동의 문제를 제외하면, 네트워크 관리의 중심 문제는 시대를 넘어서도 마찬가지일뿐만 아니라 사회 제도를 넘어서도 똑같을 것이다. 이미 보았듯이, 군사 기술자에 의한 초기의 철도 관리는 후에 19세기 미국의 모든 대기업에 표준이 된 회계, 문서 보존, 감시, 작업 일정을 세우는 관행이 되었다.[177]

아마도 전시의 네트워크 관리에 있어 최대 문제 중 하나는 수요를 예측해서 병참 자원에 맞는 현실성 있는 배포 계획을 작성하는 것이다. 예를 들어, 제2차 세계대전에서는 필요한 연료의 예상량은 직접적으로 전장의 확대와 관련이 있었다. 진군이 빠르면 빠를수록, 더 많은 연료가 필요했다. 역으로 공격에 대해 적이 저항하면 할수록 더 많은 탄환이 필요했다. 이런 사정으로 고도로 계획된 군사 작전에서조차 네트워크가 적의 군대와 만나는 지점에서 붕괴되었다는 사실이 놀랍지 않다. 이런 접점이 우연히 나폴레옹에 의해서 유명해진 특이점,

즉 최소 저항 지점인, 결정적 지점이라 하더라도 이런 일은 발생했다. 이러한 특이점은 조미니에 따르면 교차로, 강 합류점, 산악로, 공급 기지가 될 수도, 적군 스스로 노출한 측면이 될 수도 있다. 그에 맞춰 1944년 오버로드 작전, 즉 연합국의 노르망디 상륙작전에서는 이 특이점을 발견하고, 모든 가용 자원을 적에게 투입할 수 있다는 확신을 얻기까지에만 수개월이 걸렸다.

보는 관점에 따라 이런 특이점을 발견하는 것은 특별한 재능이나 순전히 운의 문제일 수도 있다. 그러나 이것이 발견되면 거기에 사람과 물자를 투입하는 것은 기지, 통신 회선, 교통, 그리고 조직의 문제, 한마디로 병참의 문제가 된다. …… [노르망디를—인용자] 침공하기 대략 18개월 전부터 수많은 요소로 이루어진 거대한 이론적인 모델이 서서히 구축되었지만, 그 목적은 흐름의 속도에 영향을 주는 모든 요소에 대한 종합적 관점을 얻기 위함이었다. 다시 말해 상륙용 주정, 연안선, 부대 수송선, 화물선, 그리고 작전 개시에 사용가능한 소형 바지선들의 수, 해변의 크기, 수, 경사도, …… 뿐만 아니라 그 시기의 조류, 바람, 파도의 상황, 바닷가에서 적당한 거리에 있고 상당한 수용력을 가지면서 깊이도 충분한 항구의 사용가능성, 공군 지원의 실행가능성 등이 그 요소에 포함된다.[178]

물론 그런 거대한 규모의 모의실험이 가능했던 것은 OR의 발달 때문이었다. 그러나 그 결과는 실망스러웠다. 날씨는 그 모델대로 움직이지 않았고, 지나치게 엄격하고 상세해서 마찰의 분산이 불가능했던 계획들을 엉망으로 만들었다. 결국, 오버로드 작전의 성공은 그러한 계획을 완전히 무시하고 마찰형 문제 해결에 국지적 주도권을 활용한 결과였다. 병참 전문가들의 예상과 군인들의 행동 사이의 벌어진 거리는 작전이 전개됨에 따라 더 벌어졌으며, 패튼이 폭풍 같은 진군을 시작하자, 모든 예상을 거부하듯이 터무니없는 속도에 이르렀다. 그의 부대가 독일군의 측면에서 공격하자 나머지 미국군도 일정보다 11일 일찍 센 강에 다다를 수 있었으나 이는 병참 전문가들이 처음에 말한 것과는 다른 결과였다. 게다가 이 병참 전문가들은 패튼과 호지스가 하고 있는 것은 불가능하다고 주장했다.[179)]

자원의 풍부함, 적응력, 임기응변 능력은 병참 계획, 특히 모든 요소들이 빠짐없이 들어맞아야 하는 융통성 없는 계획보다 뛰어나다는 것이 또다시 입증됐다. 국지적인 주도권은 마찰을 분산시키고 마찰이 축적되어 네트워크를 파괴할 시간을 주지 않는 유일한 방법임이 다시 증명된 것이다.

19세기 전신과 기관차의 출현은 병참 문제에 일반적인 특징을 부여했다. 철도, 전화 또는 컴퓨터 네트워크의 교통 흐름을 조직하는 것은 지연과 병목 문제와 의사소통의 지연이나 불충분한 자료에 의한 의사 결정의 문제, 계획에 없는 정비작업과 예상치 못한 재고 부족의 문제를 포함한다. 요약하면 이것들은 모두 마찰 관리와 관련된 문제에 속해 있다. 이러한 의미에서 병참 네트워크의 문제는 전술적 지휘 체계와 비슷하다. 이미 보았듯이 마찰 흡수형의 지휘 체계는 자율성과 노력의 통합 사이에서 최선의 타협책이다. 지휘관은 협력 작용하는 합금의 정확한 비율을 결정해야 했던 무기 장인처럼 '창발적 속성'을 일으키는 통합된 전략 계획과 탈중앙화된 전술 수행과의 최적의 조합을 찾아야 한다.

사실 필룸이 창조한 소용돌이와 기타 자연 현상처럼 탈중앙화된 지휘 체계는 전투의 난류 속에서도 통합성을 유지할 수 있는데, 이것은 마치 주위에 거대한 혼란을 일으켰던 동일한 힘에 의해 창조된 안정된 섬과 같다. 비슷한 점이 물류 문제에, 특히 컴퓨터화된 물류 네트워크에 등장한다. 전쟁의 마찰이 이 회로들을 순환하기 시작하면 이것들 역시 병목과 고장에 취약해지며, 이 문제를 (전술 면에서) 해결하려면 자기 조직화가 가능한 네트워크를 만들어야 한다.

특히 전쟁 중 마찰의 주요 원인인 적의 독립 의지는 파괴 활동이나 수송 차단, 즉 네트워크의 일부를 고의로 파괴하려는 활동 형태로 출현한다. 이러한 사실 때문에 한번 부분적인 파괴가 일어나면 시스템의 생존이 최대 중요 과제가 된다. 핵 공격에도 살아남을 수 있는 컴퓨터 네트워크를 만들기 위해서는 교통 제어를 완전히 탈중앙화할 필요가 있었다. 그래서 처음에는 이런 개념을 민간 네트워크로 실험했으며, 당연하게도 엄격한 위계질서에 별 위협이 되지 않음을 확인하고 나서야 그 내용을 채택했다. 예를 들면 ARPANET의 사례가 그러했다.

1969년 가을 ARPANET으로 알려진 컴퓨터 네트워크의 최초의 노드가 UCLA에 설치되었다. 그 해 12월 4개의 노드가 가동되었으며 노드의 수는 1971년까지 15개, 1973년까지 37개로 늘어났다. 현재 이 네트워크는 6만이 넘는 노드로 확대되어 연구 인터넷으로 불리는 네트워크의 연결로 진화했다. 전화선을 이용한 팩스를 포함하면 세계 규모의 네트워크는 이제 수백만의 노드를 아우른다. …… 이 ARPANET의 이야기는 1950년대 후반, 대륙간 탄도탄 시스템의 초

그림1

7. 군사 기술자들이 과학과 전쟁 사이를 이어주다

고대부터 군사 기술자는 무기와 요새를 만드는 일뿐만 아니라 과학적 자원들을 전쟁기계의 요구와 연결하는 대리인 역할도 했다. 금세기에는 이 역할을 제2차 세계대전 중 과학적 자원들의 대규모 동원을 추진한 선구적인 기술 관료인 버니바 부시(그림1)와 같은 전기 기술자가 맡았다. 그 이전에도 부시는 초기 아날로그 컴퓨터를 완성시켰고, 대포의 사정거리표를 계산하기 위한 탄도학 연구에 그것을 사용할 것을 권장했다. 부시의 동료 중 한 명인 탄도학자 오스왈드 베블런 역시 과학자들을 육군 장군과 해군 제독의 계획과 연계하는 작업에 큰 도움을 주었다. 그는 존 폰 노이만(그림2)과 같은 몇 명의 최고 수학자들을 미국으로 데려왔다. 폰 노이만은 내파를 통한 플루토늄 점화를 위해 설계된 기폭렌즈 제작 같은 컴퓨터와 관련된 많은 무기개발 프로젝트에 참여했다. 전쟁 후에는 랜드연구소의 컨설턴트로 일하며, 핵융합 전략을 모델화하는 수단으로 게임 이론의 사용을 옹호했다. (제1장 '비행', 제2장 '소형화' 참조)

그림2

기 개발 중에 시작된다. 미 국방부는 최초의 핵 공격에서 미군의 생존 가능성에 관심을 가졌는데, 이것이 통신 네트워크의 내구성에 좌우된다는 것은 명백했다. 랜드연구소의 폴 배런(Paul Baran)은 이 문제에 관한 조사를 맡아 가장 강력한 통신 시스템은 몇 가지 특징을 지닌 분산형 컴퓨터 네트워크라고 결론 지었다. 그 특징들은 링크와 노드의 하위집합의 손실이 여전히 작동하는 어떤 노드도 고립시키지 않도록 충분한 중복구조를 갖출 것, 중앙 제어는 존재하지 않을 것, …… 그리고 각 노드가 라우팅 정보를 갖고 있어 링크나 노드의 손실 후에도 단시간에 이 정보를 재구성할 수 있을 것 등이었다.[180]

매우 구체적인 의미에서 전쟁의 압력을 견딜 수 있는 네트워크를 개발하려면 네트워크가 자기 조직할 수 있는 제어 구조를 만드는 것이 필요했다. 즉, ARPANET에 정보의 교통을 지시하는 중앙집권화된 기관은 존재하지 않지만, 그 대신 정보의 흐름들이 자기 자신을 조직하도록 되어 있다. "ARPANET 같은 패킷 교환 방식의 네트워크 속에서 제어하는 에이전트는 어딘가에 존재하는 중앙 컴퓨터가 아니고, 컴퓨터 사이를 매개하는 '메시지 처리장치'는 더더욱 아니며, 차라리 정보 패킷인 메시지 그 자체라고 할 수 있다."[181] 즉, ARPANET을 통해 순환하는 메시지는 중앙집권화된 교통량 제어 없이, 그 자신의 목적지를 발견하기 위한 충분한 '국지적 지능'을 갖고 있다는 의미이다.

요약하면 컴퓨터 네트워크 속의 정보 교통의 효율적 관리에는 컴퓨터 하드웨어에 구현된 중앙의 지휘명령이 아니라 기계의 소프트웨어에 구현된 일종의 '집합적 의사 결정'이 필요했다. 다시 말해 정보 패킷은 그 자신이 '독립적인 소프트웨어 객체'로 행동해야 하며, 목표를 성취하는 최선의 방법을 고려해 결정할 수 있도록 해야 한다. 이러한 독립적 소프트웨어 객체는 여러 기능과 이름(행위자, 데몬, 지식 근원 등)을 갖지만, 우리는 그것들을 모두 '데몬'이라 부르기로 한다. 왜냐하면 그것들은 주 프로그램이나 중앙 컴퓨터에 의해 제어되지 않고, 환경 변화에 반응하여 오히려 행동이 '일어나기' 때문이다. 사실 데몬은 컴퓨터 네트워크를 자기 조직화하기 위한 하나의 수단이다.

ARPANET은 복잡한 교통 문제의 처리와 거기에 포함되는 피하기 어려운 지연과 마찰에 대한 대처에서 매우 성공적이었음이 증명됐다. 그러나 군은 예상대로 네트워크 기술의 새로운 개선을 채택하는 데에는 미온적이었다. 군 자신의 미래가 WWMCCS 같은 통신 네트워크의 기능성에 좌우되는 만큼, 1980년대까지 군 내부 설계는 ARPANET과는 달리 정체와 병목에 빠지기 쉬운 중앙집권화된 교통 제어 체계, 즉, 일괄 처리를 기반으로 하고 있었다. 네트워크 관리에 있어 중앙집권화된 구조의 제한된 기능은 1977년에 행해진 전쟁게임에서 분명해졌고, 그 게임에서 WWMCCS의 모든 한계가 한꺼번에 드러났다.[182] 이러한 결점에 대한 반응으로 군은 1982년에 ARPANET의 일부를 군사화하여 자신의 네트워크 속에 어느 정도의 탈중앙화를 허용했는데, 이것이 바로 MILNET이다.

원추탄으로 전장의 통제권을 분산시키도록 강요받았던 것과 똑같이, 군은 네트워크 관리 분야의 제어를 분산시키도록 강요받고 있다. 그러나 전술 대형의 분산을 소화하는 데에 한 세기 이상 걸렸던 것처럼 세계 규모의 탈중앙화된 네트워크의 구축에는 군의 최고위층을 불편하게 만들 새로운 위험성도 존재한다. 특히 컴퓨터는 본래 인간을 회로에서 몰아내는 수단이었지만, 네트워크의 탈중앙화는 새로운 종류의 독립 의지를 가진, 독립 소프트웨어 객체(데몬)를 도입한다. 데몬은 그들의 상대인 인간들만큼 복종시키기 힘들 수도 있다.

정말로 데몬은 곤충의 군집과 같은 생태계 혹은 시장과 같은 사회 체계와 유사한 '컴퓨터 사회'를 형성하기 시작했다. 연결성의 특정 문턱을 넘자 지구의 표면을 덮은 네트워크의 망이 '살아 움직이기' 시작했다. 독립적인 소프트웨어 객체는 곧 한층 더 복잡한 컴퓨터 사회를 건설할 것이며, 그 사회에서 데몬은 거래, 입찰, 자원을 위해 서로 경쟁하며, 전송이나 자발적으로 과정[처리]을 낳는 등의 일을 할 것이다. 이미 보았듯이 생물권은 자발적으로 자기 조직화 과정을 낳을 수 있는 특이점을 품고 있다. 마찬가지로 컴퓨터 네트워크로 구성된 '기계권'의 일부는 연결성이 특정 임계점을 넘으면 대칭성을 깨는 특이점에 의해 점유되며, 시스템에 창발적인 속성을 일으킨다. 이런 시스템들은 "지능형[소프트웨어―인용자] 객체의 발전을 촉진할 수 있지만, 시스템들 자체가 지적으로 될 수 있다는 의미도 있다".[183]

역설적으로 평화 시 물류의 압력이 사회를 시장경제로부터 멀어지게 만들고 계획경제로 들어서게 만든 것처럼 전시하의 물류 네트워크를 현실적으로 만든 유연한 소프트웨어는 그와 반대의 길을 걸었다. 즉, 초기의 중앙집권화된 컴퓨터 네트워크의 계획경제 형식에서 어느 정도 협력적인 방법으로 자원을 교환, 거래, 입찰, 공유하는 능력을 부여받은 데몬 공동체로 이행하는 것이다. 데몬 공동체는 '시장'을 의미하는 그리스어의 '아고라'에서 나온 '아고릭 시스템'으로 불린다.

두 가지 극단적인 형태의 조직은 계획경제와 시장경제이다. …… 계획경제 모델은 흔히 더 '합리적'으로 간주되는데, 이것은 전체적인 경제 문제에 합리성을 눈에 띄게 적용하기 때문이다. …… 현실에서는 탈중앙화된 계획 쪽이 보다 합리적일 가능성이 있다. 왜냐하면 그것은 보다 종합적인 정보를 고려하는 집단 지성을 포함하기 때문이다. …… 어떤 사람은 고정된 일반 규칙을 이용하는 운영 시스템으로 기계 자원들을 작업에 할당할지도 모른다. 하지만 이것은 이질적인 하드웨어로 이루어진 거대한 시스템에서 막대한 비효율을 낳기 마련이다. 교환조건이나 우선순위에 관한 지식은 수많은 프로그래머들에게 분산되어 각각의 프로그램에 최적으로 구현될 것이다. 컴퓨터는 중앙에서 계획하기엔 너무 복잡한 존재가 되어 가고 있다. …… 우리는 '한 인간이 머리로 알고 있는 것 이상의 지식과 자원을 이용하는 방법'을 적용할 필요가 있다. …… 시장은 '진화하는 생태계'의 형태이며, 이러한 시스템은 자발적 질서의 강력한 발생 장치가 될 수 있다……'.[184]

아고릭 시스템을 실행할 때 풀어야 할 문제 중 하나는 소유권과 계산 자원의 거래 시스템을 만드는 것이다. 예를 들어 통화와 상표체계를 갖춘 기관, 데몬 간의 절도와 위조(최근의 '바이러스' 공격 등)를 방지하는 다양한 수단의 개발, 그리고 미래의 거래에서 다른 데몬들이 과거의 협상 활동(물물교환, 차용에서의 정직함 등)의 '평판'을 사용할 수 있게 그런 '평판'을 얻게 하는 시스템의 시작 등이 그것이다. 전쟁게임의 역사를 탐구할 때 한 무리의 데몬들이 가상 화폐 형태로 서로 거래하는 죄수의 딜레마 토너먼트를 보았다. (설계자도 나중에 증명했듯이) 이 모의실험에서 배신한 데몬들은 처음에는 좀 이익을 얻지만, 장기적으로 그들의 행동은 자기 파괴적이라는 것을 보여 주었다. 즉, 거래를 통한 신용점수 쌓기는 생존의 기본이지만, 누구도 그들을 '신뢰'하지 않자 그들은 거래할 상대방을 찾을 수 없게 되었다.

진정한 세계 규모의 데몬 기반 시스템이 갖는 가능성을 이제 막 보았음에도, 이런 발전을 해방의 형태로 환영하기에는 아직 이르다. 이러한 예들은 기계(혹은 속도 자체)에서 파시즘의 씨앗을 본 루이스 멈포드(Lewis Mumford)와 폴 비릴리오와 같은 철학자를 망설이게 할 것이다. 전쟁기계는 많은 기계 중 단지 하나에 불과하지만, 이미 보았듯이 늘 그렇게 기능적이지는 않다. 나폴레옹처럼 특별한 지휘관이라면 기계적 퓔룸이 군대를 횡단하게 만듦으로써 군대를 우수한 파괴기관이 되게 할 수도 있었다. 그러나 그렇다고 해서 군이 보통 이런 관계에 영향을 줄 수 있다는 것은 아니다. 사실 이미 말했듯이 보통은 그렇게 할 수 없다.

데몬은 이 책의 마지막까지 우리와 함께할 것이다. 제2장에서는 컴퓨터 처리의 탈중앙적인 구조가 로봇지능 문제의 유일한 해결책으로서 등장할 것이다. 예를 들어 전장에서 작전행동을 하려면 로봇은 매우 유연한 행동 형태를 보여 줘야만 한다. 로봇은 센서를 이용해 주변 환경의 변화를 내부 데이터베이스의 패턴 변화로 재현할 수 있다. 이러한 과정을 간소화하기 위해 데몬이 만들어졌다. 데몬은 주 프로그램으로 통제되는 게 아닌 데이터 패턴으로 시동되는 작은 소프트웨어 객체로서 실행될 수 있다. 데몬은 로봇을 '데이터에 따라 제어'(또는 '데이터 구동')되게 허용할 수 있고, 로봇은 데이터베이스가 외부세계의 사건을 반영하는 범위에서 '이벤트 구동'의 성격을 얻을 수도 있다.

제3장에서 나는 데몬의 다양한 활용을 분석할 것이다. 로봇지능

이 창발할지도 모르는 동일한 탈중앙화된 제어 구조가 인간을 대체하는 게 아니라, 인간의 지적 능력을 증대시키는 데 이용될 가능성이 있다. 데몬은 협력적인 전체를 구축하기 위해 인간과 컴퓨터 사이의 '인터페이스'에 할당될 것이다. 다른 말로 하면 내부 처리과정과 인간 사용자 사이를 매개하는 컴퓨터 화면표시가 (로봇처럼) 이벤트 구동형이 되어, 인간의 요구에 더 적합한 것이 되는 것이다. (창과 메뉴를 조작하기 위해 마우스 같은 위치 지정 도구를 이용하는 개인용 컴퓨터의 그래픽 인터페이스는 이벤트 구동형 컴퓨터 인터페이스의 예이다.)

따라서 동일한 기술이 로봇이 세계에 즉각 반응하게 하는 데에 (그리고 인간을 의사 결정 회로에서 몰아내는 데에) 이용될 수도 있고, 기계가 사용자의 요구에 즉각 반응하게 하는 데에 (그리고 인간을 의사 결정 회로의 중앙으로 데려오는 데에) 이용될 수도 있다. 데몬 기반 시스템에 둘 중 하나의 대안을 '선호하게' 만드는 내재적인 것은 전혀 없다. 대부분의 경우 그것은 탈중앙화된 구조가 사용되는 방법의 문제에 불과하다. 하지만 특정 지배 전략에서의 기계사용이 기술 진화에 영향을 줄 수 없다고 말하는 것은 아니다. 다음 장에서 보게 되겠지만, 노동자들의 생산과정에서 통제권을 빼앗은 것은 처음에는 단순히 조직화 과정의 절차였지만 이윽고 특정 기술적 혈통에 '동결'되어 버렸다. 예를 들어 정해진 기능 순서를 가진 전동 공구에서 시작하여 가동부품의 도입으로 작동되는 기계, 다음은 오류를 감지하고 그에 따라 상태를 변화시킬 수 있는 기계, 마지막으로 요구되는 행동을 예측해 그에 따라 자신을 조정할 수 있는 기계라는 분명한 발전 순서가 존재한다. 이러한 발전 순서 중 노동자에게 요구되는 기술 수준은 생산과정의 제어가 기계에 이식됨에 따라 점점 낮아졌다.

그러나 제어를 회수하려는 전략의 목표가 기술의 특정 '양식'에 동결될 수 있다면, 게다가 컴퓨터가 처음부터 군사적 요구의 영향을 받는다면, 우리는 무슨 이유로 인간을 회로에서 몰아내거나 다시 데려오는 데 도움이 될지를 결정하는 것이 분산형 제어 시스템 특유의 응용 방식이라고 생각하는가? 다음 장에서 보게 되겠지만 우리가 이 점에 관해 컴퓨터의 협력적 구조가 더 '중립적'이라고 생각하는 이유는 컴퓨터가 특정 제도가 부여한 구체적 용도에서 분리될 가능성이 있는 추상기계이기 때문이다. 특히 기업이나 군이 아닌 해커와 선구적인 과학자에 의해 소형 컴퓨터가 만들어졌을 때, 그것은 기존 용도에서 그 기술 자체를 분리하는 수단도 만들어 냈다. 공군에 의해 개발된 수치 제어 시스템의 예를 들어 보자.

노동자——이 경우 제조뿐만 아니라 기술 담당자도 포함——들에게 공군의 목표에 맞게 은밀히 조정된 근대화는 비숙련화, 질 저하, 단순반복, 무력함으로 특징지어진 형편없는 것이었다. 자율과 주도권은 정확히 규정된 작업과 컴퓨터 감시·감독에게 그 자리를 양보하고 있다. 이것이 지금 일어나고 있는 일이다. 설령 마이크로프로세서를 갖춘 최신 세대의 NC(수치제어) 기계들이 과거 컴퓨터 조작원은 불가능했던 기계의 프로그램이나 편집을 가능하게 하고, 더 복잡한 기술에 대한 통제권을 되찾게 만들 수 있을지라도 말이다. 그러나 복잡한 기술은 거의 그런 식으로 이용되지는 않는데, 특히 군사 지향형 공장에서 그렇다. 거기에서는 중앙의 지휘 아래 이런 CNC(컴퓨터 수치 제어)기기들을 더 큰 DNC(직접 수치 제어) 네트워크로 통합시킨다. (예를 들어 노르웨이 콩스베르그의 공장의 노동자들은 기계의 편집에 대한 통제권을 되찾기 위한 투쟁에 성공했다. 물론 군용 F-16에 종사하는 노동자들은 제외되었다.)[185]

따라서 소형 컴퓨터의 도입은 중앙집권화된 제어 시스템에서 벗어날 수 있는 새로운 길을 열어 주었다. 이 기계들의 새로운 용도를 막은 것은 이제 기술 자체가 아니라, 집단 제어의 길을 가로막는 특정한 제도였다. 사실상 이런 방해는 장기적으로 자기 파괴적이다. 이 장에서 살펴본 것처럼, 중앙집권화된 의사 결정보다 전쟁의 압력 아래에서는 집단적 합리성이 잘 기능한다. 어떻게 협력의 길을 가로막는 장애물들을 제거할 수 있을까? 어떻게 컴퓨터를 통해 '집단 지성'을 창조할 수 있을까? 어떻게 기계가 인간을 대체하게끔 놔두지 않고 인간과 기계의 진화 경로를 공생적 관계로 끌어들일 수 있을까? 아마 이런 질문들에 준비된 답은 감각에 의지해 기계적 퓔룸을 추적해야만 한다는 사실 외에는 없을 것이다. 우리는 물리학자(아서 이베랄과 같은)의 관점을 통해 사회는 단지 그런 유동을 움직이는 여러 가지 포텐셜(물, 에너지, 인구, 부 등)의 저장고를 갖춘 또 다른 유동의 총체라는 것을 보았다. 기계적 퓔룸의 관점에서 인간은 단지 매우 복잡한 동역학계이다. 그리고 다른 유동의 물리적인 총체와 같이, 인간 역시 새로운 형태의 질서가 자발적으로 창발하는 임계점(특이점, 분기점)에 도달할 수 있다. 일리야 프리고진(Ilya Prigogine)은 다음과 같이 말한다.

물리학자의 관점에서 이것은 한편으로 모든 개별적 주도권이 대단치 않은 것이 되는 시스템, 그리고 또 한편으로 개인, 하나의 생각, 혹은 하나의 새로운 행동이 전체적인 상태를 뒤집을 수 있는 분기 영역

간의 구분을 포함한다. 이런 영역에서조차 증폭은 단지 어떤 개인, 생각, 혹은 행동에 의해서 일어나지 않고 오직 '위험'한 그런 것들, 즉 기존 체제의 안정성을 보장하는 비선형 관계를 자신에게 유리하게 이용할 수 있는 그런 것들에 의해서 일어난다. 따라서 우리는 같은 비선형성[마찰의 예―인용자]이 기본 과정들과 같은 카오스적인 상태에서 질서를 낳고, 다른 환경에서는 이 같은 질서를 해체하는 원인이 되어, 결국 또 다른 분기를 넘어 새로운 응집성을 생산한다는 결론에 이른다.[186]

이번 장은 작은 요동이 자기 증폭되고 새로운 질서를 일으키는 사회 속의 '분기 영역'에 대한 지도를 만들기 위한 예비 조사였다. 다음 장에서는 기계적 필룸을 계속해서 추적할 것이며, 사회 속에 새로운 형태의 질서를 창발시키기 위해 기계적 필룸이 '위험한' 생각을 증폭시킬 수 있는 지점을 보여 주려 할 것이다. 그것은 기계적 필룸이 인간 사이를 횡단하고 그들을 보다 높은 수준, 서로 협력적인 전체로 만들 수 있는 집단적 마음이다. 마지막 장에서는 소형 컴퓨터가 자기 증폭하는 요동의 하나일 수 있다는 생각을 탐구할 것이다. 소형 컴퓨터라는 작은 발명품은 많은 사람들에게 똑똑한 기기 이상은 아니지만, 그 장점을 기계적 필룸의 자기 조직화 자원으로 이용할 수 있는 잠재성을 갖고 있다.

2장 _ 무혈 수혈
Bloodless Transfusion

> 고전주의 시대에 신체는 권력의 대상과 목표로서 발견되었다. …… 『인간기계론』은 동시에 두 개의 목록으로 기술되었다. 그 두 가지는 데카르트가 첫 장을 쓰고 의사와 철학자 집단이 계속 채워 나간 해부 형이상학적 목록, 그리고 신체의 작동을 제어하거나 교정하기 위한 규칙의 총체와 군대, 학교, 병원의 경험적이고 계산된 방법에 따라 구성되는 기술 정치학적인 목록이다. 이 두 가지 목록은 완전히 구별된다. 한쪽은 복종과 이용의 문제이며, 다른 한쪽은 기능과 설명의 문제였다. 다시 말해 이용가능한 신체와 이해 가능한 신체가 존재했었다……. [18세기의 — 인용자] 유명한 자동인형은, 유기체를 설명하는 방법일 뿐만 아니라, 손가락으로 조작가능한 정치적 인형, 즉 권력의 축소 모델이기도 했다. 작은 기계들, 잘 훈련된 군대, 그리고 장기간의 훈련에 세심하게 주의했던 프리드리히 대왕은 자동인형에 빠져 있었다. — 미셸 푸코[1]

수세기 동안, 군사 지휘관은 인간이라는 요소를 전장에서 제거하기를 꿈꿔 왔다. 프리드리히 대왕이 18세기에 자신의 군대를 조립했을 때도 전투 공간에서 인간의 신체를 배제하는 기술은 없었지만, 그는 인간의 의지는 어떻게든 제거했다. 프리드리히 대왕은 로봇과 같은 병사가 부품인, 잘 돌아가는 시계태엽장치의 메커니즘과 같은 군대를 조직했다. 그의 병사들에게 개인적인 주도권은 전혀 허용되지 않았다. 그들의 유일한 역할은 일제 사격에 의한 탄막을 만들기 위해서 협력하는 것뿐이었다. 그러나 소형화기의 정확도와 사정거리가 점차 향상되자, 그 후 몇 세기에 걸쳐 군사 지휘관은 엄호, 그리고 적군에게 몰래 접근하는 경우 병사 개인에게 책임을 부여할 수밖에 없었다. 인간의 의지가 전장으로 복귀한 것이다.

그러나 의사 결정 회로에서 인간 병사를 몰아내려는 오래된 꿈이 사라진 것은 아니었다. 제2차 세계대전이 끝나자 디지털 컴퓨터로 인해 기계가 완전히 인간을 대신하는 전장의 환상이 다시 자라나기 시작했다. 40년 후, 인공지능의 발달로 인해 그러한 환상이 현실화되기 시작했다. 사실 미셸 푸코(Michel Foucault)의 표현을 빌리자면『인간기계론』의 마지막 장은 컴퓨터의 새로운 종, 즉 약탈형 컴퓨터의 임박한 탄생을 말하고 있다. 1984년에 출간된『전략적 컴퓨터 활용』이라는 제목의 보고서에서 미 국방부는 완전히 혼자 전쟁 수행이 가능한 자율 무기 체계를 개발하려는 의도를 드러냈다.

제2차 세계대전 동안 항공기 표적의 진행 위치를 예측할 수 있는 추적 장치가 대공포에 장착되자, 지능의 원초적인 형태는 무기 속에서 이미 자신이 가야 할 길을 발견했다. 기계지능이 발사대로부터 발사체 그 자체에 이주된 것은 베트남 전쟁 중이었으며, 그때 기계에 의한 인간 사격술의 대체는 한 발짝 더 나아갔다. 그러나 이 '지능형 폭탄'은 표적을 설정하는 데 여전히 인간을 필요로 했다. 인간의 눈 역할을 의사 결정 회로에서 완전히 몰아내기 위하여 군은 로봇형 무기, 즉, 자동으로 표적을 탐지하고 아군과 적을 식별할 수 있는 기계를 개발할 것이라 선언했다.

자율 무기는 인간의 지시나 감시 없이 인간을 죽일 책임이 부여된 최초의 기계라는 점에서 전쟁에서의 혁명이다. 좀더 정확히 말하면 이 무기는 실제로 약탈적이며, 인간을 사냥해서 죽이기 위해 설계된 최초의 살인기계가 될 것이다.[2]

현세대의 자율 무기는 군이 오랫동안 사용했던 원격조정 '드론'의 단순한 확장에 불과하다. 드론의 일은 적진 정찰 임무에서부터 기계화가 쉽고 인간 병사에게는 위험한 작업 ──군사시설의 정찰이나 기뢰 제거, 탄약의 조작과 같은── 까지를 포함한다. 원격 조종으로 기뢰를 탐지해 파괴할 수 있는 잠수 가능한 펭귄과 같은 드론이나, 공중에서의 정보 포착을 위해서 몇 가지 센서를 장비한 센티넬과 같은 원격 조종 헬리콥터도 있다.

그러나 이러한 드론 중 일부는 인공지능의 발달로 인해 점점 '더 지능화'되면서 조종하는 인간으로부터 일정 정도 독립성을 키워 가고 있다. 이런 무기 중 하나인 BRAVE3000은 제트 엔진을 갖추어 1시간에 400마일 이상 순항할 수 있으며 적의 레이더 시설도 탐지할 수 있다. BRAVE3000은 대부분 자율적으로 작동하며, 레이더 신호를 유인하기 위해서 적의 영공에 침입한 다음 목표를 향해 곧장 나아가 발신원을 제거할 수 있다. 조종하는 인간에 의해 미리 그 표적이 선별되는 열 추적 미사일과는 달리, BRAVE3000은 표적을 적극적으로 탐색해 파괴하는데, 어떤 의미에서 파괴하기 위한 레이더 기지를 스스로 '결정한다'고 할 수 있다.[5] 그러나 진정으로 자율적 무기를 제조하기 위해 필요한 것은 인공지능의 새로운 혁신이다. 물론 그러한 진화는 아주 먼 미래의 일이겠지만, 문제는 기계에게 약탈 능력을 부여하려는 의지가 벌써 군 안에 제도화되었다는 사실이다.

이 장에서는 인간 병사가 없는 전장이라는 군사 지휘관의 꿈을 최종적으로 이루어 줄 수 있는 정보처리기술의 역사를 살펴보고 싶다. 우리는 이미 순항 미사일, 전쟁게임, 레이더와 무선 통신이라는 컴퓨터의 군사 응용에 대해서 여러 번 살펴보았다. 이것은 컴퓨터 기술이 군사 제도에 영향을 끼치는 많은 방식을 보여 주었다. 여기에서는, 군이 정보처리 기계의 개발에 끼친 영향을 살펴보자. 1950년대의 트랜지스터 개발이나 1960년대의 집적회로 발명과 같은 일부의 경우 군이 직접적인 영향을 주지는 않았다. 트랜지스터와 집적회로는 민간의 손에서 발명되었지만, 이 중요한 발명품을 상업적인 가능성이 없었던 시기에 육성한 것은 바로 군이었다. 다른 경우지만 미 국방부가 처음부터 자금 지원을 했던 인공지능 연구의 예처럼 군이 더 직접적인 영향을 준 경우도 있다.

전쟁의 요구는 컴퓨터 내부의 부품(트랜지스터와 집적회로) 개발에 영향을 주었을 뿐만 아니라, 컴퓨터 그 자체의 개발에도 영향을 주었다. '상상 속' 기계로서의 컴퓨터는 1936년에 태어났다. 말하자면 그 발명자인 앨런 튜링(Alan Turing)은 물리적인 실현에는 그다지 큰 관심을 두지 않은 채 기계의 기능에 관한 논리적인 사양만을 만들었다. 그 기계의 원래 목적은 추상적인 질문을 메타수학으로 해결하는 것이지, 실제 계산 문제를 푸는 것이 아니었다. 이런 이유로 튜링은 물리적인 실현과 같은 사소한 문제가 아닌 본질적인 문제에 집중하면서 자신의 기계를 극단적으로 단순화시킬 수 있었다. 예를 들어 그의 상상 속에 존재하는 기계는 정보를 보관하기 위한 저장 장치가 필요했고, 이에 대한 가장 단순한 해법은 '무한 종이테이프'를 기계에 장착하는 것이었다. 원래의 목적을 생각한다면 이것으로 충분했지만, 이 '추상적 장치'를 구체적인 조립체로 구현하는 단계에 이르자, 무한한 종이테이프를 유한한 컴퓨터 기억장치로 실현하는 최적의 방법을 결정하는 데 여러 해를 보내게 되었다.

튜링기계는 제2차 세계대전 중 암호 연구에 대한 압력으로 물리적인 신체를 만드는 데 필요한 부품이 만들어질 때까지, 10년 넘게 상상의 단계에 머물러 있었다. 튜링 자신은 전쟁 중 암호 전문가로서 일했고, 나치의 에니그마 코드 해독에서 중요한 역할을 맡았다. 그의 재능은 나치의 무선 교신을 연합군측이 속속들이 추적하도록 해 독일군의 패배에 결정적인 역할을 했다. 그러나 그와 다른 사람들이 암호와 탄도 연구에 사용했던 그 기계는 새로운 종인 튜링기계의 조립을 실제로 가능하게 하는 특징을 조금은 포함하고는 있었지만, '진정한' 튜링기계는 아니었다.

진정한 튜링기계는 1936년과 1950년 사이에 존재했던 추상적 상태이든 아니면 지금 형태의 개인용 컴퓨터든 '보편만능 기계'(universal machine), 즉 모든 기계의 기능을 흉내 낼 수 있는 기계로 정의된다. 물론, 그렇다고 해서 튜링기계가 냉장고, 자동차, 토스터기를 흉내 낼 수 있다는 말은 아니다. 오히려 그것은 '기호', 즉, 물리적으로 적힌 표시를 조작하는 기계의 기능을 재현할 수 있다. 예를 들어 타자기, 계산기, 자동 피아노(piannolas) 등이 그것이다. 우리 모두는 컴퓨터를 사용해서 문서 편집을 하는 일에 익숙하다. 이 문서 편집기는 단지 타자기의 기능을 흉내 낸 컴퓨터 프로그램이다.

튜링은 타자기, 계산기 및 다른 물리적 장치의 내부 작동이 '행동표'로 완전히 명시될 수 있음을 깨달았다. 예를 들어 타자기는 자판, 입력 위치, 대소문자 변환 레버 등 몇 가지 부품으로 구성되어 있다. 이러한 각각의 부품을 모두 조합해서 타자기는 한 가지 행동만을 수행한다. 만약 소문자 변환 상태에서 'A' 자판을 누르고, 입력 위치가 그 페이지의 첫머리에 있다면, 타자기는 그 위치에 소문자 'a'를 입력할 것이다. 만약 우리가 가능한 모든 조합과 기계의 작동 결과를 정리하고자 한다면, 그것은 그 기계의 조작을 하나의 목록으로 요약할 수 있다. 그리고 구성요소의 특정 조합(소문자 'a', 페이지의 첫머리)에 대해서 그 항목을 찾아보기만 하면, 그 기계가 무엇을 할지 정확히 알 수 있다. 그런 다음 우리가 조합의 목록을 읽고 그 목록이 적합하게 지시하는 어떤 행동이든 실행할 수 있는 독자적인 기계를 조립한다면, 타자기의 작동원리를 흉내 낼 수 있게 된 것이다. 정확히 말하면 행동목록이나 행동표는 '추상 타자기'를 포함하고 있는 것이다.[4] 마찬가지로 다른 기계들도 적합한 행동목록을 만든 다음 그 행동들을 새로운 장치에서 실행하게 할 수 있다.

최초의 튜링기계는 매우 단순한 장치였다. 그것은 읽기/쓰기 헤드와 정보 보존을 위한 무한 종이테이프로 구성되어 있었다. 그 동작들도 매우 단순했는데, 필요한 동작은 자료를 저장하거나 불러오기 위해 읽기/쓰기 헤드를 종이테이프의 특정 위치에 움직이는 것이 전부였기 때문이다. 그러나 이런 단순함에도 불구하고, 그런 동작들이 행동표에 요약되어 종이테이프에 저장된다면 튜링기계는 수많은 물리적 장치들을 흉내 낼 수 있다. 게다가 튜링기계의 행동 목록이 한정되어 있다는 사실은 그 기계의 기능 자체도 하나의 표로 요약될 수 있다는 것을 의미했다. 사실상 튜링기계는 자기 자신도 흉내 낼 수 있게 해준다.

누군가는 궁금해 할 수 있다. 기계가 자신을 흉내 내게 만드는 것의 핵심은 무엇인가? 튜링기계를 물리적으로 실현하는 것 중 어떤 것은 제작은 간단하지만 프로그래밍이 어려운 반면, 또 다른 것은 사용은 간단하지만 대량제작이 어려웠다. 현대의 컴퓨터는 양쪽 세계를 넘어서기 위해서 튜링기계의 자기 복제 능력을 최대한 활용한다. 즉, 컴퓨터 하드웨어에 구현된 값싼 튜링기계는 손에 넣고, 컴퓨터 프로그래밍 언어에 구현된 사용하기 쉬운 튜링기계는 흉내 낸다. 후자는 차례로 타자기, 계산기, 제도 도구, 서류 보관함, 회계사의 스프레드시트, 그리고 또 다른 다양한 장치를 흉내 내기 위해 이용된다.[5]

구체적인 물리적 조립체들이 행동표로 요약되어 추상기계로 변형되자 다양한 것이 가능해졌다. 동일한 다목적 기계 하나가 전문적인 목적을 가지는 수많은 장치의 일을 해낼 수 있게 된 것이다. 사실, 물리적 튜링기계의 부품이 처음에는 트랜지스터로, 그다음에는 보다 더 고밀도의 집적회로로 극도의 소형화 과정에 돌입하면서, 다목적 디지털 기계와 같은 새로운 '종'이 전문적 목적의 경쟁 기계들을 차례차례 밀어내기 시작했다. 사람들은 컴퓨터가 매우 전문화된 요구를 만족시키는 기계들을 흉내 낼 수 있게 되자 더 이상 그런 기계들을 만들지 않았다. 제2차 세계대전 중에 만들어진 두 대의 컴퓨터 ENIAC과 콜로서스(Collosus)는 사실 특수한 목적을 가지는 장치였다. ENIAC은 대포의 사정거리표를 계산하기 위해서 미국에서 설계된 반면 콜로서스는 적의 비밀 통신 암호의 해독과 관련된 복잡한 조합 문제와 씨름하기 위해 영국에서 조립되었다. 다목적 컴퓨터가 이런 기계들을 흉내 낼 수 있었기에 그것들은 이후 다시 만들어지지 않았다. ENIAC과 콜로서스는 곧 사라질 종에 속했지만, 제대로 조립만 하면 진정한 튜링기계를 만들 수 있는 다양한 요소들을 갖고 있었다.

상상 속의 튜링기계가 물리적인 형태를 얻게 되는 과정의 최초 단계에서는 부피가 큰 진공관을 튜링기계의 새로운 신체를 이루는 기본 구성단위, 말하자면 '세포'로서 사용했었다. 그 후 이러한 세포('AND 게이트'와 'OR 게이트')는 트랜지스터화되었고, 1950년대의 컴퓨터를 낳게 되었다. 1960년대에는 기본 구성단위로 실리콘 결정상의 패턴(집적회로)이 사용되었고, 이로 인해 방 하나를 차지했던 진공관의 계산 능력이 탁상 위에 놓일 수 있을 정도로 부품이 소형화되었다. 이러한 소형화 과정은 어느 정도 직접적으로 군사기관의 후원을 받았다. 트랜지스터와 집적회로가 시장에서 경쟁하기에는 지나치게 비쌌던 시기에는 군의 도움을 받았다. 그러나 이 두 기술이 민간 부문에 일대 변화를 줄 정도로 충분히 저렴해지자, 군은 그 기술의 진화를 통제할 힘을 잃게 되었다.

부분적으로 그러한 통제권의 상실에 대한 반응으로 군은 현재의 집적회로 기술이 취급할 수 있는 것보다 10배에 달하는 50만 개의 기본 구성요소를 하나의 실리콘 칩에 담는 극단적인 부품 소형화 프로그램(VHSIC 프로그램 : 초고속 집적회로 프로그램)에 착수했다. 군이 기술을 민간이 사용할 수 있도록 지원한 트랜지스터의 경우와는 달리, 이 새로운 계획에는 연구 성과를 민간 산업과 나누는 어떠한 계획도 포함되지 않았다. 사실상 새로운 마이크로 칩의 추가적인 진화를 통제하기 위해서 엄격한 보안 조치가 이루어지고 있었다. 이런 형식으로 튜링기계의 기본 구성단위는 약탈기계의 신체, 즉, 미 국방부의 조립 라인으로부터 나오는 자율 무기 체계를 구성하는 '세포'가 될 것이다. 그러나 자율 무기는 고도로 소형화된 하드웨어 외에도 인공지능 소프트웨어, 특히 전문가 시스템을 필요로 한다.

전문가 시스템은 매우 특정한 상황, 그리고 잘 정의된 과학 분야에서 인간 사용자에게 조언을 해줄 수 있다. 전문가 시스템은 초기 인공지능 프로그램의 특징인 논리적인 방법으로 추론하는 능력을 특정 분야의 인간 전문가가 소유한 비형식적인 발견적 지식으로 보완하는 새로운 전략을 대표한다. 인공지능 연구가들은 한때 사고의 '영원한 법칙'을 발견하고, 그것을 컴퓨터 프로그램으로 실현하려는 꿈을 안고 있었다. 예를 들어 1950년대 미 공군은 주로 구문적이고 통계적인 분석을 기초로 한 외국어의 기계 번역 프로젝트에 자금을 지원했다. 일부 언어학자들의 예측처럼 그 프로젝트는 순조롭게 시작되지 않았다. 왜냐하면 이 프로젝트는 언어 번역에서 배경 지식이 맡은 핵심적인 역할을 무시했기 때문이다. 다시 말해 컴퓨터는 그러한 말들이 지칭하는 세계의 정보에도 접근해야만 했다. 이에 따라, 1970년대 인공지능은 그 무게중심을 잘 설계된, 특정 영역 지식의 거대한 몸체를 만드는 것으로 전환했다. 기계 추론은 사고의 영원한 법칙을 찾는 것에서 해방되어 실제적인 결과를 내어놓기 시작했다. 사고의 마술적인 본질은 전혀 발견되지 않았다. 전기로 가능한 생각의 거장(master thinker)도 결코 계획대로 구체화되지 않았다. 그 자리에 전문가적인 노하우를 이용해서 기계적인 문제 해결 과정을 얻는 '천재성 있는 백치'(idiot savant)의 종합적인 버전이 등장했다.[6]

이번 장에서는 약탈기계의 탄생을 가져온 하드웨어와 소프트웨어의 역사를 탐구할 것이다. 컴퓨터 하드웨어와 소프트웨어의 역사를 추적하면서, 또한 정보 처리 기술과 자기 조직화 과정 사이의 관계를 확립할 것이다.

이러한 추상기계(튜링기계와 그것이 흉내 낸 것들)와 앞 장에서 배운 추상기계 사이에는 어떤 관계가 있을까? 기억하듯이, 나는 기계적 필름을 자기 조직화 과정이 출현할 때의 모든 특이점들의 집합으로 정의했다. 즉, 그것은 물질과 에너지의 흐름들이 자발적으로 새로운 형태나 패턴을 획득하게 되는 임계점들의 집합이다. 분자, 세포, 흰개미와 같이 서로 다른 요소들을 포함한 이런 과정들 모두가 소수의 수학적 모델로 재현될지도 모른다. 이와 같이 동일한 하나의 특이점이 두 가지 매우 다른 자기 조직화 결과들을 촉발시킨다고 말할 수 있기 때문에, 특이점은 '메커니즘 독립적'이라고 한다.[7] 어떤 의미에서 특이점은 추상기계이며, 현실화되면서 물질에 자기 조직화 능력을 부여한다.

프리고진은 물질에서 창조되는 그 상태를 임계점이 '평형으로부터 멀리 떨어진' 상태에 도달한 것이라 부르며, 다음처럼 비유기적 생명에 관한 생각을 표현한다.

우리는 화학에서 시작했지만, 일부는 생명의 선구였을지도 모르는 복잡한 구조, 복잡한 형태를 만들 수 있는 방법을 알아가기 시작한다. 이 평형으로부터 멀리 떨어진 현상들이 물질의 본질적이고 예측할 수 없는 속성들을 설명해 준다는 점은 확실한 것 같다. 이제부터 물리학은 구조라는 것을 외부 환경에 대한 적응으로 설명해야 할 것이다. 우리는 [화학 시계와 같이—인용자] 보다 단순한 화학 시스템 속에서 생물 발생 이전의 적응 기제를 볼 수 있다. 즉, 다소 의인화된 표현으로 말하면, 평형 상태의 물질은 '장님'이지만, 평형으로부터 멀리 떨어진 상태의 물질은 지각할 수 있게, 다시 말해 외부세계의 차이를 기능적인 방법을 통해서 '고려'할 수 있게 된다…….[8]

그러나 프리고진의 비판자들이 지적한 것처럼, 특이점 근처에서 생성되는 구조는 거의 일시적인 것이다.[9] 그것들은 혼돈에서 질서의 창발을 재현하고는 있지만, 진정한 생명 형태를 정의하는 지속성과는 관련이 없다. 유기적 생명을 설명하기 위해서는 또 다른 종류의 추상기계가 필요한 것처럼 보인다. 그리고 바로 이 점이 이 장의 주제와 관련이 있다. 유기적 생명을 설명하는 데 필요한 또 다른 기계는 정보처리 기계, 즉, 유전 암호를 만들어 내는 미시적인 '컴퓨터들'이다. DNA와 그 밖의 유전기계들은 자기 조직화 과정에 대한 제약으로서 기능한다. 말하자면 그들의 힘을 이용해서 안정적 유기체를 창조한다.

모든 살아 있는 유기체는 단백질로 알려진 소수의 기초 구성 요소로 조립될 수 있다. 모든 동물에는 그것의 구성 요소인 특정 단백질이 존재한다. 어떻게 동물의 신체는 자신의 생명을 유지하기 위해 어떤 구체적 단백질 집합을 제조해야 하는지 아는 걸까? 정답은 DNA에 저장된 정보를 이용하는 것이다. DNA의 분자는 유기체를 구성하거나 재구성하기 위해 필요한 각각의 단백질을 제조하기 위한 명령, 즉, 일종의 제조법이다. 유전 암호가 발견되었을 때, 분자생물학자들은 DNA가 정보를 저장하는 방법에 대한 단순화된 그림을 이용해서 배아의 발생을 설명할 수 있다고 생각했다. 그러나 배아형성 연구에 직접 관여했던 (톰René Thom과 워딩턴C. H. Waddington 같은) 과학자들은 무엇인가 다른 것이 필요하다는 것을 알아챘다. 그렇게 해서 특이점이 그 그림 속에 도입되었던 것이다. 특이점은 조직 부위의 세포가 자기 조직화하여 구멍, 주름, 주머니, 입, 돌기 등의 새로운 특징을 만들도록 한다. 그러나 이러한 자기 조직화 과정은 DNA에 포함된 정보로 제어될 필요가 있으며, 그렇게 해야만 특이점들의 올바른 배열이 개별 종을 위해 실현된다.

DNA는 단순히 단백질 합성을 위한 제조법이 아니라 점점 더 복잡한 컴퓨터 프로그램을 닮아 가고 있다. DNA는 그 정도로 두번째 추상기계 ──컴퓨터에 저장된 소프트웨어와 같은 기호 조작기 ──를 구현한다고 말할 수 있다.

현대 분자생물학의 가장 중요한 발견 중 하나는 DNA 문자 암호 안의 모든 기호 배열들이 직접적으로 단백질 합성을 위한 것은 아니라는 사실이다. 확실히 알려지지 않았지만 적어도 이러한 나머지 배열의 일부는 다양한 방법으로, 여러 시간대에 전원을 켜거나 끄면서 단백질 합성을 직접적으로 지정하는 유전자의 행동을 조절하는 것으로 의심되며, 이것은 지휘자가 교향곡의 연주 중 관현악단의 다른 악기부에 연주를 시키는 것과 같다. …… 이것은 특정 유전자의 조합을 특정 시점에 켜고 끄도록 명령을 내리는 컴퓨터 프로그램에 해당한다. 그리고 이런 프로그램이라면 DNA 텍스트 속에 정보로서 저장되었을 것이다.[10]

철학자 하워드 패티(Howard Pattee)에 따르면, 유기적 생명의 발생을 설명하기 위해서는 동역학적인 자기 조직화 과정(산일구조)과 정보 기반 구조(DNA와 효소) 양쪽 모두가 필요하다. 정보 구조는 특정 종의 개체가 되는 배아발생 과정만을 선택해 자기 조직화에 대한 '구문론적'인 제약으로 작동한다.[11] 다시 말해서 자연 속의 각기 다른 계통발생적 혈통들(척추동물, 연체동물 등)은 특정 형태의 자기 조직화 과정을 현실화하는, 그리고 개별 종을 특징짓는 형태로 수렴시키도록 그것들을 제약하는 다양한 방법들을 구성한다.

컴퓨터와 유전 암호를 실행하는 메커니즘에는 유사점이 많다. 예를 들어 튜링기계는 자료(문서 편집기로 만들어진 문장)를 자료에 대한 연산(문서 편집기 그 자체)과 같은 단계에 저장한다. 유사하게 DNA도 구성 요소나 유기적 생명(단백질)을 조립하는 데 필요한 자료와 그러한 구성 요소의 조립에 영향을 주는 작용(특정 시기에, 특정 단백질의 합성을 켜거나 끄는 명령)을 같은 단계에 저장한다. 물론 DNA가 튜링기계라는 말은 아니다. 현재 컴퓨터 과학의 발전단계에서, DNA에 저장된 추상기계를 묘사하기 위해서 특정한 기술적인 은유를 이용하는 것은 그리 좋은 생각이 아닐지도 모른다. 아니 사실은 정반대일 수도 있다. DNA는 진정한 인공지능의 비밀을 갖고 있을 수 있다. 자기조직화 행동을 로봇에게 부여하기 위해 인공지능이 창조한 복잡한 프로그램들은 사실상 진화를 통해서 자연이 창조한 프로그램들을 닮아가고 있다.

[인공지능 프로그램의 설계를 위한―인용자] 또 하나의 아이디어 보고는 물론 세포이며, 특히 효소다. 각각의 효소의 활성 영역은 어느 특정 기질(정보)만을 알아보는 필터로서 기능한다. …… 그 효소는 (그 3차 구조 덕분에) '정보'에 특정 조작을 수행하도록, 그다음 다시 세계에 그것을 내보내도록 '프로그램'된다. 이제 이런 방식으로 어떤 정보가 화학적인 경로를 통해 효소에서 효소로 전달이 되면 많은 것이 이루어진다. …… 효소에서 가장 놀라운 점은 조용히 앉아 들어오는 기질에 의해서 활성화되기를 기다리는 방식이다. 그런 다음 기질이 도착하면 효소는 갑자기 파리지옥풀처럼 행동하기 시작한다. 이런 '반응이 빠른' 프로그램은 인공지능에 이용되어 왔고 데몬이란 이름으로 불리었다.[12]

우리는 앞 장에서 탈중앙화된 컴퓨터 네트워크에 대해 논의하면서, 데몬을 접한 바 있다. 거기서 우리는 네트워크의 병목현상과 과부하를 피하기 위해서 네트워크를 순환하는 정보의 흐름이 자기 조직화하도록 해야 한다는, 다시 말해 네트워크 내부 정보의 교통을 감독하는 중앙 컴퓨터 대신, 정보 그 자체가 자기 자신의 목적지를 찾도록 사실상 충분한 '국지적 지능'을 갖춰야만 함을 보았다. 정보들은 독립적인 소프트웨어 객체, 즉, 데몬이 되어야 했다. (아고릭 시스템과 같은) 더 야심찬 관리계획에서 데몬은 자원(메모리, 처리 시간)을 교환하고 주문하거나, 협동적이고 경쟁적인 형태의 계산에 종사하면서 '컴퓨터 사회'를 형성하기 시작한다.

따라서 현재의 컴퓨터 패러다임(튜링기계)의 관점에서 DNA를 묘사하는 대신에, 우리는 컴퓨터 설계의 새로운 패러다임을 진화시키기 위해서 자연이 창조해 놓은 것으로부터 배울 수 있다. 그러나 유전 암호에 의해 이용되는 정보처리 기관이 튜링기계와 닮지 않았다 하더라도, 보편만능 컴퓨터가 자기 복제를 이해하는 데 중요하지 않다는 의미는 아니다. 특히 튜링기계는 자기 재생산 능력을 로봇에게 부여하는 데 이용될지도 모른다. 만약, 자율 무기가 자신의 유전 장치를 획득한다면, 그들은 자신의 운명을 통제하기 위해서 아마 인간과 경쟁할 것이다. 하지만 어떻게 기계가 자기 자신을 재생산할 수 있다는 것일까? 지금까지 누구도 자기 재생산할 수 있는 로봇을 사실상 만들지는 못했지만, 기계가 어떤 특정 특이점(조직 복잡성의 문턱)에 도달한다면 정말로 자기 재생산이 가능할 수 있다는 사실은 이미 수학적으로 증명되었다.

1950년대 초, 폰 노이만은 두 가지 문제를 생각하기 시작했다. 하나는 '자기 자신을 고치는' 자동 장치, 즉, 구성요소가 기능장애를 일으켜도 전체적 행동이 비교적 안정적인 로봇을 만드는 문제, 그리고 또 하나는 자신을 재생산할 수 있는 자동 장치를 만드는 문제였다.

신뢰성 낮은 부품으로 만든 자동 장치에 관한 폰 노이만의 작업은 부분적으로 미 공군이 요구한 미사일의 신뢰성 문제에서 파생되었다. ……[폰 노이만은—인용자]은 1951년부터 미 공군 자문 위원에 속해 있었고, 단지 몇 분 동안 작동하는 미사일에 최고의 신뢰성을 부여하는 요구에 시달렸다.[13]

자기 수정하는 자동 장치의 문제와는 다르게 자기 재생산하는 로봇의 문제에 관한 노이만의 연구는 군사적 활용을 염두에 두지 않은 채 진행되었다. 하지만 자기 재생산 능력을 가진 기계가 넘어야만 하는 복잡성의 문턱을 암시한 그의 결론은 약탈기계 시대의 새로운 의미를 얻게 되었다.

폰 노이만이 자기 재생산에 대해 고민하기 시작했을 때, 그는 호수 안을 떠다니는 물리적인 기계를 상상했다. 자신의 자손을 만드는 데 필요한 모든 부품들 역시 조립에 대비해 호수 주위를 떠다녔다. 하지만 이 상상 속의 물리적 모델은 그의 연구를 수행하기에는 지나치게 제한적임이 증명되었고, 이로 인해 폰 노이만은 자기 복제의 본질적 측면에 집중할 수 없었다. 폰 노이만에게 필요했던 것은 문자 그대로 추상 로봇의 세계로, 부품의 물리적 조립에 관한 문제를 무시할 수 있는 세계였다. 그는 '세포 자동자'(cellular automata)의 세계에서 자신의 연구를 수행할 수 있는 올바른 조건을 찾았다. 즉, 신체가 단지 컴퓨터 화면상의 패턴인 '로봇'이 그것이다.

이러한 '로봇 패턴'(robotic pattern)의 단순한 버전은 컴퓨터 화면을 작은 네모 격자로 나눠서 만들 수 있다. 지금 이러한 네모(혹은 세포) 중 몇 개에 약간의 색을 할당한 다음 '살아 있는 세포'라 부른다.

격자의 나머지의 부분은 '죽어 있는 세포'이다. 마지막으로 컴퓨터 화면상의 모든 세포가 '살아 있거나', '죽거나', 아니면 '태어나거나' 하는 조건을 정의하는 한 무리의 규칙 집합을 만든다. 이 발상은 주어진 살아 있는 세포('로봇')의 패턴에서 시작, 규칙을 반복해서 적용하면서 로봇의 진화를 관찰하는 것이다. 그때 로봇 패턴은 특정의 '변환 규칙'에 따라 한 상태에서 또 다른 상태로 변할 수 있는 컴퓨터 화면상의 집합적 영역이다.

인기 있는 컴퓨터 게임인 '라이프'처럼 단순한 세포 공간 안에서 세포는 살아 있거나 죽어 있는, 다시 말해 두 개의 가능 상태만을 가질 수 있다. 폰 노이만이 설계한 세포 자동자는 이러한 단순한 생명체보다 훨씬 더 복잡했다. 두 가지 상태만을 갖는 대신, 폰 노이만의 추상 로봇을 구성하는 세포는 무려 29가지의 상태를 가질 수 있었다.[14] 하지만 복잡함의 차이를 제외하면, 문제는 '유전 프로그램'에 들어 있는 명령에 따라, 세포가 그 자신의 복제품을 만들 수 있는 가장 단순한 규칙 집합을 발견하는 것이었다. 다시 말해서 폰 노이만의 로봇은 결정(crystal)처럼 자신의 단순한 복제물을 기계적으로 만드는 자기 복제가 아니다. 차라리 그의 로봇은 살아 있는 유기체의 자기 재생산을 흉내 냈는데, 유기체는 설계도를 따라 자손을 조립한 다음, 그 설계도의 복사본을 그다음에 자기 복제가 가능하도록 새롭게 태어난 생명체 속에 저장한다.

기본적으로 폰 노이만의 작업은 튜링기계의 기본 구성 요소(AND게이트와 OR게이트)의 기능을 흉내 내는 세포의 집합을 만드는 것이었다. 그는 이것들을 이용해서 단순한 '기관'(organs)을 합성했고, 그것은 그다음에 더 높은 단계의 기관을 만드는 구성 요소로서 이용되었다. 이 과정의 마지막 단계에서 폰 노이만은 다른 어떤 기계도 만들 수 있는 기계('보편만능 제작자') 그리고 다른 어떤 기계도 흉내 낼 수 있는 기계인 튜링기계를 만들어 냈다. 폰 노이만이 세포 기반의 보편만능 컴퓨터(튜링기계)를 만들 필요가 있었던 이유는 생식 주기를 감시하기 위해 프로그램 가능한 엔진이 필요했기 때문이다. 튜링기계의 일은 자기 재생산 과정을 유도하는 정보가 복제물을 만들기 위한 제조법으로서 해석되는 것을 멈추고, 새로운 생명체로 복사되는 설계도로서 다뤄지기 시작하는 지점을 결정하는 것이다.[15]

앞서 지칭한 튜링기계의 기본 구성 요소인 AND게이트와 OR게이트는 다른 전원들이 '켜'지거나 '꺼'지는 데 반응해서, 각각 '켜'지거나 '꺼'질 수 있는 전원이다. 그러나 이런 단순함에도 불구하고 이 두 가지 연산자로 현존하는 어떠한 컴퓨터 장치도 조립할 수 있다. 폰 노이만은 AND게이트와 OR게이트('태어남'과 '죽음')의 행동을 흉내 내는 세포의 패턴을 만드는 방식으로 자기 재생산하는 자동 장치의 구축을 시작했다. 또 이것과 함께 세포 자동자의 공간 안에 튜링기계를 통합했다.

폰 노이만이 자기 재생산이 가능한 기계를 만들 수 있는 가능성을 증명했다고 그런 기계가 실제로 만들어진 것은 아니다. '로봇 패턴' 같은 추상 공간 안에서 자기 재생산의 배후에 있는 논리를 계산하는 것과 물리적인 기계 장치의 단계에서 이 논리를 실현하는 것은 다른 문제이다. 물리적인 기계 장치의 단계에서는 물리적인 부품의 가공, 수송, 조립에 관한 문제를 무시할 수 없다. 그러나 폰 노이만의 창조물이 지나치게 추상적이라 우리에게 실제적인 위험이 될 수 없다면, 튜링기계 역시 제2차 세계대전 동안의 연구로 물리적 구현에 필요한 부품이 나올 때까지 10년 이상 상상 속의 존재였음을 상기해 보자. 자율적인 능력을 갖춘 무기 체계를 구체화하려는 의지가 군 내부에 제도화된 후부터, 그러한 무기 체계가 어느 날 갑자기 자기 재생산 능력을 획득할 수 있다는 상상은 더 이상 공상과학의 것만은 아니다. 이것이 걱정할 가치가 있는 것인지와는 별개로, 지금 우리에게 중요한 점은 적어도 이론상 이러한 생각들을 실현 가능하게 만드는 것이 바로 튜링기계의 흉내 내기 능력이라는 것이다. 그러므로 현대 컴퓨터의 진화 경로를 그리기 위해서는 컴퓨터 하드웨어의 역사를 탐구하는 것에서 시작해야 한다.

이 장에서는 정보처리 기계의 기본 요소이자 단순한 AND-OR 게이트를 살펴볼 것이다. 또한 그러한 요소로 조립할 수 있는 튜링기계와 같은 현대 컴퓨터의 추상적인 선구자를 살펴볼 것이다. 마지막으로 나는 튜링기계의 내부에서 창조될 수도 있는 세계들을 분석할 것인데, 이 세계들은 추상적 타자기만큼 단순하거나 전문가 시스템을 통해 창조된 추상적 '의사'와 '병사'만큼 복잡할 수 있다. 그런 다음에야 약탈기계인 자율 무기 시스템이 전장에서 인간 병사를 대신하게되는 가능성을 평가할 수 있을 것이다.

이 장의 제사에서 미셸 푸코는 인간의 신체에서 정보를 추출하는 과정, 그리고 그 메커니즘을 이해하고 착취하는 과정이 16세기로 거슬러 올라갈 만큼 오래되었을 수도 있다는 사실을 암시한다. 1560년 초 거대한 상비군의 탄생으로 인해 잡다하게 섞인 부랑자와 용병들을 효율적인 전쟁기계로 조립하는 많은 기술이 발전했다. 2세기에 걸친 지속적인 훈련과 규율이 대량의 미숙하고 반항적인 인간 신체를 프리드리히 대왕의 군대에 섞어 넣어 로봇 같은 존재로 변형시켰다. 인간의 신체 관리를 조직화하기 위한 관련 군사 행동(군 병원들의 예)뿐만 아니라 병사를 기계로 변화시키는 군사 과정도 신체의 내부 메커니즘에 대한 많은 지식을 낳았다. 『인간기계론』은 의사와 철학자에 의해서 만들어진 인간 신체의 설계도일 뿐만 아니라, 나사우의 모리스, 구스타프 아돌프, 프리드리히 대왕 같은 위대한 개신교의 군사 지휘관에 의해서 만들어진, 복종하는 개인을 조작하는 매뉴얼이기도 했다.

　푸코가 말한 신체의 힘을 지배하는 것을 목적으로 한 사회적 기획과 이 장의 주제인 정보처리 기계의 역사와는 연결점들이 많다. 예를 들어, 하드웨어 역사에서 최초의 요소인 AND게이트와 OR게이트는 조지 불(George Boole)에 의해 고안되었는데, 그는 인간 뇌의 '사고의 법칙'을 파악한 다음, 그것을 논리적 표기법으로 변환하려 했다. 유사하게 소프트웨어의 역사는, 직물 산업에서 무늬 직조 공정의 제어가 종이 카드에 구멍으로 저장된 원시적 '프로그램'을 통해 노동자로부터 직조기 그 자체로 이식되었을 때 시작되었다. 우리는 이러한 인간에서 컴퓨터로 이주해 가는 지식과 제어를 살펴볼 것이다. 우리의 탐구가 결론에 이르면 언젠가 전장의 병사를 대신할 자율 무기 체계의 새로운 종과 만나게 될 것이기에, 이후는 『인간기계론』의 마지막 장으로도 볼 수 있다.

하드웨어(Hardware)

오랫동안 기술적 대상들 ──지레, 진자, 시계태엽장치와 모터 ──은 감각과 경험법칙에 의지한 직공들에 의해 조립되었지만, 그들은 기계의 실제 작동 방식은 정확히 알지 못했다. 관련 메커니즘의 추상적인 묘사는 기술적 조립체가 마치 또 하나의 자연 대상으로서 과학적으로 연구될 때까지 기다려야 했다. 예를 들어 증기기관은 10년간 진지하면서 비과학적인 시행착오(tinkering) 끝에 1712년 갑자기 출현했다. 그러나 1824년에 관련 메커니즘의 '본질적' 측면을 요약한 다이어그램이 과학적인 연구로 만들어지기 전까지 증기기관은 제대로 이해되지 않았다. 트랜지스터와 집적회로와 같은 조립체들은 최근까지 시행착오를 거쳐 만들어졌지만, 많은 기계들은 추상적인 묘사로 먼저 등장하고 난 후에야 물리적인 신체를 부여받는다.

기술의 초기 형태는 사람들이 다른 물리적 장치들이 사실은 같은 추상기계의 구현이라는 사실을 알게 되기까지 오랜 기간 개별적인 기술적 대상으로서 존재했다. 예를 들어 진자는 '추상 진동자'——시계, 라디오, 레이더, 신디사이저, 생체 시계처럼 다른 물리적 형태로 존재하는——의 구체화이다. 이 추상 진동자는 그다음에 한층 더 추상적인 표현을 얻을 수도 있다. 즉, 하나의 동역학계로서 그 거동을 관장하는 특이점을 묘사하는 위상 묘사가 그것이다(제1장 주석 9번 참조). 자기 조직화의 수학(분기 이론, 카타스트로피 이론, 프랙탈 기하학)은 진자와 같은 단순한 동역학계의 재발견으로부터 도움을 얻었다.[16] 지금까지 철저히 연구했다고 생각했던 단순한 방정식의 집합을 이제 컴퓨터를 이용해 다시 탐구 중이며 알려지지 않은 매우 복잡한 동역학적 가능성의 근원을 드러낼 것으로 보고 있다. 카오스 과학의 수학적 '기술'(technology)(위상묘사, 분기 지도, 푸앵카레 단면 등)은 형태 형성의 추상기계, 혹은 특이점의 세계라는 기계적 필룸의 가장 깊은 차원을 묘사한다.[17]

그때 구체적인 물리적 배치는 기계적 필룸의 두 단계에 대응하면서 두 개의 다른 방법으로 '추상화'될 수 있다. 즉, 그것들은 그 거동이 특이점에 의해서 관장되는 동역학계처럼 보이거나 메커니즘의 본질적 요소를 포함한 추상적 묘사처럼 보일 수도 있다. 이러한 기계적 필룸의 두 단계 사이의 관계는 무엇일까? 이 장의 도입부에서, 유기적 생명은 자기 조직화 과정과 유전 암호에 저장된 정보에 의존한다는 하워드 패티의 주장을 소개했다. 유전 암호 내의 정보는 형태발생적 힘을 이용, 그것을 개별적 종의 특징적인 형태로 결합하며 자기 조직화 과정에 대한 구문론적 제약으로 작동한다.

동일한 하나의 특이점이 다른 기술적 배치의 부분이 될 수도 있다. 예를 들어 물과 수증기 사이의 상전이를 낳는 특이점은 어떤 방식으로 시계태엽장치 메커니즘에, 그리고 완전히 다른 방식으로 진정한 증기기관에 심어져 있을 수도 있다. 그러므로 기계적 필룸의 두 단계 사이의 관계는, 메커니즘의 추상적 묘사에 저장되어 있는 정보가 특정 배치에서 맡을 정확한 역할을 결정하면서 자기 조직화 과정에 대한 제약으로 작용하는 것으로 보인다. 만약 기계적 필룸을 물질과 에너지의 흐름 비율에서의 모든 임계점으로 구성된 것으로 생각한다면, 그때 추상적인 묘사의 역할은 그것을 위한 방법을 알려주는 것이며 장인은 이런 식으로 임계점의 일부를 구체적인 물리적 배치에 수렴시키기 위해서 선택하고 이용하게 된다.

우리는 인공적 혹은 자연적으로 수렴하는 방식으로(선별, 조직, 층화된) 흐름으로부터 공제된 특이점들과 특질의 모든 별무리(constellation)를 배치로 부를 것이다. 배치는 '문화' 혹은 시대들을 구성하는 엄청나게 거대한 별무리로 자기 자신을 집단화할 수 있다. 우리는 모든 경우 매우 다른 [연결] 선을 구별할 수도 있다. 그러한 일부는 계통 발생적인 계보로 다양한 시대와 문화의 배치들 사이에 있는 장거리를 여행한다. (입으로 부는 화살에서 대포까지? 회전식 예배기에서 프로펠러까지? 주전자에서 모터까지?) 또 다른 개체발생적인 계보는 하나의 배치 속으로 들어가 다양한 요소를 연결시켜 나가든가, 아니면 같은 문화나 시대의 배치이지만, …… 다른 본성을 가진 또 다른 배치로 무언가를 이동시킨다(예를 들어, 농업적 배치를 통해서 퍼진 말굽의 편자).[18]

역사상 전술 대형의 진화를 분석했을 때, 이런 기계적 이주 현상의 예를 제시했다. 즉, 증기 모터의 탄생으로 더 이상 시계태엽장치가 지배적인 기술 형태가 아니게 되자, 사람들은 새로운 모델을 따라서 다른 '기계들'을 조립하기 시작했다. 그러므로 프리드리히 대왕의 군대는 순조롭게 움직이는 시계태엽장치 메커니즘으로 보이는 데 반해, 나폴레옹의 군대는 모터에 더 가깝게 조립되었다. 유사하게 컴퓨터 하드웨어의 조상인 논리 연산은 조지 불이 등장해 연산에 들어 있던 조합적 자원(combinatorial resources)의 저장고를 열 때까지 수백 년 동안 작은 시계태엽장치로서 조립되었다. 논리 연산은 종이에 기록된 물리적인 입력을 구성요소로 하는 기계로서 볼 수도 있다. 이 기계의 역할은 어떤 문자의 집합(예를 들어, '모든 인간은 죽는다'라는 전제)에서 다른 집합('나는 죽는다'라는 결론)으로 진리를 전달하는 '컨베이어 벨트'로서 기능하는 것이다. 그런 식으로 논리 연산은 다른 기술들처럼 개체발생적인 영향들——그런 형식으로 조립체는 기술 스펙트럼을 가로질러 퍼진다——을 받을 수 있다. 예를 들어 마치 기계를 조립하는 지배적인 패러다임이 시계태엽장치로부터 모터로 바뀐 것처럼 영향을 받는 것이다.

과학 철학자 미셸 세르(Michel Serres)는 시계태엽장치의 시대로부터 모터의 시대로의 이행이 단순히 기존의 기술적 '종들'에 새로운 종의 기계들을 추가한 것 이상의 깊은 함축을 갖는다는 사실을 처음으로 지적했다. 그는 증기 모터의 등장에서 과거의 개념적 모델과의 완전한 단절을 보았다. "그리스의 기계 전문가들은 [18세기의 수학자들에 이르기까지―인용자] 모터를 조립할 수는 없었다. 그것은 기계의 외부이며……, 물리학의 범위를 한참 벗어나는 것이었다." 물론 정교한 시계, 뮤직 박스, 자동인형은 존재했다. 그러나 이러한 기계들은 외부 동력에 의해 움직이는 것으로, 스스로 동력을 생산하지 못했다. "그 기계들은 운동을 전달, 증가, 역행, 복제, 변환, 변형, 그리고 삭제한다. 가는 길이 아무리 복잡하더라도 그것들은 정지를 향한 운동 경로이다."[19]

물리적 모터가 추상적 메커니즘으로 환원되자 이 모든 것이 변화했다. 아마, 그러한 변화를 위해 가장 적합한 날은 프랑스의 엔지니어 사디 카르노(Sadi Carnot)가 열기관을 추상적으로 묘사한 1824년일 것이다. 그 묘사는 원리를 역으로 활용하면 냉장고를 만드는 데 이용될 수 있을 만큼 충분히 추상적이었다. 세르는 추상적 메커니즘이 물리적 장치와 분리되는 그때가 바로 과학의 '개념적 기술'(conceptual technology)을 포함한 다른 기술적 혈통으로 들어가는 때라고 말한다. 고전물리의 세계가 시계태엽장치의 세계였다는 사실은 잘 알려져 있다. 행성들이 그 경로를 따라 움직이는 이유는 그것들이 우주의 뮤직 박스이며 외부의 신에 의해 생명력을 얻은 모터 없는 시스템이기 때문이다. 결국 과학은 열역학의 발전과 함께, 이러한 제한된 관점에서 벗어났다. 그것은 현실의 모터와 엔진의 효율성을 향상시키려는 공학의 연구 성과에 의해서 앞당겨진 발전이었다.

물리적 장치와 분리된 메커니즘인 추상적 모터는 세 가지 서로 다른 요소로 이루어진다. 즉, (증기의) 저장고, 이용할 수 있는 차이의 형태(냉과 열 차이), (열적) 차이의 효율적인 이용을 위한 다이어그램이나 프로그램이 그것이다. 19세기에는 사회 이론마저 자기 자신의 저장고, 차이의 양태, 순환 다이어그램을 완성하기 시작했다. 세르는 과학적 담론 분야의 예로서 다윈, 맑스, 프로이트를 언급한다. 즉, 인구, 자본, 무의식적 욕망의 저장고는 적응도, 계급, 혹은 성의 차이를 이용해 작동하며, 이것은 자연선택된 종의 순환, 상품과 노동의 순환, 징후와 환상의 순환을 지휘하는 절차를 각각 따르고 있다. 세르는 회화(터너)와 문학(졸라)과 같이 전혀 관련 없는 분야에서도 추상적 모터를 발견한다.[20]

여기서 언급된 전술 대형의 예를 세르의 연구에 추가해 보자. 나폴레옹 자신은 그의 전쟁기계 속에, 기술적 대상으로서 모터를 편입하지 않았지만 (이미 말한 것처럼 그는 노골적으로 증기선의 사용을 거부했다[21]) 추상적 모터는 나폴레옹군의 조립체 양태에 확실히 영향을 주었다. 다시 말해 '모터화된' 군대는 처음으로 충성스러운 인간 신체의 저장고를 이용, 그 신체를 유연한 계산(비선형 전술) 속에 삽입했다. 그리고 전쟁을 시계태엽장치 왕조 사이의 결투에서 국가 간의 대규모 대결로 가져가기 위해 아군/적군의 차이를 활용했다.

이 가설을 좀 더 깊이 따져보기 전에, 정보 처리 기술 분야에서 시계태엽장치로부터 모터로의 패러다임 변화가 주는 효과를 추적하면서 시계태엽장치나 모터 같은 물리적 조립체가 추상기계가 되는 과정을 좀 더 자세히 살펴보자.

만약 그것의 구성 부품들이 각각 진화되었다면 구체적인 물리적 조립체는 기술의 다른 분과에 속할지도 모른다. 적절한 예로 증기 모터가 있다. 그 혈통의 하나로 '원동기'(prime movers)라는 분류학적인 계열까지 거슬러 올라갈 수 있다. 즉, 인력 펌프, 수동식 크랭크, 인간이 누르는 캡스턴 바, 말이 돌리는 솜틀, 수력 방앗간, 풍차 등이 그것이다.[22] 증기기관은 에너지를 생산하는 기능에 의해서 이 혈통에 속하지만, 그 내부 메커니즘에 의하면 다른 혈통에도 속한다. 그 혈통은 입으로 부는 화살의 발명처럼 멀리 말레이 반도의 정글에서 시작, 17세기의 기압 연구를 거쳐 최초의 대기압 엔진에까지 이른다.[23] 기계적 필룸은 감각에 의존해 추적되어야 했고, 각기 다른 부품들을 횡단하게끔 만들어야 했다.

최초로 성공한 증기기관은 물론 데본사이어의 철물상인 토머스 뉴커먼(Thomas Newcomen)에 의해서 발명되었다. 그는 1702년부터 1712년까지 적어도 10년간 증기기관을 제작하기 위해서 일했다. 그러한 위업이 순수한 경험으로 이루어질 수 있었다는 사실은 우리와 같은 현대인에게는 상상하기 어렵다. …… 증기동력에 대한 숙달은 갈릴레이의 과학에 영향을 받지 않은 순수하게 기술적인 위업이었다.[24]

이 구체적 조립체는 어떻게 추상화되었을까? 나는 기계적인 장치는 메커니즘 독립적이 되었을 때, 즉, 그것들이 특정한 물리적 구현으로부터 독립적이라 여겨질 때 추상기계의 수준에 도달했다고 제안했다.[25] 초기의 기중기술은 알렉산드리아의 헤론이 서술한 '다섯 개의 단순한 기계'(바퀴와 축, 지레, 도르레, 쐐기, 나사)와 함께 그 지점에 도달했다. 마찬가지로 레오나르드 다빈치의 작품인 초기 기어 메커니즘의 경우는 특수한 구현에서 해방되어 다양한 응용에 사용되기 시작되었을 때 그 지점에 도달했다.[26]

증기 모터는 구체적 조립체로 등장하고 나서 한 세기 후인 1824년에야 카르노에 의해 완전히 추상적인 묘사를 얻었으며 다른 기술들에 영향을 주기 시작했다. 1824년이라는 해는 절대적인 문턱이 아니라 차라리 어떤 과정 ── 구체적인 물리적 모터에서 핵심 개념을 점진적으로 추상화해 차이, 저장, 순환과 같은 본질적 요소에 이르는 ── 의 정점을 표시하고 있음이 틀림없다.[27]

카르노의 첫번째 발견은 온도 차이가 존재하면 항상 모터의 힘이 생산될 수 있다는 가정으로 요약될 수 있다.[28] 이 원리는 두 개의 밀폐된 방으로 나눠진 물리적인 용기를 이용해 종종 설명된다. 만약 뜨거운 공기와 차가운 공기를 각각의 방에 주입하면 거기에 따라 가상의 모터가 만들어진다. 모터를 현실화하려면 두 개의 방을 연결하는 벽에 구멍을 뚫어 그것을 통과하는 뜨거운 공기의 흐름을 만들 필요가 있다. 그런 다음 우리는 그 자발적인 공기의 흐름이 수행하는 일을 발전기 구동에 이용할 수 있다.

카르노의 두번째 발견인 '저장고'는 "우리의 조건에 필요한 모터의 힘을 끌어내는 곳이다. 자연은 우리에게 모든 방향에서 연료를 제공한다. 연료에는 지구, 화산, 바람, 구름, 비가 있지만, 배후에는 불과 열도 있다."[29]

마지막으로 '카르노 순환'으로 알려져 있는 순환 요소는 다른 온도의 요소와는 모든 접촉을 피해 최대의 효율을 달성하는 방법이다.

어떠한 시스템도 카르노 순환을 통해 수행될 수 있다. 그것이 고체, 액체, 기체일 수도 있고, 그 순환 동안 상전이가 일어날 수도 있다. 카르노 순환은 볼타 전지, 표면 막, 혹은 일회 분의 방사 에너지에서조차 일어날 수 있다.[30]

세르는 추상모터는 증기 모터의 기본 요소가 분리되고 조립체의 세 가지 부품이 물리적인 장치로부터 추상화되었을 때, 추상모터가 기술 분야를 횡단하며 퍼지기 시작했고 다른 인간의 기계 조립 방식에 영향을 주게 되었다고 추측한다. 정확히 전달된 것 혹은 생산된 것은 그 조립 패러다임이 이용되는 영역의 성질에 의존했지만, 이 시계태엽장치로부터 모터로의 지배적인 조립 패러다임의 이행으로 '전달할 수 있는 것'과 '생산할 수 있는 것'의 구분이 생겨났다. 군사적 배치의 경우 그 차이는 정보를 전달하기만 하는 군대와 전투 과정 중에 정보를 생산할 수 있는 군대와의 차이였다. 결국 컴퓨터를 만들어 낸 기술 분야인 논리 체계의 경우 그 차이는 '논리적 진리를 전달하는 것'과 '계산에 의해 새로운 논리적 진리를 생산하는 것'의 차이였다.

시계태엽장치 논리 체계의 예로는 아리스토텔레스의 삼단논법이 있다. 삼단논법은 연역 추론의 일부를 형식화한 것에 불과하지만 2천 년 동안이나 논리적 사고를 지배해 왔다. 아리스토텔레스는 전제로부터 결론에 이르는 진리의 기계적인 전달 방법을 우리에게 가르쳐 주었다. 즉, "모든 X가 Y"이고 "모든 Z가 X"라면 "모든 Z는 Y이다"에 이르는 방법이 그것이다. 만약 이 삼단논법이 별로 흥미롭지 않다면, 이것이 실제로 그렇기 때문이다. 다시 말해 삼단논법은 정보를 주어진 절차에 따라 올바르게 전달할 수 있지만 새로운 지식을 낳을 수는 없는 그다지 재미없는 원리이다. 버트런드 러셀(Bertrand Russell)은 이것을 잘 지적했다.

> 나는 삼단논법으로 얻을 수 있는 어떤 새로운 지식도 …… 만나 본 적이 없다. 2천 년 동안 논리학을 지배해 온 방법임에는 틀림없지만, 인류의 정보 축적에 중요한 기여는 없었다고 생각된다.[31]

우리는 논리적 표기법을 작은 기계로, 한 문장에서 또 다른 문장으로 진리를 전달하는 컨베이어 벨트로 볼 수 있다. 연역 체계는 일반 원리("모든 사람은 죽는다")로부터 개별 진술("나는 죽는다")로 진리를 전달하지만, 귀납 체계는 반대로 작동한다. 귀납은 개별적 증거("이 에메랄드는 초록이다")에서 사물의 일반 범주에 적용되는 진술("모든 에메랄드는 초록이다")로 진리를 전달한다. 연역적인 컨베이어 벨트가 수학에 널리 쓰인다면, 귀납적인 컨베이어 벨트는 자연과학의 기초를 이룬다. 오직 연역 논리만이 시계태엽장치(삼단논법)나 모터(불 논리)로 기계화되었다. 반면 귀납 논리는 그렇게 쉽게 기계화될 수 없었다. 사실, 귀납적인 컨베이어 벨트를 기계화한다는 것은 경험으로부터 배울 수 있는 기계를 제작한다는 말과 같다.[32]

진정한 귀납 모터를 만드는 문제가 군사적으로 중요한 것은 당연하게도 로봇 무기가 경험에서 배울 수 있어야만 인간을 대신할 수 있기 때문이다. 1981년 이것이 너무도 중요하다고 생각한 일본은 제5세대 컴퓨터인 귀납 추론이 가능한 신종 기계를 구축하기 위해 10억 달러의 프로젝트를 선언했다. 이 새로운 기계는 그것의 학습 전략을 실시간으로 실현하기 위해서 초고속 병렬 프로세서뿐만 아니라, 귀납 추론의 바탕인 거대한 관계형 데이터 베이스(RDB)에 접근할 것이다. 일본은 이러한 기계를 이용해 그들 자신의 표현으로 "음식과 에너지에 맞먹는 자원으로서 정보 자체를 일궈 낼 것이다⋯⋯"라는 자신들의 바람을 내비쳤다. 그들은 추론기계를 미래의 새로운 지식 집약적 산업의 중심으로서 만들고 있다.[33]

새로운 경험에서 배우는 능력인 귀납 추론은 아직 기계화되지 않았다. 기계적인 방법으로 개별 진술에서 일반 원리까지 '진리를 끌어내는' 것은 일본의 제5세대 프로젝트가 실질적으로 가능할 때까지 기다려야 할 것이다. 반면에 연역적 컨베이어 벨트를 기계화하는 것은 훨씬 쉽다. 진리는 본성상 일반 원리(공리)에서 개별 진술(정리)로 자연스럽게 흐르기 때문에, 이 조작을 수행하는 규칙의 집합(혹은 기계적 장치)을 만드는 것은 비교적 쉬운 작업이다. 문제는 이 자연스러운 흐름을 어떻게 모터처럼 작동하는 조립체 속에 통합하는가이다.

증기 모터의 세 가지 요소는 뉴커먼이 그것들을 조립하기 오래전부터 존재했었고, 아군/적군의 구별도 나폴레옹이 그것을 민족주의의 변종으로 이용하기 오래전부터 존재했었다. 하지만 참/거짓의 구분이야말로 항상 논리의 기반이었다. 그러나 그 생산력은 이 이분법이 삼단논법 속에서 배치되는 방식으로 인해 숨겨져 있었다. 참/거짓의 이분법은 조지 불이 그것을 이진 산술이라는 새로운 배치로 통합시키고 나서야 생산적이 되었다. 불은 오래된 삼단논법을 해체하고 새로운 방법으로 그 구성요소를 재구성할 필요성을 느꼈다. 이것은 행군 종대와 포열을 일련의 연산자('일렬 선회', '이열 횡렬', '전진' 등)로 분해한 군대의 모터화와 매우 비슷했다. 이러한 연산자가 올바른 방식으로 조합되면 지휘관은 여러 가지 유연한 대형을 빠르게 만들 수 있었다. 불은 오래된 삼단논법을 'AND'와 'OR'라는 연산자로 분해했으며, 그다음 이런 연산자를 조합해서 낡은 삼단논법뿐만 아니라 그 이상의 것을 생산할 수 있는 규칙의 묶음을 만들었다.

만약 논리 연산을 종이에 기록된 물리적인 입력을 부품으로 하는, 그리고 규칙에 따라서 그러한 입력을 조작하는 일을 하는 기계로 본다면, 불의 업적은 인쇄 기호의 자동적인 조작을 수행하기 위한 자원의 저장고를 발견한 것이다. 그는 산술이 '인쇄 기호' 혹은 '조합적' 자원의 저장고 역할을 하게 만들 수 있다는 사실을 발견했다. 본질적으로 조지 불의 업적은 낡은 삼단논법으로부터 추출한 연산자를 '산술화'함으로서 이 저장고를 이용한 것이었다. 그는 논리 연산자의 'AND'와 'OR'를 덧셈과 곱셈의 산술 연산자로, 그리고 논리값인 '참'과 '거짓'을 산술값인 '1'과 '0'에 할당했다.[34] 이런 식으로 삼단논법 추론은 몇 가지 기본 연산자들의 특정 조합의 결과로 볼 수 있게 되었다.

불과 다른 19세기의 논리학자의 위대한 업적을 모터화 과정으로 묘사하든, 아니면 단순하게 연역 논리의 산술화 과정으로서 묘사하든지 간에, 중요한 것은 'AND'와 'OR' 연산자의 분리와 그것을 유연한 계산법에 도입한 것이 컴퓨터 하드웨어의 진화를 위한 첫걸음이었다는 데 있다. 최초로 기계화된 연역적 컨베이어 벨트라 할 수 있는 '불 방식 모터'(Boolean motor)는 진정한 추상기계였다. 이것은 원래 문장들 간에 진리의 흐름을 제어하기 위해서 조립되었음에도, 어떤 종류의 흐름이라도 제어할 필요가 생기면 그때마다 다른 체계들에게도

적용되었다. 불 방식의 모터는,

> 모든 종류의 에너지가 채널 네트워크를 통해서 전달되며, 그 에너지
> 를 켜고 끄거나 한 채널로부터 다른 채널로 바꿀 수 있는 장치가 있는
> 대부분 체계에 구현되었다. …… 현대의 유체 제어 시스템에서 에너
> 지는 유동하는 기체나 액체라고 할 수 있다. 또한 그것은 광선일 수도
> 있으며, 바퀴, 지렛대, 도르래 등으로 전달되는 기계적 에너지라고도
> 말할 수 있다. 심지어 음파나 냄새라고도 할 수 있을 것이다.[35]

우리 문제의 관점에서 보면 컴퓨터 내부의 전기적인 흐름을 제
어하는, 다시 말해 AND-OR게이트라는 특별한 불 방식 모터의 구현
이 가장 중요하다. 이미 1886년경 찰스 퍼스(Charles Peirce)는 불 논
리를 전기 스위치 회로로 구현하는 가능성에 대해 제안했다. 그러나
1963년이 되어서야 비로소 클로드 섀넌(Claude Shannon)이 불 대수
를 이용한 방정식으로 계전기와 스위칭 회로를 표현하는 방법을 보여
주었다. 이 방정식 속에서는 '참'과 '거짓'은 회로의 열림과 닫힘에 대
응했다. 또한 2진법 연결자, 즉 'AND'와 'OR'는 다른 스위치에 의해
모델화되었다.[36] 섀넌은 현대 컴퓨터의 신체를 이루는 기본 '세포'의
발명자였다. 그는 종이 위의 문자(표기)에 의해서 태어난 세계와 전기
적인 장치의 세계 간의 경계에 서 있었기 때문에, 그 둘 사이를 쉽게
왕래할 수 있었다. 그는 산술의 인쇄 기호적 자원들이 복잡한 전기 회
로 설계에 이용될 수 있음을 이해했다. 예를 들어 AND-OR게이트는
불 계산의 연산자를 물리적으로 구현한 것 중 하나였기에 이러한 게
이트에 의해서 이루어진 모든 전기 회로에 대해서도 계산에 대응하는

공식이 존재했다. 섀넌은 전기 회로를 공식(즉, 물리적 표기의 문자열)으로 변환하는 데에 이러한 사실을 이용했고, 인쇄 기호적 자원들(표기의 문자열에 대한 작업)을 이용해 그것들을 압축했으며, 그다음 훨씬 더 단순화된 회로설계의 형태로 변환했다. 이런 식으로 현대 컴퓨터 하드웨어의 내부 회로는 진화했고, 현재 상태에 이르렀다. AND-OR 게이트는 그것을 이용해 복잡한 기계를 조립할 수 있는 보편적인 구성요소가 되었다. 우리는 불 방식 모터로 인해 컴퓨터 하드웨어 진화 연구의 첫걸음을 내딛었다. 이제 군은 정보처리 기술의 발전에서 점점 더 중요한 역할을 맡을 것이다. 불 방식 모터의 연산자인 AND와 OR는 물리적인 형태를 획득한 다음, 우선 스위칭 계전기에서 진공관, 트랜지스터, 그리고 마지막으로는 점점 고밀도의 집적회로로 물리적인 규모를 가로지르는 여정을 시작했다.

소형화(Miniaturization)

AND-OR게이트의 탄생의 바탕이 되는 과정은 이주, 즉, 논리구조를 인간의 뇌(발견적 방법의 형태)로부터 목적지인 튜링기계의 신체로 가져가는 여정으로 볼 수 있다. 아리스토텔레스는 이 논리구조를 뇌로부터 얻어 틀림없는 방법(삼단논법), 다시 말해 기계적으로 따랐을 경우 옳은 결론을 틀림없이 이끌어 내는 일련의 단계로 구현했다. 그다음에 불은 이 방법을 모든 연역 논리를 포함하기 위해 일반화했다. 이런 형태로 2진법 산술로 조립되는 AND-OR연산자는 인간의 뇌에서 발견된 계산 능력의 일부를 획득하는 데 성공했다. 마지막으로 이 연산자들은 클로드 섀넌에 의해서 물리적인 형태를 얻었다.

그러나 한번 물리적 형태를 얻자 연산자의 이주를 유도한 힘들—물질적, 역사적 양쪽의—은 변화하기 시작했고, 연산자의 이주는 점점 더 전쟁기계의 발전에 연루되었다. 군은 연산자를 지휘 통제 구조의 모든 면에 응용하려는 이러한 의지 속에 소형화를 밀어붙였다. 각 [소형화] 세대마다 연산자의 기능은 더욱더 특정 물질을 특징짓는 특이점과 전기 화학적 속성에 의지하게 되었다. 즉, 연산자가 물질과 에너지의 흐름과 통합되기 시작했던 것이다. 단순한 무기 장인의 후예에 불과한 군사 기술자가 점점 더 중요성을 띠게 되는 것은 바로 이러한 맥락에서이다.

궁극의 군사 기술관료, 버니바 부시는 전기 기술자임과 동시에 기계 계산을 근대 탄도학 문제에 응용한 초기의 중요 인물이었다. 제2차 세계대전 중 부시는 전쟁을 위해 과학 공동체의 자원을 동원하는 데 필요한 기구를 만들었다. 그것은 "신랄한 입을 가진 말라깽이의 양놈과 그의 휘하에 있는 3만 명의 노동자 제국이었다. …… 누구보다 [부시는—인용자] 육군 장군과 해군 제독의 계획을 위해서 과학자와 기술자의 재능을 이용하는 것을 추진했다".[37] 맨해튼 계획, 그리고 전시 중 부시 지휘하에 있던 많은 다른 계획들에서 컴퓨터가 집중적으로 사용되었다. 이것은 튜링기계가 아니라, 오히려 대포의 사정거리표 계산처럼 매우 구체적인 문제를 다루기 위한 특수 목적 장치였다.

1936년 앨런 튜링이 추상적 표기(행동표)—물리적인 장치의 본질적 측면을 파악하고 그 장치를 흉내 낼 수 있는—를 처리할 수 있는 기계를 조립했다. 그의 기계는 물리적 구현을 위한 세부사항에는 신경 쓰지 않고 논리적인 사양만을 주었다는 의미에서 상상의 것에 불과했다. 이 기계는 물리적 표기(행동표를 포함한)를 저장하기 위한 무한 종이테이프, 종이테이프를 읽어 들이거나 그 위에 쓰기 위한 스캐닝 헤드, 그리고 읽기, 쓰기, 테이프 간의 이동을 스캐닝 헤드에 지시하는 제어 유닛, 이렇게 세 가지 부품으로 이루어져 있다. 이 세 가지 부품의 조립체는 구체적이고 현실적인 문제의 해결을 위해 만들어진 것은 아니었다. 튜링이 추상기계를 만든 것은 기계 계산의 실용적 가치를 보여 주기 위함이 아니라, 수학이 완전히 기계화될 수 없다는 사실을 증명하기 위해서였다. 그는 그의 기계로 계산할 수 없는 문제가 존재한다는 것도 입증했다. 다시 말해 계산할 수 없다는 것은 어떠한 튜링기계로도 불가능하다는 의미이지 재능 있는 인간에게 불가능하다는 것은 아니다. 그는 수학자는 회로에서 제거될 수 없다는 사실을 보여 주었다.[38]

그러나 상상 속의 장치로서 탄생하고 나서 15년 후, 이것은 물리적 기계로서 구현되었고, 오늘날의 컴퓨터가 탄생했다. 튜링 이론에서 가장 중요한 단계는 구체적인 물리적 조립체를 행동표로 축소하고, 그다음 그것을 그의 상상 속 기계의 '종이테이프'에 저장하는 것이다. 일단 그러한 상태가 되면, 스캐닝 헤드는 표의 입력 사항을 읽을 수 있고, 제어 유닛은 그 표로 재현된 구체적인 물리적 장치를 흉내 내는 데 필요한 단계를 실행할 수 있다. 더욱이 컴퓨터 소프트웨어의 미래 진화라는 관점에서 핵심 개념은 물리적인 장치도 일단 행동표에 축소되면 작동되기 위한 정보로서 같은 종이테이프(메모리)에 저장이 가능하다는 것이었다. 다시 말해 문서 편집기도 그것이 처리한 텍스트와 똑같이 저장될 수 있다.

이것은 추상적 타자기에 의해서 데이터가 처리되는 것과 마찬가지로, 다른 프로그램에 의해서 타자기 자체가 처리되는 것을 의미했다. 예를 들어 문서 편집기를 로마자를 사용하는 기계에서 아라비아 글자를 사용하는 기계로 변경하는 경우를 생각해 보자. 이것은 마치 데이터가 하나 더 있는 것처럼 취급되어, 추상 타자기로 변경해서 실행할 수 있다. 읽기 작업만 할 수 있고 데이터는 쓸 수만 있는 구식의 계산 기계와는 달리, 여기에서는 데이터를 읽고, 그것에 따라 실행도 할 수 있으며, 작업(프로그램)을 데이터에 작성하고, 실행 중 수정할 수도 있다. 즉 이제 자기 자신에게 작용하는 소프트웨어를 작성할 수 있게 된 것이다.

폰 노이만은 제2차 세계대전 중 ENIAC 제작 팀과 함께 일하면서 변경되는 추상기계의 중요성, 그리고 하나의 종이테이프, 즉, 그가 말하는 하나의 기관으로 축약되는 추상기계와 그것이 처리하는 데이터의 중요성도 인식하게 되었다.

> 그러나 '하나의 기관'이라는 제안은 보편만능 튜링기계의 '하나의 테이프'를 도입하는 것과 같은 것이었다. 그리고 튜링기계에 모든 것 ─명령, 데이터와 작업─이 저장될 것이다. 이것은 새로운 생각으로 과거의 어떤 설계와도 다르며 디지털 기계를 위한 전환점이 되는 제안이었다. 왜냐하면 새로운 공간, 즉, 크고 빠른, 효율적이며 다목적인 전기 '메모리'의 구성이 강조되었기 때문이다.[39]

ENIAC도 그 사촌격인 콜로서스도 다목적 튜링기계가 아닌 특수 목적 장치였다. ENIAC은 탄도 연구를 위해서 설계되었고 콜로서스는 나치의 에니그마 암호해독을 위해서 제작되었다. 그러나 양쪽 컴퓨터 모두 올바른 구성으로 조립된다면 튜링기계를 제작할 수 있는 일련의 요소(소형화된 전기 부품, 수치값의 내부 저장, 상대적 프로그래밍 가능성)를 갖추고 있었다. 전쟁 후 폰 노이만과 튜링은 일련의 구성 요소를 이용해 진정한 보편만능 컴퓨터를 조립하려고 했다.

ENIAC은 문제 해결용 대형 망치와 같은 것이었다. 그리고 폰 노이만은 군사 연구의 최신 요구와 미국의 산업 능력 모두를 완벽히 이해하고, 알려진 모든 계산법을 검토하며 나아갈 수밖에 없었다.

튜링은 튜링대로 새로운 조립체를 창조하기 위한 작업을 홀로 진행했다.

그는 단순하게 지금까지 누구도 하지 않았던 것을 조립했다. 즉, 그의 하나의 종이테이프 보편만능 기계, 대규모 전자 펄스 기술을 이용할 수 있는 지식, 그리고 암호 분석의 사고를 '확정된 방법'과 '기계적 과정'으로 바꾸는 실험이 그것이다.[40]

이런저런 이유로 튜링과 폰 노이만은 일반 목적 컴퓨터를 실제로 구현한 최초의 사람은 되지 못했다. 실제로 구현한 것은 1948년 잉글랜드 맨체스터의 F. C. 윌리엄스(F. C. Williams)였다.[41] 이때부터 컴퓨터는 진화하기 시작했고, 컴퓨터의 구성 요소인 AND-OR게이트는 소형화되었다. 사실 하드웨어의 역사는 일반적으로 컴퓨터에 포함된 논리적 요소의 소형화 단계에 따라 '각 세대'가 나뉜다. 1세대는 진공관을 1948년부터 1958년까지의 기간 동안 사용했다. 2세대는 대략 1958년에 시작해 1965년에 끝이 난 트랜지스터를 사용했다. 1965년에 시작된 3세대는 트랜지스터 대신 집적회로를 사용했다. 그 이후의 새로운 세대는 실리콘 칩에 들어갈 수 있는 논리적 요소의 수에 의존한다. 칩은 LSI(대규모 집적)에서 VLSI(초대형 규모 집적)로 진화했으며, 1980년대까지 군이 후원한 VHSIC(초고속 동작 집적회로) 계획에까지 이르렀다.[42]

AND-OR게이트는 극히 단순하지만, 그것을 이용해 기초 회로를 구성할 수 있다. 즉, 두 개의 수를 더해서, 그것을 2진법에서 10진법으로 변환, 혹은 영구적으로 수를 저장하는 회로(풀립 플롭 회로)가 그것이다. 이러한 회로로부터 그다음 보다 정교한 구성요소가 합성될 수 있으며, 점점 더 복잡한 회로의 몇 가지 층을 덧붙인 후에 컴퓨터가 생산된다. 모든 것이 궁극적으로는 AND-OR게이트(실제로는 단 하나의 NAND게이트로)로 환원될 수 있다. 여기에서는 이 두 가지 기본 구성요소의 가능한 조합에 관한 기술적 세부사항에 매달리기보다는 그 소형화 과정과 그 안에서 군사기관이 맡았던 역할에 집중하기로 하자.

앞서 언급했듯이 ENIAC 연구계획은 제2차 세계대전 중 일어난, 전례 없는 규모로 과학적 자원들을 동원했던 여러 작전들 중 하나였다. 이 강력한 과정의 선두에 선 것은 부시의 OSRD(과학 연구 개발국) 연구실이었다. OSRD는 레이더, 근접신관(proximity fuse), 대잠수함 전투, 모의 비행 훈련, 포화 제어 전자계산기, 핵무기 등을 포함한 수많은 전쟁 연구계획을 주도했다. 1945년 OSRD가 해체되고 1950년 전미과학재단이 설립되기까지 과학과 전쟁기계 간의 긴밀한 협력 관계가 있던 곳을 중심으로 권력 공백이 커져 갔다.

몇몇의 군사 싱크탱크(랜드연구소, 해군 연구소 등)가 OSRD를 대신했고, 냉전체제에 계속해서 과학을 동원했다. 군은 진정한 의미의 제도적인 기업가가 되어, 기초 연구에 자금을 지원하고, 생산 방식을 감독했으며, 기술의 확산을 지원했다. 그리고 전쟁이 만든 군사적인 요구와 과학적인 해법의 유대관계를 일반적인 제도로 바꾸었다. 특히 육군 통신대는 논리 회로의 소형화를 향한 추동력, 전쟁기계의 모든 틈새에 전자 부품을 밀어 넣는 추진력을 공급했다.

휴대용 통신기술의 필요성을 최초로 통감한 것은 제1차 세계대전의 특징인 확대된 포위공격전에서였다. 예를 들어 솜(Somme) 전투에서 수천의 병사들이 초창기 신호 장치들을 가득 짊어진 채, 무인지대를 가로질러 줄지어 보내졌는데, 일단 병사들이 포연의 안개 속으로 사라지면 결국 그들의 신호 장치는 거의 쓸모가 없게 되었다. 독일 기관총이 만든 포화의 벽으로 인해 보병 대형은 분산되었고 엄폐물이 이용되었다. 그러나 무선 통신 기관이 없기에 무인지대에 진입했더라도 병력의 진행을 쫓거나 명령을 행사할 방법이 없었다.

이런 이유로 1930년대 후반까지 육군 통신대는 최초의 휴대용 무선장치(워키토키)를 개발하고 있었다. 이것은 전세계적 규모의 대치 상황으로 치닫던 제1차 세계대전의 살육을 피하기 위해 노력하던 중 일어난 일이었다. 나치가 전격 전술로 증명한 것처럼 무선으로 연결된 무기 체계의 네트워크(작전 의존형 보병, 전차, 항공기)는 전쟁의 미래적 흐름이었다. 제2차 세계대전이 막바지에 이르면서 휴대용 무선을 현실로 만든 전자 부품의 소형화는 군사과학 연구의 목표로 제도화되었다. 물질 규모를 횡단하는 이 여정의 첫 단계는 1940년대 후반 벨연구소의 트랜지스터 개발로 이루어졌다.

트랜지스터와 실리콘 칩 양쪽 모두 민간 발명자(각각 윌리엄 쇼클리William Shockley와 잭 킬비Jack Kilby)의 작품이었지만, 그것들의 초창기는 상업용으로는 지나치게 비쌌던 시기에 이러한 부품을 대량으로 소비했던 군에 의해 육성되었다. 가동부품이 없는 최초의 물리적 기계인 트랜지스터의 경우, 육군 통신대는 소비자 역할뿐만이 아니라 연구 기금의 50%를 지원하는 진정한 기업가로서의 역할도 했다. 또한 생산 설비의 건설비용을 떠맡았고, 시제품이 완성품이 될 때까지 응용 변환을 가속화하기 위해 엔지니어링 공정의 개발에는 보조금을 지원했다. 새로운 기술의 확산을 지원하는 회의를 협찬했고, 내부 조직의 안정성을 강화하기 위해서 공업 전반의 표준을 설정하는 어려운 과정을 도운 것도 군이었다.[43]

트랜지스터는 진공관처럼 가동부품이 있는 구성요소들이 일으키는 전기 회로의 한계들을 뛰어넘게 해주었다. 더 복잡한 회로도가 설계되기 시작하면 진공관의 크기뿐만이 아니라 그 불안정성과 에너지 소비량이 회로의 잠재적 복잡도에 대한 상한치를 설정하게 된다. 예를 들어 "1만 8천 개의 진공관 외에도 ENIAC은 약 7만 개의 저항, 1만 개의 콘덴서, 그리고 6천 개의 스위치를 포함했다. 전체 크기는 길이 100피트, 높이 10피트, 깊이 3피트로, 소비 전력은 140킬로와트였다.[44] 1977년까지 1만분의 1의 비용으로 20배의 계산 능력을 가지는 기계가 1제곱인치의 실리콘 칩 속에 짜 맞춰질 수 있게 되었다. 1980년대 소형화를 위한 새로운 군의 계획은 같은 실리콘 칩에 (당시의 수만 개의 수준을 넘어) 50만 개의 전자 부품을 담는 것이 목적이었다. 트랜지스터는 이러한 과정의 초기 단계에서 결정적인 역할을 했고, 전기 기술자는 더 복잡해진 회로를 꿈꿀 수 있었다. 그러나 트랜지스터 기반의 회로는 곧바로 '숫자의 횡포'라 불리는 또 다른 상한치에 부딪혔다.

앞에서의 숫자들이 말해 주듯이, 군사용으로 새 회로를 설계할 때마다 부품의 수가 점점 더 증가했다. 고체 물리 소자를 통한 이러한 부품의 소형화는 일부 문제들(전력 소비와 기계적인 오동작)을 해결했지만, 그 자체의 새로운 문제를 낳기도 했다. 부품이 작아지면 작아질수록, 서로 연결해서 회로를 형성하기가 점점 더 어려워졌다. 트랜지스터는 확대 렌즈와 한층 더 작은 납땜 기구를 이용해서 수작업으로 연결해야만 했다. 회로에 집적되는 부품들의 수가 증가하면 증가할수록, 수작업으로 한 수많은 연결 중 하나가 이상해져서 장비 전체가 쓸모없게 될 가능성도 높아졌다. 육군 통신대는 이러한 문제의 일부를 해결하기 위해 자동 납땜 공정을 설계했지만 '숫자의 횡포'를 이길 수는 없었다. 사실 육해공군은 각자 이 난관을 돌파하기 위한 해법을 발전시켰다.

옛날 방식대로 세 군사 기관은 각자 세 가지 다른 방향으로 해법을 찾았다. 해군은 세라믹 기판 위에 부품을 '인쇄'할 수 있는 '박막' 회로에 초점을 맞추었다. …… 육군의 공격은 여러 종류의 회로를 조립하기 위해서, 다양한 부품을 조합할 수 있는 레고 블록과 같은 '마이크로모듈' 개념에 중점을 두었다. …… 증가하는 미사일 함대로 인해 작지만 신뢰성 높은 전자 장치가 극심하게 필요했던 공군은 그 중에서도 가장 과감한 전략인 …… [이른바—인용자] '분자 일렉트로닉스'을 생각해 냈는데, 과학자들이 분자의 기본 구조 속에서 다이오드 등의 전통적인 저항기의 기능을 주는 어떤 것을 발견할 수 있으리라 생각했기 때문이다.[45]

군이 지원한 일련의 연구에서는 아무런 성과가 없었다. 숫자의 횡포에 대한 해법은 민간 연구소에서 발전되어 나오곤 했다. 즉, 각각의 부품을 만든 다음 연결을 시도하는 것이 아니라, 그것들 전부를 하나의 결정인 집적회로에 구성하는 방법이 그것이다.

트랜지스터는 모터로서 작동할 수 있는 최초의 물리적인 장치였다. 예를 들어 그것은 전기 증폭기의 형태로 가동부품 없이도 에너지 흐름의 순환으로부터 노동력을 추출할 수 있었다. 고체 물리 소자에서 전기 흐름은 '움직임 없는 기어', 즉, 실리콘 결정 내 반대의 전기 속성을 가지는 영역 간의 접촉면에 의해서 형성된다. 양전하인지 음전하인지에 따라 'P형'과 'N형'이라고 불리는 이러한 영역은 실리콘 결정 중에 미량의 다른 불순물을 첨가해서 유도될 수 있다. 또 결정의 '모터화'인 트랜지스터로의 변형은 P형과 N형의 영역 간 접촉면의 속성을 이용해 이루어질 수 있다.[46]

하나의 P-N접합은 전류가 흐를 방향을 제어하는 전기 회로의 기본 부품인 '정류기'로 작동할 수 있다. 또한 두 개의 맞닿아 있는 P-N접합은 '증폭기'로서 작동한다. 집적회로에 깔려 있는 기본 개념은 회로의 모든 구성요소가 고체 결정의 영역만을 요소로서 포함하는 어휘 내에서 표현될 수 있다는 것이다. 다음 단계는 회로의 모든 구성요소(저항, 콘덴서 등)의 '영역 언어'로 철저한 변환을 실행하는 것, 그리고 구체적인 영역 패턴을 가진 결정을 성장시키는 방법을 배우는 것이다. 그다음 금속으로 된 상호 연결은 결정 표면상에 인쇄될 수 있는데, 이 경우 분리된 결정의 광범위한 재연결은 제거된다. 이 어려움이 해결되자 숫자의 횡포로 회로 설계의 복잡성에 설정된 제한은 사라졌다. 마침내 집적회로가 탄생했던 것이다. 영역 패턴 기술과 금속 연결 인쇄 기술의 완성으로 이제는 하나의 실리콘 결정상에 믿을 수 없을 만큼 복잡한 회로를 만들 수 있다.

　최초의 집적회로는 트랜지스터처럼 시장에서 바로 경쟁하기에는 지나치게 비쌌기에 살아남기 위해서는 군과의 계약에 의지해야 했다. 집적회로는 기계지능을 미사일 기술에 이식시켰고, 따라서 유도 항법 시스템의 필수 부품이 되었다.[47] 그러나 군에 의한 새로운 산업의 양성은 트랜지스터의 경우처럼 그렇게 광범위하지 않았으며, 방위 계약은 곧 전체 시장에서 작은 비중을 차지하게 되었다. 1964년에는 군이 시장의 90퍼센트를 차지했지만, 1970년대 말에 이르자 10퍼센트 정도에 불과했다. 이러한 하락의 원인 중 하나는 '밀 스펙[군사 사양]'이라 불리는 관료적인 규정 때문이었다. 집적회로의 진화 속도를 따라갈 수 없는 이러한 검사와 규정들은 무기 체계를 위한 새로운 기술에 장애물이 되었다.[48] 집적회로의 집적도와 동작 속도는 1960년에 탄생한 이래 매년 배로 뛰어, 군의 조달 체계 속에 만들어진 내부의 검사 절차로는 따라잡을 수가 없었다. 한편으로는 군이 집적회로의 진화에 대한 통제권을 잃어 가는 상황을 해결하기 위해, 또 한편으로는 집적회로 산업을 지배하려는 일본의 시도에 맞서기 위해 미 국방성은 1980년 VHSIC 계획에 착수했다.

　VHSIC 계획은 두 가지 동시 전략을 따랐다. 첫번째, 그것은 특정한 군사적 응용을 위한 고밀도, 고속의 집적회로를 생산하기 위해 최신 설계와 제조 기술의 개발을 지원했다. 두번째, 새로운 집적회로 기술이 핵심적인 무기 체계에 최대한 빠르게 도입되도록 상업적인 집적회로 기업과 무기 제조업자를 결합해 계약자 팀을 형성했다.[49]

(그러나 새로운 기술의 운명에 대한 지배권을 거듭 주장하기 위해, 군은 기밀이 아닌 대학 연구의 출판물마저 제한하려 했고, VHSIC 계획에 의해 개발되는 모든 집적회로는 국제 무기 거래 규정 내에서 무기 인도가 가능한 군사 계약자에게만 팔 수 있도록 결정했다.)

트랜지스터, 집적회로와 같은 훌륭한 민간 발명품들 ──잠재적 복잡도의 한계로부터 전자 회로 설계를 해방시켰던── 을 통해서 보면 기술 자체의 내부 역학과 첨단으로 간주되는 기계적 필룸은 여전히 가치 있을 수 있다. 하지만 군은 이미 필룸의 진화, 그 첨단에서 벌어지는 사건들을 장악하기 시작했고, 필룸의 힘을 일정한 경로로 풀어 주었음에도, 잠재적인 변종에는 제한을 두었다.

군의 후원은 비용이 저렴해질 때까지 단지 기술이 성장할 수 있게 하는 것이라고 결론짓고 싶겠지만, 이런 단순한 '육성 정책'이라는 해석은 자세히 검토할 필요가 있다. 고성능 확산형 트랜지스터에 관한 미 육군 통신대의 강력한 홍보의 예에서 볼 수 있듯이, 군의 후원은 사실상 군 특유의 요구를 채워 주었던 신기술의 특정 변종과 긴밀히 연관될 수 있다. …… 기술적 양식 ──최첨단에 나타나는 산업구조와 기술을 포함한── 을 제시하는 복잡한 특징들은 1950년대의 군과 연관되었고, 계속해서 군사 기업과의 관계를 유지했다.[50]

앞 장에서 군의 생산 방식을 민간 영역에 강제하는 것은 지휘 통제 기반 전체의 이전을 동반한다는 사실을 확인했다. 예를 들어 19세기 초, 미군은 완전하게 부품 교환이 가능한 소형화기를 제조하기 위해서 무기 공장의 작업 양식을 변경했다. 미군은 이런 목적을 달성하기 위해 노동의 관례화와 표준화 방식을 도입했다. 이러한 방식이 노동 과정 합리화의 출발점이었다. 그것은 나중에 무기고 안에서 프레데릭 테일러에 의해 더 개선되었는데, 그의 주된 목표는 명령 계통을 단축시켜 생산 공정을 중앙집권화하는 것이었다. 부분적으로는 군사 계약자들의 압박 아래에서 민간 산업이 이러한 방법을 채택하게 되자, 그들은 대량생산 시스템뿐만이 아니라 직장에 그 시스템을 강제하는 데 필요한 지휘 통제 기반도 함께 채택했다. 이러한 '통제권의 몰수' 과정은 컴퓨터의 출현과 함께 그 정점에 도달했다. 공군의 자금 지원으로 개발된 수치 제어 시스템은 무기 제조 분야의 노동자로부터 모든 통제권을 효율적으로 빼낸 다음, 그러한 통제권을 상층부에 집중시켰다.

그러나 수치 제어(와 관련 방법들)는 의사 결정 회로에서 인간을 제거하여 효과적으로 지휘 계통을 단축할 수 있었지만, 그것은 노동자의 생산성에는 역효과를 주어 민간의 경제 분야를 약화시키기도 했다. 통제가 아닌 생산성 전체의 극대화에 주력한 독일과 일본은 오랫동안 미국 기업이 우위를 자랑해 온 분야에서 선두를 빼앗았고, 그 결과 미국은 19세기 이후 처음으로 기계 장비의 순수입국이 되었다.[51] 지난 두 번의 세계대전이 본질적으로 국가의 총 산업적인 잠재력이 승리의 열쇠가 된 병참 전쟁이었다는 것을 고려해 보면, 군사적인 지휘 규범이 민간 분야에 미치는 효과는 장기적으로 자기 파괴적일 뿐임을 알 수 있다.

전자기술의 분야에서도 비슷한 파괴적인 효과를 목격할 수 있다. 군은 방사선에 높은 저항을 가지는 집적회로처럼 민간 분야에서는 거의 가치가 없는 이색적인 기술 개발을 강조하는 경향이 있었다. 이것은 부분적으로 특정 선을 따라서 기술을 진화시키기 위해 군이 압력을 가한 결과로서, 다른 나라들은 덜 전문화된 집적회로의 제조에서 먼저 미국 기업을 따라잡은 후에야 선두를 넘볼 기회를 가지게 되었다. 예를 들어, 미 국방부의 최근 조사에 의하면 1975년에는 모든 주요 집적회로 제조회사는 미국이었지만, 1986년에는 불과 두 회사를 제외하고는 모두 일본 회사였다. ('전략적 광물'이라 여길 만큼 무기 체계에서 본질적인) 메모리 칩의 생산은 이제 완전히 일본이 지배하게 된 것이다.[52]

그러나 장기적인 병참 관점에서 보았을 때 집적회로 제조업자에 대한 군의 요구가 간접적인 영향 면에서 자기 파괴적이었다면, 고속 집적회로의 VHSIC 계획을 완전히 숨긴 군의 첩보 비밀은 한층 더 부정적인 효과를 줄 것이다. 현재 군은 연구 개발과 관련해 기업과 대학에서 오고가는 지식의 유통을 장악하면서 새로운 기술을 통제해 왔다. 이처럼 군은 과거에 배웠던 교훈을 잊고 있다. ARPANET이 1960년 후반에 작동하기 시작하자, 집적회로 설계자들의 자유로운 의사소통이 가능해졌고 생산성의 증가도 놀라울 정도로 향상되었다. 그러나 아이디어의 자유로운 교환은 생산적일지는 모르지만, 지휘 규범에는 반하는 것이었다. (IBM에 의해 처음으로 개발되었지만 나중에 버려진) 조셉슨 접합 컴퓨터가 전자의 터널 효과라는 보기 드문 양자물리학 현상을 이용한 것처럼, 설계자가 원자 현상의 이용 방법을 배우기 위해서라도 회로 구성의 소형화는 향후에도 계속될 것이다. 그러나 물리적 규모를 횡단하는 이 여정에는 이제 확고한 '스타일'이 주어졌다. 그것은 기계적 퓔룸의 분화와 같은 진화를 점점 더 지휘 규범의 요구에 복종시키는 군사적 스타일이다.

소프트웨어(Software)

우리는 인간의 신체라는 출발점에서 약탈기계의 신체로 들어온 소형화된 형태까지 논리구조의 장기적인 이주 운동에 대해 탐구했다. 이러한 논리기계의 이주는 그 여정의 첫 부분에서는 어느 정도 기술 자체의 동역학적인 힘(기계적 필룸)의 결과였고, 이러한 진화의 두번째 단계에서는 어느 정도 직접적인 군의 개입에 의한 결과였다. 자율 무기의 소프트웨어에 관한 기술적이고 군사적인 혈통을 탐구하면서, 이번에는 논리기계가 아닌 제어기계들의 유사한 이주 현상을 찾을 것이다. 이미 본 것처럼 컴퓨터 하드웨어는 문장들 간에 진리를 전달하는 '컨베이어 벨트'의 기계화를 포함한다. 반면 소프트웨어는 '논리적 자원'이 아닌 그러한 자원을 동원하는 수단을 기계화하는 것이다.

소프트웨어가 컴퓨터 하드웨어에 들어 있는 자원을 동원하는 방법을 '제어기계' 또는 단순히 '제어'라 부르자. 하드웨어 역사가 인간의 신체에서 기계로 옮겨 가는 연역적인 컨베이어 벨트의 이주를 포함했던 것처럼 소프트웨어의 진화도 몇 가지 단계의 제어[통제권]의 이주를 필요로 했다. 이 인간에서 기계로 제어가 이주하는 첫걸음은 노동 분업의 합리화에서 처음 시도된 긴 역사적인 과정의 일부분이었다. 이 과정은 군사 기술자의 노력으로 주된 추진력을 얻었지만, 직물 산업과 같은 특정 민간 분야에서도 발전을 이루었다. 최초의 소프트웨어 형태는 천공 카드의 형태로 저장된 무늬 직조 절차였다. 이것이 1805년에 자카드(Joseph Marie Jacquard)에 의해 도입된 자동 직조기였다. 그의 장비는 인간 노동자로부터 직조 공정의 제어를 효과적으로 빼내 자동 직조기의 하드웨어에 이식했다. 이것은 새로운 이주의 시작이었다. 두번째 단계는 같은 19세기 제어가 하드웨어에서 소프트웨어로 이주했을 때에 이뤄졌다. 그때 주 프로그램은 정해진 과정을 시작시키고, 하드웨어의 자원 활용을 감독하는 책임을 얻었다.

마지막으로 지난 30년간의 인공지능 연구는 더 인간적인 프로그램을 작성하기 위해서는 주 프로그램이 아닌 주 프로그램이 작용하는 데이터 그 자체에 정해진 과정의 제어가 속해야만 한다는 사실을 분명히했다. 로봇의 마음은 데이터베이스로 구성된다고 생각할 수 있는데, 그 안에서 외부 세계는 그것의 변화를 반영하는 '센서'를 통해 재현된다. 요컨대 프로그램에서 데이터로 제어가 이주함에 따라 외부의 사건이 내부 과정을 촉발하게 된다. '데몬'을 통해 이 정도의 제어 분산이 이루어졌을 때, 기계는 자기 자신의 '마음'을 획득했다고 할 수 있을 것이다. 그러나 로봇이 정말 마음을 가질 수 있을까?

이러한 의문에 대한 명확한 답은 없다. 기계지능을 위한 특정 기준을 수립하고 실제 로봇이 이 기준을 충족하는지 살펴보는 수밖에는 없다. 1950년 앨런 튜링은 기계지능을 판별하는 시험을 제안했는데, 이것은 기본적으로는 연기력 시험이었다. 인간과 컴퓨터를 각기 분리된 방에 넣고 두번째 인간에게 질의응답을 통해 어느 쪽이 인간이고 어느 쪽이 컴퓨터인지를 맞추게 한다. 만약 컴퓨터가 인간 질문자를 속일 수 있다면, 적어도 지능의 원초적인 형태를 갖고 있다고 할 수 있을 것이다. 그러나 이 단순한 시험은 정해진 답변 목록을 기반으로 한 최근의 많은 인공지능 프로그램들을 고려하여 개선되어야만 했는데, 이 프로그램들은 그럼에도 인간 사용자를 속여 본인들이 믿음과 욕구를 갖고 있는 것처럼 보이는 데 성공했기 때문이다. 적절한 예로 엘리자(ELIZA)라는 이름의 프로그램이 있다. 크게 놀란 개발자는 다음과 같이 말한다. "엘리자는 본인과 대화를 나눈 많은 사람들이 그 대화내용을 자신이 이해했었다고 믿게 만드는 최고로 놀라운 환상을 창조했다." 프로그램은 단지 정해진 대답의 견본을 이용했었고 진정으로 그들과 대화한 게 아니라는 이야기를 들었을 때, 피험자들은 이러한 설명을 무시했을 뿐만 아니라 "종종 사적으로 그 시스템과 대화하기를 요구하곤 했다".[53]

이러한 반응들을 '기계의 마음'이 창발한 획기적인 사건으로 삼을 수 없다는 것은 분명하다. 우리는 기계에게 믿음과 욕구뿐만 아니라, 기계가 그러한 믿음과 욕구에 따라 행동하는 경향도 귀속시킴으로서 튜링 검사를 강화해야 할지도 모른다. 예를 들어 체스를 두는 컴퓨터의 경우 기계에게 믿음을 귀속시키면 우리는 그 기계의 경기 전략을 그러한 믿음에 기초한 것이라 기대한다. 사실 참가자가 체스를 두는 컴퓨터에게 믿음을 귀속시킬 때 그들이 그렇게 하는 것은 그 기계가 실제로 그런 믿음을 갖고 있다고 생각하기 때문이 아니라 믿음 귀속이 기계의 미래 행동을 예측하기 위해서 기계의 과거 행동을 체계화하는 방법이기 때문이다. 어떤 구체적 믿음들을 그 컴퓨터에 귀속시킬지가 미래 행동의 예측과 관련해서 세계의 모든 차이를 만든다. 반면 엘리자의 경우처럼 일반적인 의도성을 부여하는 한, 구체적 믿음들을 기계에 귀속시켜도 어떤 차이를 만드는 일은 없다.

좀더 자세하게 체스를 두는 컴퓨터의 예를 살펴보자. 말하자면 한 번의 동작을 하는 데 10시간이나 걸리는 기계와 대전하는 경우 그 기계와 대면하고 있다고는 할 수 없다. 우리는 내부 설계를 논리적으로 따져 보며 우리는 그것을 간접적으로 인간에게 종속당한 똑똑한 기계로 볼 것이다. 그러나 기계가 실시간으로 반응하기 시작하면, 즉,

인간과 같거나 더 빠르게 체스를 두기 시작한다면 모든 것이 달라진다. 그때 우리는 기계를 자신만의 믿음과 욕구를 가진 체스판의 상대로서 만날 수밖에 없다. 다른 말로 하면 실시간으로 기계가 체스를 두면 "그 기계는 그 내부 논리의 이런저런 특징 때문에 그 움직임을 낳았다"라는 사실에 의해서 전략을 짤 여유가 없다. 그 대신 우리는 "기계는 여왕을 막기 위해 내가 비숍을 여기에 두었다고 믿고 있지만, 진짜 의도는……" 이거나 "그 기계는 게임을 무승부로 끝내길 원한다" 등의 문제와 그 기계의 전략을 연관시켜야만 한다. 전문 용어를 사용하자면 기계는 우리가 그들에 대해 '지향적 태도'를 갖도록 강요한 것이다.[54]

한쪽 구석에서 자라는 식물이 "빛을 찾고 있다"라고 할 때처럼, 우리는 어떤 것에 대해서 '지향적 태도'를 취할 수 있다. 그러나 우리가 지향적 태도를 강요당하는 상황은 크고 머리가 좋은 동물을 사냥할 때처럼 적대적인 관계에 들어설 때뿐이다. 우리는 그런 동물에게 잘못된 믿음을 주기 위해 덫을 놓고 숨어 있을 장소를 찾아야 한다. 다시 말해, 동물을 지향성 체계(intentional system)로 다뤄야 하며, 그렇지 않으면 계획은 실패할 것이다. 적대적인 상황에서 기계를 지향성 체계로 다뤄야만 한다면 기계지능에 대한 좋은 기준이 될 수 있다. 약탈기계의 경우 우리는 '지향성의 지평'에서 그들과 싸워야 할 뿐만 아니라, 그들이 우리를 그들의 먹잇감인 믿음과 욕구를 가진 예측 가능한 조립체로 다룰 거라 가정할 수도 있다. 그때 이 상황은 '마음' 혹은 '합리적 의지' 간의 충돌일 것이다.

그러나 적대적인 관계를 제외하면, 기계가 인간에게 지향적 태도를 강요하는 상황과 일부 기발한 모의실험에 빠져 이 태도를 취하는 상황은 점점 구별이 어려워지고 있다. 우리가 체스 게임에서 벗어나 기계적인 문제 해결과 같은 더 일반적인 영역으로 들어선다면, 지능적 행동의 기준을 더 정교하게 만들어야 한다. 예를 들어 전문가 시스템(매우 특수한 전문 분야에서 일하는 로봇 조언자)에서 지능 테스트는 그 분야의 전문가에 의해서 행해져야 한다. 만약 전문가가 기계가 하는 조언이 적절할 뿐만 아니라, 그 기계가 추론 과정을 설명할 능력이 있다는 것까지 동의한다면, 아마 인간은 그 기계에 지능적 체계의 지위를 부여해야 할 것이다.[55]

로봇이 자신의 '마음'을 얻게 되는 요인 중 하나가 통제권을 주 프로그램으로부터 데이터베이스의 객체로 분산시키는 것임을 보았다. 인간으로부터 하드웨어로, 하드웨어로부터 소프트웨어로, 소프트웨어로부터 데이터로의 통제권의 이러한 이주는 기계지능의 원천이며, 따라서 자율 무기 체계의 기원이다. 달리 말하면, 아리스토텔레스의 삼단논법으로부터 불 계산으로의 이행은 시계태엽장치로부터 모터로의 이행과 같은 변종의 사례로 볼 수 있다. 시계태엽장치가 지구상의 지배적인 기술이었던 2천 년 동안, 사람들은 기어 메커니즘의 모델에 따라 기계(군대, 과학 이론, 논리적 표기)를 조립했다. 삼단논법은 논리적 '뮤직 박스' 혹은 장난감 자동인형, 즉, 미리 결정된 경로를 따라서 동작(혹은 진리)을 전달하는 작은 기계로서 그려 볼 수 있다. 반면에 모터는 단지 운동을 전달하는 것만이 아니라 운동을 생산할 수 있다. 따라서 불이 발명한 계산은 계산에 의해서 새로운 진리를 생산할 수 있는 논리적 모터이다.

튜링기계는 추상 모터의 구현으로 그려 볼 수도 있다. 튜링기계의 하드웨어는 AND-OR연산자로 구성되었고 불 논리의 저장고를 이용한다. 그리고 프로그램과 데이터의 차이를 이용해 통제의 흐름이 컴퓨터 내에 조직되어 모터의 '순환' 부품을 구성한다. 이 부품의 가장 단순한 형태는 'if... then' 연산자다. 만약 조건 X가 충족되면 Y를, 그렇지 않다면 Z를 실행한다. 이것을 '조건 분기'라 부르는데 소프트웨어의 역사상 핵심적인 요소이기도 하다.

프리드리히 대왕의 밀집방진이 궁극의 시계태엽장치 군대라면, 그리고 나폴레옹의 군대가 역사상 최초의 모터를 대표한다면, 독일의 전격전은 최초의 분산형 네트워크, 즉, 무선 통신을 통해 다양한 요소를 통합한 기계의 최초 사례이다. 시스템에서의 정보 흐름이 에너지의 흐름보다 더 중요해지자, 물리적으로 서로 접촉하는 부품이 있는 기계로부터 지리적으로 엄청나게 떨어진 채 작동하는 부품이 있는 기계로 무게중심이 바뀐 것이다. 만약 튜링기계가 추상적 모터의 예라면, 주어진 하나의 문제에 대해서 몇 가지 컴퓨터가 동시에 작동하는 상태는 시계태엽장치-모터-네트워크라는 계열의 세번째 단계, 즉, 병렬식 컴퓨터에 대응한다.

최신의 컴퓨터에 구현된 표준적인 튜링기계라도 정보를 순차적으로 처리한다. 즉, 기계가 주어진 문제를 풀기 위해서라도 그 문제는 한 번에 하나씩 수행할 수 있는 일련의 단계로 분석되어야 한다. 기계지능의 탄생은 한 번에 하나씩이라는 방법, 즉, '순차적 절차'와 같은 기계적인 수준에서 동시에 한 문제의 여러 측면을 다룰 수 있는 '병렬적 절차'의 수준으로 이행하는 소프트웨어를 설계하는 것을 의미한다. 병렬처리로 인해 처리 속도의 극적인 향상뿐만 아니라 엄격하게 정해진 일련의 단계를 쫓지 않고, 수많은 요인을 동시에 고려하는 것으로 전략을 가다듬는 더 '인간적'인 시스템이 개발될 것이다. 병렬 계산의 일부 형태는, 자율 무기를 현실로 만드는 데에 필요하다. 엄밀히 말하면 진정한 병렬 계산을 완성하는 문제는 하드웨어의 문제이다. 현재 튜링기계를 넘는 컴퓨터를 창조하기 위해 기묘한 이름(연결형 기계Connection machines, 하이퍼 큐브Hypercubes)을 가진 다수의 기계가 조립되고 있다.

　오랫동안 병렬 처리는 소프트웨어 단계에서 추구되었다. 현대 컴퓨터의 하드웨어가 본질적으로 순차적(모든 기계 연산이 한 번에 하나씩 실행되는)이지만, 컴퓨터 언어의 설계자는 튜링기계의 흉내 내는 능력을 이용해 병렬처리를 모방할 수 있었다. 사실 그것이 데몬의 본질이다. 하드웨어 단계에서는 여전히 모든 것이 순차적으로 일어남에도, 데몬은 병렬적으로 데이터베이스의 검사를 흉내 냈다.

　하드웨어 단계에서 진정한 병렬처리는 없기에, 소프트웨어의 역사는 순차적 처리가 기계지능에 강제한 한계들과의 투쟁으로 볼 수 있다. 그러나 이 투쟁을 인간의 신체로부터 데이터 그 자체로의 통제권의 이주로 본다면, 이 이주가 소프트웨어보다 훨씬 선행한다는 사실은 분명하다. 정말로 산업 공정은 인간 기반으로부터 하드웨어 기반, 프로그램 기반을 거쳐 최종적으로는 데이터 기반으로 이행했다. 몇몇 기술적 혈통들은 하나의 생산 과정 속에서 노동자에게 허용되는 통제권의 정도에 따라 분류될 수 있다. 예를 들어 정해진 기능 순서를 가졌던 전동 도구에서 시작해서, 가동 부품의 도입에 의해서 작동하는 기계, 오류를 감지하고 그에 따라 상태를 변화시킬 수 있는 기계, 필요한 행동을 예측해 그에 따라 자신을 조정하는 기계로 발전했다는 분명한 순서가 존재한다. 이러한 일련의 과정 속에서 생산 과정의 제어가 기계로 이주되자 노동자에게 요구되는 기술 수준은 점점 줄어들었다.[56] 노동자는 통제권을 잃었고, 기계는 그것을 얻었다.

이런 의미에서, 소프트웨어의 기원은 자카드가 무늬 직조기를 위해서 제어 메커니즘을 도입한 1805년까지 거슬러 올라갈 수 있다. 직조 과정의 제어를 카드상에 뚫린 일련의 구멍으로 코딩하려고 한 자카드의 발상은 실제로는 기존의 개념들을 한 세기에 걸친 실험으로 정교하게 완성시킨 것이었다. 그러나 우리의 관점에서 자카드의 장치는 종이 카드의 뚫린 구멍에 저장된 원시적 프로그램, 즉 최초의 소프트웨어 형태로 제어(와 구조[57])를 인간 신체에서 기계로 이식했다고 말할 수 있다. 다시 말해 끊임없이 연결되어 순서대로 해야만 하는 엄밀한 단계의 제어를 이식한 것이었다. 19세기 초 원시적인 유형의 컴퓨터(분석 엔진)를 설계한 찰스 배비지(Charles Babbage)는 기계적 계산 작업의 미래를 위해 자카드 직조기의 중요성을 깨달았다. 배비지는 노동 과정을 연구했으며, 직조 과정을 제어하는 작업지시표의 개념을 '추상 조립라인'의 형태로 파악했다.

사실 그는 '추상 노동자'의 탄생을 넘어 '추상 관리자'를 발명했다. (결국 완성 못한) 분석 엔진을 위한 작업지시를 카드에 코딩한 후, 배비지는 "기계 자신의 검사 기준에 맞춰 작업지시표의 흐름 속을 뛰어넘거나 반복하면서 앞과 뒤로 이동이 가능해야 한다는 핵심적인 개념을 얻었다". 이로 인해 조건 분기 형태의 제어 연산자인 'if 조건문'을 기계화하는 것이 가능했다. 만약 작업 지시표를 추상 조립 라인으로서 여긴다면,

그때 '조건 분기' 장치는 노동자의 반복 작업뿐만 아니라, 경영에서의 검토, 결정, 통제 작업에 대한 구체적 명시와 유사할 것이다. 배비

그림1

8. 자율 무기 체계

인공지능(AI) 연구를 전쟁기술에 응용하자 PROWLER(그림1)와 같은 로봇 무기의 첫 세대가 생산되었다. 이것이 스스로 인간을 사냥하고 죽일 수 있는 신종 기계, 즉, 약탈기계의 시작이 될 것인가? 자율 무기는 1984년 미 국방부의 『전략적 컴퓨터 활용』이라는 제목의 보고서에 나와 있는 인공지능 응용의 하나에 불과하다. 다른 응용들로는 지휘관의 전투계획을 설계하고 실행하는 일을 돕는 '전투 관리 조언자'와 지금까지 없었던 복잡한 항공기를 다루기 위해 조종사를 보조하는 '조종석 조언자'가 있다. 이런 응용은 군사 기술자들의 새로운 역할을 암시한다. 이제 군사 기술자는 과학을 전쟁기계에 접속시켜야 할 뿐만 아니라, 로봇 전사가 인간 측 전사처럼 논리적으로 생각할 수 있게끔, 과학자 개인의 전문성을 노하우와 발견적 지식의 저장고인 지식 베이스에 이전시켜야 했다. (제2장 '전문성' 참조)

지는 이런 발상을 얻기 좋은 위치에 있었고, 그의 저서 『기계와 제조의 경제에 대하여』는 현대 경영의 기초가 되었다.[58]

만약 이것이 제어 이주의 첫 단계라면, 다음 단계는 하드웨어로부터 프로그램 언어로의 계산 과정(조건 분기)의 이동이었다. 이 이동은 제1차 세계대전이 끝나고 앨런 튜링이 그가 꿈꾸던 기계인 ACE 컴퓨터에 대한 작업을 시작했을 때에서야 일어났다. 튜링은 이 통제권의 이동을 보편만능 기계의 숨은 능력을 활용하여 완수했다. 즉, 프로그램은 데이터와 똑같이 저장된다는 사실로 인해 마치 데이터인 것처럼 수정이 될 수 있었던 것이다.

튜링은 자기 자신을 변경할 수 있는 프로그램이 작성될 수 있고, 이로 인해 주 프로그램은 제어를 하위 프로그램에 양도한다는 사실을 깨달았다. 그것은 특정 하위 작업을 실행한 다음 제어가 되돌아가야 할 곳을 알기 위해 주 프로그램 자체를 재작성하는 것이다. "제어의 양도가 원초적인 메시지 양도 기능——제어가 어디서 왔는지 알 수 있는 최소한의 부분으로 나중에 제어가 되돌려질 수 있는——과 결합되었을 때, 하위루틴이 태어난다. 그리고 하위루틴은 중첩될 수 있기 때문에 …… 제어 계층 개념도 등장한다."[59] 주 프로그램은 특별한 작업을 실행하도록 설계된 하위루틴에 제어를 양도한다. 하위루틴 자체는 한층 더 단순한 작업을 실행하는 한층 더 단순한 프로그램을 호출할 수 있다. 이러한 계층은 몇 가지 층으로 계속될 수 있다. 각각의 하위 프로그램은 자신의 작업을 마치면, 고차의 하위루틴으로 제어를 되돌려 최종적으로는 주 프로그램까지 그것을 되돌린다. 제어는 하드웨어의 하나의 중심기관에 엄격히 고정되는 것은 아니다. 필요한 때에 실행될 수 있는 하위 목표를 하위 단계가 정의하는 동안 상위 단계는 달성해야 할 전체적인 목표를 정의하는 그러한 계층 속을 상하로 순환한다. 따라서 계산 과정의 제어는 하드웨어에서 그것의 소프트웨어(주 프로그램)로 이주했다고 말할 수 있다.

이런 구조가 더 유연한 프로그램의 생성을 허용했음에도, 기계지능을 로봇에게 부여할 수 있는 종류의 소프트웨어는 프로그램이 지휘하는 계층적인 제어 흐름을 넘어서야 한다. 그렇지 않으면 모든 루틴은 프로그램되어야 할 것이며, 모든 우연이 그것을 위해 계획되어야 할 것이다. 어떤 의미에서 이런 프로그램의 활동은 제한된 명령의 목록만을 따르기에 시계태엽장치 수준으로 남아 있을 것이다. 그러한 주 프로그램은 조만간 지나치게 비대하고 관리하기 어렵게 될 것이며, 사실상 로봇지능의 새로운 진화에 진정한 장애물이 될 것이다. 복잡성이 특정 수준에 이르렀을 때, 계층화된 제어 구조의 결합방식이 폭등하는 것을 피하기 위해, 인공지능 연구자들은 1960년대에 데이터 스스로 제어 에이전트로 작동하게 하는 소프트웨어 언어를 설계하기 시작했다.

이런 언어들('객체 지향'이라 불리는)은 스몰토크(Smalltalk)와 같은 시스템 속에 예시되었다. 스몰토크에서는 계층적인 제어 시스템은 소프트웨어 객체의 이질적인 질서에 의해 대체된다. 즉, 달성해야 할 '작업의 본질'을 담고 있는 주 프로그램은 없으며, 또 그 작업의 각각의 요소를 실행하는 하위 프로그램들도 없다. 오히려 프로그래머는 많은 다른 프로그램들(일의 진척을 보고하기 위해 서로서로 메시지를 전달할 수 있는) 속에 각각의 작업의 본질을 구현할 수 있게 허용되었다. 이런 계획은 주어진 일을 보다 유연한 방법으로 실행하게 만든다.

왜냐하면 임무는 특정 프로그램 속에 엄밀하게 구현되어 있는 것이 아니라, 서로 다른 상황에 맞춰 서로 다른 순서로 작동할 수 있는 여러 작은 모듈의 전체적인 협조에 따라 달성되기 때문이다.

패턴 인식의 복잡성 등과 같은 인공지능 연구의 어려운 문제들을 다루기 위해 제안된 하나의 방법은 (앨런 케이Alan Kay 등이 개발한 '스몰토크' 언어와 유사한) 칼 휴이트(Carl Hewitt)의 이른바 '행위자'(actor)의 형식화이다. 여기에는 프로그램이 상호작용하는 '행위자'의 집합으로 작성되어 있으며, 행위자는 복잡한 '메시지'를 자기들끼리 주고받을 수 있다. 행위자에 의해 교환되는 메시지는 제멋대로 길고 복잡해질 수 있다. 메시지를 교환하는 능력을 가진 행위자는 어느 정도 자율적인 에이전트, 즉, 자율적인 컴퓨터까지 될 수 있는데, 여기서는 메시지가 약간 프로그램과 같은 존재라고 할 수 있다. 각각의 행위자는 주어진 메시지를 해석하는 자신만의 독특한 방법을 가질 수 있다. 따라서 메시지의 의미는 그것을 잡아내는 행위자에 달려 있다.[60]

이보다 더 탈중앙화된 구조는 앨런 뉴웰(Allen Newell)의 생성 시스템(Production System)의 형식화에 의해 이루어졌다. 이 시스템은 '생성'으로 불리는 조건-행동의 쌍으로 구성되며, '생성'은 '작업장'이라 불리는 공공 게시판 같은 구조에서 일하는 작은 관료와 같다.

생성 시스템의 원형인 '순수한' 버전에는 제어 전달연산자[하위루틴―인용자]는 없다. 명령을 내리거나, 권한을 위임하거나, 심지어 다른 (개별) 관료에게 메시지를 보내는 관료도 전혀 없다. 모든 메시지는 널리 공개되는데, 작업장의 내용은 어떤 생성[제작production]에서도 볼 수 있게 되어 있고, 현재의 작업장 내용에 우연히 충족되는 조건을 갖는다면 어떤 생성이라도 제어는 언제든지 손에 넣을 수 있기 때문이다.[61]

독립적인 소프트웨어 객체는 다양한 설계와 명칭(행위자, 객체, 생성 규칙, 선행 정리, 조건부 추가 방식, 데몬, 서번트 등)을 갖고 있지만, 우리의 목적에 맞게 모두 '데몬'으로, 그리고 데몬이 만드는 공간은 '판데모니움'(Pandemonium)으로 부를 것이다.[62] 이 구조에서 제어가 더 높은 권한에서 더 낮은 권한으로 넘어가는 일은 없다. 계층 단계는 없고, 실행 요구가 있을 때면 언제든지 제어를 획득하는 데몬의 이질적 질서만이 존재한다. 이 구조로 인해 데이터베이스(혹은 그 안의 패턴)는 계산의 흐름을 제어할 수 있다. 만약 데이터베이스의 패턴이 외부 세계의 변화를 반영하고 있고, 그다음 데몬이 계산과정을 세계 자체가 제어하도록 허용한다면, 말한 바와 같이 이것야말로 로봇을 세계의 변화에 반응하는 존재로 만드는 것이다. 판데모니움은 자카드가 시작한 인체에서 기계로의 통제권의 이동이라는 긴 이주 과정의 현 단계를 대표한다.

그러나 일반적인 로봇, 특히 로봇 무기는 변화하는 환경에 적응하기 위해 유연한 제어 구조 이상의 것이 필요하다. 즉, 그들은 그들 자신의 문제 해결 능력이 필요하다. 판데모니움과 같은 정교한 컴퓨터 구조로 인해 인간 프로그래머는 모의실험을 통해 하드웨어의 자원을 최적화할 수 있지만, 본질적으로 그들의 활동 범위는 인간의 통제하에 있다. 문서 편집기 이상의 것이라도 그것이 추상적 타자기인 한 인간 입력자에 의존한다. 그리고 당연해 보이듯이 다음 단계는 보통 추상적 입력자 혹은 더 일반적으로 추상적 노동자일 것 같지만, 사실은 그렇지 않다. 다음 단계는 인간/기계의 이분법을 영구화하거나 권한 없는 도구와 그것을 통제하는 인간을 추상화하기보다는 그 둘을 추상적 인간-기계의 배치로 융합하는 것이 될 것이다. 이것이라면 로봇의 마음일 수 있다.

로봇 마음의 진화를 충분히 추적하기 위해서는, 논리학의 역사에 대해 몇 가지 이해할 필요가 있다. 나는 앞서 논리적 연산이 하나의 문장에서 다른 문장으로 진리를 전달하는 컨베이어 벨트 시스템이라는 사실을 언급했다. 연역 체계는 상대적으로 쉬운데, 일반 원리(공리)에서 개별 사실(정리)로 진리를 전달하기만 하면 되기 때문이다. 반면 귀납 체계는 더 어려운 작업이 필요하다. 즉, 개별적인 증거("이 에메랄드는 녹색이다")에서 사물의 전체 유형에 적용되는 일반 원리("모든 에메랄드는 녹색이다")로 진리를 '끌어내야' 한다. 귀납적인 컨베이어 벨트를 기계화하는 문제는 경험으로부터 배울 수 있는 기계를 만드는 것과 같다. 물론 이는 자율 무기 체계를 만들 때에도 필요한 것이다. 전문 용어를 사용하면 귀납 추론(개별 명제에서 일반 명제로 진리를 끌어내는)을 실행할 수 있는 '추론 엔진'의 설계는 로봇 연구의 중심이다.

귀납 추리를 하는 기계는 현재 존재하지 않지만, 인공지능 연구는 그런 기계화된 귀납 계산과 비슷한 것을 생산해 왔다. 기본적인 아이디어는 단순한 연역 계산(진리를 '아래 방향으로' 전달하는 능력)을 시작으로 그 내부에서 진리를 끌어내는 방법을 만드는 것이다. 진리는 자연스럽게 공리에서 정리로 흐른다. 즉, 일반 원리가 주어지면 단순한 기계라도 그로부터 다양한 결론을 이끌어 낼 수 있다. 그러나 반대 방향의 작업——정리가 공리로부터 추론될 수 있다는 사실을 증명하는 것——은 훨씬 더 이루기 어렵다. 훨씬 더 어렵지만 불가능한 것은 아니다. 만약 그럭저럭 진리를 정리에서 공리로 끌어낼 수 있다면 원초적 귀납 계산은 얻어진 것이며, 이것이 진정한 기계지능의 시작일 것이다.

일본인이 그들의 제5세대 컴퓨터 개발을 위해 선택한 컴퓨터 언어 PROLOG는 이러한 구조에 기반하고 있다. 이것은 연역 계산(프레게Gottlob Frege의 술어 논리)과 그 계산에서의 정리들을 증명하는 방법을 구현한다. 제어 구조의 진화가 직렬에서 병렬 계산 형태로의 변종으로 보이듯이 로봇지능의 변화도 그런 관점에서 상상할 수 있다. 정리 증명은 로봇의 문제 해결에서의 순차적인 단계를 표현한다. 이 단계에서 문제 해결능력은 진리를 정리에서 공리로 끌어내는 작업에 의해 모델화된다. 질문에 대한 지능적인 응답과 같은 다른 활동은 정리 증명의 특수한 경우로서 다루어진다. 예를 들어, 인간이 낸 문제는 타당성이 입증되어야 하는 공식으로서 다루어진다. 그리고 정리를 위한 증명을 발견하는 작업은 만족할 만한 해답에 이르는 활동의 모델로서 이용된다. 정리 증명의 작업은 기계적으로 모순을 찾아 정리의 부정을 논박하는, 단 하나의 추론 규칙(도출 원리)으로 환원될지도 모른다.[63] 그러나 단 하나의 문제 해결 전략이라는 통일성과 우아함은 새로운 상황에 대한 융통성 부족이라는 대가를 치른다.

보다 병렬적인 구조는 데몬 속에 추론 규칙을 끼워 넣는 것으로 완성될 수 있다. 데몬은 추론 과정을 연결하는 순차적인 작업에 유연성을 추가해 개별적인 진술의 진리를 데이터베이스에 저장된 일반적인 진술로 이끈다. 데몬을 이용하는 프로그램은 정리 증명이든, 혹은 더 일반적으로 일정 조건을 충족시킬 때까지 세계 모델을 수정하는 일이든 주어진 목표를 달성하기 위해 다양한 전략 계획을 만들 수 있다. 예를 들어 로봇을 걷게 만들려면 로봇의 내부에 있는 세계 모델은 보행에 필요한 여러 자세의 신체를 재현해야 한다. 이 경우 지능 프로그램의 목적은 행동 통합을 실행하는 것, 즉 로봇을 초기 상태로부터 원했던 최종 위치까지 갈 수 있는 데몬 조작 순서를 생성하는 것이다.

정리 증명으로 인해 로봇은 문제들을 해결할 수 있으나, 단지 개별적인 데이터로부터 진리값을 끌어내 데이터베이스에 저장된 일반 원리로 진리를 끌어내는 조작에 의해 모델화가 된 문제들에 한정된 것이다. 많은 종류의 로봇 행동이 이처럼 모델화되었음에도, 정리 증명은 로봇에게 기본적으로 동일한 전략을 통해 많은 다양한 문제들에 접근하도록 강요한다. 정리 증명에서 판데모니움 로봇으로 전환함으로써, 로봇은 주어진 문제의 독특한 본성에 따라 다른 전략적 접근을 생성할 수 있게 된다. 뿐만 아니라, 이런 접근법의 최근 성취로 인해 로봇은 공격 계획을 추상화의 다양한 단계에서 작성하게 되며, 사소한 정보에 휘둘리지 않은 채 최적의 결과에 도달하게 되었다. 대국적인 전략 접근법은 세부사항은 가능한 많이 배제하고 그 계획의 주요 단계만 실행하는 프로그램에 따라 처음에 대략적으로 작성된다. 그다음에야 더 자세한 하위목표들에 관심이 집중된다. 그러나 HACKER나 ABSTRIPS와 같은 프로그램에 의해 예시되는 이러한 유연한 접근법조차 주어진 문제를 엄밀한 순서로 실행되는 일련의 동작으로 분해한다. 로봇의 '마음'에 관한 병렬주의의 구현은 데몬의 배치를 위해 매우 특별한 구조를 포함한다.

ABSTRIPS의 계획 능력은 많은 경우 효과적이지만 상위수준의 계획으로 확인된 하위목표들의 효과와 선행조건들 사이에 상호 작용이 존재하는 문제들의 경우에는 최적의 해법을 찾는 데 충분히 강력하지 못하다. ······본질적인 이유는 이러한 프로그램이 하위목표를 추가적인 것으로 가정하는 선형적인 계획 전략을 쓰기 때문이다. 하위목표들의 추가는 순서대로 이뤄질 수 있다. ······ 대조적으로, NOAH 프로그램에서는 각 단계의 최초 계획은 비선형적이다. 즉, 그것은 하위목표를 위해 일시적인 명령을 지정하지는 않지만, 그냥 '병렬적으로' 수행되는 논리적 결합으로서 그것들을 표현한다.[64]

NOAH에는 '비판자들'로 불리는 특별한 데몬들이 전체 계획을 감독하고, 필요하면 제약조건을 추가하면서 전체를 계속해서 조절한다. 이런 데몬들은 문제의 해법이 한 번에 하나씩 실행되는 일련의 동작으로 표현될 수 있다는 사실을 미리 가정하지 않는다. 대신에 데몬들은 해법의 여러 구성요소를 각각 배치해, 그 특성에 맞게 전략을 조정하며, 이런 식으로 순차적 해법을 막을 수 있다. 이런 과정의 최종 단계에 접어들면, 요구된 최종 목표의 완수를 목표로 하는 다른 하위목표들이 거의 동시에 수행된다. 그러나 노아 같은 프로그램은 상충되는 하위목표에 직면했을 때 다른 접근법을 제안할 정도로 충분히 창의적이지는 않다. 하지만 이런 일반적인 방향성을 갖는 연구가 로봇의 '마음' 설계에서의 병렬 단계를 낳고 있다. 결국 점점 더 복잡한 환경에서도 약탈기계가 작동할 수 있는 문제 해결을 위한 비순차적 접근법이 그것이다.

우리는 지금까지 어떻게 제어의 분산, 다시 말해 컴퓨터 언어 설계의 전술적 수준과 로봇 문제 해결의 전략적 단계 양쪽에서의 분산이 현실 세계의 어려운 문제에 유연하게 반응하는 능력을 기계에 주었는지를 확인해 보았다. 다른 말로 제어의 분산으로 기계는 현실 세계의 사건들 혹은 세계가 직면한 문제와 상황들의 성격에 의해 구동되게 되었다.

판데모니움 없이는 로봇은 미리 형성된 해결책을, 즉 주 프로그램에 구현된 제어 흐름의 엄격한 구조 혹은 정리 증명과 같은 기계 추론의 개별 형태에 따라 도입된 엄밀한 문제 해결 전략 중 하나를 강제해야 한다. 두 경우 모두 주 프로그램과 주 전략이 기계의 작동방식을 결정한다. 반면 '병렬' 소프트웨어의 경우 기계는 새로운 경험과 외부 세계의 도전에 더 적응력을 가지게 된다. 세계 자체는 어떤 데몬이 과정상의 통제권을 손에 넣을지 혹은 어떤 개별 전략(데몬 행동들의 순서)을 로봇이 주어진 문제를 풀기 위해 전개할지를 결정한다. 데이터 베이스 내의 변화의 특성 혹은 당면한 문제의 특성이 로봇의 행동 방식을 결정한다.

두 경우 모두 로봇 행동의 증가된 유연성은 판데모니움, 즉, 가상의 병렬 컴퓨터를 통해 이루어진다. 그러나 단순한 병렬구조의 흉내내기는 자율적인 무기 체계를 개발하기에는 충분하지 않다. 순차적 소프트웨어의 한계를 극복하기 위한 노력은 곧바로 폰 노이만 병목현상이라는 속도의 한계에 부딪히게 될 것이다. 폰 노이만 병목현상은 지난 40년 동안 컴퓨터 하드웨어 설계를 지배했던 순차적 데이터 처리 방식 특유의 문제였다. 이 병목현상은 '트랜스퓨터'(transputer) 네트워크가 한 작업의 여러 측면을 동시에 다 처리하는 하드웨어 수준의 진정한 병렬 처리에 의해서만 피할 수 있다. 이러한 진화의 새로운 장애물은 여전히 순차적인 사고에 머무르며 새로운 병렬 환경에서의 프로그램 설계 업무를 복잡하게 만드는 인간 프로그래머 자신들이다. 이 문제는 일정한 절차를 순서대로 처리하고, 이를 '벡터화', 즉 다른 부분을 동시에 처리할 수 있는 형태로 분해하는 것이 가능한 특수한 프로그램에 의해 부분적으로 해결될 수 있다.

진정한 병렬 계산이 완성되었을 때 기계지능은 크게 전진하게 될 것이다. 귀납 추론 가능한 추론 엔진이 실현가능하게 되고, 경험에서 학습할 수 있는 로봇이 지구상에 서식하기 시작할 수도 있다. 그러나 좋은 추론 엔진은 로봇지능의 한 요소일 뿐이다. 귀납 추론 외에도 로봇은 이들 추론을 근거 짓는 세계에 관한 사실을 포함한 방대한 데이터베이스에 접근할 필요가 있다. 다시 말해 전문성이 필요하다.

전문성(Expertise)

위에서 보았듯이 최초 형태의 소프트웨어는 자카드의 자동 직조기를 가동하기 위해서 개발되었고, 무늬 짜기 기계의 반복 작업을 구멍 뚫린 종이카드에 저장한 것이었다. 제조 공정의 이런 변화는 그런 통제권의 이주에서 신체의 일부가 문자 그대로 기계에 이전되는 것을 보게 된 노동자들의 강한 반발에 부딪혔다. 그리고 배비지가 프로그램 보존에 천공 카드를 이용한 최초의 사용자였을 뿐 아니라 노동 과정 분석가였다는 것은 단순한 우연이 아니다. 개별적인 인간의 작업을 기본 구성 요소로 해체하는 것과 기계에 의한 통제권 획득은 단일 전략의 두 요소이다. 신체에서 기계로의 통제권의 이주는 소프트웨어 진화의 시작을 알리는 것이지만 역사학자 미셸 푸코의 『감시와 처벌』

에서 설명하듯이 신체를 규율함으로써 힘을 증가시킴과 동시에 새로 습득한 기술에 대한 지배력을 감소시키는 과정의 일부이기도 했다.

이러한 상황은 17세기의 지휘관이 대량의 외국인 용병과 부랑자를 군대로 전환하기 위해 이용한 훈련과 규율 방법에서 가장 분명히 보일 것이다. 훈련은 그들의 전투 능력을 증가시키지만, 전장에 대한 지배력을 잃게 함으로써 그들을 순조롭게 작동하는 시계태엽장치 메커니즘의 단순한 톱니바퀴로 축소시킨다. 통제권이 몰수되는 이런 과정은 무기 제조 분야에서도 나타난다. 미국에서는 노동 과정의 합리화가 무기 조달에서의 병참과 같은 지휘 계통을 단축시키면서 위로부터 생산 과정을 절대적으로 통제하는 첫번째 방법을 낳았다.

사실 더 최근에 전쟁 문제와 관련된 모든 컴퓨터 응용의 이면에는 인간을 의사 결정 회로에서 제거하려는 욕망이 존재함을 보았다. 기계지능이 포병수로부터 미사일 발사대로, 그리고 미사일 자체로 이주하면서, 포병수는 회로에서 제거되었다. 마찬가지로 전투를 구성하는 다양한 요소(부대의 전진 속도, 무기 살상력 지표 등)이 수량화되자 인간은 전쟁게임에서 사라지기 시작했다. 최근 랜드연구소의 설계에 따르면 자동기계인 SAM과 IVAN은 최후의 날을 모의실험하면서 전략적 의사 결정 회로에서 정치가와 외교관(다른 인간들은 말할 것도 없이)이 제거된 최후의 날을 모의실험했다.

자카드의 직조기가 인간에서 기계로의 통제권을 이전하는 긴 역사적 과정의 일부인 한, 우리는 소프트웨어가 '군사적 기원'을 갖고 있다는 사실을 인정해야만 한다. 그러나 군은 소프트웨어의 진화에 간접적으로 영향을 주었을 뿐이다. 지휘 구조의 민간 산업에 대한 강요는 기술 전체에 영향을 미쳤지 소프트웨어로서의 소프트웨어에 대해서는 아니었다. 군사기관이 프로그래밍 기술의 개발에 직접 자금을 지원했던 현대에도 자금 지원 과정을 감독하는 과학자들은 소프트웨어의 진화에 창조적인 실험을 위한 충분한 공간을 제공했다. 이 시기의 이른바 '계몽된' 미 국방부의 지원 — 생산성 향상에 대한 관심이 엄격한 통제의 필요성보다 중요했던 — 은 1970년대 초에 끝나 버렸다. 그 시작부터 인공지능 프로젝트에 자금을 지원했던 ARPA는 직접 군사적 가치가 있는 프로젝트만 지원하겠다는 신호를 보내기 위해 그 명칭을 DARPA('D'는 국방defence의 뜻)로 변경했다. 그 시점에서 회로에서의 인간 제거는 새로운 형태를 얻었다. 신체에서 기계로의 통제권의 이전만으로는 충분하지 않았기에, 새로운 흐름은 신체의 노하우와 전문성을 새로운 종류의 데이터베이스로 이전하려 했다. 그것이 바로 지식 뱅크였다.

위에서 언급했듯이 인공지능 연구는 1950년대에 '사고의 영원한 법칙'을 발견하려는 다소 소박한 목적으로 시작되었다. 전문 용어로 말하면 귀납 추론을 실행할 수 있는 알고리즘(틀림없는 기계적인 절차)을 발견하는 것이다. 결국 기계는 자신들의 추론에 토대를 마련할 수 있도록 세계의 사실적 지식에 접근할 필요가 있고, 게다가 발견적 지식을 소유하는 것도 필요했다. 발견적 지식은 매우 구체적인 인간의 활동 분야에 도움이 되게 발전했기 때문에, 이런 선을 따라 인공지능이 구성하는 '지능기계'의 종류는 뛰어난 사상가보다는 오히려 천재성 있는 백치를 닮았다. 다른 말로 하면, 일반적으로 복잡한 인간지능은 닮지 않았더라도 그것은 매우 특정 분야에서 지능적 행동을 보여 줄 수 있다.

전문가 시스템은 기계적인 '천재성 있는 백치'라고 불리듯이

PROWLER나 BRAVE3000 같은 자율 무기 체계의 핵심적인 기술이다. 그러나 이 소프트웨어 기술은 민간 분야에서는 더 큰 잠재 시장을 가지고 있었다. 이런 이유로 일본은 미래의 지식 집약형 산업의 첫 부품들을 만들기 위해 장기 국가 활동으로서 1981년 제5세대 연구계획을 발표했다. 이미 일본은 메모리 칩 제조와 같이 이전에는 미국 기업이 관리하던 하드웨어 시장의 중요한 분야에서 지배력을 발휘하고 있었다. 이는 부분적으로 미국 반도체 산업의 발전에 군이 간섭한 결과인데, 그들은 있더라도 소수인 비군사적 용도의 신기한 기술만 지나치게 강조해 왔기 때문이다.

그러나 컴퓨터 하드웨어 시장의 이러한 판도변화는 일본에는 실현 가능한 장기 전략과 시장전술이 있었다는 사실에 의한 것이기도 하다. 1981년 일본이 대규모 인공지능 프로젝트에 착수했을 때, 그들은 소프트웨어의 미래에 대한 비전을 가지고 있음을 보여 주었다. 즉, "이 비전을 실현하기 위해 일본은 전략과 전술 모두 가지고 있었다. 전략은 단순하고 영리했다. 그들의 전략은 당시 미국 회사가 지배하고 있는 시장에서 정면 대결을 피하는 것이었다."[65] 기본적으로 일본은 지금 세대는 건너뛰고 미래 세대의 컴퓨터 기술에 집중하기로 결정했다. 그들의 전술은 일본 통산성이 제안한 국가 계획 속에 자세히 나와 있다. 그 계획은 지식 기반 시스템에 대한 10년간의 구체적인 연구 개발 프로그램을 예상하고 있었다.

일본의 도전에 대한 미 국방부의 반응은 1984년 '전략적 컴퓨터 활용'을 주제로 한 보고서로 발표되었다. 보고서를 발표한 DARPA는 궤도를 도는 184파운드의 스푸트니크에 직접적으로 대응하기 위해 1958년에 만들어졌다. DARPA는 일본의 도전으로 인해 이번에는 미사일이나 폭격기 격차가 아닌 새로운 전선에 직면하게 되었다. 그것은 바로 소프트웨어 엔진의 격차였다. 『전략적 컴퓨터 활용』은 20년 넘게 90년대의 전자적 전장과 같은 미래적 비전과 인공지능 연구를 결합시켰다. 새로운 종류의 인공적인 조언자는 병사의 복잡한 무기 조작을 보조하고 지휘관의 어려운 전투 관리 작업을 조언하는 것으로 그려진다. 한발 더 나아가 그 보고서는 파괴적인 기계는 대상을 약탈하는 능력을 획득하면서 완전히 자율적인 존재가 될 것으로 상상한다. 원문에서 인용해 보면,

> 단순한 유도 미사일이나 원격 조종 기구를 배치하는 대신, 우리는 복잡하고 먼 지역의 정찰 및 공격 작전을 수행할 수 있는 완전히 자율적인 육해공 기구를 보낼지도 모른다. …… 이 새로운 기술을 이용하면 기계는 복잡한 작업을 거의 인간의 개입 없이, 즉 완전히 자율적으로 수행할 것이다. …… 이런 가능성은 매우 놀라운 것으로 인간 투쟁의 본질을 근본적으로 바꿀 수도 있다.[66]

DARPA의 전 지휘관 로버트 쿠퍼(Robert Cooper)는 이 지능형 무기 체계들에 대해 다음과 같이 말한다. "적진 깊숙이 침투하는 정찰, 후방 보급, 탄약 관리, 무기 발사와 같은 작전에 배치될 것이다. …… [기계들은—인용자] 몇 주, 몇 달이 걸릴지도 모르는 장기적인 임무를 추구할 것이며, 그 와중에 목적을 달성하기 위한 지능적인 계획과 추론을 할 것이다."[67] 그러나 자율적인 운송수단의 사용은 병참 지원에 국한되지 않을 것이 분명하다. PROWLER(논리적으로 적에 반응하는 프로그램 가능한 로봇 관측 장치)와 같은 새로운 기계는 살상능

력과 종말유도(terminal homing) 본능을 부여 받음으로써 인간을 먹이로 간주하는 최초의 기계가 될 것이다.[68] 그러나 이런 기계가 생산라인에서 나온다는 사실만으로 결국은 인간 병사가 의사 결정 회로에서 제거되었다는 것을 의미하지는 않는다. 어떤 새로운 군사 무기도 처음에는 그 배치를 조정하는 전술교리에 통합되어야 하고, 또 그 통합에는 많은 세월이 걸릴 수도 있다. 예를 들어 PROWLER는 미리 정해진 경로를 따라 군 시설을 정찰하는 것과 같은 극단적으로 단순한 작업에 이용되고 있을 뿐이다.

새로운 무기의 전술적 통합은 항상 긴 과정을 포함한다. 예를 들어 강선 화기는 한 세기 넘게 사냥꾼과 결투자에 의해 사용된 후에야 전쟁기계 속으로 들어갔다. 대부분 유럽 군대의 전술은 개별 사격의 정확도보다는 공급되는 화력의 양에 기반했다. 소총은 장전에 시간이 걸렸고 발사속도도 감소했기에 그것의 군사적 가치는 척후와 저격수에 한정되었다. 원추탄의 유용성이 입증된 후에도 군사적 전술은 발전이 없었고, 여전히 일제 사격 시대의 밀집 대형을 유지했다.

현대에도 군은 여전히 보수적인 기관이다. 새로운 기술을 얻자마자, 실제로 그것을 작전 중에 통합하는 것은 싱크탱크뿐이다. 예를 들어 1977년 소련이 하나의 집적회로에서 첫 컴퓨터를 "분해하여 모방"(reverse engineered; 즉, 완성된 집적회로에서 그 배후의 설계과정을 추측하는)했을 때조차, 미군은 자신들의 무기와 지휘 체계 속에 여전히 그것을 도입하지 않았다.

컴퓨터 과학에 있어 DARPA의 주도권에도 불구하고, 군은 컴퓨터 기술의 진화를 이용하기 위한 장비조차 갖추지 못했음을 입증했다.

…… [1979년 — 인용자] DARPA가 컴퓨터 네트워크의 구조와 대화식 이용에서 세계를 선도하고 있는 동안 WWMCCC는 컴퓨터 메모리에 교통 체증을 일으키는 일괄 처리에 크게 의존하고 있었다. …… 1973년 DARPA는 당시 세계에서 가장 강력한 컴퓨터이자 병렬 처리의 상징이었던 ILLIAC IV를 설치하였다. …… 그러나 바로 근처인 미 국방부의 하나뿐인 위성 관제 센터에서는 구식이 된 것들[기계들 — 인용자]을 사용하고 있었다.[69]

나는 새로운 기술을 전쟁기계에 통합하는 것을 방해하는 관료적 타성의 더 많은 사례를 들 수 있다. 여기서 나의 핵심은 컴퓨터에서의 상대적인 개선조차 군이 준비될 때까지 기다려야 한다면, 이것은 약탈기계의 경우에도 마찬가지라는 것이다. 아마 그 기계는 오랜 기간 동안 완전히 자율적인 파괴자가 되지는 않을 것이며, 또한 그때조차도 군사적 전술교리와 통합하는 극복하기 어려운 문제를 제공할지도 모른다. 현재 생산되고 있는 현 세대의 약탈기계는 아마도 지능형 문제 해결 능력이 가능한 장착형 원격 제어 기구로서 이용될 것이다. 다르게 말하면 아마 로봇 무기는 한 동안은 인간 병사의 복합적인 보철형 확장에 그칠 것이다. 그러나 만일 이 새로운 무기들의 약탈 능력이 아직 컴퓨터의 기계적 필룸으로 진입한 것을 보여 주지 못하더라도, 이 무기들은 그런 방향으로의 여정이 시작됨을 알리고 있다. 왜냐하면 군에서 기계들 자신의 살상 능력을 부여하기로 결정했다는 시점에 대한 신호를 이 무기들이 보내기 때문이다.

『전략적 컴퓨터 활용』에서 논의되는 인공지능의 세 가지 군사적 용도(전투 관리 조언자, 조종석 조언자, 자율 무기)는 전문가 시스템 기술의 응용을 포함한다. 전형적인 전문가 시스템은 세 가지 구성 요소로 이루어졌다. 첫째는 전문성 높은 특수 분야에 관한 정보를 포함한 '지식 베이스', 두번째는 주어진 문제의 해결에 지식 베이스의 어느 부분이 적절한지 결정하고, 그 문제에 가능한 해결을 추론 과정으로 연결하는 '추론 엔진', 마지막으로 컨설턴트로서의 역할을 결정하는 전문가 시스템의 세번째 구성 요소인 '사용자 인터페이스'가 그것이다. 이 마지막 요소로 인해 인간 전문가는 기계와 상호 작용할 수 있고, 또 각 선택에 대한 이론적 근거도 요구할 수 있다. 이것들 중,

> 지식은 전문가 시스템의 수행에서 중요한 요인이다. 지식에는 두 가지 유형이 있다. 첫번째 유형은 특정 영역의 사실들이다. 예를 들어 전문가들이 보통 동의하는, 다시 말해 교과서와 그 분야의 논문에 나온 널리 공유된 지식을 말한다. …… 어떤 분야의 실무에서든 똑같이 중요한 것은 그 분야의 좋은 경험과 판단에 관한 지식인 발견적 지식이라 불리는 두번째 유형의 지식이다. 이것은 경험적 지식, 즉, 인간 전문가가 수년에 걸친 작업 속에서 획득한 '잘 추측하는 기술'이다. …… 발견적 지식은 가장 익히기 어려운 지식이다. 왜냐하면 전문가들(혹은 누구든)은 그게 무엇인지 자각하는 경우가 거의 없기 때문이다. 그 때문에 매우 고달프게도 한 번에 하나씩 그들의 머리에서 캐내야만 한다. 이 캐내는 사람들을 지식 공학자로 부른다.[70]

최초의 전문가 시스템은 군사적인 용도가 아닌 민간 용도로 개발되었다. 예를 들어 MYCIN은 환자의 증상 목록을 주면 특정 병(뇌막염, 혈액 질병)을 진단할 수 있는 프로그램이었다. 그다음 지식이론

가이자 기업가인 에드워드 파이겐바움이 1965년에 제작한 그야말로 최초의 전문가 시스템인 DENDRAL이 있다. 이 로봇 조언자는 질량 분석기를 분석해서 화합물의 분자와 원자 구조를 결정할 수 있었다. 그러나 초기의 전문가 시스템이 군용이 아니었다고 해도(오히려 국내 감시용이었지만[71]), 이 기술의 창시자가 설립한 회사(테크놀로지사Tecknowledge, Inc.)는 전략적인 지표, 경고의 평가와 분석, 전장에서의 통신의 전술적 분석 등에 사용되는 전문가 시스템의 군사 주계약자였다.

파이겐바움이 지적하듯이 전문가 시스템의 한 가지 용도는 장기근속 노동자가 퇴직하려고 할 때 일종의 '공동 기억'(corporate memory)인 그들의 전문 지식을 확보하는 것이다.[72] 그러나 인적 자원을 대체하는 이 기능은 군에서 더욱 중요했고, 특히 많은 군사 기술 관료들에 의해 축적된 전문 지식이 단 한 번의 전투로 사라질지도 모르는 전시에는 더 그러했다. 차세대 전문가 시스템 제작에 대한 일본과의 경쟁에서 주된 장애물은 인간의 전문 지식을 지식 뱅크에 이전하는 과정, 즉 전문가의 두뇌를 흡수하는 과정이다. MYCIN과 DENDRAL은 문서 편집기를 추상적인 타자기라 불렀던 그 의미대로 추상적인 의사와 추상적인 화학자의 탄생을 의미한다. 다시 말해 튜링기계가 다른 기계를 흉내 낼 수 있도록 만든 행동표와 같다. 심리학자와 프로그래머의 결합인 지식 공학자는 그를 통해 추상적인 전문가가 탄생하는 대리인이다. 다른 말로 하면 지식 공학자는 튜링기계가 전문가의 행동을 흉내 낼 수 있도록 표와 목록으로 전문성이 환원되는 과정을 감독한다.

이런 '전문가 지식 흡수하기' 과정은 새로운 것이 아니고, 표와 목

그림1

9. 로봇 무기들의 계통발생학적 혈통

소프트웨어의 최초 형태는 아마도 자카드의 직조기를 구동했던 종이 카드의 구멍으로 저장된 직조 명령일 것이다. 사실상 이 원시적 프로그램이 직조 과정의 제어를 노동자로부터 기계로 이식했다(그림3). 찰스 배비지는 이런 소프트웨어의 중요성을 이해했고, 진정한 디지털 컴퓨터를 위한 최초의 제안인 그의 (완성되지 못한) 분석 엔진의 설계에 통합했다. 여기에 나온 것은 해군에게 너무 중요한 항해표의 제작을 자동화하기 위해 부분적으로 영국 정부가 제공한 자금으로 제작된 '미분 엔진'(그림2)이다. 배비지는 노동 과정과 육체노동을 구성요소별 움직임으로 분해하는 것을 연구했고, 그런 의미에서 프레데릭 테일러의 노동 '합리화'를 미리 예견했다. 인간의 계산 노동을 따라잡은 최초의 기계는 켈빈의 조수 예측기(그림1)였으며, 그 개량형은 컴퓨터 지원에 의한 탄도 연구들——버니바 부시의 기계를 이용해 수행되었던——의 기초가 되었다.(제1장 '비행', 제2장 '소프트웨어', '하드웨어' 참조)

그림2   그림3

록 속에 인간 본성을 담으려 했던 과거의 역사적인 기획을 강화한 것에 불과하다. 이러한 기획의 기원은 인간을 의사 결정 회로에서 몰아내려는 군사적 움직임 외에, 산업혁명 초기에 제정된 사법 제도나 소송 절차 등에서 찾아볼 수 있다. 19세기 이전 사법 패러다임은 과학적 진리의 패러다임처럼 사실에 대한 조사였다. 즉, 범죄에 대한 진실은 자연과학에서 사용되던 것과 똑같은 절차에 따라서 확립되어야만 했다. 사실상 푸코는 이런 조사 절차가 처음에는 법적 입장 속에 확립되었고, 나중에서야 과학적인 기능을 갖추게 되었다고 주장한다. 산업혁명과 함께 새로운 진리 확립 절차가 태어났다. 범죄의 조사는 범죄자에 대한 검사로 대체되었다.

> 범죄자에 관한 평가, 진단, 예후, 규범에 관한 판단의 총체는 형사 재판의 체계에 확고히 자리 잡게 되었다. 법률 기구가 요구하는 진리 속으로 또 다른 진리가 파고들었다. 그것은 법적 진리와 얽혔다가 나중에는 유죄의 단언을 기묘한 과학-사법 복합체로 바꾼 진리이다.[73]

산업혁명과 함께 부의 형태도 금과 토지에서 사무소, 주식, 기계들로 변화했다. 특정 범죄로서의 절도는 본래 사법 장치를 낳은 다른 범죄들보다 우위를 차지하게 되었다. 이러한 변화는 피해를 보상해주는 개념을 기반으로 한 법적 체계(조사)로부터 애초에 위반이 일어나는 것을 방지하도록 설계된 체제(검사)로의 이행을 요구했다. 낡은 체제에서는 질서만으로 혼란과 맞서기에 충분했다. 예를 들어 유행성 전염병의 경우 누군가는 각 개인에 대해서 실제 이름과 주소, 실제 병명을 부여해야 했다. 그러나 검사는 새로운 작업 방식을 도입한다. 단순하게 표와 목록에 사실을 기록하는 것이 아니라, 그러한 표와 목록으로부터 규범들을 끌어내는 것이 목적이 되었다. 환자의 실제 이름과 주소, 실제 병명으로는 이제 더 이상 충분하지 않았고, 개인도 역시 실제 본성을 탓해야만 했다. 즉, 그것은 규범을 준수하는 의지나 능력에 영향을 줄 수 있는 경향과 기질이라는 본성을 말한다. 푸코는 계속하여 다음과 같이 말한다. "표기, 등록, 서류 구성, 열과 표에 사실 배열과 같은 이제 우리에게 너무 익숙한 이 사소한 기술은 개인의 과학[심리학, 사회학 등 — 인용자]과 같은 인식론적인 '출현'에서 결정적으로 중요했다."[74]

지식 공학의 탄생과 함께 검사 제도는 큰 진전을 이루었다. 피험자의 진정한 본성을 확립하는 것만으로는 더 이상 충분치 않았다. 진정한 본성은 이제 기계에 이전되어야 한다. 지식 베이스의 원 자료는 개별 작업의 논리구조에 입각한 전문가의 직접 면담이나, 전문가가 그들 자신의 업무에서 사용한다고 알려진 경험법칙을 형식화함으로써 만들어진다. 이러한 시간 속에서 축적된 자료의 목록은 그다음 지식 베이스의 형태와 전문가 자신의 귀납 추론 과정과 맞게끔 선택된 올바른 추론 엔진으로 전환되어야만 한다. 파이겐바움은 지식 공학의 선구자인 페니 니(Penny Nii)에 대해 다음과 같이 말한다.

지식 공학자는 다방면의 종합가면서 동시에 전문가이기도 하다. 그녀는 신중하고 정확히 자기 자신을 그녀가 다루는 전문가의 정신으로 바꿀 수 있어야 하기에, 결국 전문가의 사고 패턴을 매우 정밀하게 모방할 수 있다. 거기에 그녀의 종합성이 있다. 그러나 그녀는 전문가의 지식을 프로그래머 팀이 컴퓨터 코드로 변환할 수 있도록 형식화하는 것도 할 수 있어야만 한다. 그녀는 외과 의사이자, 뛰어난 설계자이며, 네트워크의 중심이다.[75]

한 번 경험적 지식이 획득되어, 그 결과 생겨난 노하우의 저장고가 (판데모니움과 같은) 추론 엔진과 결합되면 그 자원의 효율적인 이용을 위해 반드시 세번째 구성요소가 추가되어야 한다. 바로 휴먼 인터페이스다. 이것으로 인해 전문가 시스템은 사용자와 상호작용하며, 특정 조언에 관한 논리적 근거를 설명할 수 있다. 개별 결론에 도달하는 추론 과정을 재구성할 수 없다면 전문가 시스템은 사용자의 신뢰를 얻을 수 없다. 또한 이러한 신뢰 없이는 현실 세계에서 그 역할은 아마 매우 제한적일 것이다.

이 세번째 구성 요소인 인터페이스를 살펴보기 위해 다음 장의 한 절을 할애할 것이다. 인공지능에 관한 정치적 문제의 다수가 이 인터페이스 단계에 속한다. 예를 들어 동일한 프로그램이 인간을 의사결정 회로에서 제거하기 위해 이용될 수도 있고, 반대로 협력적인 전체를 창조하기 위해 인간과 결합될 수도 있다. 기계적 필룸이 인간과 기계를 횡단할지, 인간과 컴퓨터가 공생적 관계에 들어갈지, 혹은 인간이 기계에 의해 대체될지는 바로 인터페이스의 설계에 달려 있다. 중앙집권화하는 군의 경향은 컴퓨터가 인간을 대체하는 미래를 겨냥하고 있는 것으로 보이지만 이 문제는 전혀 해결되지 않았다.

인공지능은 스푸트니크 이후 미국 군사 연구의 산물이었다. DARPA는 원래 우주 개발경쟁에서 소련에 대한 대응으로 태어났지만, 얼마 지나지 않아 이 시대의 특징이기도 한 군부 간 경쟁에 휩싸였다.[76] DARPA와 다른 냉전 싱크탱크(ONR, 랜드연구소 등), 그리고 컴퓨터 연구의 최첨단을 독점하려고 한 준군사기관(NSA와 같은)과 기업 연구소(IBM, DEC 등) 사이의 고유한 힘의 균형이 현대의 컴퓨터가 진화하는 환경을 형성했다. 세계적 힘의 균형은 컴퓨터의 개발 방향도 결정했다. 1950년대 후반, 소련은 보조 엔진 기술에서 앞서고 있었다. "미국은 미사일용 소형 핵탄두 제조에서 앞서가고 있었기 때문에, 보조 엔진의 큰 출력은 필요가 없었다. …… [이런 상황은—인용자] 다르게는 강제할 수 없었던 소형화에 대한 규율을 강제함으로써 국가 전자 산업에 기여했다."[77] 소프트웨어 분야는 정반대의 상황이었다. 미국의 프로그래밍 발전은 최소한의 제약하에 이루어졌고, 이것이 부분적으로 우리에게 개인 컴퓨터를 선사한 1960년대의 반항적인 해커를 출현시키는 원인이 되었다. 반면에 부족했던 소련은 더 규격화된 프로그래머를 만들어 냈다.

　인간을 의사 결정 회로에서 몰아내려는 군사 기관의 노력은 컴퓨터 기술 발전에 큰 영향을 끼쳤다. 자율 무기 체계의 탄생, 자동기계가 참가하는 전쟁게임의 탄생, 노동자의 속도를 조절하고 규율하는 생산 체계의 탄생, 이 모든 것이 이런 군사적 움직임을 보여 준다. 그러나 제1장의 결론에서 보았듯이 인간이 기계에게 대체되고 있음에도 로봇에게 인간을 대체할 수단을 줄 수 있는 제어 구조(판데모니움)만이 군의 지배에 '저항'할 수 있는 또 다른 독립 '의지'를 생산하고 있다. 예를 들어 군의 미래는 WWMCCS와 같은 세계 규모의 지휘 통제 네트워크가 제대로 기능하는지에 달려 있다. 이 네트워크는 1970년대까지 전쟁으로 인한 마찰 없이 작동했을 때조차 병목현상과 지연을 일으키는 중앙집권화된 제어 구조(일괄 처리)로 설계되었다. 전세계적인 지휘 통제 네트워크를 기능적인 존재로 만들기 위해서 군은 메시지 통신량을 처리하는 중앙 컴퓨터를 메시지 자체가 자신의 행선지를 발견할 수 있는 구조로 바꿀 필요가 있었다. 메시지는 데몬이 되어야 했다.

그러나 자원에 대한 교환, 주문, 경쟁이 데몬들 사이에 허용되자 데몬은 (곤충의 군집과 같은) 자연 생태계나 심지어 (시장과 같은) 인간 생태계를 닮은 '컴퓨터 사회'를 형성하기 시작했다. 다시 말해서 데몬은 그러한 설계자로부터 일정 정도 독립하기 시작했다. 앞 장에서 언급했듯이 실제로 지구 표면을 감싸기 시작한 컴퓨터 막이 '컴퓨터 생태계'로 진화하기 시작하자, 데몬은 더 많은 '국지적 지능'을 획득하기 시작한다. 한편으로 판데모니움은 군에 자율 무기 체계를 만드는 유일한 방법을 제공했지만, 다른 한편으로는 전세계적인 컴퓨터 네트워크 속에 구현된 판데모니움이 군의 절대적인 통제를 위협하는 상황을 만들었다.

지금까지 보았듯이 원추탄은 포병과 보병 사이에 존재했던 힘의 균형을 변경함으로써, 전쟁 기술을 100년에 걸쳐 유동적인 상태에 빠뜨렸다. 유사하게 로봇 무기와 컴퓨터 네트워크에 대한 요구가 문제 해결 분야에서 군을 강제적으로 분산시키고 있다. 군이 임기응변을 발휘할 수밖에 없을 때, 전쟁 기술이 유동적인 상태에 들어설 때, 전쟁 기계에 열리는 틈과 균열 속에 우리의 유일한 희망이 있다. 역사상 이 중요한 시기에, 그러한 균열의 지도를 그리거나 그러한 균열을 추적하는 것은 새롭고 혁신적인 가능성, 즉 기계적 퓔룸을 위한 새로운 발전 선들을 열기 원하는 모든 사람들에게 중요한 작업이다.

3장 _ 스펙트럼 감시
Policing the Spectrum

자연과 지나치게 닮은 가짜가 탄생한 것은 르네상스 시대였다. 목 부분만 있는 가짜 셔츠로부터, 인공 보철물로 사용되는 갈퀴, 회반죽으로 만든 내부 장식들과 거대한 바로크풍의 무대 장치⋯⋯. 교회와 궁정 안에서 화장 회반죽은 모든 형태와 결합해 모든 것을 모방하고 있다. 벨벳 커튼, 목제의 카니스, 납골당의 시체의 융기. 화장 회반죽이 물질의 믿기 힘든 혼란을 단일의 새로운 실체, 모든 것에 관한 일종의 일반적 등가물 속으로 쫓아 버린다는 것은 착각이다. 왜냐하면 그것은 그 자체가 재현하는 실체, 다른 것을 위한 거울[일반적 시뮬라크럼—인용자]이기 때문이다. 그러나 시뮬라크라는 기호가 벌이는 단순한 게임이 아니다. 그것은 사회적 관계나 사회적 권력을 함축하기 때문이다. 회반죽은 떠오르는 과학이나 기술의 정점처럼 성공할 수 있다. 그것은 바로크와도 결합되고 있기 때문이다. 반종교개혁의 기획이나, 근대적인 권력 개념에 따라 행동한 최초의 인간인 예수회 사람들이 완수하려고 한 정치적이고 정신적인 세계 지배, 그것들에 차례차례 구속되어 가는 바로크. — 장 보드리야르[1]

적군의 지리적 위치, 적대적인 의도, 그리고 파괴 능력에 대한 군사적인 정보를 수집하는 활동은 늘 전쟁의 본질적인 구성요소였다. 그리고 거기에는 의도적으로 잘못된 정보를 흘려 상대편을 교란시키는 활동뿐만 아니라 아군에 대한 정보를 입수하지 못하게 하기 위한 활동도 포함된다. 중국의 전략가 손무(기원전 400년경)가 쓴 전쟁의 기술에 관해 알려진 가장 오래된 전문서적에 의하면 전투의 본질은 폭력의 행사에 있는 것이 아니라 예견과 속임수에 있다. 즉, 작전을 위한 전략적 판단에는 예견이, 아군의 진짜 배치나 궁극적인 의도를 잠재적인 적에게 숨기기 위해서는 속임수가 필요하다는 것이다.[2] 군사에서 정보와 속임수가 맡는 중요한 역할 때문에 고대의 군대(예를 들면, 이집트, 아시리아, 그리스 군대)는 대정보(counterintelligence)를 위한 신비학(occult arts) 외에도 정보의 수집이나 분석에 대해 이미 체계

적인 접근방법을 발전시켰다.[3]

인간 스파이와 역 스파이의 임무는 긴 세월 동안 본질적으로 바뀌지 않았다. 그러나 금세기의 통신기술의 거대한 발전은 군대가 정보의 수집과 분석을 위한 새로운 방법을 창조해 내고, 새롭게 생길 많은 침입 지점들을 감시하도록 만들었다. 예를 들어 19세기에 광학 신호(수기 신호semaphore)가 전기신호로 대체되면서 적의 회선을 직접 활용하는, 즉, 적의 통신을 물리적으로 가로채는 기술이 필요하게 되었다. 무선은 전신을 대체하면서 다른 방식의 개발을 강요했는데, 그것은 메시지가 전선에 의해 전달되지 않고 전자기 스펙트럼 속에 직접 뿌려졌기 때문이다. 새로운 매체는 도청 기술 대신 '대기 중에서의' 매우 미약한 신호를 잡아내는 고감도 안테나의 개발을 강요했다.

새로운 정보 획득 방식을 만들었던 통신기술은 마찬가지로 새롭게 생길 침입형태에 대한 대책을 마련해야 했다. 특히 세기의 전환기에 통신이 무선으로 바뀌면서 메시지는 특정 수신인에 직접 전달되지 않고 어느 방향으로든 전송되기 시작했다. 이는 잠재적인 적이 [정보를] 가로챌 기회들을 증가시켰고, 암호학과 관련된 기술 개발을 특히 중요하게 여기게끔 만들었다. 메시지는 암호화되기 시작했다. 다시 말하면 메시지는 지금까지 그 어떤 것보다 복잡한 수학적 규칙을 이용하여 뒤섞이게 되었다. 본래 무선 감청에 대한 방첩 조치로서 탄생한 비밀 암호들을 만들거나 해독하는 기술인 암호학은 그 이후 거대한 국제사회의 지원을 받으며 완전한 산업으로 성장했다.

가로채지거나 해독·해석된 후에, 무선통신으로 얻은 정보는 평가·비교·분류 작업까지 요구된다. 컴퓨터는 이러한 모든 작업에 혁명을 일으켜, 군이 정보 수집에 '진공청소기'와 같은 접근법을 채택하게 만들었다. 즉, 제2차 세계대전까지 관행이었던 구체적 정보의 작은 모음을 빼앗는 것이 아니라, 이제 잠재적인 가치가 있는 모든 교신들을 목표로 하는 것이다. 이런 방법으로 모은 대량의 정보는 나중에 개인 이름과 주소가 쓰여진 감시목록뿐만 아니라, '미사일', '공산주의'와 같은 핵심어를 포함한 '컴퓨터 필터'를 통해 순서대로 처리된다. 중요 용어가 발견될 때마다 그것을 포함한 특정 메시지는 컴퓨터에 의해 선택되어 심층 분석된다.

금세기 기술 발전의 가속도는 정보 수집의 다른 분야에도 변화를 일으켰다. 19세기에 시각적인 군사정보는 비행기구를 탄 병사들─스케치북 이상의 수준 높은 것을 갖고 있을 리 없는─에 의해서 얻어졌다. 그러나 제1차 세계대전에 이르자, 항공기는 이미 비행기구들을 대체했고 사진은 광학 정보를 포착하는 수단으로서 인간의 눈과 손을 대체했다. 오늘날에는 비행 플랫폼이 대기권을 벗어나 정찰위성이 되었고, 촬영 도구는 기계적 복사의 수준을 벗어나 완전히 컴퓨터화되었다. 세계의 '평면 복제품'(flat replica) 대신 다양한 종류의 정보를 추출할 수 있는 순수한 데이터의 흐름을 생성하게 되었던 것이다. 예를 들어 '다중 스펙트럼' 분석 기술은 한 장의 사진으로 정찰위성에게 화학 조성을 감지할 수 있는 능력을 부여한다. 물체들이 목제, 철, 티타늄, 혹은 그런 종류로 되어 있는지를 결정하는 것이다. 이로 인해 사진 분석가는 일반 사진으로는 감지하지 못하는 적의 위장 기술을 피해갈 수 있다.

이 장에서는 전쟁기계의 지능을 구성하는 부품의 역사를, 그리고 군사정보의 획득과 분석이라는 활동이 '지능'기계의 도입에 의해 영향 받은 몇 가지 역사를 탐구할 것이다. 예를 들어 인공지능이 마침내

'시각 능력'을 갖춘 컴퓨터가 된다면 사진 분석가의 작업은 영구적으로 바뀔 것이다. 진정한 '머신 비전'은 여전히 미래의 일이지만 보여지는 대상의 종류가 제한된 목록(단순한 기하학적 모양 등)에 속한다면 컴퓨터는 비디오 프레임의 내용을 '이해'할 수 있다. 유사하게 컴퓨터가 자연언어를 '이해'하고 자동적으로 외국어를 번역할 수 있게 되었을 때 무선 통신의 감시 작업은 큰 도약을 할 것이다.

이러한 기술은 여전히 초보단계에 있으며, 그렇기 때문에 인간 분석가가 의사 결정 과정에서 제거될 위협은 아직 없다. 대신에 초기 형태의 '머신 비전'과 '기계 번역'은 사진과 통신의 사전 처리를 보조하는 역할로 인간 분석자에게 이용되고 있다. 그러나 인공지능이 발전하고 인간 전문가의 노하우가 지식베이스에 전달될수록, 정보 분석가의 기능도 점점 더 자동화될 것이다. 언젠가 이러한 기술들이 대신할 군사적 기능을 이해하기 위해서, 우리는 그러한 인간 기능의 역사적 기원을 살펴봐야 할 것이다. 또한 정보의 수집과 분석을 이렇게 전쟁기계의 중요한 부품으로 만든 역사적 환경에 대해서도 조사해야 한다. 만약 정찰, 첩보, 방첩이 항상 전쟁의 구성요소라 해도, 특정한 군대에 대한 그것들의 상대적인 중요성은 여러 역사적 상황에 따라 다양하기 때문이다.

예를 들어 1560년부터 1790년까지 유럽의 전장을 지배했던 시계 태엽장치 군대에게 비밀정보는 거의 쓸모가 없었다. 물론 그들도 다양한 방법을 통해 적에 관한 정보를 얻어 냈다. 프리드리히 대왕의 경우 여행자, 지역 거주민, 탈영병, 죄수, 그리고 우연히 스파이가 된 사람 등, 다양한 정보원으로부터 얻은 군사정보를 이용했다. 그러나 이런 정보는 거의 쓸모가 없었는데, 이것은 당시의 주요한 전략 목적이 전장에서 적을 빨리 이기는 것이 아니라 밤에 선수를 치거나, 통신을 차단하는 식으로 천천히 적군을 압도하는 것이었기 때문이다. 당시의 정보는 행군 중인 군대보다 그다지 빠르지 않았고, 대부분의 군사정보는 시계태엽장치 시대를 특징짓는 기동전의 지휘관에게 별다른 도움을 주지 못했다.[4]

시계태엽장치 시대는 전투를 위한 군대 배치 과정이 장황하기 때문에 기습 전략을 행할 여지가 거의 없었다. 어떤 적이 무장전투에서 교전을 거부한다면, 그에게는 상대방 군대가 행군 종대에서 발사대형으로 천천히 배치되는 동안 군대 철수를 위한 충분한 시간이 생긴다. 사실 대부분의 경우 전투를 상호 합의하에 했었기에, 이것은 무엇보다도 적의 사령부를 잘 알고 있다는 것을 의미했다. 앞에서 확인했듯이 이러한 상황은 모터가 시계태엽장치를, 섬멸전이 소모전을 대신하자 모두 변해 버렸다. 나폴레옹 전쟁 동안 적의 지휘 사령부는 기습공격의 주요 표적이 되었기에 은폐되기 시작했다. 30년 전쟁 때에도 위장술은 구스타프와 발렌슈타인이 가끔 이용했지만 이것은 특이한 책략의 일부로 전략의 영구적 요소는 아니었다. 군 수뇌부가 빠른 '참수' 공격[수뇌부를 표적으로 하는 공격]에 무방비가 되자, 위장술은 사치품이 아닌 필수품이 되었다. 모터화된 군대의 출현과 함께 예견과 속임수라는 '손자'가 제시한 전쟁의 주요 구성요소가 전장으로 복귀했던 것이다.

시계태엽장치 시대에는 백병전이 드물었을 뿐만 아니라 일어났을 때조차 패배한 군대가 물리적으로 전장에서 전멸하는 경우는 거의 없었다. 당시의 군대는 대부분 용병으로 구성되었고, 탈영하는 성향도 강했기에 패배한 적을 철저하게 추적하는 기술이 발전할 수가 없었다. 용병은 척후 능력도 떨어졌으며, 이것은 그 당시 정찰 기술의 발전 수준이 낮았음을 설명해 준다. 나폴레옹은 탈영으로 인한 장애물을 없애기 위해 프랑스 혁명으로 태어난 충성스러운 인적 자원의 저장고를 이용해 역사상 최초의 모터화된 군대를 강화했다. 비싸고 충성심도 없는 외국인 용병을 없애자, 나폴레옹은 자원 부족에 대한 걱정, 그리고 패배한 적을 추적 시 탈영에 대한 걱정 없이 결정적인 전투에 군을 투입하는 도박을 할 수 있었다.

시계태엽장치 군대를 전투로 몰기 위해, 나폴레옹은 군대를 적의 병력에 아주 가까이 보내 백병전을 피할 수 없게 만드는 깊은 침투 전략을 도입했다. 즉, 나폴레옹의 전략은 적군의 가장 약한 '결정적 지점'을 찾아내, 대량의 병력을 그 지점에 집중시키는 것이었다. 이 전략은 전적으로 군사정보에 달려 있었는데, 군사정보는 결정적 지점의 수색, 그리고 빠른 병력 집중을 위한 여러 부대의 협조를 위해서 중요했다.

그 당시에도 필요한 정보를 얻기 위해 거의 오늘날만큼이나 많은 수단이 이용되었다. 즉, 신문은 체계적으로 수집, 번역되었고, 스파이와 첩보원들은 모든 주요 도시에 심어졌으며, 암호화된 메시지를 보내기 위해 왕실 우편 방식이 이용되었다. 암호 해독된 서신도 17세기 콜베르(Jean Baptiste Colbert)에 의해 설립되어 일반 대사들의 우편을 전문으로 개봉하는 기관인 블랙캐비닛(Black Cabinet)에 의해 전달되었다.[5)]

나폴레옹의 비밀기관에 의해 수집된 (전략적인) 장기정보 외에도, 나폴레옹의 참모진이 담당하는 특별 부서에 의해서 수집된 (전술적인) 단기정보도 존재했다. 이것은 아군과 적군의 위치, 크기, 전투 사기, 도로 상태, 날씨 등을 포함했다.

　나폴레옹의 패배 후, 유럽의 군대는 새로운 형식의 섬멸전으로부터 얻는 교훈을 흡수하게 되었다. 프로이센 군은 충성스러운 개인으로 이루어진 상비군을 만들어 상층부에서부터 '모터화'되었고, (대부분 귀족인) 장교들에게 능력주의를 강요했다. 그들은 사회혁명 없이 시계태엽장치에서 모터로의 이행을 수행할 수 있었다. 그러나 그것은 부분적으로 전신과 철도가 이미 운송과 통신을 모터화했기 때문이었다. 철도망이 구석구석 뻗어가기 시작하자, 그때까지 모두 '현지 시간'에 맞춰 굴러갔던 시간기록 장치들의 동기화가 먼 지역에서 처음으로 가능하게 되었다.[6] 시간의 '째깍' 소리가 모터화된 운송의 도움으로 거대한 지리적 거리에 걸쳐서 복제되기 시작하자, 시계태엽장치는 다른 체제 속으로 들어갔다. 또한 전신으로 가능해진 메시지와 명령의 신속한 전달이 철도와 결합되자, 나폴레옹 전략의 특징이었던 두 요소——여러 작은 군대의 동기화된 동원과 결정적 지점에 대한 집중——가 가능해졌다.

　그리고 소모전이 섬멸전으로 바뀌었을 때 정보의 수집과 분석이 새로운 시대에 돌입했던 것처럼 심리전이나 방첩전도 새로운 시대에 돌입했다. 후자의 활동은 일부러 잘못된 정보를 주는 것——적을 속이고, 혼란스럽게 만들거나 적이 자신의 약점을 지나치게 신경 쓰게 만들기 위한——뿐만 아니라, 정보원에 적이 접근하는 것을 막는 것까지를 포함한다. 현대의 (정보를 얻는) 스파이, (정보를 지키는) 역 스파이, 그리고 (거짓 정보를 심는) 이중 스파이 시스템은 19세기 나폴레옹과 프로이센 군대 속에 하나씩 배치되었다.

방첩 분야에서 나폴레옹의 중요한 도전은 '대륙봉쇄령'을 선언한 1806년 12월 21일부터 시작되었다. 유럽의 대부분을 정복한 후, 그는 유럽 대륙에서 영국 제도까지의 모든 통신과 무역을 봉쇄함으로써 영국의 교역을 몰락시키려 했다. 봉쇄 선언과 거의 같은 시기, 일련의 비밀스런 활동이 활발해졌는데, 그 중에서 가장 중요한 것은 기밀 우편 업무였다. 이러한 군사정보를 위한 우회로는 머지않아 영국의 스파이와 나폴레옹의 역 스파이의 표적이 되었다. 나폴레옹의 비밀기관의 감독자 조제프 푸셰(Joseph Fouché)와 그의 부하들은 여전히 오늘날에도 사용되는 첩보 기술을 완성시켰다. 즉, 배신 가능한 개인에 관한 광범위한 기록('관계 자료'dossiers)의 작성과 반체제 조직을 다루기 위한 침투전략이 그것이다.[7]

19세기 후반 프로이센 비밀기관의 장관 빌헬름 슈티버(Wilhelm Stieber)는 이 조립체에 다른 요소들을 첨가했다. 1870~1871년의 대불전쟁에 대비하기 위해서 슈티버는 적의 영토로 보내져, 프랑스의 강선화기(샤스포 총the chassepot)와 기관총(미트레이외즈the mitrailleuse)의 군사적 잠재력을 조사했다. 그는 조사 과정에서 현대 첩보 부원의 특징인 정보 수집을 위한 철저한 접근을 시작했다.

그는 스파이의 역사에서 최초의 '진공청소기', 즉, 인구조사원으로서 일한 최초의 스파이였다. 도로, 하천, 교량, 무기고, 자원 저장고, 요새 지대, 통신망 등이 그의 가장 중요한 관심대상이었다. 그러나 그는 인구, 상업, 농업, 농장, 가옥, 여인숙, 그리고 지역의 번영, 정치, 후원 등에도 집중적인 관심을 보였다. 그에게 이것들은 모두 신속한 침략에 도움이 되거나, 침략자에게 무언가 제공할 것 같다는 인상을 주었다. 결국 프로이센 군이 왔을 때 슈터버의 자료로 인해 민간 징용과 징발이 쉽게 이루어졌다. …… 많은 서민들은 징발되는 현금 액수가 믿을 수 없을 만큼 정확히 자신들의 모은 돈과 일치하자 현기증을 느꼈다.[8]

푸세와 슈터버의 노력은 첩보와 방첩 기술의 효율성을 한 단계 올려놓았다. 그러나 이러한 체계가 거의 자리를 잡자마자 곧 금세기 통신기술의 혁명은 그것들을 시대에 뒤떨어진 것으로 만들었다. 실제 휴민트(HUMINT)라 불리는 인간 스파이가 수집한 정보는 기술적인 장치를 이용해 수집한 정보로 인해 점점 가치가 줄어들었다. 즉, 사진 정보(PHOTINT)와 무선 통신에서 감청한 정보(COMINT), 레이더 장비(그 외 다른 장비)의 신호 정보(SIGINT) 등이 그것이다. 정보 수집은 100만 명이 넘는 회원을 보유한 국제적인 공동체가 관리하는 거대한 기술 산업으로 진화했다. 그 공동체에는 무엇보다도 지구를 도는 정찰 위성의 네트워크를 전문적으로 관리하는 미국의 조직, NSA(국가 안전 보장국)와 같은 기관이 포함되어 있었다. NSA의 사령부에는 지금까지 없던 최대 규모의 계산 능력이 집중되어 있다. 그들은 그 당시 컴퓨터 기술 수준보다 5년 앞서 있다는 것에 자부심이 있으며, 몇 개의 도시 구역만큼 펼쳐져 있는 빽빽한 컴퓨터는 양이나 질에 있어서 최고를 상징한다.

인공지능에 관한 앞선 논의에서, 나는 자동화에 도움이 되는 군사적인 기능(전쟁게임, 전투 관리 체계 등)에 초점을 맞췄지만, 기술적으로 상세한 인공지능의 응용을 다루지는 않았다. 이 장에서 나는 머신 비전과 외국어 기계 번역이라는 두 가지 인공지능의 군사 응용을 살펴볼 것이다. 비슷한 맥락에서, 그러한 기술들이 기여한 군사 활동인 항공사진 정찰과 무선 통신의 암호학적·언어적 분석)의 기원을 추적하면서 그것들의 역사적 맥락에 집중할 것이다.

그러나 이미 말한 것처럼, 정보 분석은 반쪽짜리 이야기에 불과하다. 전쟁 속에서 정보는 속임수에 의해서 보완되어야 한다. 이러한 두 가지 작업은 각각 다른 기술을 포함한다. 첫번째는 영상과 문서로부터 정보를 끄집어내는 사진 분석가와 암호 학자의 능력이다. 그러나 두번째는 첩보 영화와 같은 스파이, 역 스파이, 이중 스파이의 기술이다. (인간 스파이에 의한) 정보 수집과 정보 분석은 매우 상이한 두 가지 활동이며, 매우 다른 역사적 기원을 가지고 있다.

> 분석가는 단지 그 일을 맡았다기보다는 타고난 사람들로 문서 ──신문, 잡지, 철강 생산의 통계, 공적 행사의 목록, 지도, 교통 흐름의 도표, 공식 연회의 말들, 철도의 시간표, 철도 정차장의 사진, 선박운송 수치, 새로운 도시명, 전문 기관의 보고서 등 ──에 대해 대식가의 식욕을 갖고 있다. …… 스파이가 빠진 정보의 조각에 몰두한다면, 분석가는 패턴에 열중한다. 스파이(그리고 스파이보다 몇 배 뛰어난 방첩활동 전문가)는 받아들여지지 않았던 하나의 단서로 모든 것이 설명된다는 가능성에 사로잡힌다. 분석가는 그 패턴이 항상 격차를 뛰어넘을 것이라 확신한다. …… 요약하면, 분석가는 국가라는 것이 일관되고 합리적이라 믿는다. 정보 분석가의 특징은 무엇보다도 문서에 대한 무서운 식욕과 추정에 대한 그들의 자신감이다……[9]

따라서 분석가는 군사 조직들은 그 활동에 있어 거의 잘 정의된 행동패턴을 따른다는 사실에 입각한 가정에서 출발한다. 말하자면 대개 이러한 조직들은 원칙대로 그들의 작전을 수행한다. 이런 가정으로 인해 정보 분석가는 처리해야 하는 방대한 자료에서 패턴을 발견하려고 할 때 과거의 행동 사례로부터 추정한다. 반면에 스파이는 체계적인 행동으로 발견 가능한 패턴을 남기는 '합리적'인 적이 아닌, 끊임없이 주의를 돌리거나 두꺼운 비밀의 장막 아래 단서를 숨기는 영악한 적을 상대해야 한다. 위장의 단순한 형태만을 다루는 분석가와는 달리 스파이는 진짜로 거울이 가득 찬[혼란한] 방 안에서 활동하며, 거기에는 다양한 단계의 음모와 위선이 난무한다.

감춰진 패턴을 드러냈는지 못 드러냈는지에 의해 그 행동이 평가되는 정보 분석가와는 달리, 스파이나 역 스파이의 활동은 기밀에 부쳐지기 때문에 종종 합리적인 평가를 내리기가 종종 불가능하다. 이런 점들로 인해 첩보기관은 '신비적' 분위기를 갖는 경향이 있으며, 스파이는 '밀교적'(esoteric) 정보에 독점적으로 접근 가능한 주도적 개인들의 비밀 계급에 속해 있다는 분위기를 만든다. 그들의 성공과 실패는 이 신성한 장소에 접근할 수 있는 사람들만이 판단할 수 있다.

이러한 이유로 CIA의 사진 분석가와 NSA의 암호학자는 랜드연구소와 같은 싱크탱크의 동료들과는 전혀 다른 환경에서 작업해야 했다. 랜드연구소는 원래 1946년에 수학자들의 싱크탱크로 만들어졌다. 이것은 운영연구(OR)와 게임 이론과 같은 도구를 전쟁 문제에 응용하기 위해 설립되었지만 이후로는 거의 기술관료의 근거지로 남았다. 한편 CIA/NSA의 분석가는 파괴공작, 암살, 심리전 등을 담당하는 비밀 작전 수행자들과 함께 일해야 했고, 잠입자와 정보원의 네트워크를 조성하고 관리하는 역할의 스파이 관리자들과도 함께 일했다. 이러한 두 가지 특징이 탄생시킨 지나친 비밀주의 분위기는 정보기관과 같은 분석적인 분과의 활동에 여러 방식으로 영향을 주게 된다. 이것은 분석가의 일이 비밀과 보안대책의 세계와는 관련이 없다고 말하는 것이 아니다. 오히려, 그것은 마치 비밀주의에는 타당한 군사적 기능을 갖는 것, 그리고 전쟁기계의 내부 작용에 부정적 영향을 주는 또 다른 것, 두 종류가 있다고 말하는 것과 같다.

첫번째 비밀인 기능적 비밀의 사례는 제2차 세계대전 당시 암호 분석가들이 수집한 정보를 영국이 활용한 것이었다(울트라 작전Ultra Project). 전쟁 중 가장 가치 있는 자산 중 하나는 암호를 풀어 독일군의 교신에 접근하는 것이었기 때문에, 나치가 그들의 암호가 간파 당했다는 사실을 모르게 만드는 것이 무엇보다 중요했다. 이것을 위해 울트라의 감청으로부터 나온 모든 정보는 다른 수단으로도 '발견', 다르게 말해 공공연하게 확인되었다. 예를 들어 울트라가 폭격을 위한 중요한 표적을 찾아냈다면, 군은 독일군에게 진짜 정보원을 숨기기 위해 반드시 일부 정찰기를 먼저 보냈다.

두번째 비밀의 사례는 기생적인 비밀(parasitic secrecy)로 역시 같은 전쟁 속에서 찾아낼 수 있다. 영국의 정보국인 SIS는 그 전설적인 위치에도 불구하고 군에 의해 불신 받는 비효율적인 조직이었다. 그들은 살아남기 위해서 (정부 암호 해독 학교인 GCCS가 지휘한) 울트라 작전에 대한 접근을 독점하였고 울트라의 승리를 자신들의 성공으로 내세웠다. 그들은 이러한 기생활동을 은폐하면서 울트라 작전의 일부 재원을 탕진했고, 정치가들이 GCCS를 의심하게 만들었으며, 일반적으로는 통신 감청과 암호 해독의 기능 전체를 저하시켰다.[10]

따라서 정보 분석을 첩보와 방첩으로 구별하는 것은 중요하다. 전자의 기능은 역사적으로 군사적인 제도 속에서 발달했다면, 후자는 전제적인 지배의 산물이었다. 고대의 비밀기관은 끊임없는 음모라는 배경에 대항해서 조립되었다. 스파이와 정보원은 항상 군사 조직보다 고대의 사제 계급과 더 가까운 관계를 가지고 있었다. 물론 현대의 비밀기관은 수도회가 아니다. 그러나 비밀스럽고 교조적인 맹세가 낳은 효과, 사회적으로 절연된 요원들, 비밀 작전에 따르는 화려함뿐만 아니라 암호학과 같은 주제에 어울리는 밀교적인 의미, 이 모든 것들이 군사적이기보다는 종교적인 환경을 형성한다. 여기에서 정보기관의 이런 비밀스러운 측면을 추적하지는 않을 것이다. 왜냐하면 그것은 지능기계의 세계와 어떠한 직접적인 연관도 없기 때문이다. 그러나 CIA의 사진 분석가나 NSA의 암호학자가 작업하는 분위기를 이해하기 위해서 적어도 이러한 주술적인 측면의 감각을 가져야만 한다.

군사정보나 외교정보의 역사로 돌아와서 첩보의 이런 비밀스런 요소의 일부를 확인해 보자. 16세기와 17세기의 시계태엽장치 군대는 위대한 개신교 왕자인 나사우의 모리스와 구스타프 아돌프에 의해 조립되었다. 해체의 한가운데에 있던 신성로마제국은 이런 위협에 군사적으로는 30년 전쟁(1618~1648), 준군사적으로는 예수회의 명령을 정신적 반격의 선봉으로 활용하면서 양 방향으로 대응했다. 예수회는 사실상 정보 전쟁과 이미지 전쟁이라는 두 개의 전쟁을 치른 셈이었다. 그들은 힘든 노력으로 유럽 가톨릭 계열의 고등교육을 거의 독점하는 데 성공했고, 당대 최고의 지리학자, 언어학자들 중의 하나가 되었다. (그들은 총 95가지 다른 언어에 정통했다.) 카톨릭의 고해성사를 비밀 보장의 상담 업무로 변환시키면서, 그들은 유럽의 주요 왕과 왕자의 고해성사를 들어 주는 고해신부 겸 조언자로 자리매김했다. 예수회는 그러한 지위, 그리고 유럽 대륙에 관한 외교적·지리적 정보의 유통을 확실히 통제함으로써, 국가의 많은 주요 인사들에게는 없어서는 안될 존재가 되었다.

그들은 대중이 백 번의 설교보다 한 번의 인상적인 장면에 의해서 움직인다는 사실을 깨달은 후, 무대 조작과 특수 효과의 전문가까지 하게 되었다. 아타나시우스 키르허(Athanasius Kircher)는 초창기 '슬라이드 영상기'인 매직 랜턴(magic lantern)을 완성했는데, 그는 이것을 이용해 불타는 도시, 대형 화재, 갖가지 종말론적인 재앙과 같은 환상적인 영상을 예수회 연극을 위해 만들어 냈다. 예수회는 엄밀히 말해서 그런 기이한 것을 발명하지는 않았지만, 위엄을 과시하는 속임수──개신교 국가들을 다시 하나로 만들기 위해 고안된 선전 활동──를 종교적 지배와 같은 전체 전략의 일부로서 사용한 최초의 집단이었다.[11] 이미지는 영적인 재지배를 위한 방법의 일부로서 외부에 보여졌을 뿐만 아니라, 그들 자신의 전술적인 훈련 계획에 없어서는 안 될 보조수단으로 내부에도 사용되었다. 유능한 예수회 교도는 그리스도의 투사이며, 그런 식으로 악마라는 하나의 궁극적인 적만을 갖고 있다. 이 궁극의 전투를 위한 훈련과 규율은 예수회 질서의 창시자인 로욜라(Ignatius De Loyola)가 쓴 일종의 '영혼을 위한 건강 훈련'(calisthenics for the soul)인 『영신 수련』(*The Spiritual Exercises*)에 부호화되어 있다. 『영신 수련』은 지원자의 단결심을 키우고, [봉사라는 의미로] 의지의 자발적 포기를 이끌어 내기 위해 교묘하게 이미지를 이용했다.

첫번째 전제조건은 참가자의 상상력을 완전히 통제하는 것이다. 예를 들어 지옥의 공포를 불러내는 수련을 위한 지침은 다음과 같이 시작한다. "첫번째 요점은 이렇다. 나는 상상의 눈으로 무한히 퍼지는 화염과 불타는 육체에 갇힌 영혼을 볼 수 있다. 두번째 요점은 …… 나는 상상의 귀를 통해 눈물 흘리고, 울부짖고, 큰 소리로 우는 것을 들을 수 있다. 세번째 요점은 …… 나는 상상 속에서 연기, 유황, 역겨운 악취를 맡을 수 있다. 나는 상상 속에서 쓴 맛, 눈물, 고통, 그리고 지옥에서의 후회와 같은 매서운 아픔을 맛볼 수 있다……."[12]

이 장의 제사에서 철학자 장 보드리야르는 이러한 이미지 등에 의해 형성된 시스템을 '시뮬라크르'로 지칭한다. 선전 운동을 위한 화려한 용어 이상으로, 그것은 상징(천국과 지옥의 문학적인 이미지, 회반죽으로 만들어진 천사나 케루빔, 특수한 극적 효과)의 이질적 체계가 사회 지배 전략의 본질적 요소가 될 수 있는 다양한 방법을 지칭한다. 트리엔트 공의회(1545~1563) 이후, 로마 교황과 그의 준군사적인 군대는 성서 속의 주된 구절을 이미지로 집대성하기로 결정했는데, 이는 애매함이 없는 해석을 부과하고 '정확한 의미'를 사람들의 마음속으로 안내하기 위해서였다. 이미지는 특정 명분을 위해 사람들을 단순히 몰아가는 역할이 아니라, 새로운 '영적 통화'(spiritual currency)로 많은 사람들(예수회 본인들을 포함한)에게 강요되었다.

시뮬라크르는 그 이미지와 상징을 창조하는 데 이용되는 기술에 근거해, 모조품과 복제품, 그리고 시뮬레이션의 세 가지 범주로 분류할 수 있다. 첫번째 범주는 회화, 조각, 무대 미술이 현실을 이미지화하는 주요 형식이었던 시대에 속한다. 이러한 '기술들'은 현실로 통용되는 환영을 창조하기 위해 만들어졌다는 사실을 지칭하기 위해 '모조품'으로 불린다. 이미지가 삶을 모방했던 것이다. 사진이 개발되자 새로운 종류의 이미지, 즉, 기계적 복제품들이 세상을 채우기 시작했다. 1895년 최초의 영화가 상영되어 관객들을 놀라움에 빠트렸을 때, 시간 속의 사건의 패턴을 복제하는 영화의 능력이 공간에 놓인 물체의 배열을 복제하는 사진의 능력을 보완했다. 이러한 기술들은 시뮬라크르가 발전할 수 있는 새로운 가능성을 열었지만, 최초로 이것을 완벽히 써먹은 것은 아마도 제2차 세계대전 당시의 괴벨스(Paul Goebbels)와 그의 제국 대중계몽 선동부가 아닌가 한다. 그의 손을 통해 뉴스 영화나 다큐멘터리(레니 리펜슈탈Lenni Ridfenstahl의 작품들처럼)들은 나치 제국의 영적 통화의 일부가 되었다.

마지막으로 컴퓨터의 출현은 새로운 종류의 이미지를 가능하게 했고, 세번째 시뮬라크르의 가능성을 만들었다. 현실은 모방되거나 복제되기를 멈추고, 시뮬레이션되기 시작했다. 즉, 새로운 종류의 이미지는 실제 물리 현상에 관한 수학적 모델을 이용해서 컴퓨터를 통해 생산되었다. 이런 종류의 이미지로서 가장 잘 알려진 예는 아마도 비행 시뮬레이터일 것이며, 이것은 비행 예정 지역의 풍경에 대한 실시간 영상 모형을 조종사에게 직접 대면시켜 값비싼 전투기의 조종사를 훈련시키는 기계이다. 조종사는 많은 시각적인 단서와 지형지물에 노출되는데, 그것을 통해 자기 위치를 파악한 다음 장애물을 피하고 적과 싸우며 안전하게 착륙한다. 이러한 시뮬레이션을 위한 데이터는 미 국방부 지도 제작국이 공급하는 실제의 지리학적인 데이터베이스로부터 나온 것이다.[13] 비록 이러한 이미지들은 아직 사회 지배 전략의 요소가 되지는 않았지만, 그것들이 시뮬라크르가 되기 위해 가야 할 길은 다른 컴퓨터 시뮬레이션의 군사적 응용인 전쟁게임에서 추론될 수도 있다.

제1장에서 전쟁게임이 어떻게 세 가지 단계를 걸쳐 진화했는지 확인했다. 즉, 그것은 시계태엽장치 시대의 체스와 같은 변형('모조품')으로부터, 지형의 실제 부분과 같은 지형 모델에서 작동되는 게임('복제품'), 지도와 모형이 디지털 이미지로 대체된 컴퓨터 버전('시뮬레이션')이 그것이다. 우리는 허구와 현실의 차이는 이 마지막 단계에서 모호해졌음을 보았다. 그 때문에 전쟁게임 수행자가 직면한 이미지(레이더 화면과 컴퓨터 화면 위의 이미지)도 실제 위기에서의 이미지와 본질적으로 같기 때문이다. 시뮬라크르로 가는 전쟁게임의 변형은 핵을 꺼리는 인간들을 의사결정 회로에서 제거하고 자동기계로 대체했을 때 시작되었다. 예를 들어 다양한 SAM과 IVAN의 싸움을 관찰하면서 끌어낸 통찰은 비상 계획과 전략적 사고로의 길을 열었고, 이처럼 SAM과 IVAN은 현대 전쟁기계의 '영적 통화'와 같은 요소가 되고 있다.

비시각적인 통신 영역뿐만 아니라 시각적인 통신 영역에서의 모조품, 복제품, 시뮬레이션의 예들은 얼마든지 있다.[14] 그러나 우리의 목적에서 중요한 점은 금세기의 정보기관은 시뮬라크르의 세계 속에 존재했었다는 사실이다. 다시 말해 그들은 선전 목적을 위해서 이미지의 힘을 이용했을 뿐만 아니라, 그들 자신들도 환상의 세계에서 살았다. 예를 들어 최초의 정보기관의 창설에 반대하는 여론을 무마하기 위해 1909년 영국에서는 대중소설(편집증적인 저자 윌리엄 르 큐William Le Queux의 첩보 스릴러와 같은)을 이용해 독일 스파이라는 공포를 날조해 냈다. 「제5열」의 이미지와 같은 것들이 현대 공포 전술의 필수적인 부분이 되었으나, 이러한 이미지들의 힘을 이용한 첩보부원들도 그 영향에는 속수무책이었다. 양차 대전 사이의 영국 스파이와 비밀작전 요원들은 존 버컨(John Buchan)과 같은 소설가의 열렬한 독자였고, 그들 자신을 버컨이 만들어 낸 영웅들로 착각했다. 그 외의 많은 첩보 스릴러 작가들(플레밍Ian Fleming, 그린Henry Greene, 키플링 Rudyard Kipling)은 살아 있을 당시 첩보기관의 구성원이었으며, 현대 첩보기관의 영적 통화를 구성하는 첩보활동의 신비하고 매혹적인 이미지를 형성하는 데 공헌했다.[15]

거의 예외 없이 비밀 활동 조직은 혼란의 시대에 번창했지만, 반대로 혼란이 가라앉자 그들의 권력도 사그라들었다. 이러한 이유로 그들은 살아남기 위해 사회 혼란을 부추기고, 소문을 퍼트리고, 제5열, 폭격기와 미사일 격차와 같은 상상의 적을 조작했다.[16] 그들은 자기조직의 지속을 위해 사회를 항상 끊임없는 비상상태, 두려움과 과대망상이 일반적인 상태로 유지하려 했다. 이것은 그 존재 전체가 허구적 협박 ── 대다수 정부가 그다지 입에 담으려 하지 않는 ── 을 기반으로 한 거대 '첩보 산업'의 개발을 일으키게 된다.

정보기관은 국가안보의 위협에 시기적절한 경고의 제공을 약속하며 평화 시 그들의 존재를 합리화한다. …… 수년간 정보기관은 능숙하게 후임 정부를 세뇌해서 그들의 생존과 확장을 보장하는 세 가지 명제를 받아들이게 했다. 첫번째 첩보의 세계는 성공과 실패를 구별하는 것이 불가능할 수 있다. 공격에 대한 시기적절한 경고로 인해 공격 대상은 대비가 가능하다. 이로 인해 침략자가 계획을 바꾸면, 앞선 경고는 틀렸었던 것으로 볼 수 있다. 두번째 실패는 정보기관의 정확한 정보를 틀리게 해석해서이다. …… 세번째 정보기관이 자금 부족에 시달린다면 시기적절한 경고는 제공될 수 없다. 종합하면 이 세 가지 명제는 정보기관의 성과에 대한 모든 합리적인 분석을 무마하는 데, 그리고 모든 실패를 추가 자금지원과 확장의 정당화로 바꾸는 데 이용될 수 있다.[17]

역사적으로 첩보기관은 오로지 국내의 반대의견을 통제하는 데 애를 썼고, 해외의 유용한 군사정보의 수집에는 그렇지 않았다. 예를 들어 19세기 제정 러시아의 비밀경찰 오크라나는 무자비한 국내 질서의 수호자였지만, 정보 수집의 도구로서는 비효율적이었다. 그러나 이러한 국내 역할에서조차 오크라나 등의 기관들은 정보를 끝없이 욕망했기에 군사 조직들의 '정보 고질병'을 진단하는 데 완벽한 대상이 되었다. 다시 말해 군이 전장에서 나온 불완전하고 모순되는 정보에 직면했을 때, 군은 상층부에 정보처리를 집중하여 그러한 불확실성을 줄이려 한다. 그러나 순수하게 결과만 보면 상황에 관한 전체적인 불확실성만 증가시키게 되는 것이다.

첩보기관은 이러한 나쁜 기능을 군과 공유했을 뿐만 아니라, 그 자체의 다른 문제도 갖고 있었다. 용병 스파이로부터 정보를 구입할 때 거짓 정보에 돈을 더 얹어주었던 것이다. 친구와 가족을 배신하는 것으로 생계를 유지하는 정보원에게 의존하게 되자 한층 더 그들에 대한 뒷조사가 필요하게 되었다. 예를 들어 오크라나는 "고용된 무수히 많은 스파이와 정보원을 거느렸고, …… 다수가 아닌 전원을 의심했고 미행을 붙였다. 그리고 죄수들의 발에 끝없이 연결된 쇠사슬처럼 그 미행에 또 다른 미행을 붙였고 거기에 또 다른 미행을 추가했으며, 마지막에는 비밀경찰에까지 미행을 붙였다."[18] 실제로는 다소 어처구니없는 업무 수행에도 불구하고, 아니면 아마도 그런 이유에서인지 오크라나는 무자비하지만 엄청나게 효율적인 조직이 되었다. 비밀경찰이 종종 개인이 아닌 지방 전체 거주자를 죽여야만 할 정도로 정보원들은 죄없는 사람들을 배신했고, 진짜 공모자들은 놓쳤다. CIA와 NSA는 이제 오크라나와 같은 길을 걷고 있다. 법률적으로 국내 감찰에 종사하는 것은 금지되었지만, 그들의 눈과 귀는 몇 차례나 국내로 향했었다. 이러한 활동들은 예외라기보다는 오히려 관행처럼 되고 있다. 그들이 국내의 감시와 통제에 열을 올리다 보면, 오크라나처럼 군사정보를 처리하는 능력은 저하될 것이다.

앞서서 전쟁기계와 그것의 적절한 기능에 필요한 내부 조건을 분석했던 것처럼, 정보산업에 관한 나의 분석은 그것이 갖고 있는 파괴와 지배 전략을 완전하게 하는 데 도움을 주려는 의도는 아니다. 제대로 기능하지 않는 전쟁기계는 본래 자기 파괴적이다. 우리는 효율적 군대는 감당할 수 있겠지만, 자멸적인 군대라면 이야기가 다를 것이다. 다시 말해 핵무기 시대 군대의 자멸행위는 우리의 자멸행위와 마찬가지이다. 한편 정보기관과 비밀부서는 기능적인 군사기계였던 적이 한 번도 없다. 즉, 군대에 필요한 그들의 가치는 전제적인 통치자들에게 필요했던 것과 비교하면 매우 제한적이었다. 그러나 이러한 기생기계의 군사적 업적이 비웃음을 살 정도라 해도 쉽게 해체할 수 있다는 의미는 아니다. 17세기 수학자 블레즈 파스칼은 예수회 자신의 수사법을 이용해 그들에 저항하는 뛰어난 시도를 했는데, 그 희극적인 시도는 예수회 전체가 서 있는 기반이 얼마나 허술한지를 보여 주기 위함이었다.[19]

그러나 예수회는 웃어넘기기엔 너무 강력한 존재였다. 그들을 외부의 정밀한 감시로부터 지켜 온 시뮬라크르가 먼저 제거되어야 했다. 1312년 템플기사단를 해체시키는 데 성공했던 전술을 이용해서, 스페인의 왕은 힘으로 예수회라는 기생기계를 분쇄했다.

> 1767년 4월 2일과 3일에 걸친 하룻밤 사이 스페인 왕실 군대는 스페인과 미국 대륙의 스페인령에 이르는 모든 예수회 소속 집, 대학, 거주지, 교회에 난입했다. 약 6,000명의 예수회 교도가 구속되어 스페인 군함의 감옥에 콩나물시루처럼 담겼다. 그들은 이탈리아의 교황령으로 이송되어 생사여부와 관계없이 육지로 던져졌다. 14개월 넘는 준비기간이 필요했던 스페인의 전체 작전은 관료적인 비밀주의와 군사적인 정확함의 승리였다.[20]

말할 필요도 없이 시계태엽장치의 시대에 가능했던 해결 방법은 모터와 네트워크 군대의 비밀 부서에서는 전혀 작동하지 않는다. 게다가 과도한 보안 통제와 같은 병폐, 그리고 이야기 조작, 소문 유포와 같은 기생적 활동은 민간기관뿐만 아니라 군 역시 오염시켰다. 예를 들어 1950년대에 공군은 이야기 조작꾼의 역할로 CIA와 경쟁했다. 허구적인 '폭격기 격차'와 '미사일 격차' ──역대 대통령들이 이런 공갈로 핵무기 공장을 만들었다── 는 민간이 아닌 군 정보기관에 의해서 날조된 것이었다.

그들의 표적이 '국내'든 '국외'든지 간에 군의 비밀 정보 공동체의 활동은 특정 기술에 대한 신뢰에 의존한다는 점에서, 특히 사진과 컴퓨터 모의실험을 정보 분석 도구로서 사용한다는 점에서 거의 다를 바 없다. 앞으로의 논의는 두 부분으로 나눌 수 있다. 하나는 전자 스펙트럼이 광학 영역을 감시하는 작업이며, 다른 하나는 비광학 영역을 담당하는 기관들이다. 이러한 구분은 다소 인위적이지만 미국의 정보 단체는 이러한 방침을 따라 그 영역을 나눠 왔다. CIA는 항공사진정찰과 분석을 맡고, NSA는 신호와 통신 정보의 세계를 담당하는 것이다.[21)

우리는 사진 판독가와 암호 분석가가 패턴을 표면화시키는 일을 담당한다고 그려 볼 수 있다. 예를 들어 사진 판독가는 문자 그대로 사진 속에 들어가 정보를 찾아내는 기술을 발전시켜 왔다. 그는 이미지로부터 추출한 자료를 '재표면화'(resurfacing)해서, 그 자료를 그 후의 추론과 추정이 가능한 패턴으로 조직해야 한다. 암호 분석가도 마찬가지로 적의 암호기계가 정교한 만큼 표면이 불투명한 텍스트에 직면한다. 암호 분석가는 이러한 방해를 뚫고 메시지의 의미를 표면화시키기 위해, 적이 사용하는 암호기계의 미묘한 약점 혹은 기계 자체가 텍스트에 남기는 훨씬 더 미묘한 수학적 단서를 이용해야 한다. 비록 사진 판독가와 암호 분석가의 기술은 컴퓨터 기술보다 오래되긴 했지만, 패턴을 표면화시키는 활동은 컴퓨터의 등장으로 인해 크게 확장되었다.

인공지능의 발달로 인해 군은 패턴을 표면화시키는 작업을 기계화하기 시작했다. 컴퓨터는 인간을 의사 결정 회로에서 몰아내기 위해 '보는 법'과 '언어를 이해하는 법'을 배워야 한다. 현재의 머신 비전과 기계 번역 체계는 매우 제한된 영역에서만 작동할 수 있다. 예를 들어 머신 비전의 원시적인 형태는 대량생산된 제품들의 품질관리를 위해서 일부 제조업자들에 의해 이용되고 있다. 컴퓨터는 정말로 그러한 대상을 '보고' 결함을 발견할 수 있으나 그것은 단지 보고 이해해야 하는 대상의 가짓수가 매우 제한되어 있기 때문이다(사실 컴퓨터가 처리하는 것은 같은 대상의 복제물이다). 유사하게 컴퓨터는 감청된 임의의 교신보다 표준화된 문서(신청 용지, 보고서)를 더 효과적으로 처리할 수 있다.

진정한 머신 비전과 기계 번역의 제작은 인공지능의 중심적 문제들을 모두 해결하는 것을 의미한다. 즉, 정말로 '세계를 지각'하거나 '언어를 이해'하는 최초의 컴퓨터라면 다른 많은 측면에서도 지능적인 기계가 되어야 한다. 그것은 성공과 실패로부터 배울 수 있어야 하고, 다양한 복잡성의 수준에서 문제 해결의 전략을 세우며, 중요하지 않은 세부사항으로 인해 곤경에 빠지지 않게 일정한 '상식'을 갖고 있어야 한다. 이러한 목표가 기술적으로 가능한지, 혹은 그것들이 언제까지나 기술관료의 환상으로 계속 유지될지는 아무도 모른다. 그러나 군은 그러한 방향으로 연구를 추진하고 있다. 왜냐하면 그것이 인간을 회로에서 몰아내는 유일한 방법이기 때문이다. 그러나 개발하기 더 쉬운, 그리고 기계와 인간을 대결시키는 게 아니라 오히려 협력적인 전체로 만드는 게 목표인 그런 기술적인 대안도 존재한다. 그러기 위해서는 패턴을 표면화하는 과정을 자동화하는 컴퓨터를 제작하는 것이 아니라, 표면 그 자체(컴퓨터 화면)가 패턴을 파악하는 인간의 능력을 증폭시키는 장소가 되어야 한다. 컴퓨터의 대안적 사용 방법은 이 책의 용어로 하면 기계적 필룸이 인간과 기계를 횡단하면서 그것들을 결합해 보다 높은 차원의 존재가 되도록 만드는 것이다. 1960년대 군이 인간을 회로에서 몰아낼 목적으로 연구를 지원했을 때, 덕 엥겔바트(Douglas Engelbart)와 같은 독립 연구자들은 반대 방향의 연구를 시작했다. 즉, 그것은 인간과 기계를 협력적인 전체로 배치할 수 있는 둘 사이의 인터페이스를 만드는 것이다. 이러한 연구자들은 그들의 개념을 '인간 지능의 증강'이라고 불렀다. 이 개념은 인간의 기술을 기계에 이식하는 것이 아니라, 기계가 인간의 지능을 증강시킬 수 있도록 인간과 기계를 통합하는 것이었다. 인간과 기계의 대화식 이용과 같은 새로운 패러다임을 낳은 이러한 연구는 비록 군(패턴을 표면화하는 분석가들을 지원하려는)으로부터 자금 지원을 받았지만, 민간 연구자들은 본래 과제의 그 이상을 파고들었다. 단지 컴퓨터 화면의 표면을 데이터 패턴이 등장하는 장소로 변환하는 대신에, 그들은 그 표면을 컴퓨터 기능을 제어할 수 있는 장소로, 진화적 경로가 공생적으로 연결되는 인간과 기계의 표면으로 변환시킨 것이다.

따라서 컴퓨터 화면상의 사건은 다양한 전략의 요소가 될 수 있다. 가상의[시뮬레이션된] 이미지는 전쟁기계의 기생적 구성요소(성직자, 스파이, 광신도 등)에 의해서 이용되었을 때, 시뮬라크라가 될 수 있다. 바로크의 조각과 회화가 예수회의 손을 통해, 그리고 사진과 영화가 나치의 손을 통해 시뮬라크르가 되었던 것처럼, 그렇게 컴퓨터 화면을 채우는 가상의 이미지들은 사용자에게 '최면을 걸어' 현실감을 대신하게 된다. 이것은 전쟁게임에서 지금 일어나고 있는 일이다. 컴퓨터 화면상의 사건이 지휘 계통을 단축하기 위해 인간을 회로에서 몰아내는 전략의 구성요소가 될 수도 있다. 머신 비전과 기계 번역은 이러한 방향으로 나아가고 있는 것처럼 보인다.

이러한 특정 기술 속에 시뮬라크르가 되게 하거나, 인간을 대체하게 만드는 혹은 더 나은 새로운 '종들'을 형성하기 위해서 인간과 결합하게 하는 고유한 것은 아무것도 없다. 그것은 모두 그러한 기술이 삽입되는 전략에 의존하고 있다. 일단 여기에서는 사진 분석이나 문장 분석과 같은 기술들, 그리고 이러한 기술들을 제공하게 만든 전략에 대해 탐구해 보자.

사진 분석(Photoanalysis)

정보 분석은 컴퓨터 시대의 새로운 발상이 아니다. 말하자면 그 초기 단계는 증가하는 정보의 연관성을 시각적인 정찰, 그리고 시각적인 용어로 된 정보의 정교함과 연결시키는 것이었다. 예를 들어 13세기 몽골 유목민의 유럽 침입 전에도 자료수집과 계획수립과 같은 진지한 군사 활동이 먼저 있었다.[22] 그러나 현대 정주사회의 특징인 분석 기계는 더 최근에야 조립되었다. 조립체 요소의 일부는 예수회가 이교도, 우상 숭배자, 불신론자에 대한 전세계적 운동을 벌이면서 생겨났다. 예를 들어 "예수회가 방대한 인력, 자재, 시간을 소비해서 중국으로 밀려들어간 것은 극동에서 우세했던 지정학적인 힘의 평가에 근거한 신중한 행동이었다".[23] 그러나 예수회의 중국 침입은 시계태엽 장치 시대의 전형적인 것이었다. 그들은 신기한 기술, 분수 건설, 기계 장난감과 관상용 정원 등으로 중국인을 현혹시켰지만 그들은 결코 그 이상의 문화적 우위를 확립하지 못했으며, 그것은 나폴레옹 전쟁 기간 모터화된 군대가 탄생하고 나서야 가능한 일이었다. 프랑스와 프로이센의 군대(푸세와 슈티버)에서 정보 분석에 대한 현대적인 접근이 탄생했다. 즉, 군주와 국가의 주요 인물들뿐만 아니라 모든 개인이 문서 네트워크 속에 기록되게 되었다.[24] 유사하게 군사정보의 수집에서도, 적군의 저장고와 무기고의 재고만 조사한 것이 아니라, 민간의 사기(morale), 산업, 농업 자원도 조사되었다. 그것은 새로운 세계였고, 그 세계에서 모든 세부사항들은 계산되기 시작했다. "나폴레옹이 이러한 세계를 발견한 것은 아니었다. 그러나 그가 이런 체계화를 시작했다는 사실은 잘 알려져 있다. 그는 자신이 통치하는 나라에서 일어나는 아주 사소한 것까지 확인 가능한 권력 메커니즘을 자신 주위에 마련하고 싶어 했다."[25]

이미 말했듯이, 새로운 '세부사항 숭배'(cult of detail)는 관련 기관이 국내 감시 혹은 군사정보의 수집에 관심이 있는지에 따라 다른 선으로 진화했다. 그러나 이 구별이 항상 분명한 것은 아니었다. 나폴레옹식 군대가 민족주의 감정의 저장고에서 작동되고 있는 한, 그의 전략과 전술적 혁신만큼 국내의 사기가 나폴레옹의 성공에 핵심적이었다. 그리고 그 정도로 내부 감시가 외부 정보의 수집만큼 중요했다. 유사하게 프로이센 최고의 스파이인 슈티버는 해외의 외교적·병참적인 정보 수집뿐만 아니라, 국내 감시도 행하는 비밀 요원이었다(사실 그는 오크라나를 위해서 일했다). 그러나 두 가지 기능은 일부가 서로 겹치지만, 두 가지가 서로 다른 목적을 갖고 있다는 것도, 그리고 내란의 통제를 담당하는 첩보기관이 군사정보 평가 업무에서는 자주 무능력한 요원을 만들어 낸 것도 사실이다.

공중의 시각 정보 시스템에는 세 개의 구성요소가 있다. 바로 '플랫폼', '영상 촬영장치', 이미지 해석 기술이 그것이다. 이 세 가지 요소는 서로 독립적으로 진화했으며, 가끔 피상적인 상호작용을 하다가, 결국은 제1차 세계대전 동안 진정한 배치로 통합되었다. 지금까지 사용된 최초의 플랫폼은 공기보다 가벼운 종류의 것들로 보통 기구나 연이었다. 나폴레옹 군대는 1797년 만투아 포위전 당시 기구를 이용했고, 다른 군대들도 곧바로 그것을 따라했다. 기구는 공중 정찰용으로 미국 남북전쟁과 1870~1871년의 보불전쟁에 이용되었다.[26] 사진 카메라는 여전히 개발이 더뎠었기에, 이런 수준에서 영상 촬영 장치는 인간의 눈과 스케치북이 전부였다. 플랫폼은 초기의 비행기로 진화했으며 사진을 이용한 기계적인 복제가 인간의 눈을 대신하자 현대의 공중 스파이전 시대가 막을 열었다.

시스템의 세번째의 요소인 사진 해석은 정확한 간접 사격을 위해서 포병이 이용하던 측량과 지도 제작 기술과 함께 진화했다. 정찰을 위한 여러 요소들, 즉, 음원 탐지와 섬광 탐지 기술로부터 얻었던 자료뿐만 아니라 지도와 사진이 지리적으로 떨어진 포병 부대에 완전히 같은 효과를 가져 오기 위해서는 서로간의 [수치적인] 수정이 필요했다. "그러나 수정이 된다고 문제가 끝나는 것은 아니다. 왜냐하면 추진체 온도, 장전 형식, 포탄 중량, 무엇보다도 발사시의 기상 조건이 각각 지도 사격의 정확도에 영향을 주었기 때문이다."[27]

제1차 세계대전의 초반, 지도와 사진의 수정과 조정은 아직 초기 단계에 있었다. 포격은 과학이라기보다는 여전히 '활과 화살'에 불과했기 때문이다. 예를 들어 대포 공격에 앞서 표적을 향해서 총을 발사해 보는 예비 사거리 측정이 필요했다. 물론 이것은 지휘관에게 기습이라는 중요한 요소를 빼앗는 것이었다. 다양한 '측정 기구'(사진, 사거리 측정, 지도 제작 기술 등)가 서로 수정되기 시작했고, 각각의 대포와 기후의 특이점들이 철저한 계산(대포들을 사실상 상호간의 복제물로 바꾼)을 보완했다. 이것으로 완전히 새로운 과학적인 포격이 진화하기 시작했고, 최초의 전세계적인 전쟁이 끝나감에 따라 성숙단계에 이르렀다.

사진은 대포로 공격하기 전 단기적인 전술 정보를 얻는 데 이용되었지만, 통상 적의 배치와 의도에 관한 장기적인 전략 정보를 수집하는 데에 이용되었다.

촬영 비교는 여전히 이미지 분석의 기초로 남아 있지만 상대적으로 초기에 개발되었다. 이것은 부대 증강, 철도 부설 등과 같이 적군의 의도를 나타내는 여러 지표들의 변화를 잡아내기 위해서 며칠, 혹은 수주간에 걸쳐서 계속 촬영한 동일한 표적의 비교 사진을 포함한다. 분석가들은 관심 지점을 잡아낼 뿐만 아니라, 그들이 본 것을 '활용'하도록 교육받는다. 즉, 적의 계획에 관한 타당한 결론을 끄집어 내기 위해서 본 것들을 활용하는 것이다. …… 공중 정찰은 1918년 가을까지 엄청난 규모를 차지했다. 예를 들어 그 해 9월 뫼즈 아르곤 (Mesue-Argone) 공격 당시 5만 6천 건의 공중 정찰 인쇄물이 4일 만에 여러 미군 부대로 전달되었다. 1918년 7월 1일과 휴전 기념일인 11월 11일 사이에 생산된 인쇄물의 총수는 130만 부에 달했다. …… 이 사진 인쇄물은 그것을 필요로 하는 다양한 특수 부대에 보내졌다. …… 그러나 각 부대가 전달받은 인쇄물을 얼마나 잘 활용하든지 간에, 쌓인 정보 생산물의 분석에 관해서 협력하는 일은 제1차 세계대전 중에는 현실화되지 않았다. 하물며 자료를 통합하고 최대한 활용하도록 자료에 집중하는 중앙 정보 조직의 개발은 더욱 있을 수 없었다.[28]

전후 '광학 감시' 기계의 세 가지 구성요소인 플랫폼(정찰기), 영상촬영장치(사진), 분석 기술의 축적은 각각의 속도로 진화했다. 후에

미 공군을 독립 기관으로 만드는 운동을 한 전설적인 조종사인 빌리 미첼(Billy Mitchell)은 속도, 고도, 항속시간의 신기록 경신을 위한 치열한 시합에 동료들을 내몰기 시작했다.[29] 반면 군사 사진은 어떤 비행사의 어깨에도 훈장을 달아 주지 않았기에, 그 지위에 매료된 혁신가들은 조지 고다드(George Goddard)와 같은 열성적인 사람뿐이었다. 그는 모든 종류의 사진 기술(장거리, 적외선)을 실험했고, 많은 중요한 하드웨어 부품(재사용 가능한 플래시, 입체 카메라)을 개발했다. 또 그는 처음으로 전신으로 영상을 전달함으로써 텔레비전을 앞질렀다. 다른 열성가인 시드니 코튼(Sidney Cotton)은 제2차 세계대전 중 영국 공중 첩보의 아버지가 되었다. 그는 사진 하드웨어에 대한 수많은 공헌(맞춤형 비행기, 펼침 렌즈와 추위방지 장치가 있는 특수 카메라) 외에도 그 기계의 구성부품을 분석해 개발을 도왔다. "그의 준공식적 사진 현상 부대는 대상의 특성에 따라 사진 해석을 변경했다. 예를 들어 전차와 해군 선박의 사진은 그것들을 잘 알고 있는 해석자에게 보내졌다."[30]

제2차 세계대전 중 비행하는 플랫폼은 믿을 수 없는 속도로 진화했고, 또한 사진도 고해상도 컬러 필름이나 자동적으로 대기의 온도와 기압을 보정하는 렌즈의 발명에 의해서 진화했다. 그러나 소프트웨어의 구성요소인 사진 해석이 발전 속도를 맞추지 않았더라면 하드웨어만의 발전은 의미가 없었을 것이다. 유용한 정보를 낳는 사진 복제품을 만들기 위해서,

수많은 영국인[사진 분석가들—인용자]이 실제로 사진 속을 파고들어, 그 안에서 정보를 찾는 매우 세련된 방법을 낳았다. 대부분은 개

별적인 지리, 무기 시스템, 엔지니어링 형태 등에 전문영역이 있었으며, 그들 중 최고는 결국 자신이 잘 아는 영역은 직관적으로 아는 정도가 되었다. 예를 들면 그들은 4천 피트의 고도에서 수직으로 찍힌 사진을 들여다보고 직감적으로 무엇이 변했는지를 알 수 있었다. 송전선이 추가되었다든가, 작은 선박이 이동했다든가, 혹은 V-1 '폭명탄'(buzz-bomb)이 발사될 준비를 갖추고 있다든가 하는 변화 말이다.[31]

전쟁이 끝나자 적도 변화했다. 적어도 미국과 영국의 첩보기관에 관해서는 그러했다. 독일은 그들의 동맹국이 되었고, 선전포고 없는 전쟁이 새로운 전선인 구소련에서 시작되었다. CROWCASS(전쟁 범죄자와 국가안보 관련 혐의자들의 중앙 보관소)의 소장은 SS(친위대) 멤버들을 추적하는 것을 그만두었고 반공산주의 운동에 그들을 채용하기 시작했다.[32] 같은 시기, 소련이 점령한 2백만 제곱마일의 영토가 사진지도로 완전히 작성되었다. 본국에서는 OSS(CIA의 전신 기관)가 새로운 이미지 전쟁을 시작하고 있었다. 처칠과 루스벨트와는 달리 트루먼은 비밀 정보의 미신에 빠지지 않았으며, 1945년 OSS를 해체했다. OSS 구성원들은 그다음 VSS('V'는 베테랑을 의미) 같은 지하조직에 숨었으며, 전쟁 중에 OSS의 업적을 미화해서 신문에 흘리기 시작했다. 그들은 1909년 영국 정보기관을 낳은 첩보활동의 낭만적 이미지를 조작하는 데 성공했다. 결국 트루먼은 정보 분석(첩보나 비밀 활동이 아닌)을 집중화하기 위해 전문 기관이 필요하다는 사실을 깨달았다. 무엇보다도 진주만 참극은 정보 부족이 아니라 조직화된 조사와 평가의 부족으로 일어났기 때문이다. 그는 결국 분석의 중심기

관의 창설을 인가하였고, 이로써 CIA가 탄생하였다.[33]

　트루먼의 유보에도 불구하고, 첩보활동의 '종교적' 요소는 새로운 기관의 주위에 모여들었고 천천히 세력 확대의 과정을 시작했다. 그러나 천천히 이런 비밀 세력들을 생산하는 기생적 성장은 민간 정보기관의 전유물은 아니었다. 사실 1950년대에 무기 증강을 촉진하기 위해 정보를 왜곡하는 공포전술을 이용한 것은 바로 공군이었다. 그리고 놀라운 것은 군이 창조했던 왜곡된 믿음을 뒤집은 것은 바로 CIA 분석가였다는 사실이다. 이러한 왜곡된 믿음의 첫번째는 실재하지 않는 폭격기 격차이고, 그다음은 뒤이어 나온 미사일 격차였지만 이것 역시 사실이 아니었다. 가공의 폭격기 격차는 소련이 신세대 대륙간 폭격기를 과시했던 1955년에 시작했으며, 미군은 이것을 '들소'(Bison)라 불렀다. 이 신형 폭격기를 제조한 공장은 모스크바에 위치하고 있었다.

　　제2차 세계대전 중 공중에서 촬영된 독일 정찰 사진을 손에 넣은 미국의 분석들은 공장 규모와 바닥 면적, 게다가 그 공간에 대한 최적의 사용법을 계산할 수 있었고, 그로부터 가능한 생산 비율에 대한 일부 수치도 유추할 수 있었다. …… 공군의 정보국도 그 공장은 교차근무로 운영된다는 것, 그리고 다음 2~3년 내에 모스크바의 공장이 '학습 곡선'에 이를 것이라 가정했다. …… 이 모든 요소들을 고려했을 때, 소련은 1960년대 초까지 500개 정도의 대륙간 폭격기를 제조할 수 있었다는 결론이 나왔다.[34]

　이에 따라 폭격기 격차설이 태동했다. 그러나 경제 부서를 맡은

CIA의 분석가들이 폭격기의 생산율에 대한 자료 접근권을 얻자, 공군의 평가 시 근거가 된 여러 가정들이 의심을 받기 시작했다. 나중에 밝혀진 바에 의하면 500개의 폭격기라는 허구적 숫자는 소련이 미국을 공격하려면 그 정도의 수량이 필요하다는 표적 연구들의 연구 결과로 나온 것이었다. "따라서 소련의 의도를 확인해 주는 것으로 보이는 증거는——다른 결론을 내릴 수 있는 증거들은 외면한 채 —— 어떤 것이든 진실로 간주되었다."[35]

군사정보 분석이 자기만족적 결론에 도달하는 경향은 육해공군 간의 끝없는 예산전쟁에 의해서도 강화되었다. 이런 이유로 아이젠하워는 과학 정보의 수집과 평가를 위한 독립적인 프로그램을 만들기로 결정했다. 사진 정찰 단계에서 이 새로운 압력(폴라로이드사의 에드윈 랜드Edwin Land가 지휘한)은 결과적으로 코닥이 은밀하게 개발하고 있던 고감도 필름, 특수 진동 보정 시스템, 자동 노출 제어 장치가 장착된 비행하는 신형 플랫폼과 초고성능 영상촬영 장치를 만들어 냈다. 모든 것이 일체가 된 신형 영상 장치는 13마일 거리에 있는 농구공 크기의 물체를 분해(구별)할 수 있었다.[36]

이 새로운 카메라는 소련 영공에 무사히 침입할 수 있도록 매우 높고 빠르게 비행하는 신형 플랫폼에 장착되었다. 이것이 1955년에 첫 임무를 위해 이륙한 U-2 비행기, 즉, CIA가 개발한 첩보기 '검은 숙녀'(Black Lady)였다. 이 비행기는 조종사 게리 파워즈(Francis Gary Powers)가 1960년 [미사일에 맞아] 격추될 때까지 당시 이런 사실을 알면서도 무기력했던 소련의 사진지도를 거의 5년간이나 찍었다. 미 공군은 1955년의 폭격기 격차설이 거짓으로 드러나자 공포 전술을 바꿔 미사일 격차설이라는 새로운 이야기를 지어냈다. 미 공군은 조작한 자료들을 그럴듯하게 꾸미지도 않은 채, 소련에 500개의 폭격기가 아닌 500개의 미사일 건설 능력이 있다고 주장했다. 그러나 U-2기가 제공한 고품질 자료는 그러한 엄청난 미사일을 소련 영토에 건설할 수 있다는 어떤 증거도 보여 주지 못했다. 이것은 미 공군의 정보 분석가뿐만 아니라 허구적인 격차설로 생겨난 피해망상을 이용해 대통령이 된 존 F. 케네디까지 불편하게 만들었다. 군은 U-2가 만들어 내는 부정적인 증거는 외면했고 정찰기가 가능한 모든 지역을 정찰하지 않았다고 주장하며 사실상 숨겨진 대륙간 탄도 미사일(ICBM)이 어딘가에 있을 거라고 주장했다. 그러나,

1960년 8월 10일, 미국은 새로운 전략 정찰위성인 디스커버러를 처음으로 성공리에 궤도에 진입시켰다. …… 디스커버러는 대기권 밖에서 사진을 찍을 수 있었으며, 그 카메라는 훈련된 사진 분석가라면 …… 36인치 정도의 작은 물체도 확인이 가능할 정도로 성능이 높았다. …… 공군의 분석가들조차 그 사진에는 당황했지만, 그 이미지는 공군 정보기관의 추정과는 완전히 반대였다. 소련의 ICBM, SS6은 말도 안 되게 크고 무거운 데다가 육중했다. 그것은 엄청난 지원과 보안 장비를 똑같이 필요로 했고, 철로나 매우 단단한 도로 위에서만 운송이 가능해 보였다. 디스커버러는 처음부터 철로와 주요 고속도로 주변을 관찰하고 있었지만 아무것도 발견할 수 없었다. …… [그럼에도 불구하고 공군 분석가는 계속해서 —인용자] 러시아 전역에 ICBM을 숨겼다는 '증거'를 조작했다. 중세의 탑, 농산물 저장고, 크림 전쟁의 기념비 등의 사진이 교묘하게 위장된 미사일 기지로 묘사되었다.[37]

이와 같이 정찰 플랫폼이 정찰위성의 형태로 대기권에서 성층권으로 이동하자 사진 해석에 대한 갈등은 격렬해졌다. 60년대 초까지 선제공격용 미사일 500기가 소련에 존재했었다는 미 공군의 미사일 격차설은 근거 없는 믿음으로 밝혀졌다. 사실상 1961년까지 러시아는 그런 미사일은 4개밖에 보유하지 않았다. 정보 수집과 그 평가와의 유착 관계를 끊어 버리려는 목적으로 같은 해 [CIA가 아닌] 그 밖의 정보 공동체를 위해 사진 분석을 맡은 국립 사진 분석 센터(NPIC)가 설립되었다. 차세대의 영상 촬영 장치가 태어난 장소가 바로 이곳이다.

영상 해석은 1970년대에 공간 기반 정보 수집가들 못지않은 엄청난 혁명을 경험했다. 빛의 그림자, 톤, 그늘뿐만 아니라 물체의 크기와 모양, 그리고 그러한 물체와 물체 근처에 있는 것들이 만드는 패턴을 검사하기 위해서 오로지 눈을 이용했던 사진 해석가들은 영상 분석을 맡은 고속 디지털 컴퓨터의 보조를 받고 있으며, …… 이것은 단순한 '눈대중'을 훨씬 뛰어넘는 것이었다. 1970년대 말까지 [컴퓨터는—인용자] 위성의 영상 센서와 대기 효과에 의한 왜곡을 수정하거나, 초점이 벗어난 영상들을 조절하고, 다른 스펙트럼 대역으로 찍힌 몇 가지 사진으로부터 한 장의 멀티 컬러 영상을 구성하는 데에 일상적으로 사용되고 있었다. 배경을 줄이거나 제거해서 개별 특징을 추출하는 데에, 명암을 강조하거나 태양 반사로 인한 번득임을 죽이는 데에, 그리고 그 외의 많은 부분에서도 마찬가지였다.[38]

영상이 그 대상의 단순한 복제물이 되기를 그만두고 튜링기계의 완전한 시뮬레이션 능력이 발휘될 순수한 데이터, 즉, 그래픽 정보로 다루어지게 되었을 때, 공중 정찰의 영상 촬영 장치는 새로운 시대에 돌입했다. 컴퓨터를 이용해 해결하려는 일부 문제들은 정찰기만큼이나 오래된 것이며, 여기에는 영상이 생산되는 상황에 의한 왜곡을 수정하는 일도 포함되었다. 예를 들어 비행기 엔진의 진동은 영상을 흐릿하게 만들었다. 높은 고도에서의 촬영은 세부사실에서의 부수적 손실들과 더불어 영상의 크기를 줄였을 뿐만 아니라 렌즈가 흐려지는 응결현상까지 일으켰다. 현재는 이러한 다양한 영상의 질 저하를 컴퓨터를 이용해 수정할 수 있게 되었다. 예를 들어 초점이 빗나간 사진은 정보가 저하된 조건들을 흉내 내기만 하면 놀라울 정도로 선명하게 복원될 수 있다. 말하자면 번짐 처리의 수학적 모델은 원본 영상에 단지 역으로 적용되는 것이며, 이렇게 실제로 번짐을 해결한다.[39]

이러한 영상 시뮬레이션(영상 처리)을 만들어 내는 컴퓨터 과학 분야는 영상의 질 저하를 수정하는 작업 외에도 사용되었다. 앞서 언급하였듯이, 정보 분석가의 작업은 데이터 속에 숨은 패턴을 표면화시키는 것이었다. 이 표면이 사진 인쇄물에서 컴퓨터 화면으로 바뀌자, 사진 분석가는 새로운 자원을 사용하여 사진 분석가의 데이터로부터 패턴을 추출할 수 있게 되었다. 예를 들어 다른 시간대에 찍힌 동일한 지형에 대한 두 장 이상의 다른 이미지는 이제 컴퓨터에 의해 비교될 수 있으며, 이를 통해 사진 속의 물체가 순간적으로 변하는 배열을 감지할 수 있게 되었다. 그러한 차이에 결정적인 중요성을 부여하는 것은 여전히 인간 분석가의 몫이지만, 컴퓨터는 이제 인간이 했던 일부 일상적인 작업을 대신하거나, 사전 처리 도구로서 이용할 수 있게 되었다. 또한 컴퓨터로 특정 사진의 내용 변화를 해석하는 데 필요한 다양한 데이터베이스 조정도 가능하게 되었다.

인간에 의한 이미지의 성공적 해석은 모든 지휘 조직들이 이렇다 할 변화 없이 엄밀히 정의되고, 세심하게 세워진 절차를 따른다는 사실에 달려 있다. …… 다시 말해 모든 육군과 해군이 '규정대로 움직인다'라는 가정이다. …… 그것은 속임수가 때에 따라 이루어지지 않는다는 게 아니라, 군사 작전의 압도적 다수가 효율을 목적으로 해 사전에 정해진 절차를 따르며 이런 절차들이 적의 의도를 계산하기 위해서 분석될 수도 있다는 것을 말하기 위해서이다.[40]

행동 패턴(전선으로의 부대 집결이나 새로운 철도의 배치)을 '표면에 등장'시켜 전략적인 의미를 얻으려면 군사 작전에 특유의 중복성(redundancy)을 이용해야만 한다. 이러한 작전은 표준화되는 경향이 있기 때문에, 사람들은 과거 비슷한 배치의 사례를 연구하면서 새로운 작전에 대해 많이 배울 수 있다. 그러한 과거의 사례들이 컴퓨터에 저장되고 분석가의 요청에 따라 사용된다면, 적의 행동 패턴을 감지하고 해석하는 작업은 훨씬 더 효과적일 수 있다. 컴퓨터로 사진 분석가의 패턴 감지 능력을 강화시키는 것은 군사적 효율성을 진정으로 도모하기 위함이다. 그러나 동시에 영상 해석의 지원과 같은 컴퓨터의 중요한 이용이 늘어나자 인간 분석가도 머지않아 회로에서 제거될 것이라는 기대가 생겨난다. 분석가의 도구가 진화해 컴퓨터가 탐지할 수 있는 이미지의 차이가 더 미묘해짐에 따라, 컴퓨터가 그러한 차이와 패턴을 '알 수' 있게 된다는 느낌은 더 강해진다.

인간의 해석 능력이 대체되는 일은 가까운 미래에는 일어나지 않을 것이다. 언젠가 그런 대체를 수행할 기술인 머신 비전은 아직 초기 단계에 있다. 머신 비전은 거의 동시에 하나의 이미지에 작용하는 몇 가지 층의 시뮬레이션을 포함한다. 영상 처리 기술은 맨 아래층에서 그 자체의 영상 모델을 생성하기 위해 이용되며, 낮은 단계의 특징을 추출(영상 분석)하는 것을 허용한다. 그다음 이러한 데이터는 세계의 삼차원 모델과 비교되는데, 거기에서 물체는 평면의 그림이 아니라 부분들이 특정의 공간적인 관계를 가지는 고체 조각품으로서 재현된다(장면 분석).

최종적으로 그 장면을 전체적으로 이해하기 위해서 지식 은행에 저장된 노하우와 발견적 지식뿐만이 아니라, 연상 기억과 귀납 논리와 같은 인간 정신 과정의 흉내 내기가 이러한 대상에 응용된다. 이세 가지 단계는 엄밀한 위계질서를 형성하지 않고, 오히려 이질질서(heterarchy)가 된다. 즉, 더 상위 단계의 결과가 더 낮은 단계의 특징을 이해하기 위해 부차적인 방법으로서 이용될 수 있다.

영상 분석은 데이터로부터 고유의 특징인 원래 장면의 공간적 속성을 반영한 특징을 추출하는 기계 인식의 '테두리 탐지'와 같은 분야와 관련되어 있다. 영상(테두리) 속에서 진짜 물체의 경계는 강도의 불연속으로 나타나는 경향이 있기 때문에, 물체를 알아보기 위해서는 공통의 테두리로 경계가 된 영역을 분해하는 것부터 시작한다.[41] 추가적인 분석은 그때 특별한 영상 세그먼트가 주어진 물체를 재현할 가능성이 있는지 평가하기 위해 이용된다. 이것이 이른바 장면 해석이다. 일단 영상이 일반적인 테두리를 경계로 하는 영역으로 분해되면, 이러한 형태를 삼차원 템플릿에 맞추는 작업이 이루어진다. 이러한 템플릿은 (모의 비행 장치에서 영상을 생성하는 데 이용하는 것을 닮은) 물체의 분명한 기하학적 표시를 포함할 뿐만 아니라, 물체가 평면 영상에 투영되는 방식에 관한 지식도 포함하고 있다. 다시 말해 질감과 조명으로부터 추출된 깊이 단서(depth cues)나, 공간에서 물체의

가능한 조합을 그린 관계 모델 등이 그것이다.[42]

결국 전체 장면을 이해하기 위해서는 그 영상이 어떤 삼차원 물체를 재현하는지뿐만 아니라, 그러한 물체가 거기서 무엇을 하고 있는지에 대해서 더 많은 지식이 필요하다. 이번에 필요한 것은 정보 분석가의 발견적 노하우를 전문가 시스템의 기술을 이용해서 지식 베이스 속에 이전하는 것이다. 사진 분석가는 군사 행동의 규칙성을 이용할 수밖에 없기에, 컴퓨터에게 그러한 규칙성을 감지하도록 가르치는 것은 적군의 군사 매뉴얼 접근권을 컴퓨터에게 주는 것만큼이나 단순할 것이다. 그러나 대부분의 경우 패턴을 표면화하는 기술은 낡은 로켓 발사대의 조금 다른 배치, 표준적인 건설 기술로부터의 작은 일탈, 뜻밖의 장소에 나타난 새로운 철도선 등과 같은 더 미묘한 단서들에 의존한다.

인간 분석가는 패턴을 찾아서 사진을 철저히 분석하고, 경험법칙, 지름길, 추론 방법 등과 같은 그들의 예감과 직관을 조직화하기 위해 형식화 불가능한 보조 수단을 개발해 왔다. 전장에서 본 것처럼, 그러한 발견적인 보조 수단은 지식 공학의 발전에 따라 기계에 이전하는 것이 가능해지고 있다. 머신 비전이 완성되면 다양한 여러 범용의 발견적 지식뿐만 아니라 컴퓨터에 인간 사진 분석가의 기술도 이전될 것이다. 이러한 이유로 무엇이나 가능한 기계인식은 여전히 미래의 이야기다. 제한적인 영역, 예를 들어 단순한 기하학적 대상만을 포함한 인공적인 세계, 혹은 지각되는 대상이 산업계의 고장 검출 시스템과 같이 작고, 잘 정의된 유형에 속하는 환경에서만이 성공을 이뤄 왔다.

다시 말해서 기계 인식은 이제 기계가 확인해야 하는 대상 유형이 단순한 세계를 이루도록 인위적으로 축소된 경우에만 가능하다. 이 기술이 더 현실적인 환경까지 확장된다면 인공지능의 모든 중심적인 문제가 해결됨을 의미할 것이다. 그것은 경험으로부터의 학습, 불필요한 세부사항을 무시하는 '상식'의 획득, 다양한 수준의 복잡성에 맞게 문제 해결 전략 세우기 등을 포함한다. 의미적 세계가 제한된 사진 해석과 같이 한정된 영역(혹은 인간 편집자를 통해 한정할 수 있는 영역)은 의미적 변화가 무한히 가능한 영역에 응용하기 전에 이러한 기술을 길러내기에 더욱 그럴듯한 장소를 이룬다. 물론 이러한 기술이 현실 상황에 확장된다면 지구상의 전장에 기동력 있는 약탈기계가 출현할 수 있는 거대한 도약이 될 것이다. 이 작업의 복잡함으로 인해 아마도 최초의 자율 무기는 육상에서 싸우게 되기 전에, 최소한의 불규칙성을 가진 원활한 환경(공중과 바다)에 배치될 것이다.

역설적으로 정보기관의 기능적인 구성요소만이 기계에 의해서 대체될 것이다. 스파이 관리자와 특수비밀요원을 종교적으로 감싸주었던 검은 비밀 조직은 그들 모두를 기계에 의한 대체가 불가능하게 만들 것이다. HUMINT의 가치 저하에도 불구하고, 순전히 관료주의적 관성으로 인해 아마도 앞으로 오랜 기간 동안 이 두 가지 구성요소는 유지될 것이다. 보다 빠른 플랫폼과 보다 민감한 영상 장치, 컴퓨터가 보조하는 더 나은 분석 기술로의 진화에 의해서 PHOTINT는 꾸준하게 비밀 데이터의 자원인 인간 스파이를 대체해 왔다. 같은 일이 COMINT에도 일어났는데, 거기에서는 컴퓨터로 인해 데이터 수집방법에 대한 '진공청소기'식 접근법이 개발되었다. 공중에서 뺏은 모든 신호는 거대한 데이터베이스로 빨려 들어간 다음 여과기(앞서 언급한 감시 목록 속의 핵심어와 이름들과 같은)를 통해 처리된다. 그러나 이것은 다른 세계, 즉 전자기 스펙트럼의 비광학 영역의 감시 작업에 속한다.

암호 분석(Cryptoanalysis)

컴퓨터 비전을 만들겠다는 꿈은 기계적 퓔룸의 오래된 분과인 감시와 처벌 기술 분과에 속한다. 나는 충분히 추상적인 형식화가 주어졌을 때 구체적이고 물리적인 인공물들이 기계적 퓔룸과 결합한 후 다른 기술로 이주하는 방식에 대해 논의했다. 따라서 증기기관의 구체적이고 물리적인 배치는, 칸토어(Georg Cantor)에 의해 다이어그램으로 환원되었을 때, 다른 물리적인 인공물들뿐만 아니라, 다른 매우 다양한 '기술'들, 예를 들어 군대를 조립하기 위해 이용되는 기술들의 계통발생적 혈통들의 일부가 되었다. 마찬가지로 처벌의 기술은 18세기 말 제레미 벤담(Jeremy Bentham)이 설계한 파놉티콘 감옥과 같은 추상기계의 출현에 따라 명확해졌다. 파놉티콘은 원래 감옥에만 응용된 '감시 다이어그램'이었지만, 나중에 병원과 학교 등의 시설로도 이주했다. 이 건축학적 기계의 이름은 그 배후 전략을 드러낸다. 즉, 기술을 이용해서 광학(optic, 감시하는 눈, 응시하는 시선)이 어디에나 존재하고 구석구석 스며들게 만드는 것이다.[43] 이런 기계의 초기 조립은 시계태엽장치 군대, 그리고 가장 강력한 감시 속에서 용병들을 유지하려던 시대에 속했다. 이 기술들에는,

거의 이상적인 모델이 있다. 군 주둔지가 그것이다. 군 주둔지는 수명이 짧은 인공 도시로 마음대로 짓거나 모양을 고칠 수 있다. ……

완벽한 주둔지 안에서는 모든 권력이 정확한 감시를 통해서만 행사된다. 각각의 시선은 권력의 전체적인 기능을 부분적으로 형성한다. …… 경로의 기하학적 구조, 천막의 수와 분배, 입구의 방향, 일반 사병들의 배치가 정확하게 규정되었다. 그리고 상호 감시하는 시선의 네트워크가 정해졌다. …… 암실이 광학과 같은 위대한 과학과 관련이 있었다면, 주둔지는 조금은 부끄러운 감시 기술이었다.[44]

이러한 기술들은 일련의 전달을 거쳐 군에서 민간으로 전해지기 시작했다. 예수회는 그러한 전달의 역할을 했으며 군사 감시를 교실에까지 확산시켰다. 해군 병원은 군 주둔지의 엄격한 공간 관리를 질병 통제 분야에 전달하는 것으로 자기의 역할을 했다. 그리고 벤담 같은 중요한 개인들이 존재했었고, 그들의 손에서 이러한 기술을 구성하고 있는 방법들이 파놉티콘과 같은 추상기계로 진화했다.

파놉티콘은 반지 모양의 거대한 건물로, 중앙에 감시탑이 있다. 반지를 이루는 독방들은 외부에서 빛을 비추게 설계되었고, 그 결과 중앙 탑에 있는 간수는 조명에 비친 검은 윤곽으로 한 눈에 죄수들의 모든 움직임을 포착할 수 있었다. 그러나 파놉티콘은 단순히 지하감옥을 역으로 뒤집거나, 단순히 어둠을 빛으로 대체한 것 이상이었다.

고문으로 어질러져 엉망이 된 감옥과는 반대로 …… 파놉티콘은 잔인하고 기발한 감금장소를 제공한다. …… 그러나 파놉티콘은 꿈의 건물로 이해되어서는 안 된다. 오히려 그것은 이상적인 형태로 환원된 권력 메커니즘의 다이어그램이다. 게다가 모든 장애, 저항, 마찰로부터 추상된 그 기능은 순수하게 건축학적이고 광학적인 시스템으로서 재현되었음이 분명하다. 사실 그것은 어떠한 특수한 용도와도 떼어놓을 수 있는 정치적 기술의 형태다. 또한 응용이 다양해서, 죄수를 교정시킬 뿐만 아니라 환자를 간병하고, 학생은 지도한다. 광인을 감금시키고 노동자는 감시하며, 거지와 부랑자는 일하게 만든다.[45]

두 세기 후 머신 비전의 꿈은 이런 기획의 기묘한 확장으로 보인다. 파놉티콘의 중앙 감시탑은 이미 그 기계의 중앙에 인간의 눈을 배치시켰다. 하지만 동시에 특정한 눈들의 가치는 떨어뜨렸다. 파놉티콘이 설계된 대로 작동하는 한 어떠한 눈도 그러할 것이다. 머신 비전은 인간을 이 두번째 지위에서도 제거해 그들을 완전히 회로에서 몰아낼 것이다. 그러나 머신 비전은 현재 개발 중인 많은 감시 기술들 중 하나에 불과하다.[46] 정말로 이러한 기술들 중 가장 교묘한 것들은 감시를 전자기 스펙트럼의 광학 영역에서 비광학 영역까지 확대시켰다. 가시 스펙트럼은 더 이상 감시기계의 주요 요소가 아니게 되었는데, 레이더, 무선, 마이크로파 기술은 물론이고 적외선과 자외선의 발견으로 새로운 감시 영역들뿐만 아니라 이용할 수 있는 새로운 자원들이 생겨났기 때문이다. 감시의 순수하게 광학적인 수단이 끝났다는 것은 정찰위성에 의한 다중 스펙트럼 분석이 시각적 위장을 무력화시키기 위해 이용된다는 사실로 분명히 알 수 있다.

녹색으로 칠해진 합판은 높은 고도에서 찍은 일반적인 컬러 사진 속에서는 풀처럼 보이겠지만 다중 스펙트럼으로 스캔된 영상이라면 그것이 실제로 무엇이었는지를 보여 줄 것이다. 즉, 그것이 페인트

칠이었음을 말이다. 같은 이유로 [다중 스펙트럼은—인용자] 분석가가 소련 항공기의 성분을 밝힐 수 있도록 알루미늄, 철, 티타늄을 구별할 것이다…….[47]

이 절에서는 새로운 비광학적인 정보 획득 기계라 불리는 '판스펙트론'의 몇 가지 요소를 살펴볼 것이다. 판스펙트론은 파놉티콘처럼 오랜 기간을 들여 조립되었다. 무선 통신이 전신과 전화를 대체하기 시작하자, 메시지의 비밀 내용을 수학적 기술을 이용해 숨겨야 함이 전쟁기계 외부의 개인들에게도 명백해졌다. 그들 중 한 명으로 난해한 암호기술을 독학한 민간인, 허버트 야들리(Herbert Yardley)는 제1차 세계대전 동안 미국의 군사나 외교 통신을 장기간 괴롭혔던 많은 결함을 발견하기 시작했다. 그는 상급자에게 보안 강화의 필요성을 납득시켰고, 전쟁 중에 만 개 이상의 외국어 메시지를 해독해서 자신의 능력을 입증했으며, 그후 최초의 미국의 암호 해석 기관인 블랙 체임버(Black chamber)를 설립했다.[48]

1919년 뉴욕에서 작업을 시작한 블랙 체임버는 매우 작은 회사였다. 50년이 지나자 블랙 체임버[방]로 시작했던 회사는 블랙 시티[도시] 수준으로 변하고 있었다. 단 하나의 사무실에서 시작했지만,

단지 전 세계의 전자 채굴작업으로부터 끊임없이 흘러들어 오는 산더미 같은 도청 내용을 처리하기 위해 요즘에는 사실상의 도시가 필요하다. SIGINT 도시 ──누군가는 과장없이 NSA의 마구잡이로 뻗어가는 복합체를 이렇게 부를지도 모르겠지만── 는 워싱턴과 볼티모어의 중간인 조지 G. 미드 군부대의 1,000에이커 땅에 자리 잡

고 있다. …… 거기에는 독자적인 버스 노선, 자체 경찰력, 대학, 텔레
비전 방송국, 심지어는 독자적인 [영화—인용자] 제작소까지 있다.
…… 그곳의 거주자들은 지극히 평범한 서류작업을 하는 워싱턴의
관료들과는 달랐다. 그들은 대부분이 과학과 수학 영역의 핵심 두뇌,
최고의 암호 인재 그 이상이었다. 그들 중 다수는 간청에 못이겨 왔
거나, 아니면 업계와 학계의 최고 직장에서 강제로 끌려왔다.[49]

또한 NSA도 본부로 상시 흘러들어 가는 암호화되지 않은 모든
통신 교통량을 처리하기 위해서 단일 조직으로는 미국 내에서 가장
많은 외국어 전문가를 거느리고 있다.

파놉티콘과 NSA에서 조립된 판스펙트론에는 많은 차이가 있다.
판스펙트론은 중앙 감지기 주위에 인간 신체를 위치시키는 대신 모든
신체의 주위에 다양한 감지기를 배치한다. 즉, 판스펙트론의 안테나
농장(antenna farms), 정찰위성, 케이블 통신의 도청은 수집할 수 있
는 모든 정보를 컴퓨터에 보낸다. 그다음 이것은 '여과기'나 핵심어 감
시 목록을 통해 처리된다. 판스펙트론은 특정 신체와 그것에 관한 특
정의 (시각) 정보를 선택하는 것이 아니다. 오히려 판스펙트론은 동시
에 모든 것에 대한 정보를 편집해, 자신의 감시 작업에 관련된 정보 부
분을 선택하기 위해 컴퓨터를 이용하고 있다.

이 연구의 목적을 생각하면, 전자기 스펙트럼의 비광학 영역으로
부터 군사정보를 추출하는 데 필요한 기계는 세 가지 구성요소로 나
눠질 수 있다. 도청기지(지상의 안테나 농장, 우주 공간의 위성), 암호화
기계(전송을 위해 메시지를 알아볼 수 없는 형태로 변환한 다음 암호화
된 메시지를 읽을 수 있는 문장으로 해독하는 데 이용되는), 마지막으로

도청된 메시지의 특정 일괄파일에 대한 열쇠를 발견하는 데 필요한 분석기술이 그것이다. 무선통신의 내용을 숨긴다는 것은 수학적으로 문장을 변환시킬 수 있는 기계에 문장을 집어넣는다는 의미이다. 그러나 이러한 기계는 기계 자체가 적의 손에 들어갈 수 있기 때문에, 그것을 변환하는 방법은 매번 달라지는 열쇠에 달려 있다. 한 번만 실행되어야 하므로 비교적 단순한 일일 수도 있지만, 암호 분석가는 암호화 장비를 재구성해야 할 뿐만 아니라, 통신량의 특정 일괄파일을 위해서 사용된 열쇠도 발견해야 했다. 정보 분석가의 특별한 능력이 요구되는 지점이 바로 여기이다. 이 세 가지 요소로 이루어진 조립체를 하드웨어 단계인 도청 기지국에서 탐구해 보자.

지구 표면에 물이나 기타 자연 자원이 너무 부족하기 때문에 원시적인 생명 형태마저 살 수 없을 것 같은 특수한 구역이 있다. 그러나 생물학적 기계적 필름에 장애를 형성하는 이런 지역이 새로운 종류의 기계나 도청용 안테나 농장에는 완벽한 생태학적 적소가 된다. 그러한 구역의 하나가 호주 황무지의 한가운데에 있는 파인 갭(Pine Gap)으로,

> 황량한 지구의 벌판처럼 끝없이 펼쳐져 있고, 소용돌이치는 산화철의 황사가 만든 화성 사막처럼 불그스름한 …… 그 지역 사람들에게 재앙과도 같은 환경이 NSA에게는 정확히 이상적인 조건이었다. 적은 비의 양은 신호가 비에 씻겨나갈 확률도, 뇌우가 간섭할 가능성도 적다는 것을 의미했다. 그 지역의 고립성은 불필요한 신호의 간섭에서 자유롭다는 이점이 되었고, 탐지당할 위험도 감소시켰다. …… 오늘날 파인 갭은 고요의 바다에 있는 달 전진 기지처럼 보인다. 그 계

곡에는 18개의 단층 건물과 454명이 살고 있는 비밀스런 공동체가 숨겨져 있다. 그리고 가장 놀라운 것은 미래적인 배열로 이루어진 6개의 은백색 이글루 모양의 레이돔(radome)으로, 거기에는 크기가 20피트보다 작은 것에서부터 거의 105피트까지에 이르는 접시안테나들이 들어 있다.[50]

제2차 세계대전 전까지 도청 기지국의 수는 적었지만, 그것은 부분적으로 통신 감청에 대한 법적 제한 때문이었다. 그러나 진주만 사건 이후 여기저기서 버섯처럼 생겨나기 시작했다. 오늘날 NSA는 이러한 새로운 기계종의 초고감도 무선 수신 장치를 수용하기 위한 생태학적 적소를 찾기 위해 금지된 지역인 "베링해의 빙하로 덮인 섬으로부터, 뱀이 우글거리는 버지니아의 습지대, 그리고 터키의 양귀비밭으로부터 히말라야의 들쭉날쭉한 봉우리까지" 들어가게 되었다.[51] NSA의 생활환경 중 일부는 신호로 가득한 공기였으며, 그 신호는 [무선 통신의] 소비와 생존을 위한 대기 중에서 감청될 수 있었다. 이런 황량한 지역에서 신호는 대기 중에 고밀도로 존재하고 전자기장에 오염된 도시 환경과 비교하면 순도도 매우 높았다. 그러나 물론 간섭 요소가 없다는 것이 좋은 도청 기지를 위한 유일한 조건은 아니었다. 이에 못지않게 중요한 것은 지상의 통신 채널 분배와 관련된 위치였다. 예를 들어 미국에서는 네 개의 주요 관문(웨스트버지니아 주, 메인 주에 하나씩, 그리고 서부해안에 두 개)을 통하여 미국을 출입하는 위성 통신 교통량을 단속할 수 있도록 도청 기지국들의 장소가 정확하게 배치되었고, 운영은 COMSAT라는 기업이 맡았다.[52]

통신 도청은 안테나 농장 외에도 정찰위성으로도 이루어졌다.

1960년대에 정찰위성은 두 갈래로 진화했다. 하나는 영상탐사 위성으로, 1960년 디스커버러 호와 함께 시작되어 몇 세대를 거친 키홀(Keyhole) 위성들까지 지속되었다. 1976년에 처음으로 발사된 이 위성의 최신 모델 KH-11은 이란의 인질 위치를 찾아내는 역할을 맡았고, 1986년 리비아 공격 계획에 필요한 영상을 제공했다.[53] 또 하나는 신호 정보(레이더 시설에 대한 정보)와 통신을 수집하는 위성이다. PHOTINT에 대응하는 위성들 ——목표물의 고해상도 사진을 얻기 위해서 비교적 낮은 궤도에 있어야 하는——과는 다르게, SIGINT와 COMINT에 쓰인 위성들은 특정 목표물에 소비하는 시간을 극대화하기 위해서 높은 궤도로 발사될 필요가 있었다. 영상 감지기는 같은 지역의 사진을 시간 간격을 두고 찍어야 되는 반면, 통신을 도청하는 위성은 특정한 전달이 지속되고 있는 한 계속 도청할 필요가 있었다.

또한 민간용도(기후, 지질 조사)로 이용되는 영상 플랫폼과는 달리, '흰담비'(ferret)라 불린 SIGINT 위성은 군사용도로만 이용되었고, 그에 따라 더욱더 두꺼운 비밀의 장막 뒤에서 개발 배치되었다. 아마이 다른 정찰 우주선에 대한 가장 좋은 예는 리오라이트(Rhyolite)일 것이다. 어떤 전문가는 리오라이트를 통해 "미국의 정보기관은 공산국가의 마이크로파 무선과 유럽 대륙의 대부분에 걸친 장거리 전화를 감시할 수 있고, 모스크바의 정치위원이 알타의 정부(情夫)와 하는 대화나 대륙을 넘어 부관과 주고받는 일상 대화까지 엿들을 수 있다."[54]

일단 일정 묶음의 통신 교통량이 감청되면 해독되어야 한다. 사실 수신하는 데 충분히 강력한 안테나만 있으면 방송된 메시지에 접근하는 것은 누구라도 가능하다. 영리한 부호(예를 들어, 고유명사를 가명으로 대신하는)로 메시지의 의미 내용을 숨기는 전신적인 해결법은 전송되는 문장의 구문법 자체를 숨기려고 설계된 치밀한 규칙으로 대체되었다. 암호가 부호를 대체한 것이다. 제2차 세계대전의 시작까지는 구문론적인 위장을 수행하는 수학적 기법의 암호는 오히려 원시적이었다. 전치(transposition)와 환자(substitution)라는 두 가지 단순한 조작에 불과했기 때문이다. 전치식은 문장에 변화를 주지 않고 혼합화를 실행한다. 환자식은 규칙과 열쇠에 따라 원문을 변경한다.

이러한 기법들은 매우 오래되었으며, 실제 그리스와 로마에서는 잘 알려져 있었다. 예를 들어 줄리어스 시저는 여전히 그의 이름이 붙은 단순한 환자식[시저 암호]을 사용했었다. 그는 알파벳 문자에 숫자를 할당(A = 1, B = 2 등)한 다음 고정된 수를 정보의 각 문자에 더해 주었다. (A = 1이면 1 + 3 = D가 되어, D를 실제로는 A로 읽는다.) 이 경우 숫자 '3'은 암호화와 해독을 위한 '열쇠'가 된다. 제2차 세계대전 이전에 쓰였던 체계는 이러한 아이디어를 확장한 것으로, 단지 열쇠가 일정한 상수(n = 3)가 아니라 일련의 수들로부터 어떠한 값을 얻을 수 있는 변수가 되었다. 암호기계에서 열쇠를 고를 때에 가장 중요한 고려사항은 최소 패턴을 갖고 있는 숫자 집합을 선택하는 것이다. 열쇠를 만드는 일련의 수들이 무작위적이 되면 될수록 잠재적인 침입자가 그 것을 깨기 위해 얻게 될 정보는 더 줄어든다. 이때 중요한 것은 혼합 과정을 수행하는 새로운 수학적 연산자를 발견하는 것이 아니라, 인간의 실제 해독 능력 이상으로 암호를 복잡하게 만들기 위해 이미 이용되고 있는 단순한 연산자를 회전자와 선으로 구현하는 것이다. 복잡한 조합과 복잡한 열쇠로 이러한 단순한 작업을 수행한 독일의 에니그마와 같은 암호기계는 1920년대까지 시장에서 구할 수 있었다.

독일군은 암호를 한층 더 복잡하게 만들기 위해서 에니그마에 수

정까지 가했다. 그러나 쉽게 구입이 가능한 상업용 에니그마와 전쟁 중 적군의 손에 들어갈 위험이 있는 개량된 에니그마로 인해, 기계적으로 구현된 암호화 방법보다는 열쇠 자체의 복잡성에 관심이 쏠렸다. 암호학의 신성한 규칙은 암호 체계의 보안은 전적으로 열쇠의 비밀에 달려 있지, 암호화 방법에 달려 있지 않다는 점이다.[55] 이러한 이유로 암호문(암호화된 메시지)과 그 열쇠의 전달에는 보통 두 가지 다른 경로가 이용되었는데, 보통 믿을 만한 운반원에 의한 전달이 있다. 하나의 예외이자 오직 진정으로 풀 수 없는 암호체계가 있다면 이른바 '1회용 암호표'일 것이다. 이 체계는 모든 페이지에 하나의 열쇠가 두 쌍의 동일한 암호 번호표로 구성되어 있다. 보내는 이와 받는 이는 동일한 표를 나눠가지며, 따라서 열쇠를 각각 전송할 필요가 없다. 그러나 더 중요한 것은 이런 설계는 사용자가 다른 열쇠를 매 정보마다 사용해야만 하며, 이 때문에 이 체계는 깨질 수가 없다. 전신암호와 같은 1회용 암호표의 기계적 구현 역시도, 운영자가 단 한 번 열쇠를 사용한다는 신성한 규칙을 지키는 한 침입에는 안전하다.[56]

사실 기계 운영자가 범하는 작은 실수들이 없었다면 (덧붙여서 암호기계를 설계할 때 수학적 대칭성에 의한 암호 속에 남겨진 작은 '통계적 흔적'이 없었다면) 비밀의 암호를 푸는 것, 즉, 암호 분석 기술은 실제로는 불가능했을 것이다. 암호 분석의 성공은 암호화된 문서의 무작위성에서 어떤 질서를 발견할 수 있는가에 달려 있다. 암호 분석은 같은 열쇠를 두 번 이용하는 인간이 만들어 내는 중복이나 아니면 진정한 무작위성이라기보다는 아주 민감한 수학자에게만 감지되는 숨은 내부 구조를 가진 일련의 숫자가 만들어 내는 열쇠의 중복에 달려 있다.

[1회용 암호표라는—인용자] 한 가지 경우만 제외하고 모든 실제의 암호는 암호문 속의 원문에 관한 약간의 정보를 남기게 되어 있다. …… 대부분의 암호는 수백만 비트의 원문만 있으면 이론적으로 해독가능하다. 그러나 그렇다고 하여 이 암호들이 안전하지 않은 것은 아니다. 왜냐하면 원문을 정하기 위해 계산상 요구되는 것이 유효한 자원을 넘어설 수 있기 때문이다. 이처럼 중요한 문제는 암호가 무조건적으로 안전한지가 아니라, 해독이 불가능하다는 의미에서 계산상 안전한지 여부이다.[57]

이와 같이, 모든 신세대 컴퓨터들은 주어진 암호 체계의 안전성의 한계를 재정립한다. 특정 기계의 순수한 계산력(대량 고속 처리 능력)은 적절한 시간 내에 암호를 해독하는 응용력을 결정한다. 이런 경우 군사 통신의 비밀유지는 또 다른 군비 경쟁의 연속을 의미하며, 이것은 미사일 위력에 의한 군비 경쟁이 아니라, 대량 고속 처리 능력에 의한 군비 경쟁인 것이다. 사실상 이 경쟁은 그 이상을 의미하기도 하는데, 수학의 잘 안 알려진 영역에서의 진보가 경쟁의 조건을 재정의할 수도 있기 때문이다. 예를 들어 1979년 러시아의 수학자가 발견한 선형 프로그래밍의 매우 효율적인 알고리즘은 암호학에 직접적 영향을 주지는 않았지만, 그 이야기는 응용 수학의 발전에 큰 관심을 강조하는 대중지들을 통해 급속히 퍼졌다.[58]

고속 처리 경쟁에서 새로운 기술과 새로운 수학적 기법의 상호작용은 제2차 세계대전 중 시작되었는데, 그 당시는 영국과 미국 모두 독일의 에니그마 체계의 변화를 따라잡기 위해 필사적으로 애쓰던 때였다. 현대의 컴퓨터는 전쟁 후 탄생하긴 하였지만, 그 각각의 요소(고속 전자 회로, 수치값의 내부저장, 프로그래밍 가능성programmability)는 독일, 일본과의 '암호 경쟁' 열기 속에서 태어났다. 적의 암호를 해독하는 첫번째 단계는 적의 암호기계를 손에 넣는 것이다. 아마 이것은 직접적 혹은 간접적으로, 다시 말해 물리적으로 장치 자체를 훔치든지 아니면 논리적으로 그것을 재구성하는 방식으로 해낼 수 있다. 물론 물리적으로 장치를 손에 넣는 것이 훨씬 간단했고 이것이 NSA가 그렇게 오랜 시간 '검은 가방' 작전 ——외국 대사관에 침투해 그들의 장비를 훔치는——을 수행할 수 있는 대통령 특권을 얻기 위해서 싸워온 이유이기도 하다. 그러나 제2차 세계대전 동안 기계와 문서의 물리적인 획득은 더 중요한 기계의 '논리적인 획득'에 비해 부차적인 역할을 했을 뿐이었다. 즉, '논리적인 획득'이란 인간의 부주의 혹은 장치가 생성한 패턴에 의해 남겨진 몇 안 되는 실마리를 기초로 암호 장치를 논리적으로 재구성하는 것을 말한다.

논리적으로든 물리적으로든 기계를 손에 넣으면 암호화 방법의 한 가지 접근을 얻는다. 그러나 이미 본 것처럼 가장 중요한 단계는 통신 교통량의 특정 묶음을 위해서 이용되는 열쇠를 추론하는 것이다. 최초로 에니그마 기계를 논리적으로 파악한 폴란드는 무차별 대입 전략을 이용해 그 문제에 접근했다. 다시 말해 6대의 재구성된 에니그마 기계들이 선으로 같이 연결되었고, 성공적인 조합을 기계적으로 탐색하기 위해 이용되었다. 물론 그들이 모든 가능한 조합을 살펴본 것은 아니지만 그들은 ('군론'으로 알려진 수학의 특수 분야에 의해서 밝혀진 미묘한 수학적 '지문'을 찾아냄으로써 탐색 공간을 줄였다), 탐색을 실질적인 작업으로 만들려고 기계 장치('봄베'라 불린)에 의존했다. 그리고 이에 따라 고속 처리 경쟁이 탄생했다. 독일군이 암호의 복잡도를 10

그림1

10. 눈에 보이는 것과 보이지 않는 것이 방사되는 세계

지난 세기의 말에 통신이 무선화되자, 물리적인 도청으로부터 전신망을 보호하는 것은 적 스파이에 대한 적절한 억제 효과가 되지 못했다. 전신과 달리 무선 메시지는 어디에나 전송되기 때문에 그 내용뿐만 아니라 메시지의 존재 자체를 숨겨야 했다. 1920년대까지는 인식 불가능하게 글을 혼합함으로써 이 같은 '위장'이 가능한 기계적 장치를 시중에서 구입할 수 있었다. 독일군은 그런 장치 중 하나인 에니그마 기계(그림1)의 설계를 수정해, 제2차 세계대전 당시 통신 체계의 기반으로 삼았다. 사실상 현대의 컴퓨터는 에니그마 암호를 해독하는 과정을 보조하기 위해 탄생했다. 눈에 보이지 않는 전파뿐만 아니라 스펙트럼의 가시 영역도 군사정보를 획득하기 위해 이용되어야 했다. 더 좋은 카메라와 비행 플랫폼은 눈에 보이는 영상(그림2)에서 유용한 전략 정보를 끌어내기 위해 사진 분석가의 능력과 결합해야 했다. (제3장 '암호 분석', '사진 분석' 참조)

그림2

배로 하기 위해서 그 기계에 추가로 회전자를 추가하자, 폴란드는 포기하였고 영국에게 그들이 알고 있는 모든 내용을 넘겼다. 1942년 독일군은 복잡도를 26배로 높였으며, 영국군은 그 내용을 동맹국 미국에 넘겨줄 수밖에 없었다.[59]

영국의 암호 해독 접근법에서 한 가지 핵심적 요소는 앨런 튜링의 '추측 기술'의 체계화였다. 특정 열쇠를 발견하려면 두 작업을 실행하는 회로망을 창조해야만 했다. 두 작업이란 원래의 추측으로부터 인간의 연역 추론을 흉내 내는 것, 그리고 그러한 연역의 모순을 '알아보는' 장치를 실현하는 것이다. 우선 '인간의 좋은 추측'으로 시작하지만, 그 장치는 모순이 발견될 때(이 경우 새로운 초기 추측이 시작된다)까지, 아니면 열쇠가 발견될 때까지 확산되는 암시들을 쫓아갈 수 있다. 그러나 무엇이 시작하기에 알맞은 '좋은 추측'을 구성하는가? 보다 정확히 암호 해독자의 수학적 직관은 근본적으로 기계화할 수 없는 부분이라는 것을 고려하면, 어떻게 추측이 성공인지 실패인지를 기계적으로 판단할 수 있는가? 요컨대 기계가 '좋은 추측 기술'을 배울 수 없다면, 문제는 기계들을 도입해 경험 많은 인간 추측의 '생산물'을 평가할 수 있는가 하는 점이다. "암호 통신을 보고 있으면 경험자는 이러저러한 것이 '~일 것 같다'(likely)고 하지만, 이제는 대량 생산이 목적이기 때문에 막연하고 직관적 판단들을 명시적이고 기계적인 어떤 것으로 만들어야 할 필요가 있다……." 튜링은 확률 이론을 적용해 '가능도'(likeliness), 혹은 그와 동일한 것을 형식화했다. "그는 평균적으로 실험[원래의 추측에 근거한 일련의 조작―인용자]이 생산하는 증거 비중의 양에 의해 실험의 가치를 판단하는 원리를 도입했다. 또한 그는 실험이 생산하는 증거 비중의 '분산', 즉, 그것이 얼마나 불안정한 것인가를 측정하는 것도 계속 고려했다."[60] 튜링이 영국의 암호 전문가로서 미국을 여행했을 때, 정보이론의 아버지 클로드 섀넌과 만나 놀랍게도 그의 증거 단위(bans)가 섀넌의 단위(bits)와 동일하다는 사실을 발견했다. 그들은 모두 전시의 군 통신을 조사하는 가운데 현대의 정보이론을 구축했다. 섀넌은 그 후에도 연구를 계속해 본인의 정보이론 연구에 근거한 현대 암호학을 재정립했다.[61]

영국 독일 간의 경쟁 외에도 미국 일본 간에도 비슷한 암호 경쟁이 있었다. 일본군의 '퍼플' 코드가 해독되자 미 해군은 무엇보다도 미드웨이 전투에서 승리할 수 있었다. 미군은 영국의 GCHQ(일반통신본부)가 했던 것처럼, 강제 수용된 수학자 그룹을 이용하는 대신에 산업으로 방향을 돌렸다. 코닥, IBM, NCR, 그리고 가장 중요한 섀넌이 일했던 벨연구소 등이 관심대상이었다. 이 기업들은 전쟁 중 필요한 암호 장비의 건설에 기여했으나, 한번 전쟁이 끝나 버리면 이러한 장비들을 위한 시장이 더 이상 존재하지 않으리라 판단했고 협력업체 또한 중지시켰다.

SIGINT와 암호 연구에 경험이 있는 전 해군 지휘관들의 집단은 기업의 지원 철수가 남긴 공백을 메우기로 결정했다. 그들은 컴퓨터화된 암호기계의 생산을 위해 공학기술 연구 협회(ERA)를 창설했다. 아틀라스(Atlas), 애브너(Abner), 하베스트(Harvest), 스트레치(Stretch)와 같은 장치가 ERA와 다른 싱크탱크의 조립 라인으로부터 출시되기 시작했다. 이 장치들 각각은 모두 당시 컴퓨터의 기술적 수준보다 앞서 있었다. 앞 장에서 컴퓨터 진화의 '선택적' 압력을 형성하는 소형화된 부품을 군이 필요로 한다는 사실을 확인했다. 한편 훨씬 더 작으면 작을수록 컴퓨터 회로 내의 신호 전달 시간이 단축되어 실행 속도는 향상되겠지만, 암호 분석을 위해 필요한 컴퓨터는 더 작은 것보다 더 빠른 것을 필요로 했다. 그럼에도 역시 크기와 속도는 서로 다른 기술적 전략을 통해 달성되는 각각의 독립된 목표들이었다.

이와 같이 컴퓨터는 두 가지 다른 압력을 따라서 진화하였다. 컴퓨터의 부품은 미사일의 항공유도 시스템을 개발하기 위해서 더 소형화되어야 했다. 또한 암호 장치가 설치된 대량 고속 처리 경쟁에 참여하기 위해서는 더 빨라져야 했다. 이 두번째 진화는 1976년 최초의 슈퍼컴퓨터가 개발되었을 때 정점에 달했다.

> 대부분의 관공서와 거대기업은 컴퓨터가 차지하는 공간을 제곱피트로 측정한 반면, NSA는 에이커 단위로 측정하였다. …… NSA의 두 뇌는 인간의 두뇌처럼 우반구와 좌반구로 나뉘었으며, 암호명 카리용(carillon)과 로드 스톤(Loadstone)으로 불렀다. 카리용은 서로 연결된 4대의 거대한 IBM3033으로 구성되었다. …… 그러나 이보다 강력한 것은 [CRAY를 담고 있는—인용자] 로드 스톤이었으며, 아마 세계에서 가장 빠르고 강력한, 그리고 가장 비싼 컴퓨터였을 것이다. …… 이 슈퍼컴퓨터는 세이모어 크레이(Saymour Cray)의 발명품이었으며, 그는 1950년대 초반에 IRA와 암호해독 장치를 제작하며 경력을 시작했다. …… 1976년 봄 최초의 CRAY-1은 미네소타의 치페와 폭포에 있는 회사의 생산 공장에서 출시되었으며, 만들어지자마자 [NSA의—인용자] 지하실로 반입되었다고 한다. 두번째 생산품은 NSA의 싱크탱크인 프린스턴 대학에 있는 국방연구를 위한 통신연구기관에 조용히 배송되었다.[62]

암호연구 외에도 NSA에는 컴퓨터를 이용한 다른 활동들이 있다. 주어진 암호를 해독할 수 없을 때, 교신 분석은 해독할 수 없는 데이터의 흐름으로부터 어느 정도 정보를 추출하는 작업을 도울 수 있다. 메시지의 출처와 목적지, 교신의 주파수와 음량, 데이터의 우선순위와 보안수준을 분석함으로써, 이런 분석가들은 메시지의 몇 가지 측면을 드러내는 패턴을 식별할 수 있다.[63] 반면에 메시지가 해독되면, 그다음 그것은 번역되고 해석되어야 한다. 앞서 언급했듯이 NSA는 세계 최대 규모의 언어학자와 번역자 집단을 소유하고 있다. 외국어 번역은 감시든 정보 획득의 목적이든 매우 중요했기에 인공지능의 역사 속에서 번역작업의 자동화는 초창기 우선 과제였다. 사실 인공지능 최초의 프로젝트는 1950년대 초 공군이 자금을 지원한 기계 번역 프로그램이었다. 그 프로젝트는 어떻게 해볼 도리가 없는 어려움에 부딪혔고, 1996년 후속 연구의 중단을 요구한 국립 과학 아카데미의 보고서가 제출되자 종료되었다.[64]

초기 기계화된 언어 분석 개념에 열광한 것은 전쟁 중 통계적 암호연구의 성공에 의한 것이었다. 만약 비밀 암호를 이런 기법으로 해독할 수 있다면 번역 역시도 비슷하게 처리할 수 있지 않을까? 러시아의 텍스트를 러시아어로 코드화된 보편 언어라 볼 수 있다면, 그다음 해독해서 영어로 재코드화할 수 있을 것이다. 물론 이것은 자연 언어의 경우에는 전혀 그렇지 않다.

나중에 밝혀졌듯이, 번역은 단순한 사전 찾기나 단어 재배열보다 훨씬 더 복잡하다. 이것은 관용구의 지식 부족으로 어려운 것도 아니다. 사실은 번역이란 논의되고 있는 세계의 심적 모델을 갖는 것이며, 그 모델 속의 상징을 처리하는 데 있다. 세계에 대한 모델 없이 문장을 읽는 프로그램은 곧 애매함과 의미의 다양성이라는 늪에 속절없이 빠지게 된다.[65]

기계 인식과 마찬가지로 변환하기 전 원래의 문장을 '이해하는' 완전한 기계 번역이 창조된다면 인공지능의 모든 중심적인 문제는 해결될 것이다. 언어 이해 혹은 머신 비전의 경우 '세계 인식'은 일반적인 지능을 포함한다. 즉 경험으로부터 배우는 것, 다양한 수준의 복잡성에 맞게 문제 해결 전략을 세우는 것, 중요하지 않은 세부사항을 무시하는 '상식'의 원시 형태를 발전시키는 것, 귀납 추론의 기초인 세계에 관한 지식에 접속하는 것 등이 그것이다. 물론 이것은 군이나 첩보기관이 인공지능 연구에서 이익을 얻기 위해서 언어 이해(혹은 머신 비전)의 장애가 되는 모든 기술적·철학적 어려움이 제거될 때까지 기다려야 한다는 의미는 아니다. 비록 임무를 완수하기 위해서는 여전히 인간의 도움이 필요하지만, 사실상 한정적인 전문영역에서 작동 가능한 그런 시스템들의 제한적 형태는 이미 존재한다.

기계 번역 시스템은 다양한 전략을 이용하고 있지만, 가장 성공한 것은 가능한 한 많은 문맥을 집어넣어, 단어 하나하나를 번역하는 것이 아니라, 단어를 문장이나 단락의 일부로서 처리하는 시스템이다. 이 발상은 의미의 애매함이 제거된 원문의 형식적[정형화된] 표현을 만드는 것이다. 다음 단계는 이러한 애매하지 않은 표현을, 목표 언어의 형식적 버전에 사상하며, 마지막으로 이 형식 모델을 표준 텍스트로 변환한다. 만약 보편 언어와 같은 것이 있다면 이 과정은 단순화될 것이다. 그 기계는 원문을 단지 이 공통어로 번역해, 그다음 목표

언어로 번역할 수 있을 것이다. 언어적 보편성의 탐색은 아마 계속되 겠지만, 기계 번역의 실제적 응용은 앞서 말한 접근법을 계속 이용할 것이다. 그것들은 '모든 언어의 본질'과 같은 형식 모델에 의존하지 않 고, 오히려 각각의 실제 언어의 형식화된 버전이나, 구문론적 패턴을 하나의 형식 모델에서 다른 형식 모델로 사상하도록 설계된 변환 집 합에 의존하고 있다.[66]

우리가 머신 비전을 탐구했을 때, 컴퓨터가 비디오카메라에 의해 생성된 영상을 이해하기 위해 다양한 수준의 복잡성에서 작동해야 한 다는 사실을 확인했다. 다시 말해 컴퓨터는 우선 프레임을 공통의 테 두리로 결합된 부분(segment)으로 분해한 다음, 그러한 테두리가 경 계인 영역을 실제 대상의 삼차원 템플릿에 맞춰야만 한다. 그리고 마 지막으로 전체 영상을 이해하기 위해서 그러한 대상들의 관계를 분석 해야 한다. 이 과정은 순차적으로 실행할 수 없는데, 전체 프레임 분석 에서 추출한 정보가 영역으로 분해하는 데 유용하게 쓰이는 경우가 매우 흔하기 때문이다. 프레임 내의 개별 부분은 더 높은 수준의 정보 가 이용될 때까지는 애매한 채로 남아 있을 수 있다. 앞 장에서 사실은 문제 해결에 대한 비순차적 접근법이 사실상 머신 비전뿐만 아니라 다른 로봇 작업에서도 본질적임을 확인했다. 데몬이라 불리는 작은 프로그램은 주어진 문제를 각기 다른 수준의 복잡성에서 동시에 접근 해야만 한다. 영상을 의미 있는 부분으로 분해하는 일을 맡은 낮은 수 준의 데몬은 사진 속 물체의 공간적·기능적 관계에 관한 정보를 추출 하는 역할을 맡은 높은 수준의 데몬과 상호 작용해야만 했다. 이런 이 유로 판데모니움은 로봇공학의 복잡한 문제에 대처하기 위한 이상적 인 제어 구조였다.

비슷한 상황을 기계 번역의 영역에서 찾아볼 수 있다. 원문 분석과 목표 문서로의 변환 작업은 여러 단계(형태론적·어휘론적·구문론적·의미론적)가 있기 때문에, 판데모니움과 비슷한 제어 구조는 분석의 여러 단계 사이에서 자원 배분을 극대화할 수 있다. 그리고 NSA의 다른 컴퓨터 작업에서도 마찬가지이다. 전자적으로 저장된 문서의 번역 외에도 인쇄된 문서를 자동적으로 전자 저장장치에 옮기는 문제(패턴 인식)와 구어체 영어를 문어체 영어로 전환하는 문제가 그것이다. 후자는 1970년대 DARPA가 자금지원을 한 5년 계획의 초점이었고, HEARSAY-II와 같은 성공적인 시스템은 하나의 공급원에서 동시에 많은 수준의 정보를 이용하기 위해 판데모니움 같은 구조를 사용했다.[67]

기계 번역 시스템(머신 비전과 함께)은 인간 분석가의 단순한 보조자로 한동안 남을 것이다. 끊임없이 영어로 번역되어야 하는 엄청난 양의 소련의 과학·외교 관련 문서를 고려해 볼 때, 이들 기계는 매우 귀중한 [데이터] 사전처리 도구이다. 그것들은 빠른 외국어 번역문 변환에 이용될 수 있으며, 인간의 번역자가 그 잠재적 가치를 결정하기에도 충분히 정확하다. 만약 그 문서가 충분히 중요하다고 결론이 나면, 최종적인 번역 작업을 하는 개별 분야 전문가에 넘겨주는 것이 가능하다. 이처럼 정보 분석의 위계에서 낮은 계층들만이 최신의 인공지능 기술에 따라 의사 결정 과정에서 제거될지도 모른다. 그런 문제 외에는 머신 비전과 기계 번역은 여전히 유용한 도구로 남을 것이다. 정보 분석가가 직면한 문제는 이들 새로운 도구 자체가 엄청난 양의 정보를 생산한다는 사실이다. 새로운 기계가 생산하는 데이터와 같이 끊임없이 증가하는 흐름 속에 묻히지 않으려면, 분석가는 컴퓨터를 사용해서 그 흐름을 관리할 필요가 있다. 기술은 인간을 회로의 밖으로 몰아내려는 목표를 향해 진화하는 것을 중단하고, 그 대신 인간과 함께 더 높은 수준의 협력적인 기계를 형성하는 것을 목표로 해야 한다.

공중사진정찰을 탐구했을 때 우리는 패턴을 표면에 등장시키는 것이 분석가의 작업이라는 사실을 확인했다. 다시 말해 사진 분석가는 사진 속으로 들어가 묻혀 있는 정보를 강제로 드러나게 하는 기술을 개발해야 했다. 암호 분석가의 경우에도 사진 분석가와 비슷한 원리를 찾을 수 있다. 일정 묶음의 통신 교통량을 위한 열쇠를 찾으려면 그는 같은 열쇠를 두 번 이용한 조작요원이 남긴 흔적과 암호기계 설계가 남긴 수학적 지문과 같은 중복에 의존한다.

어느 경우에도 분석가는 패턴을 드러나게 하기 위해 컴퓨터가 필요하다. 사진 분석가의 경우는 사진 속 물체의 배치에 의해 드러난 행동 패턴을 데이터베이스에 저장된 과거의 행동 사례에서 추론해야만 했다. 사진 분석가는 이미지를 조작하기 위해(대비를 높이거나, 초점을 또렷하게 하기 위해), 그리고 데이터베이스의 내용을 다루기 위해(비교하거나, 가설을 세워 보기 위해) 컴퓨터를 이용할 수도 있다. 마찬가지로 컴퓨터는 주어진 암호문의 열쇠를 찾는 과정을 도울 수 있다. 암호 분석가는 내부에 숨겨진 미묘한 대칭적 패턴을 표면화하는 작업을 도우면서 다양한 그래픽 방식으로 암호문의 통계적인 속성을 표현할 수 있다. 데이터의 패턴을 출현시키는 것은 실제로 컴퓨터 화면 개발의 배후에 있던 초창기 목적이었다. 만약에 데이터 접속이 늦고 불편하다면 정보의 거대한 창고를 갖고 있는 것은 쓸모가 없었다.

레이더 센서를 통해 제공된 정보를 기초로 즉각 대응해야 하는 전술 정보(예컨대, 핵미사일 공격)의 경우에는 특히 그러하다. 이러한 이유로 최초의 컴퓨터 화면은 1950년대에 북미 대륙을 둘러싸기 시작한 전자 장벽 관리를 맡은 레이더 조작 전문 요원들을 보조하기 위해 개발되었다. 레이더를 위해 시각적 화면이 개발된 후, 그것들이 컴퓨터에 저장된 데이터베이스와 인간 사이의 주요 접촉면이 되었다.

인터페이스(Interface)

제2차 세계대전 이후 현대의 정보 분석 작업은 컴퓨터의 탄생과 함께 더 쉬워졌고, 또한 더 어려워졌다. 한편으로 분석가는 컴퓨터로 대량의 정보 저장이 가능했기에 물리적인 저장 장치의 의존에서 해방되었다. 다른 한편으로 컴퓨터는 자료의 대조 평가를 위해서 분석가의 손으로 흘러오는 데이터 양을 엄청나게 증가시켰다. 만약 컴퓨터가 유용하다면 단지 끝없는 데이터의 흐름만을 생산하는 존재가 아니라 유용한 분석 도구가 되어야 할 것이다. 과학적 자원의 대규모 동원을 지휘한 선구적인 기술자 버니바 부시는 전쟁 말기에 정보 폭발의 잠재적인 위험성, 그리고 보안·유지를 위한 장치 제작의 필요성을 매우 잘 인지했다. 1945년 그는 새로운 데이터 처리 기술을 나타내는 '메멕스'라는 용어를 만들었다. 메멕스는 연합 추적, 동적 주석, 그리고 교차 참조 등을 포함한 비순차적 형태의 문서를 기계적으로 처리할 수 있었다.

말하자면 메멕스의 소유자는 활과 화살의 기원과 속성에 관심이 있다. 특히 그는 터키의 짧은 활이 십자군과의 소규모 전투 속에서 영국의 긴 활보다 명백히 우수한 이유를 연구하고 있다. 그는 메멕스 속에 관련된 많은 책들과 기사 내용을 갖고 있었다. 먼저 흥미롭지만 개략적인 기사를 훑어보고 그것들을 [화면 위에—인용자] 띄워 둔다. 그다음 역사 속에서 많은 항목들의 또 다른 적절한 흔적들을 찾는다. 가끔 그는 자기 자신의 논평을 주요한 흔적에 연결하거나 부차적인 흔적을 통해 개별 항목과 결합시키는 방식으로 자기 자신의 논평을 삽입한다. 사용가능한 소재의 탄력성이 활과 중요한 관련성이 있다는 사실이 분명해지면, 그는 탄력성에 대한 교과서와 물리 상수의 표를 통해 도달한 부차적인 흔적으로 돌아선다. 그 자신이 직접 손으로 쓴 긴 분석도 삽입한다. 이와 같이 그는 그에게 유용한 자료의 미궁을 통과하는 호기심의 흔적을 구성한다.[68]

이미 제1장에서 본 것처럼 이것이 현대 군대의 지휘, 통제, 통신 체계를 계속 괴롭히던 정보 폭발의 위험성에 대한 부시의 해법이었다. 그의 해법은 단순했다. 즉, 컴퓨터를 인간 존재를 대체할 수단으로 생각하지 말고, 오히려 지적인 잠재 능력을 증대시키는 것으로 생각하라는 것이다. 부시의 메멕스 개념이 발전되기까지는 20년이 넘게 걸렸으며, 그것이 ('하이퍼텍스트'로 알려진) 유용한 프로그램이 되었을 때는 군과 기업 세계의 외부, 말하자면 테오도르 넬슨(Theodore Nelson)과 같은 사람의 손에 들어가 있었다. 1960년대에 넬슨은 컴퓨터가 비순차적 형태의 텍스트, 즉 사용자의 관심에 따라 다른 순서로 읽을 수 있는 보고서와 에세이를 생성하게 해준다는 사실을 깨달았다. 예를 들어, 그는 책을 인용하는(참고한 책의 제목을 써주는) 대신에, 독자가 직접 그 책에 접근할 수 있는 '동적 각주'라는 아이디어를 낳았다. 만약 새로운 책도 동적 각주를 갖는다면, 독자는 다른 책으로 뻗어나갈 수 있고, 또한 언제라도 원문으로 돌아올 수 있다.[69]

하이퍼텍스트가 처음 고안되었을 때, 실현을 방해하는 몇 가지 요인이 존재했다. 우선 인간과 컴퓨터를 연결하는 새로운 방식, 즉 사용자가 직접 컴퓨터에 접속할 수 있는 인간-기계의 상호작용에 대한 새로운 패러다임의 창조가 필요했다. 그러나 1950년대부터 1960년대까지 컴퓨터 사용의 지배적인 모델은 IBM과 같은 기업에 의해 강요된 일괄 처리(batch-processing)였고, 이것이 너무나 확고히 자리잡았기에 부시가 구상한 사용자와 기계의 자유로운 상호작용이라는 아이디어는 학계에서는 적대감을 갖고 바라볼 수밖에 없었다.

일괄 처리 시스템에서 프로그램은 손으로 개발되어 종이 천공 카드로 코딩되었다. 그다음 이 카드는 물리적으로 기계를 다루도록 유일하게 허락받은 사람들인 특수 계층의 전문가들에게 전달된다. 이것을 조작하는 사람들은 종이 카드의 내용을 컴퓨터에 입력하고 오랜 기다림 후에 그 결과를 인쇄물의 형태로 프로그래머에게 되돌려준다. 원본 프로그램에 어떤 오류라도 있으면 수정해야 했고, 매우 지루한 전 과정을 처음부터 다시 해야 했다. 이런 식으로 할 수 있는 작업이란 급여 총액, 수학 계산, 인구조사 데이터의 통계적 분석들뿐이었고, 대부분 사람들도 컴퓨터를 떠올릴 때는 이러한 활동들을 생각하였다.

군은 당연히 일괄 처리로 충족될 수 없는 많은 요구를 안고 있었다. 예를 들어 방공 관제 센터는 종이에 구멍을 뚫고 컴퓨터에 공급한 다음, 결과를 받아 인쇄물을 해석하는 과정의 시간 지연을 감당할 수가 없었다. 레이더 센터는 데이터를 컴퓨터에 입출력하기 위한 더 빠른 방법이 필요했으며, 이런 이유로 1950년대 공군은 이미 최초의 영상화면을 개발하였다. 사실 이 화면은 최초의 대화식 장치이다. 그것은 항공기의 계기판과 비슷한 제어를 갖추고 있으며, 조작하는 사람이 '라이트 펜'을 이용해 화면의 내용을 수정할 수 있었다.[70] 그러나 군이 컴퓨터와 대화하는 더 빠른 방법을 필요로 하더라도 그들은 이러한 상호 작용의 질과 양에 대한 통제권도 유지해야만 했다. 비록 그런 생각이 프로그래머(와 분석가)의 생산성을 크게 증가시키더라도 사용자에 의한 컴퓨터의 완전한 통제를 요구하는 방식인 한, 부시의 아이디어에서 실행 가능한 것은 아무것도 없었다.

생산성의 요구와 지휘 규범 사이에 갇혀 버린 군은 민간 연구 기관을 실험 본부로 이용하면서 대화식 이용에 대한 연구를 시작했다. 가장 처음 완성해야 할 업무는 IBM의 일괄 처리의 대안을 만드는 것이었다. 인간-기계의 상호작용이라는 새로운 패러다임은 '시분할'로 불리며 중앙 컴퓨터가 많은 작은 컴퓨터들의 연산을 흉내 내는 구조였다. 이로 인해 사용자는 처음으로 컴퓨터와 물리적으로 상호작용할 수 있게 되었다. 미 해군과 공군은 1950년대 초에 시분할 구조의 연구를 했지만, 인간과 컴퓨터를 연결하는 새로운 모델이 일괄 처리를 대신하기 시작한 것은 1958년 ARPA가 창설된 후였다. IBM은 낡은 패러다임을 고수했고, 시분할 시스템의 상업적 실현은 다른 회사들로 넘어갔다. 이로 인해 1960년대에는 DEC 같은 작은 회사도 시장에서 IBM의 패권에 도전이 가능했다.

아마도 대화식 이용 연구를 추진하는 미 국방부의 결정보다 더 중요한 것은 그 프로젝트의 자금 지원을 담당하는 ARPA의 부서인 IPTO(정보 처리 기술국)의 직원들이 군사 기술자가 아닌 민간 과학자—상당수가 미래 컴퓨터 기술 개발과 관련해서 자신만의 비밀스런 의도를 가진 ──엿다는 사실이다. 예를 들어, IPTO의 첫 책임자는 J. C. R 릭라이더(J. C. R. Licklider)라는 이름의 혁신가였다. 릭라이더는 IPTO를 맡기 전에는 버니바 부시가 제안한 것과 같은 시스템을 꿈꾸고 있었다. 그는 자신의 과학 연구 경험에 비추어 봤을 때 그의 시간의 85%가 서류를 다루는 작업, 즉, 기록하고, 검색하고, 범주로 분류하고, 교차 색인을 다는 작업에 들어간다는 사실을 알고 있었다. 그는 참여하기로 결정한 프로젝트의 대다수가 고유한 지적 관심보다 사무 능력(얼마나 많은 서류 작업을 처리할 수 있는가)에 의해 결정되고 있음을 깨달았다. 그는 컴퓨터가 이 상황을 벗어나게 해줄 가능성 있는 수단이라고 생각했다. 하지만 그것은 당시 상호작용 패러다임의 특징인 주종 관계가 협력, 아니면 아예 인간과 기계의 진화적 경로가 공동이익을 위해 상호 작용한다는 공생 개념으로 바뀌었을 때에나 가능한 이야기였다.[71]

이런 식으로 생각하고 있던 또 다른 개척자가 스탠퍼드 연구소에 근무하던 무명의 컴퓨터 과학자 덕 엥겔바트였다. 전쟁 중 레이더를 다루던 경험 덕분에 엥겔바트는 컴퓨터 화면이 인간과 기계의 접촉면이 되었다는 사실을 깨달았다. 그는 이미 복잡한 레이더 시스템을 감시하라는 요구로 인해 정보가 컴퓨터 하드웨어의 내부에서 화면의 표면으로 이동되었다는 사실을 알고 있었다. 이제 화면은 사용자에게 데이터를 표시하게 해줄 뿐만 아니라 기계를 제어하게 해주는 도구로 변신해야 했다. 대화식 이용의 미래는 그 접촉면에서 일어나는 사건에 의존하게 될 것이다. 다시 말해 컴퓨터 화면은 인간을 종속시키는(기계가 사용자의 진행속도를 조정하거나 훈련시키는) 새로운 방법으로 변하거나 '인간의 지성을 증강'시키는 방법으로 변할 것이다. 엥겔바트가 증강에 대한 그의 생각을 1962~63년에 출간하자, 후에 DARPA로 이름이 바뀐 ARPA의 릭라이더의 계승자들이 엥겔바트의 연구에 자금을 지원하기 시작했다. 1968년 그는 처음으로 세계에 컴퓨터와 인간을 연결하는 얇은 막[컴퓨터 화면] 고유의 가능성을 제시했다.

1968년 가을, 컴퓨터 공동체의 큰 집회가 …… 샌프란시스코 근처에서 계획되었을 때, 덕[엥겔바트―인용자]은 오랫동안 추구했던 증강 연구소의 명성을 걸기로 결정했다. …… 매우 대담하고 직접적인 공개 시연으로, 컴퓨터 과학자들은 결국 오랫동안 그들을 괴롭히던 핵심적인 실마리를 이해하고 받아들이게 되었다. …… 표준적인 타자기 자판이 중앙에, …… [그리고―인용자] 오른쪽에는 이제 막 개인용 컴퓨터 시장에 침투하기 시작한 유명한 '마우스'가 있었다. …… 화면은 여러 개의 '창들'(windows)로 분할될 수 있었고, 각각의 창은 문자나 영상을 표시할 수 있었다. 마우스의 동작에 따라 변화하는 정보는 큰 화면에 표시되어 덕의 제어에 따라 움직이기 시작했다. …… 엥겔바트는 지리적인 영역을 비행할 수는 없지만 …… '정보 공간'을 통과하는 신형 기구에 탄 시험 비행사의 바로 그 이미지였다. …… 가장 작은 것과 가장 큰 특징을 아우르는 상징 영역은 기구를 조종하면서 창을 관찰하는 정보 항해사에 의해서 마음 가는 대로 재배열될 수 있었다. …… 정보의 특징은 재정리되어, 병치되고, 지워지고, 모이고, 연결되고, 결합되고, 재분할되고, 삽입되고, 수정되고, 참조되고, 확장되고, 요약되었다. 이 모든 게 손가락 끝의 명령으로 가능했다.[72]

마우스와 같은 위치 지정 도구, 창과 팝업 메뉴가 컴퓨터 화면의 흔한 존재가 된 시대에 엥겔바트의 시연이 관중에게 준 충격을 상상하기는 어렵다. 컴퓨터가 인간의 지적 능력을 증대시키는 매체가 될 수 있다는 아이디어는 엥겔바트의 청중들——1970년대까지 이러한 방향의 연구를 지속했던 많은 혁신가들을 포함한——에게는 분명한 현실이 되었다. 엥겔바트는 컴퓨터 화면을 접촉면으로, 즉, 인간과 기계의 인터페이스로 변환했다. 그러나 동시에 데이터로 가득 찬 화면에 인간을 자신의 동료들로부터 고립시킬 수 있는 '최면' 능력이 있다는 사실을 깨달은 그는 컴퓨터 화면을 인간끼리의 접촉면으로 변환하기로 했다. 그의 '증강 연구소'는 팀 구성원 간의 의사소통을 촉진하고, 집단 창의성을 강화하는 전자 우편의 원시적 형태뿐만이 아니라, '집단 일지'(시스템의 발전 방향을 계속 파악하기 위한)를 창조하는 등 컴퓨터의 잠재적 능력의 연구에서도 선구자 역할을 했다.[73]

이 책 전체를 통해서 사용된 용어로 말하자면, 기계적 필룸이 릭라이더와 엥겔바트와 같은 사람들의 작업 덕분에 처음으로 인간과 컴퓨터를 횡단했다고 할 수 있다. 릭라이더, 엥겔바트 등의 선구자들은 컴퓨터 화면의 표면을 두 기계적 종들 사이의 협력 관계가 성립하는 장소로, 인간과 컴퓨터의 진화적 경로가 공생적으로 연결될 수 있는 장소로 전환하기 위해 애썼다. 그러나 컴퓨터 인터페이스는 사람들 간의 접촉면, 즉, 보다 높은 수준의 존재가 되기 위해 다양한 마음이 상호작용하는 집단적인 사고 형태의 첫 단계가 되어야만 했다. 사실 이러한 선구자들은 인간을 대체하는 기계를 제작하는 것이 아니라 기계적 필룸이 인간과 기계를 횡단하게 만듦으로써, 컴퓨터가 스스로의 발전을 가속화시킬 수 있는 방법을 발견했다. 그 방법이란 '부트스트래핑'이라는 개념으로, 더 좋은 컴퓨터의 개발을 지원하는 컴퓨터를 제작하는 것이다.

부트스트래핑은 컴퓨터 세계에서 여러 가지 의미를 갖는다. 어떤 의미에서 그것은 전원이 켜지면 언제라도 컴퓨터가 '스스로의 힘으로 해나간다'(bootstraps)는 '놀라운 동작'을 지칭한다. 컴퓨터에서 실행되는 프로그램은 자기 테이프나 디스크와 같은 외부 기억장치에 저장된다. 컴퓨터는 프로그램을 실행 가능한 상태로 만들기 위해 이런 프로그램들을 로딩해야 한다. 그러나 '프로그램 로딩' 자체도 하나의 프로그램이지만, 이것은 어떤 시점에 컴퓨터에 의해 로딩되어야 했던 프로그램이다. 이는 무한 회귀를 포함하는 것처럼 보이겠지만, 이것이 컴퓨터가 그런 어려움을 넘어 수행하는 놀라운 동작을 '부트스트래핑'이라고 부르는 이유이다. 기본 개념은 단순하다. 그러한 과정을 작동시킬 수 있는 가장 단순한 프로그램(미니 로더)을 정하고 그것을 그 기계의 하드웨어에 내장시킨다. 이 최소한의 프로그램을 이용해서 그다음 컴퓨터는 진짜 로더를 로딩할 수 있고, 진짜 로더를 이용해서 순서대로 나머지 프로그램들을 로딩한다. '부트스트래핑' 용어는 확장되어 차세대 기술을 위해 개발되어야 할 최소한의 기술이라는 의미로도 사용된다. 사실 부트스트래핑은 기계적 필룸을 위한 좋은 이미지이다. 유기적 생명의 '기술'은 비유기적 생명체의 자원을 이용해 스스로의 힘으로 살아간다.[74]

릭라이더와 엥겔바트와 같은 사람들이 한 일은 대화식 이용을 부트스트래핑한 것이다. 다시 말해 그들은 차세대 대화식 이용 장치를 생산하는 데 필요한 최소한의 대화식 이용 장치를 창조했다. 첫 두 세대의 장치들이 만들어진 이후, 대화식 이용의 움직임은 그 자체의 성장 동력을 획득했고, 이것이 ARPA로부터의 자금지원이 고갈된 후에도 대화식 이용이 살아남게 된 요인이었다. 1970년 맨스필드 개정법이 통과되었고, DARPA는 오로지 군사 응용을 목적으로 한 계획에만 자금을 지원하기 시작했다. 엥겔바트와 같은 사람 주변에서 성장한 대화식 이용의 공동체는 뿔뿔이 흩어지게 되었다. 그러나,

> 컴퓨터 사용에 대한 대화식 접근법의 성장동력은 1960년대 후반까지 그 몇 안 되는 추종자 속에서도 강해졌기에 누구나가 이러한 분열이 일시적인 상황에 지나지 않음을 알고 있었다. …… [하지만―인용자] 재결성이 어디서, 어떻게 될지 제대로 아는 사람은 아무도 없었다. 1971년경 앨런 케이는 옛 친구들 중 그야말로 최고의 두뇌들이 새로운 기관에 모습을 비춘다는 사실을 눈치 채기 시작했다.[75]

새로운 기관은 제록스사에 속한 PARC(팔로알토 연구소)였다. 앨런 케이는 나이 든 선구자들의 대화식 연구를 이어갈 개척자 중 한 명이었다. 우리는 이미 제2장에서 소프트웨어의 역사를 개관했을 때 케이를 짧게나마 만난 바 있다.

앨런 케이는 대화식 공동체가 PARC로 이주하는 길을 따라갔다. 그러나 그는 다른 두 개의 이주도 추적했다. 1971년에 '칩 속의 컴퓨터'를 제작해 낸 물리적인 규모를 횡단하는 논리구조의 이주, 이보다 더 중요한, 프로그램에서 프로그램이 조작하는 데이터 자체로의 제어구조의 이주가 그것이다. 주 프로그램에서 데이터로 제어를 옮기도록 해주는 데이터 구동형 로봇을 만들기 위해 컴퓨터 과학자는 데몬을 창조했다. 여기서 우리에게 중요한 것은 로봇 무기, 기계 인식, 기계

이해를 가능하게 해주는 제어의 분산 과정(주 프로그램에서 다수의 데몬으로)이 컴퓨터 인터페이스의 상호작용의 수준을 높이는 데 이용될 수도 있다는 것이다. 즉, 인간을 의사 결정 과정에서 제거하는 데 필요한 통제권의 이주와 똑같은 내용이 인간과 기계의 공생 관계를 만들어 나가는 데에 이용될 수 있는 것이다. 케이는 대화식 이용을 한 단계 더 높여 주는 새로운 컴퓨터 인터페이스를 조립했다. 즉, 인간의 요구에 반응하는 인터페이스를 만들기 위해 데몬을 컴퓨터 화면의 표면까지 데려왔고, 인터페이스도 로봇처럼 이벤트 기반이 되기 시작했다. 이는 그가 '스몰토크'(Smalltalk)라 부르는 새로운 소프트웨어 언어를 구현해 내었기에 가능했다.[76]

새로운 조립체의 주요 구성요소는 컴퓨터 화면 그 자체이다. 컴퓨터 화면은 그 표면에서 일어나는 어떤 사건도 컴퓨터 메모리 내에서 일어나는 사건을 반영할 수 있도록 프로그램 가능하게 되어야 했다.

컴퓨터의 메모리[즉, 비트맵 방식의 —인용자]에 직접 연결된 시각적 화면의 중요성은 거대한 정보 분야에서 매우 미묘한 시각적 패턴을 인식하는 인간의 능력과 관계가 있다. …… 컴퓨터의 내부 처리과정의 일부를 가시적인 상징 표현과 결합함으로써 비트맵은 인간의 정보 처리의 가장 정교한 부분을 기계의 정보 처리의 가장 정교한 부분과 더 밀착시킨 것이다. 비트 매핑은 컴퓨터의 내부 처리에 수동적 창 이상의 것을 탄생시켰다. 컴퓨터가 그것을 사용하는 인간에게 메모리에 무엇이 있든지 간에 어떤 사실들을 말해 줄 수 있는 것처럼, 사용자도 화면을 조작함으로써 컴퓨터를 변경할 힘을 부여받았다. …… 화면은 표현이지만, 그것은 제어판이기도 했다 비트맵 화면 위의 그림은 단순한 그림에 불과할 수 있지만, 그것은 컴퓨터의 작동을 제어하는 일종의 명령, 심지어는 프로그램일 수도 있다.[77]

1970년대의 PARC에서는 마우스 같은 위치 지정 도구, 비트맵 그림, 창, 메뉴(인간의 요구에 반응하는 기계를 만들기 위해 필요하다고 여겨지는 모든 요소들)가 최초의 개인용 컴퓨터인 알토(ALTO)로 조립됐다. 전자 우편, 공동 문서 작성을 위한 '공유 노트', 단체 회의실, 공개 게시판 등의 개념은 컴퓨터 인터페이스를 인간과 기계의 접점이 아니라, 사용자 공동체 간의 접촉면을 만들기 위해 개발된 것이다. 데몬은 인간과 컴퓨터 하드웨어의 내부를 중개하기 위해 화면의 표면으로 올라와야 했을 뿐만 아니라 집단 사고를 증대시키는 에이전트도 되어야 했다.

우리는 공동 연구의 수단으로 작동하도록 설계된 최초의 컴퓨터 네트워크 ARPANET 안에서의 메시지 교통량은 중앙 컴퓨터에 의해서가 아니라 자신의 목적지를 발견할 수 있는 충분한 수준의 '국소 지능'을 가진 메시지 그 자체에 의해 제어되고 있다는 사실을 확인했다. 이러한 교통 제어 구조에서 메시지는 어떤 의미에서 데몬이 되었고 ARPANET이 교통 정체와 병목 없이 가동될 수 있는 것은 바로 이러한 탈중앙화된 조작 형태 때문이었다. 사람들이 그다음 깨달은 것은 메시지가 혼자 힘으로 길을 찾을 수 있다면 아마도 메시지 내용은 주소가 되도록 작성되어 있을 것이라는 사실이다. 즉, 메시지의 주제가 목적지를 결정할 수 있다면, 그때 받는 이는 표제에 따라 메시지를 전달받을 수 있다는 것이다. 이는 특별히 누군가에 메시지를 보낼 필요가 없으며, 메시지에 관심을 가진 사람이라면 누구라도 받을 수 있다는 것을 의미한다. 이런 식으로 네트워크 사용자들은 비슷한 관심사를 가진 이들을 쉽게 찾을 수 있었다. 데몬은 집단 통신을 증폭하기 위한 에이전트가 되었다.[78]

대화식 이용에 대한 연구가 정보를 컴퓨터 내부에서 컴퓨터 화면의 표면(레이더 시스템의 감시용)으로 가져오기 위한 군사 연구의 일부로서 시작된 것처럼, 컴퓨터 네트워크를 통한 집단 통신 역시 원래는 군사 문제들을 풀기 위해 고안된 것이었다. 그리고 대화식 이용이 군이 원했던 것 이상으로 사람들에게 기계에 대한 완전한 통제권을 부여했던 것처럼, 개방형 컴퓨터 네트워크로 강화된 집단 사고 과정 역시 마찬가지였다. 분리된 장소에서 일하는 사람들을 서로 연결하려는 요구는 전쟁게임 분야에서 초기부터 생겨났다. 랜드연구소는 복잡한 상황에 대한 집단적 판단을 내리기 위해서, 지리적으로 분산된 참가자들에게 인쇄된 설문조사를 배포하는 시스템(델파이 방식)을 생각해 냈다. 이 방법은 초기부터 컴퓨터 네트워크의 혜택을 받았다.[79]

전쟁게임을 능가하는 국가적 규모의 위기 상황(물품 부족, 운송 파업, 그리고 당연히 전쟁 동원)에서는 전 대륙에 흩어진 수많은 사람들로부터 합의를 이끌어 낼 필요성이 있었다. 이러한 위기관리 운영을 위한 컴퓨터 활용을 개발한 과학자들 중 머레이 터로프(Murray Turoff)와 같은 인물은 나중에 이러한 개념을 새로운 방법으로 연구해서 집단 지성 분야에까지 확장시켰다. 이에 따라 원래는 (위기 상황에서) 사람들에 대한 통제권을 강화하려는 연구가 사람들에게 통제권을 되돌려주는 도구가 되었다.

유사한 주장을 다른 컴퓨터 기술들에 관해서도 할 수 있다. 앞 장에서 보았듯이 전문가 시스템의 기술은 개별 인간 전문가의 노하우를 기계로 옮기는 것이었다. 이와 같이 얻어진 전문성이 소수의 인간에게만 '독점된다면', 이 기술은 통제를 중앙집권화시키는 방식으로 보일 것이다. 그러나 인간 전문가가 이런 '기계 컨설턴트'와 대화가 가능하고 전문가 시스템의 컴퓨터 인터페이스가 충분히 대화식이 된다면, 전문가 시스템은 지식을 확산하는 과학적 과정의 일부가 될 수 있다. 예를 들어 전문가 시스템은 인간 전문가가 합의에 이르거나 지식을 생산하는 일을 도울 수 있다. 그러나 그것은 또한 비전문가들이 그 지식에서 일정 정도 도움을 받을 수 있도록 할 것이다. 따라서 전문가 시스템이 자율 무기나 전투 관리 체계처럼 인간의 판단을 대체하게 될지, 아니면 전문 지식의 확산에 도움이 될지는 지식 뱅크의 독점과 공유 여부에 달려 있다. 그리고 이것은 결국 컴퓨터 인터페이스의 설계 ─ 인간의 의도보다는 그러한 전문 지식에 접근하는 것이 소수의 특권적 인간인지, 공동체 전체인지를 결정하는 ─ 에 달려 있다.

릭라이더, 엥겔바트, 케이, 터로프 같은 과학자들의 작업은 군으로부터 컴퓨터 진화의 통제권을 억지로 빼앗아오는 데 필수적이었음에도, 그것은 컴퓨터를 모든 사람들에게 공급하기에는 충분하지 않았다. PARC에서 설계된 개인용 컴퓨터는 시장에는 선보이지 못했는데, 이것은 부분적으로 PARC의 경영 관리에 대한 근시안적 안목 때문이었다. PARC의 과학자들은 대화식 이용에 대한 지적인 책임 때문에 개인용 컴퓨터를 개발해 왔지만, 그러한 기계를 손에 넣고 싶다는 강한 욕망도 있었다. 그러나 PARC의 과학자들은 컴퓨터와 상호작용하려는 욕망의 철저함에서 연구소들과 나란히 발전해 왔던 또 다른 공동체인 해커와는 경쟁이 되지 않았다. 해커들은 지적인 준비라는 면에서는 부족했지만, 상호작용이라는 대의에는 절대적 헌신 이상을 보여 줬다.

1960년대 초부터 마빈 민스키(Marvin Minsky)와 존 매카시(John McCarthy)와 같은 인공지능 연구자들은 젊고 열정적인 프로그래머들과 공생적인 관계를 발전시켰다. 연구자들은 그들의 이론을 시험하기 위해서 흥미로운 계획(체스를 두는 기계와 같은)을 생각해냈고, 그다음 해커들에게 그러한 계획을 컴퓨터상에서 실현하게끔 만들었다. 이러한 과정에서 해커들은 불문율인 윤리적 강령을 발전시켰는데, 이 강령은 대화식 운동 배후에서 작동하는 원동력이 되었고, 그 결과 개인용 컴퓨터가 시장에 나올 수 있게 되었다. 이러한 윤리적 강령은 성명서로 쓰여지지는 않았지만, 그 대신 해커들의 실천 속에서 구체화되었다. 이것은 정보는 관료주의적 통제 없이 자유롭게 흘러야 하며, 컴퓨터는 더 나은, 보다 상호작용적인 컴퓨터(즉, 부트스트래핑 과정을 향상시키는)의 제작에 이용되어야 한다는 생각을 포함했다. 전형적으로 해커는 대화식 이용을 극대화하는 소프트웨어를 작성한 다음 '도구상자'(toolbox) 안에 집어넣어, 그것을 사용하거나 수정하기를 원하는 사람이라면 누구라도 이용할 수 있게끔 만들었다. 프로그램은 제작자의 사적 소유물이 아니라 가능한 공동체에 널리 배포되어야 할 도구였다.

긴 대기열과 모든 접근 지점을 통제하는 '최첨단 권력자'가 특징인 IBM의 일괄 처리는 해커 윤리 강령이 생기기 시작할 무렵에 인간-기계 상호작용의 지배적인 패러다임이었다. 이런 이유로 그들의 윤리 강령을 행동으로 구현하려면 처음부터 규제에 대한 무정부적인 태도가 필요했다. 기계를 수리하려는 데 도구에 자물쇠가 채워져 있다면, 해커의 윤리강령은 자물쇠를 부수고 도구를 되찾는 것이었다. 이것은 컴퓨터 비밀번호 같은 다른 자물쇠에서도 마찬가지였다.

해커에게 닫힌 문은 모욕이며, 자물쇠가 걸린 문은 폭력이다. 정보가 컴퓨터 안에서는 투명하게 전달되어야 하는 것처럼, 소프트웨어도 자유롭게 배포되어야 한다. 해커는 사람들이 세상의 작동 방식을 발견하고 개선시키려는 해커와 같은 탐색을 위해 파일이나 도구에 자유롭게 접근할 수 있어야 한다고 믿었다. 해커에게는 무엇을 만들거나, 탐색하거나, 고치는 데 도움이 될 만한 것들이 필요했고, 소유권과 같은 우스꽝스런 개념은 신경 쓸 필요가 없었다.[80]

대화식 이용, 즉, 기계적 필름이 인간과 기계 사이를 통과하는 것은 선구적인 과학자들에게는 지적 목표로, MIT 해커들에게는 '전쟁의 승리'로 각각 발전되었다. 컴퓨터 화면을 인간과 기계의 협력 관계가 발전되는 장소로 변화시킨 것은 엥겔바트나 케이와 같은 과학자들이었다. 그러나 순수한 열정에서 이러한 개념들을 IBM과 같은 거대 기업과 시장에서 경쟁할 수 있는 기계로 조립한 것은 스티브 워즈니악(Steve Wozniak)과 스티브 잡스(Steve Jobs)와 같은 해커들이었다. 아마 이러한 개척자들이 없었더라도 대화식 이용의 일부는 컴퓨터에 널리 사용되었을 것이다. 종이 카드에 구멍을 뚫어 결과를 보기 위해 며칠을 기다리는 것보다, 프로그램 작동 중 오류를 수정할 수 있다면, 그것이 프로그래머에게 더 생산적임은 분명하다. 그러나 군과 IBM 같은 기업들이 일반인들에게 컴퓨터에 대한 전적인 통제권을 주려고 했던 것은 아니었다. DEC와 같이 작은 기업도 컴퓨터를 위한 더 상호적인 접근법을 1960년대까지 개발하고 있었다. 그럼에도 그들이 필요 이상의 통제권을 인간에게 주었을 것이라 믿을 만한 근거는 없다. 해커들, 그리고 해커와 유사한 과학자들이 없었더라면, 컴퓨터 속으로 들어갔었을 상호작용의 양은 최소한의 문턱 ──부트스트래핑 과정이 그 자신의 가속도를 획득하는 데 필요한── 에 스스로 도달하지는 못했을 것이다.

컴퓨터 화면은 기계적 필룸이 인간과 기계를 보다 더 높은 수준의 협력적인 전체로 결합하는 장소일 뿐만 아니라, 기계적 필룸 그 자체로 가는 창이 되었다. 이 책에서는 '기계적 필룸'을 '특이점'이라는 관점에서 정의해 왔다. 특이점 연구에 필요한 수학적 기법은 20세기의 전환기에 앙리 푸앵카레(Henri Poincare)에 의해서 발명되었고, 그다음 수학의 미지의 영역(위상기하학)에서 서서히 발전되어 왔다. 1960년대 에드워드 로렌츠(Edward Lorenz)와 같은 사람들이 컴퓨터를 이용해 물리계(기후 시스템)의 특이점을 연구하면서 현대의 카오스 과학이 형성되기 시작했다.

그러나 진정한 돌파구는 컴퓨터 화면상에서 특이점의 행동을 시각적으로 연구하기 시작하면서 생겨났다. 유명한 카오스 수학자 랠프 에이브러험(Ralph Abraham)은 컴퓨터가 열어 준 기계적 필룸으로 가는 창에 대해서 다음과 같이 말한다. "당신이 해야 할 일은 단지 이러한 손잡이에 손을 얹는 것뿐이다. 그러면 갑자기 당신은 최초의 여행자가 되어 또 다른 세계를 탐험하고 있을 것이다. 그리고 당신은 그곳에서 나오고 싶지 않을 것이다."[81] 그 당시 그가 손잡이를 돌린 기계는 산타크루스 동역학계 연구 집단이 특이점(이상한 끌개)의 내부 구조를 조사하기 위해서 이용하던 아날로그 컴퓨터였다. 이 집단의 구성원들은 말하자면 '수학자 해커들'로 '실험 수학'으로 알려진 수학 연구의 대화식 접근법을 발전시켰다. 사실상 대화식 이용으로 자기 조직화 이론은 새로운 과학 연구의 패러다임을 만들 수 있었다. 제2차 세계대전 이후, 가장 기초적인 연구는 10억 달러의 거대한 입자 가속기에서 이루어졌다. 그러나 이제는 탐구의 최전선이 컴퓨터로 이동하고 있다. 과거에는 기계적 퓔룸의 기밀은 군이 관리하는 연구소 안에서만 탐구될 수 있었지만, 현재는 초소형 레이저, 개인용 컴퓨터, 그리고 인간의 재능 때문에 지구의 기계적 본질, 즉 자기 조직화가 출현하는 특이점으로 향하는 감시 없는 새로운 길이 생겨나기 시작했다.

그러나 컴퓨터의 대화식 접근법을 개발한 해커와 선구적인 과학자들의 노력이 기계적 퓔룸의 탐구를 위한 새로운 길을 열었더라도 거기에는 그 자체의 위험성도 생겨났다. 우선 한때 순수했던 해커정신이 수백만 달러의 컴퓨터 범죄 산업으로 변모하면서, 과거 대화식 이용에 열정을 쏟기 위해 필수적이었던 해커 윤리의 몇 가지 요소(시스템다운, 물리적·논리적 잠금 풀기)가 변하기 시작했다. 정보는 자유롭게 흘러야 한다는 해커의 격언이 지금은 전례 없는 탄압의 시대를 열 수도 있는 새로운 형태의 테러리즘 혹은 조직적 범죄가 되는 위험성을 안고 있다.

1988년 후반, 한 명의 해커가 최초의 본격적인 '바이러스'를 국가 컴퓨터 네트워크인 INTERNET 속에 뿌렸고, 설계 오류로 인해 바이러스가 종잡을 수 없이 퍼져 INTERNET을 마비시켰다. 이 사건 전까지 바이러스는 보통 무료 공개 소프트웨어인 '트로이 목마'에 숨어서 컴퓨터에 침투하는 작은 유해 프로그램이었다. 일단 바이러스가 침입하면 호스트 기계의 '생식기관'(예를 들어 디스크 복사 장치)을 이용해 자기 자신을 복제한다. 어떤 시점에서 기생 프로그램은 시스템을 다운시키거나 파일을 지우는 해커적 파괴행위를 행한다. 초창기 해커들에 의한 시스템 다운은 컴퓨터 설계의 미묘한 결함을 폭로하는 그들만의 방식(시스템은 완벽하게 작동되거나 아니면 수리되어야 한다는 해커 윤리)에도 불구하고, 바이러스 형태가 되자 잠재적인 테러리즘으로 변모했다. 예를 들어 1988년의 바이러스 공격은 MIT 컴퓨터를 공격한 후 싱크탱크의 중심지인 랜드연구소를 공격했다.[82]

한 세기 전 무정부주의 이론의 특정 방식과 결합된 폭발물의 소형화는 준 조직화된 테러리즘의 첫 시작을 만들어 냈다. 공격을 책임지던 집단들은 처음에는 반국가주의와 막연한 해방 이념에 사로잡혔던 것이기에 빠르게 비밀 요원의 침입을 허용했다. 옛 러시아 비밀경찰인 오크라나는 이미 비밀 요원인 '프락치', 즉, 해방 운동 단체에 침입해서 그들을 강제적으로 악의 길인 테러로 이끄는 비밀 정보원을 완성했다. 오크라나는 프로이센의 전설적 스파이 빌헬름 슈티버와 같은 인물을 통해 이 '발명품'을 프로이센을 제외한 유럽 대륙 지역에 수출했다.[83] 보통 폭력 조직들은 광적인 자기 확신에 사로 잡혀 있기에 프락치의 침입 가능성은 무시되었다.

1960년대 SDS[민주 사회를 위한 학생 연합] 테러리스트 분파인 웨더 언더그라운드는 그런 침입을 감지하는 '엄격한 시험'까지 있었다. 그들은 잠재적인 신규 조직원에게 LSD를 투여했는데, 프락치가 환각체험 중 발각될 것이라 믿었기 때문이다. 그들은 CIA가 그런 상황에 대비해 1950년대 내내 약물을 사용해 '더 진화한 요원'이라는 특수 집단을 만들었다는 사실을 꿈에도 몰랐다.[84]

컴퓨터 네트워크에 배포된 미래의 바이러스는 어쩌면 그런 앞잡이로 기능할지 모른다. 스스로 침입에 자신 있다고 믿는 해커들은 역사적 교훈에 주의를 기울여야 한다. 이상적인 세상을 만들려는 60년대 운동들이 웨더맨과 같은 파벌을 막는 내부 메커니즘을 만들었어야 했던 것처럼, 사실상 해커들은 바이러스 공격을 감지하고 막아내는 메커니즘을 만들어야 할 것이다.

이 책에서 나는 모든 복잡성과 규모에 있어 군사기계를 도식화하려 시도했다. 이는 폭력(혹은 경솔함)을 통해 전쟁기계를 해체하려는 어떤 시도도 무의미하다는 것을 부분적으로 보여 주기 위함이다. 우리가 직면한 작업은 해커들과 통찰력 있는 과학자들에 의해 시작된 긍정적인 작업을 인간기계의 상호 작용에 관한 패러다임, 즉, 개인용 컴퓨터에 구현되도록 지속하는 것이다. 그러나 막다른 길에 이를 전략에 대한 경고는 군사력을 그런 암울한 말로 묘사하는 유일한 이유들 중 하나일 뿐이다. 군 기관은 금세기에 들어 모든 부분에서 변화했다. 사실 많은 산업(항공기, 우주선)에서 민간 부문과 군사 부문을 명확히 구분하여 말하기는 불가능하다. 우리가 보았듯이, 두 세계의 밀접한 내부 관계가 새로운 현상은 아니다. 여기서 탐구한 1494년에 시작된 역사 기간 중에는 군과 민간 기관 사이에 형성된 많은 영속적인 결합이 있었다. 전쟁의 전략은 다른 수단을 통한 정치의 연장이어야 한다는 클라우제비츠의 격언에 대해 푸코는 다음과 같이 말한다.

만약 전략을 통과하는 정치-전쟁 계열이 존재한다면, 전술을 통과하는 군사-정치 계열도 존재할 것이다. 국가 간 정치를 지휘하는 방법으로 전쟁을 이해시키는 것이 전략이며, 시민사회에서 전쟁이 계속 없게 만드는 원리로 군대를 이해시키는 것이 전술이다. 고전 시대에는 위대한 정치적·군사적 전략이 탄생했으며, 이 전략에 의해 국가는 각각 경제적·인구학적 자원과 대면했다. 그러나 고전 시대에는 또한 세심한 군사적·정치적인 전술도 탄생했으며, 그로 인해 국가

내에서 신체와 개인적 능력의 통제가 훈련되었다.[85]

16세기 이후 훈련과 규율은 용병을 전쟁기계의 고분고분한 톱니바퀴로 바꾸기 위해 이용되었다. 이런 군사적 수단들은 후에 학교와 병원이라는 형태로 민간 세계로 유입되었다. 그 정도로 인간과 무기를 부품으로 사용해서 기계를 만드는 기술인 전술은 지속적으로 비군사적 기관에 영향을 주었다. 그러나 군사적 영향이 오직 전술적 수준에서만 이루어졌다고 가정하는 것은 잘못일 것이다. 예를 들어 우리는 병참 단계에서 군사적인 조달과 공급 문제가 포위전 시대의 도시 환경을 형성했고, 오늘날까지 계속 이어져 경제 세계를 형성했다는 사실을 확인했다. 인력 조달에 관한 병참적인 고민은 회로에서 인간을 몰아내는 움직임의 배후에 있다. 지휘 계통을 단축하기 위해 군이 개발한 방법은 나중에 프레데릭 테일러와 같은 인물을 통해 민간 분야로 전해졌다. 또한 제2차 세계대전 중 전략과 병참의 문제를 풀기 위해 이용된 수학적 기법(운영 연구)은 전후 이른바 '경영 과학'으로 발전했다.

이 책에서 나는 군과 민간 기관 사이의 구별을 애매하게 만드는 데 기여한 모든 요소를 모아 보려 했다. 또한 이들 두 세계의 접점에 위치한 국경 도시와 같은 컴퓨터 산업의 발전에 대해서도 살펴보았다. 컴퓨터 기술 역시 다른 두 세계의 경계에 위치했다. 그것은 기계적 필룸의 추상기계적인 세계, 그리고 구체적인 배치와 인간의 실천에 의해 구성되는 세계 사이의 경계를 의미한다. 컴퓨터는 기계적 필룸으로 들어가는 창문(카오스 연구)을 제공했을 뿐만 아니라, 기계적 필룸이 많은 인간들을 횡단하도록(집단적 의사 결정을 위한 개방형 네트워크) 해주었고, 물리적 배치와 자기 조직화 과정 사이의 통로인 추상기계도 창조하도록 만들었다. 판데모니움이 그러한 기계이다. 판데모니움은 물리적 과정의 제어를 허용할 정도로 충분히 구체적이지만, 카오스에서 질서의 자발적 창발을 허용할 정도로 충분히 추상적이다.[86] 따라서 정보처리기술은 기계적 필룸의 중요한 갈래이며, 어떤 면에서 군사기관에 의해 인질로 잡혀 있었다. 최첨단 디지털 기술이 준 군사 조직에 인질로 잡혀 있었다는 사실을 깨달으려면 컴퓨터 설계에서 NSA가 현재보다 5년 앞서 있겠다는 약속을 떠올리는 것으로 충분할 것이다.

해커들과 선구적 과학자들은 컴퓨터의 힘을 모든 사람이 누릴 수 있도록 대화식 이용을 개발했고, 기계적 필룸을 향한 작은 탈출구를 열었다. 이것은 여러 기관들조차 기술의 힘을 포획해서 가두기가 어렵다는 사실의 또 다른 예일 뿐이다. 원추탄이 완성되어 보병이 포병의 사정거리를 벗어나게 되자 한 세기 이상 전쟁 기술이 유동적 상태에 놓였던 사실을 확인했다. 강선을 가진 소형 화기의 잠재 능력이 전쟁기계로 통합될 수 있게 되기까지는 오랜 시간이 걸렸다. 제어 계층의 탈중앙화가 필요했기 때문이다. 개인용 컴퓨터와 판데모니움은 군에 유사한 영향을 미칠 것이다. 예를 들어 시스템의 하드웨어와 소프트웨어에 관련된 모든 정보에 완벽히 접근한다는 '개방형 아키텍처'와 같은 해커들의 혁명적인 개념이 장치를 업그레이드하기 쉽다는 단순한 이유로 천천히 군에 침투하기 시작했다.

그러나 원추탄이 군대를 강제적으로 전장에 분산시켰듯이, 새로운 기계들이 군대를 문제 해결의 전장에 분산시키고 있다. 특히 최소한의 중앙 제어를 가진 소프트웨어 제어 구조인 판데모니움은 진정한 인공지능의 제작을 위해 일하는, 그리고 거대한 컴퓨터 네트워크가 교통 체증이나 병목현상 없이 작동하게 해주는 유일한 존재다. 판데모니움은 원추탄처럼 순수하게 실용적인 이유로 군이 선택해야 하는 기술이다. 그러나 강선 화기처럼 중앙집권화된 지휘 통제를 위협한다면 그것은 오랜 기간 저항에 부딪히게 될 것이다. 새로운 기계적 패러다임이 출현하여 전술 교리에 편입되기까지의 기간 동안, 그 시간적 격차 안에서 전쟁기계 바깥의 실험주의자들은 새로운 기회들을 맞이할 것이다. 이러한 기회를 바이러스 등과 같은 테러리스트의 컴퓨터 활동이 아닌 긍정적인 방향, 즉, 기계적 필룸 자체의 자원을 인간 측면에서 작동하도록 발전시키는 것이 중요하다. 로봇지능을 창조하고, 인간을 회로에서 제거하기 위해 필요했던 과정들(제어의 분산, 부품의 소형화)이 반대로 인간-컴퓨터 인터페이스를 만드는 데 이용될 수 있으며, 그 인터페이스는 인간과 컴퓨터의 협력 관계라는 꿈을 현실화시킬 것이다.

그러나 기술이 우리의 문제에 즉각적인 해결책을 제공하지는 않으며, 해결책의 모든 단계에는 위험이 도사리고 있다. 컴퓨터 화면이 인간과 컴퓨터라는 두 가지 기계적 종들 사이의 접촉면이 됐을 때, 개인에게는 잠재적인 덫이 된 것이다. 즉, 초기에 발견되었듯이 소프트웨어 해킹에는 강력한 중독성이 있다. 컴퓨터 화면은 증폭된 자아도취의 이미지를 이용해 사용자를 덫에 빠트리면서 '최면 거울'이 될 가능성도 있다. 사용자가 기계를 통제할 수 있도록 하는 인터페이스가 반대로 사용자에게 자신의 능력에 대한 잘못되고 도취된 감각을 줄 수도 있다. 이러한 이유로 릭라이더, 엥겔바트, 케이, 넬슨과 같은 선구자들은 집단 지성의 새로운 형식을 낳는 수단으로서, 그리고 새로운 방식으로 인간과 대화하는 수단으로서 컴퓨터 네트워크의 필요성을 강조했다. 우리는 매 걸음마다 탐험해야 할 새로운 길과 피해야 할 새로운 위험이 섞여 있다는 것을 보게 될 것이다. 그리고 우리는 늘 임기응변으로 해나가야 할 것인데, 왜냐하면 그 길이 이끄는 방향과 가져다 줄 위험을 미리 예상할 방법은 없기 때문이다. 판데모니움은 그런 길 중 하나이다. 이 작은 탈출구가 진정한 해방의 길이 되기 위해서는 더 많은 것이 창조되어야 할 것이다.

옮긴이 후기

이 책은 마누엘 데란다의 *War in the Age of Intelligent Machines* (Zone Books, 1991)를 완역한 것이다. 데란다는 은행 강도 사건으로 교도소에 수용되어 철학을 공부한 베르나르 스티글러에 비교될 정도로 독특한 이력을 갖고 있다. 그는 20대에 인디 영화 제작자로 자신의 경력을 시작했으며, 생계를 위해 현대의 앱 개발자들처럼 프로그램을 개발하고 판매하거나 그래픽 디자이너로 일했다. 이후 집중적으로 철학을 공부, 로봇 역사학자의 관점에서 쓴 첫 저서 『지능기계 시대의 전쟁』, 그리고 미생물, 세균, 바이러스, 바위, 산의 관점에서 쓴 『비선형 천년의 역사』(*A Thousand Years of Nonlinear History*)를 연이어 출간한다. 놀랍게도 그는 이 모든 것들이 독학에 의한 것이라 밝히고 있다.

아주 오래전 일이지만 데란다에 관심을 갖기 시작한 것도 그의 독특함 때문이었다. 특히 문헌학에 치중하는 한국의 인문학 분위기에 답답함을 느끼던 중 우연히 읽게 된 그의 인터뷰는 굉장히 신선하게

다가왔다. 거기에는 지금 구글에 의해 어느 정도 완성단계로 가고 있는 자율주행차에 대한 내용들뿐만 아니라 기존 철학자들과는 조금 다른 인사이트를 주는 그의 생각들도 포함되어 있었다. 한국에도 이제는 스타트업을 하는 철학자, 블록체인을 공부하는 철학자도 생겨났지만 당시에 이것은 흔한 풍경이 아니었다.

데란다의 책은 이미 국내에도 몇 권이 번역·소개되어 왔다. 그러나 어떤 책은 너무 난해해서 데란다 사유의 흐름을 쫓아가기가 쉽지 않은 것도 사실이다. 그런 면에서 이 책은 데란다를 직접 읽어 보려는 독자들에게는 좋은 입문이 되리라 확신한다.

이 책에서 데란다는 그가 재해석한 들뢰즈의 전쟁기계와 기계적 퓔룸의 개념을 기초로 해서 푸코, 복잡계 과학, 그리고 그만의 독특한 군사·IT 기업과의 실무적인 지식을 통합해서 전쟁과 기술의 역사를 추적하고 있다.

데란다의 이 저작은 들뢰즈의 철학적 사유를 깊이 파고든 주석서가 아니며, 그렇다고 복잡계 과학과 들뢰즈 철학의 관계를 밝히는 연구서도 아니다. (복잡계 과학과 들뢰즈 철학은 그것 자체가 흥미로운 연구 주제이지만, 그 주제는 또한 들뢰즈 철학에만 한정된 것이 아니라 현대 사상, 특히 생성 존재론 전부와 관련해서 논의될 필요가 있다.) 오히려 이 책에는 신유물론자로서의 그의 초기 관심이 비교적 잘 드러나 있다. 물질의 형태 발생론과 자기 조직화 과정, 환원주의의 거부, 인과성을 보완하는 촉매 반응 등이 그것이다. 그리고 이 모든 것들은 기존의 연구가 암묵적으로 전제했던 자연과 문화, 물질과 정신, 인간과 비인간의 이원론을 향해 있다.

초기에 데란다는 들뢰즈의 주석가로 한국에 소개되었으나 최근에 주목받는 신유물론의 대표적인 학자로 그를 자리매김하는 것이 (이런 범주화가 일정 정도의 오류와 폭력을 함축하더라도) 이제는 오히려 더 타당하다고 하겠다. 주지하다시피 신유물론은 퀑탱 메이야수의 저서 『유한성 이후』(도서출판 b, 2010)에서 시작된 사변적 실재론(speculative realism, 퀑탱 메이야수는 신유물론에도 속한다고 볼 수 있다)과 브뤼노 라투르의 행위자−연결망이론(actor-network theory)과 학문적 연결망을 이루고 있다. 이 분야의 연구 경향들은 기본적으로 탈인간주의를 들뢰즈와 공유하고 있으나 그럼에도 조금씩은 다른 얼굴들을 갖고 있다.

우선 국내에 '배치'라고 번역되는 'assemblage'는 이 책의 맥락에서 주로 '조립체'로 번역했고 부분적으로 '배치'를 혼용했다. (데란다의 'assemblage'는 들뢰즈의 그것과는 또 다른데 적합한 번역어가 없는 한 '어셈블리지'로 음역해서 사용하는 것이 좋다고 생각한다.) 컴퓨터, 군사, 수학 분야에서 다양하게 사용되는 오퍼레이터(operator)는 부득이하게 대부분 '연산자'로 번역했으나 모든 문맥에 맞는 것은 아니라고 생각한다. 당연하게도 번역어와 관련해 발생한 모든 오류는 옮긴이에게 책임이 있기에 관련된 비판은 감사히 수용하고 싶다. 그리고 옮긴이 주는 군사 무기 관련해서만 너무 많은 양이 생성되어 가독성을 위해 과감히 생략했음을 밝힌다.

덧붙여서 인간과 기계의 미래 생태계에 관심이 있는 독자들은 "제어하려 들지 마라! 그것이 기계를 현명하게 제어할 유일한 방법이다!"라는 문구를 달고 국내 출간된 케빈 켈리의 『통제 불능』과 이 역서를 함께 읽으면 더욱 좋을 것이라 생각한다. 또한 국내 학자들이 펴낸 『인공물의 진화』나 필립 볼의 형태학 3부작, 『모양』, 『흐름』, 『가지』

는 이 책을 확장해 읽어 가는 또 다른 방법이 될 것이다.

마지막으로 이 책은 인문학 세미나에서 읽은 책이 아니라 금융공학을 전공한 후배 윤숙현과 복잡계 경제학을 같이 공부하면서 읽은 책이다. 우리말 번역어를 매끄럽게 다듬는 데 도움을 준 윤숙현에게 고마움을 전한다. 본 역서를 교열하는 과정에서 편집자인 박순기 씨에게 너무 많은 빚을 졌음도 밝히고 싶다.

후주

1장 _ 충돌 코스

1. Fernand Braudel, *Capitalism and Material Life* (New York: Harper & Row, 1967), vol. 1, p. 57.

2. 정주민의 전쟁기계는 표준적인 전술 대형의 미리 설계된 격자를 적당한 장소에 배치하면서, 항상 전장(그리고 야영지, 주둔지와 같은 그 이외의 거주 공간)을 엄밀하게 나눈 영역으로 분할하는 것에 의해 기능했다. 한편 유목민은 지형의 모든 특징을 적극적으로 활용했고, 전장의 지형학적인 본성이 사용할 전술 대형의 전개를 결정하도록 했다. 이러한 서로 다른 공간 활용은 전장 이외의 장소까지 확대되었다. "유목민적 궤적은 누군가가 다닌 자취나 관습적인 행로를 따라가더라도, 정주민적 도로와 같은 기능을 충족시키지 않는다. 즉, 폐쇄된 공간을 사람들에게 분배해, 각자의 몫을 지정하고, 그러한 몫에 대한 소통을 정리하는 기능 말이다. 유목민적 궤적은 반대로 인간들(혹은 짐승들)을 열린 공간에 분배한다. …… 정주민적 공간은 벽, 울타리, 울타리 사이의 길에 의해서 홈패어진 반면, 유목민적 공간은 매끄럽고, 궤적에 따라 삭제되거나 치환되는 '특질들'로만 표시된다." (Gilles Deleuze and Félix Guattari, *A Thousand Plateaus*, University of Minnesota Press, 1987. p. 380).

3. William H. McNeill, *The Pursuit of Power: Technology, Armed Force, and Society since A. D. 1000* (Chicago: University of Chicago Press, 1982), p. 89.

4. Deleuze and Guattari, *A Thousand Plateaus*, p. 404.

5. Douglas Porch, "Begeaud, Gallieni, Lyautey: The Development of French Colonial Warfare," in Peter Paret and Gordon A. Craig (eds.), *Makers of Modern Strategy: From Machiavelli to the Nuclear Age* (Princeton: Princeton University Press, 1968), p. 377.

6. "[몽골의] 전술과 전략은 구스타프 아돌프와 나폴레옹에 의해 연구되었다…. [그러나] 진정한 몽골의 천재성이 평가받게 되고, 화력이나 기동력을 기반으로 하는 몽골군의 전술적인 원리가 기하학 원리처럼 기본적이고 변함없는 존재가 된 것은 기계화된 전쟁이 출현하고 나서부터였다. '운동과 화력'이 처음으로 효과적인 '운동하는 화력'이 된 것은 바로 칭기즈칸의 군대에서였다……. 롬멜과 패튼은 모두 [제2차 세계대전에서] 기계화된 전투의 대표적 주창자들이며, 두 사람 모두 [전설적인 초원의 지휘관] 수부타이를 연구했다." James Chambers, *The Devil's Horseman: The Mongol Invasion of Europe* (New York: Atheneum, 1985). p. 66.

7. James Gleick, *Chaos: Making a New Science* (New York: Viking, 1987), p. 122.

8. Ilya Prigogine and Isabelle Stengers, *Order Out of Chaos* (New York: Bantam, 1984), p. 141.

9. 이 책에서 나는 '특이점'이라는 포괄적인 용어를 여러 가지 수학적 개념들을 지칭하는 데에 쓸 것이다. 만약 다음 논증이 더 미묘한 구별에 의해서 좌우된다면, 그때는 다른 수학적 특이성들

(분기, 끌개, 밀개 등)을 구별하는 기계적 찔룸에 더 상세한 이론을 도입할 필요가 있을 것이다. 관심있는 독자들을 위해 다음은 특이성의 수학에 포함되는 기술적인 세부사항 중 일부에 대한 해설이다.

우선 자기 조직화 과정(일반적으로는 물리학적 과정)과 같은 거동의 탐구에 컴퓨터를 이용할 수 있다면, 이것은 그 과정을 방정식에 의해 수학적으로 모델화할 수 있기 때문이다. 푸앵카레는 주어진 물리계의 기능이 그렇게 모델화될 수 있다면 '위상묘사'(phase portrait)라 불리는 시각적 표현도 부여받을 수 있다는 사실을 발견했다. 푸앵카레의 시대에는 거의 불가능했던 복잡한 위상묘사의 생성이나 탐구를 컴퓨터 덕택에 지금 시대에는 실행할 수 있게 되었다.

위상묘사를 생성하는 첫 단계는 모델화하려는 물리계 속으로부터 그 계의 거동과 관련된 양상을 확인하는 것이다. 예를 들면 난로나 오븐을 구성하는 모든 원자를 고려한다고 해도 난로나 오븐을 모델화하는 것은 불가능할 것이다. 그 대신에 관계없는 세부사항은 모두 버리고 우리는 오븐에서 문제가 되는 유일한 측면인 온도만을 고찰한다. 마찬가지로 괘종시계에 달려 있는 진자의 거동을 모델화하는 경우, 좌우로 흔들리는 진자의 속도와 위치 말고는 세부사항을 모두 버려도 상관이 없다. 전문적인 용어로 말하자면 오븐은 '1의 자유도'를 갖는다. 즉, 온도의 변화만이 중요하다. 결과적으로 진자는 속도와 위치 변화라는 2의 자유도를 갖는다. 만약 자전거를 각 부분(핸들, 앞뒤 바퀴, 좌우 페달 등)의 상호 관련된 움직임을 고려해 모델화하고 싶다면, 대략 10의 자유도를 갖는 시스템에 도달할 것이다.

위상 묘사에 깔려 있는 생각은 모델화하려는 대상의 자유도만큼 많은 차원의 추상 공간을 만드는 것이다. 오븐이라면 1차원 공간(선)으로 충분할 것이다. 진자에는 2차원 공간(면)이 필요할 것이다. 3의 자유도를 가진 시스템은 3차원 부피를 포함할 것이며, 더 복잡한 시스템도 마찬가지다. 이러한 위상공간에서 특정 순간의 시스템 상태는 하나의 점으로 나타날 것이다. 즉, 어떤 개별 순간이라도 시스템에 중요한 모든 것들이 한 점으로 축약될 수 있다. 오븐은 선위의 점, 진자의 경우는 평면 위의 점, 자전거의 경우 10차원 공간상의 점으로 축약된다. 그 점이 위상공간 속을 움직일 때 시스템의 시간적인 거동은 점이 남긴 궤적으로 드러난다. 예를 들어 연구 중인 시스템이 구동된 진자처럼 두 개의 끝점 사이에서 진동한다면, 위상공간에서의 그 궤적은 닫힌 고리를 형성한다. 닫힌 궤적은 일련의 상태(진자의 다른 위치들)를 반복하는 시스템을 표상한다. 힘을 받고 그 후 멈출 때까지 놔두면 진자는 위상 묘사의 나선형으로 나타나며, 진자가 멈추면서 점점 줄어든다. 더 복잡한 시스템이라면 위상공간의 더 복잡한 궤적으로 재현될 것이다.

그런데 한 시스템을 방정식으로 모델화하는 것과 그 시스템의 미래 거동을 정량적으로 예측하기 위해 이들 방정식을 푸는 것은 완전히 다른 문제이다. 때때로 시스템을 모델링하는 방정식이 너무 복잡해서 시스템의 거동을 이해하는 데 이용할 수 없을 때조차, 과학자들은 위상묘사를 보면서 무언가를 여전히 알 수 있다. 즉, 시스템을 정량적으로 정확히 예측하는 데 이용할 수는 없지만, 시스템의 장기적인 경향을 관장하는 일반적인 특성에 관한 정성적인 통찰을 끌어내는 데는 이용할 수 있다. 특히 위상공간에는 모든 근처에 있는 궤적을 끄는(혹은 미는) 경향의 특별한 지점이 존재한다. 즉, 궤적이 어디에서 시작되는지는 중요하지 않고, 그것이 특정 지점('끌개'라 불리는)으로 끌려가거나 다른 특정 지점('밀개'라 불리는)에서 밀려나는 경향이 있다.

이러한 궤적은 실제의 물리계의 거동을 재현하고 있기 때문에, 위상묘사의 끌개와 밀개는 어떤 계의 장기적인 경향들, 즉, 그 계가 장기적으로 취하게 되는 거동들을 재현한다. 예를 들면 언덕을 구르며 내려오는 공은 항상 언덕의 가장 낮은 지점을 '찾아가는' 경향이 있다. 만약 조금 위로 밀어 올려도, 역시 같은 최저 지점으로 향해 굴러간다. 이 계의 위상 묘사는 '점 끌개'를 포함할 것이다. 작은 요동(조금 위로 밀어 올림)은 그 궤적(공을 재현하는)을 끌개로부터 멀어지게 할 것이다. 그러나 잠시 후 그 궤적은 자연스럽게 끌개로 되돌아온다. 다른 예로 두 개의 가능 상태('온'과 '오프')를 가지는 전기 스위치가 있다. 만약 문제없는 스위치라면, 항상 두 지점 중 하나의 위치에 있을 것이다. 작은 섭동이 그것을 세번째 상태(온과 오프의 중간)에 놓는다고 해도, 스위치는 평형 상태의 두 지점 중 하나로 자연스럽게 끌어당겨질 것이다. 구르는 공의 경우 언덕의 최저 지점을 찾아가는 경향은 위상묘사에서 점 끌개로 나타난다. 마찬가지로 전기 스위치의 위상 묘사는 각각 하나의 안정 상태인 두 개의 점 끌개로 표현될 것이다. 단순하게 위상묘사의 끌개를 탐색하는 것만으로도 하나의 물리계(의 장기적 경향)에 대해 많은 것을 알 수 있다.

끌개는 점일 필요는 없으며 선일 수도 있다. 예를 들면 폐곡선 모양의 끌개('주기적 끌개' 혹은 '한계 순환'limit cycle이라 불리는)는 근처를 통과하는 모든 궤적들이 그 주위를 '순환하도록', 즉, 진자와 같은 진동 상태에 들어가도록 강제한다. 만약 주어진 물리계의 위상묘사에 이런 끌개들이 내속되어 있다면, 비록 그 계의 거동을 어떻게 조작하더라도 그것은 두 개의 양 끝 사이의 진동으로 회귀하게 될 것이다. 그 물리계가 언제 진동을 시작하는지를 정확히 예측(그렇다면 그 계를 모델화한 복잡한 방정식을 푸는 것이기도 하다)할 수 없더라도, 조만간에 그렇게 될 것이라는 걸 알고 있다. 따라서 이러한 추상적인 풍경 속의 시각적 특징(폐곡선처럼 형성된 끌개)은 위상공간 속에서 실제로 그 궤적을 추적하기 전이라도, 주어진 계의 거동이 장기적으로 어떠한 경향을 가지는지 알려 준다. 그 궤적이 어디서 시작되는지는 중요하지 않으며, 그것은 위상묘사의 주기적이고 특이한 특성을 향해 거침없이 끌려들어 갈 것이다.

이 두 종류의 끌개(점과 폐곡선)가 디지털 시대 이전에 알려진 유일한 것들이다. 그러나 컴퓨터 화면이 위상공간으로 들어가는 '창'이 되었을 때, 이 공간에는 더 야성적인 여러 생명체가 산다는 사실이 발견되었다. 특히 이상하게 꼬인 모양의 끌개들이 발견되었고, '이상한' 혹은 '카오스적' 끌개로 불리게 되었다. 그것들은 이제 자연 속의 난류적 거동을 재현하는 것으로 알려졌다. 마찬가지로 위상 묘사가 단순한 끌개만 포함했을 때조차, '끌개의 흡인영역'(basin of attraction: 끌개의 영향권을 구성하는 위상공간의 영역)은 믿을 수 없도록 복잡한('카오스적') 경계로 분리되었을 수 있다. 우리는 아직 이 새로운 생명체들을 이해하는 방법을 모른다. 특히 '카오스'라는 용어가 적합한지에 대해서도 모르는데, '이상한 끌개'가 복잡한 프랙털 내부 구조를 갖고 있다고 알려져 있기 때문이다.

자기 조직화의 관점에서 보면 위상공간의 다른 특징들이 끌개보다 더 중요하다. 그것은 이른바 대칭성 파괴 분기로 불린다. 분기는 한 종류의 끌개(점의 경우)가 또 다른 끌개(원의 경우)로 변환되는 위상공간 내의 사건을 재현한다. (점에서 원으로의) 분기는 원래 평형점으로 이동하는 경향이 있던 물리계가 돌연, 자발적으로 양 끝 사이에서 진동하기 시작했던 사실을 재현하고 있다. 예를 들어 화학 시계의 자기 조립은 이러한 분기의 예를 표현한다. 다른 예로는 흐르는 액체에서 난류의 출현(아니면 레이저 빛에서 결맞음의 출현)이 분기의 연쇄적인 발생으로 위상공간 안에 나타나는 것이다. 이들은 하나의 원(한계 순환)의 형태로 나타나, 그 원을 연속적으로 겹쳐 이상한 끌개로 변형시킨다. 거칠게 말하면, 자기 조직화 현상은 분기가 발생할 때마다 일어난다고 말할 수 있다. 즉, 새로운 끌개가 위상 묘사 속에 나타날 때 혹은 그 계의 끌개가 본질적으로 변화할 때 일어난다.

끌개와 분기에 관한 수학적 묘사는 훨씬 더 세부적으로 정교한 것이지만, '기계적 필룸'의 개념을 정의하려는 지금 목적을 위해서는 이러한 몇 가지 언급만으로 충분할 것이다. 여기서의 짧은 설명을 요약하면, 위상공간에는 세 개의 다른 '존재들'이 거주한다. 그것은 현실 세계의 대상에 대응하는 특정 궤적, 그러한 대상의 장기적 경향에 대응하는 끌개, 그러한 장기적인 경향의 자발적 변화에 대응하는 분기를 말한다. 1960년대 후반 질 들뢰즈는 위상공간의 이런 세 가지 차원의 철학적인 함축을 깨달았다. 그는 위상공간의 궤적에 의해 재현되는 '현실적 물리계'와, 끌개와 밀개로 재현되는 '잠재적 물리계' 사이의 존재론적인 차이를 강조하였다. 그는 직접 분기에 대해 언급하지는 않았지만, 특별한 사건이 '특이성의 방출'을 가져오는, 즉, 갑작스럽게 끌개와 밀개의 생성을 가능하게 하는 것을 연구했다.

들뢰즈의 용어에 의하면, 끌개와 밀개의 특정 집합은 '잠재적' 혹은 '추상적' 기계를 구성하며, 반면에 위상공간의 특정 궤적은 그러한 추상기계의 '구현'을 표상한다. 예를 들면 원 끌개는 여러 다양한 형태로 물리적으로 구체화되는 '추상 진동자'를 재현한다. 이러한 것에는 시계의 진자, 기타의 진동하는 줄, 레이더와 라디오의 수정 발진기, 디지털 시계, 생물학적 시계 등이 있다. 그리고 동일한 끌개가 다른 물리장치로 구체화되는 것처럼, 동일한 분기가 서로 다른 자기 조직화 과정으로 구체화될 수도 있다. 흐르는 액체의 응집적인 행동의 출현, 결맞은 레이저 빛의 방출의 출현은 같은 분기를 구체화한 것이다.

그다음 우리는 끌개와 분기라는 '잠재기계'의 두 개의 층을 가진다. 끌개는 구체화되어 구체적인 물리계가 되는 잠재기계이다. 한편 분기는 끌개 자체에 작용하는 것으로 구체화되고, 그 때문에 그러한 끌개들로 정의되는 물리계의 변이를 낳게 된다. 끌개의 세계는 거의 안정적이고 항구적인 실재의 특징(그 장기적 경향)을 정의하나, 분기의 세계는 자연의 창조성과 변이성의 근원을 재현한다. 이러한 이유로 분기를 끌개로 구체화해, 차례차례 그것들을 구체적인 물리계로 만드는 과정에 '충화'라는 이름이 주어졌다. 다시 말해 충화는 현실을 형성하는 안정된 지질학적 층, 화학적 층, 유기적 층이라고 하는 각각의 층을 낳는다. 들뢰즈의 이론은 모든 층의 형성의 배후에 놓여 있는 동일한 원리를 발견하려는 시도를 한다. 그것은 마치 지각권, 대기권, 생물권이 같은 '기계권'의 양상들인 것과 같다. 혹은 그것은 마치 진화를 통해 생성된 모든 계통 발생적 혈통들(척추동물, 연체동물, 게다가 구름이나 강도 포함해서)이 같은 기계적 필룸에 의해서 가로질러진 것과 같다.

이러한 개념의 보다 상세한 해설은 다음을 참조. Manuel DeLanda, "Nonorganic Life," *Zone 6*(근간). 더 자세한 것은 다음을 참조. Ian Stewart, *Does God Play Dice? The Mathematics of Chaos* (New York: Basil Blackwell. 1989): Ralph Abraham and Christopher Shaw, "Dynamics: The Geometry of Behavior," in *The Visual Mathematics Library*. 3 vols. (Santa Cruz, CA: Aerial Press).

방정식의 해법(위상공간에서의 궤적)과 벡터장의 위상학적 특징(끌개)의 존재론적인 차이에 대한 들뢰즈의 견해는 다음을 참조. Gilles Deleuze, *Logic of Sense*, tr. Mark Lester, ed. Constantin V. Boundas (New York: Columbia University Press, 1990), ch. 15. 들뢰즈는 이 통찰에 대한 공을 Albert Lautman's *Le Probleme du temps*의 존재론적 차이에 대한 발상에 돌리고 있다.

10. Hermann Haken, "Synergetics: An Approach to Self-Organization," in Eugene Yates (ed.), *Self-Organizing Systems: The Emergence of Order* (New York: Plenum, 1987). 경험적인 연구가 이러한 생각이 단순한 은유 이상임을 밝힌 후에야, 여러 다른 자기 조직화 과정이 같은 수학적 모델에 의해서 재현될 수 있다는 사실을 깨닫게 되었다. 자기 조직화 연구(액체와 고체, 혹은 자성체와 비자성체 사이의 전이에 대한 연구)가 시작되었을 때, 과학자들은 '메커니즘 독립적'인 자기 조직화를 유용한 유추, 즉, 연구를 이끌 발견적인 도구로 여겼지만, 그 이상으로는 생각하지 않았다. "상전이 연구의 진전은 유추를 발판으로 전진했다. 자성체-비자성체의 상전이는, 액체-기체 상전이와 같다는 것이 입증되었고, 유동체-초유동체의 상전이는 전도체-초전도체의 상전이와 같다는 것이 입증되었다. 하나의 실험을 설명하는 수학은 다른 다양한 실험에 응용됐다…… 상전이 기술을 [난류의 발생에 관한 연구]에 응용하는 것은 독창적이거나 확실한 생각은 아니었다. 왜 독창적이 아닌지는 유체 역학의 위대한 개척자인 레이놀즈와 레일리, 그리고 20세기 그들의 계승자들이 주의 깊게 통제된 유체 실험이 운동에 질적 변화를 낳는다는 사실을 이미 파악했기 때문이다…… 그것이 가장 확실한 실험은 아니었다는 것은 진짜 상전이와는 달리 이러한 유체의 분기는 물질 자체의 변화를 전혀 일으키지 않

기 때문이다. 대신 그것은 새로운 요소, 다시 말해 운동을 첨가한 것이다. 정지하고 있는 액체가 흐르는 액체가 된다. 그런 변화를 다루는 수학이 왜 응축 증기의 수학과 일치해야 하는가?" (Gleick, *Chaos*, p. 127).

11. '형태발생학적 장'에 대한 개념은 다음을 참조. Rupert Sheldrake, *A New Science of Life* (London: Anthony Blond, 1985).

12. 더 기술적으로 말하면, 비선형 역학을 따르는 어떠한 물질과 에너지의 흐름도 자발적으로 안정 상태(끌개)를 생성하거나, 다른 종류의 안정 상태 사이를 전환(분기)할 수 있다. 비선형 과정이란 그것을 모델화한 방정식이 서로 상호작용하는 항들을 갖는 과정이다. 대부분의 자연적 과정은 비선형적이다.

13. Prigogine and Stengers, *Order Out of Chaos*, p. 148.

14. P. T. Sounders, *An Introduction to Catastrophe Theory* (New York: Cambridge University Press, 1986), pp. 118~19.

15. 예를 들어 Stanislaw Ulam의 작업이 있다. Necia Cooper (ed.), *From Cardinals to Chaos* (Cambridge, Eng.: Cambridge University Press, 1989).

16. Peter Wyden, *Day One* (New York: Simon & Schuster, 1984), p. 54. 맨해튼 프로젝트에서는 우라늄과 플루토늄의 임계 질량을 나타내는 특이점이 원자폭탄의 기폭 메커니즘의 설계를 이끌었다. 에스키모는 많은 종류의 눈을 구별한다고 알려져 있지만, 우리는 그런 뛰어난 식별 능력이 없음에도 액체가 고체로 바뀌는 온도상의 특이점인 물의 '동결 경계'를 넘는 다양한 양태가 존재한다는 사실을 알 수 있다. 이러한 연산자를 횡단하는 각각의 경로가 다른 물리적 속성을 가진 동결된 물인 얼음이나 눈을 만들어 낸다. 마찬가지로 핵분열 물질의 '폭발 경계'의 각각의 특징이 우라늄 폭탄을 오래된 '대포형 모델'로 구성할 수 있는지의 여부, 뿐만 아니라 플루토늄은 두 개의 임계 이하 질량을 충돌시켜도 기폭할 수 없다는 사실도 결정한다. 플루토늄의 질량을 임계점까지 압축하고 핵분열의 출현과 관련된 특이점을 현실화하기 위해서는 거의 완벽한 대칭성을 가진 충격파를 낼 필요가 있었는데, 그런 충격파를 만드는 기폭 렌즈를 설계하기 위해 존 폰 노이만의 수학적 능력 전부를 동원해야 했다.

17. Deleuze and Guattari, *A Thousand Plateaus*, p. 406.

18. *Ibid.*, p. 406.

19. Alexander Woodcock and Monte Davis, *Catastrophe Theory* (New York: Dutton, 1978), ch. 4.

20. Scientific American, "Nonlinear Thinking: Pentagon Strategists Take Heed of a Dove's Chaotic Theories" (June, 1985), p. 26.

21. 글릭의 다음 구절도 생각해 보자. "[특이점들의 분류를 크게 발전시킨] 미첼 파이겐바움 (Mitchell Feigenbaum)이 [1970년대에] 로스앨러모스에서 카오스에 대해서 생각하기 시작했을 때, 그는 대부분 서로 모른 채 흩어져 있는 한줌의 과학자 중 한 사람이었다. …… 10년 뒤, 카오스는 과학 기반의 구조를 재편하기 위해 빠르게 성장하는 움직임의 상징이 됐다. …… 정부의 군사 연구자금을 담당하는 정부 프로그램 관리자들, CIA, 에너지부는 예전보다 훨씬 많은 연구비를 카오스 연구에 투입했으며, 재무 관리를 위해 특수 관리부를 설치했다." (*Chaos*, p. 4).

22. René Grousset, *The Empire of the Steppes* (New Brunswick, NJ: Rutgers University Press, 1970), p. ix.

23. Robert O'Connell, *Of Arms and Men* (New York: Oxford University Press, 1989), pp. 110~112.

24. Arthur Iberall, "A Physics for the Study of Civilizations," in E. Yates (ed.), *Self-Organizing Systems*, pp. 531~533.

25. H. B. C. Pollard, *A History of Firearms* (New York: Lenox Hill, 1973), p. 6.

26. *Ibid.*, p. 155.

27. "1755년 당시의 군사적 관점은 정밀도라는 개념에 익숙하지 않았다. 만약 60야드 이상 떨어져 있다면, 한 사람을 겨냥해 맞추는 까다로운 생각은 전혀 하지 않았다. 저격이나 정밀사격은 아예 몰랐거나 있더라도 아마 비정상으로 간주되었을 것이고, 전쟁의 공포만 증가시켰을 것이다. 머스켓 총은 총검에 의한 근접전 전에 실행되는 대치 전선이나 방진을 향한 집단 사격용이었다." (*Ibid.*, p. 9).

28. *Ibid.*, p. 223.

29. Gleick, *Chaos*, pp. 67~68.

30. Trevor Dupuy, *Understanding War* (New York: Paragon, 1987), p. 201.

31. George Brimhall, "The Genesis of Ores," *Scientific American* 264:5 (1991).

32. Michael Bisacre et al. (eds.), *The Illustrated Encyclopedia of the Earth's Resources* (New York: Exeter Books, 1984), p. 28.

33. R. Buckminster Fuller, *Synergetics* (New York: Macmillan, 1975), p. 6. 풀러는 크롬-니켈-철의 합금(제트 엔진 제조의 핵심 소재인)에 대해서 논의했으며, 각각의 부품 인장강도의 합계가 제곱인치 당 260,000파운드인 반면, 그것들의 협력 작용하는 조합은 제곱인치 당 350,000파운드의 값을 산출함을 보여 주었다.

34. Cyril Stanley Smith, *A Search for Structure* (Cambridge, MA: MIT Press, 1982), p. 112. See also Deleuze and Guattari, *A Thousand Plateaus*, p. 409. 예를 들어 목수의 경우 "그것은 나무에 맡기는 것이다. 질료에 형상을 강제하는 대신, 작용과 물질성을 결합시킴으로 이끄는 곳을 따르는 것이다…. [기계적 필롬]은 따라갈 수 있을 뿐이다. 아마, 따르는 것에 들어 있는 작용은 한 장소에서도 실행할 수 있다. 즉, 대패질을 하는 장인은 위치를 바꾸지도 않고 나무나 나무의 결을 따른다…. 장인들은 어쩔 수 없이 이 다른 방식도 따르는데, 다시 말해서 알맞은 결을 가진 나무를, 그 나무가 있는 곳을 찾아가는 방식으로 따른다."

35. Merritt Roe Smith, "Army Ordnance and the 'American System' of Manufacturing, 1815~1861," in M. R. Smith (ed.), *Military Enterprise and Technological Change* (Cambridge, MA: MIT Press, 1987), p. 41. 스미스는 계속해서 말한다. "군수품 관리자는 무기 공장의 작업을 감시하는 두 가지 방법에 의존했다. 하나는 주로 회계 사무를 취급하는 것으로 정확한 계산의 유지를 의미했다. 다른 하나는 품질관리의 문제를 다루는 것으로 완성된 소형화기에 대한 세심한 검사를 포함했다…… 정확한 부기는 무기 공장의 네트워크 전체를 통해 소형화기의 재고를 관리하거나 조정하는 수단을 제공했다…… 넓게 흩어져 있는 무기 공장에 있는 장비들의 위치, 유통, 상태에 대한 정확한 정보는 전략적 목적에 부합했다. 긴급 상황에서 관리자는 이런 지식을 이용해 가장 필요로 하는 곳에 무기와 탄약 체계를 전달할 수 있었다." 반면 품질 관리를 위해 개발된 방식은 "수작업에 기초한 검사 절차의 종말과 새로운 기계적 전통의 시작을 알렸다. 그 이후로 단단해진 철 측정기들이 군수품의 테스트와 평가에서 점점 인간의 기술을 대체해 나갔다."

36. *Ibid.*, p. 70.

37. M. R. Smith, "Army Ordnance," p. 71. 무기 안에서 폭발이 일어나면 총신의 벽은 엄청난 확장 압력을 받는다. 그 결과 생기는 응력은 무기의 내부 표면을 타고 분산되며, 이러한 분산에 [응력이] 강하게 집중하는 특이점들을 알아챌 수 있다. 적절하게 분산되었을 경우 무기의 성패

를 좌우하는 것이 이러한 특이점들이다. 장인들은 전통적으로 이런저런 특이점들을 감각으로 추적해 왔다. 그렇게 그들은 추진 국면의 연료 공급, 점화, 유도 메커니즘과 같은 진화를 이끌었다. 무기 제조 과정을 규정하는 특이점들의 배치는 그 기계를 위한 '구문론'을 규정하는 것일 수도 있으며, 이것은 다음 장에서 말하는 추상기계의 기능적인 구문론을 행동표가 명시하는 것과 같다. 이런 관점에서 금속에 병참 기반을 강제하는 것은 소형화기에 다른 구문론을 부여하는 수단을 이루며, 이것은 군사 제도에 관한 지휘와 통제의 이상들을 통합하는 구문론이다.

38. David F. Noble, "Command Performance: A Perspective on Military Enterprise and Technological Change," in Smith, *Military Enterprise*, pp. 332~33.

39. *Ibid.*, P. 344.

40. *Ibid.*, P. 334.

41. Susan J. Douglas, "The Navy Adopts the Radio, 1899-1919," in M. R. Smith, *Military Enterprise*, p. 28. 군 연구 개발에 엄청난 예산이 투입되는 우리 시대에 해군이 무선기술을 위해 특별한 '번역자'를 원했다는 사실은 믿기 어려워 보인다. 그러나 19세기 해군은 지금보다 탈중앙화된 구조를 가지고 있었으며, 따라서 이 새로운 발명이 해상 지휘의 전통적인 자치권을 위협했다는 사실을 잊지 말자. 더욱이 그 발명은 당시 해군과 연관된 혁신적인 제철기술처럼 내부의 발명도 아니었다. 이보다 몇 년 전 연속 조준 사격의 발명가가 해군 당국에 신기술을 제공하자 군수국 내부의 발명이라면 일어나지 않았을 격렬한 저항을 경험했다.

　　M. R. 스미스는 과학적 자원과 전쟁기계 사이를 연결하는 '번역자' 역할을 해왔던 미국의 군사 기술자 목록을 제시한다. "스탠퍼드 C. 후퍼는 해군 최초의 함대 무선 장교로 연이어 군의 통신부문 국장이 되었다. 후퍼는 어떤 기술적인 관점으로도 발명가는 아니었다. 오히려 그는 사물을 다른 구성으로 함께 묶는 것, 그리고 새로운 기술[무선]을 정착시켜 궁극적으로 성장할 수 있는 환경을 만드는 것에 능했다. 개인적인 입장에서 [목록에] 일정 정도 수정이 허락된다면, 조지 봄포드 장군과 '미국의 제조 시스템', 윌리엄 N. 제퍼스 대위와 미 해군의 르네상스…, 레슬리 그로브스 장군과 맨해튼 프로젝트, 하이먼 리코버 제독과 핵함대, 해군 제독들인 윌리엄 F. 래본과 레버링 스미스와 폴라리스 [핵 잠수함] 시스템 개발 등에도 같은 이야기를 할 수 있다." (Smith, "Introduction," *Military Enterprise*, p. 28).

42. Thomas A. McMahon and John Tyler Bonner, *On Size and Life* (Washington, DC: Scientific American Library, 1983), p. 92.

43. *Ibid.*, p. 98.

44. *Ibid.*, p. 119.

45. Richard Dawkins, *The Blind Watchmaker* (New York: Norton, 1987), p. 181. 포식자/피식자 군비 경쟁이 따르는 많은 벡터나 방향성으로, 사냥꾼의 속도, 기습, 매복, 미끼, 시력, 발톱, 이빨, 침, 독니 등의 목록들을 나열할 수 있다. 피식자 측에서는 속도, 경계, 갑옷, 굴 파는 습성, 야행성 습성, 독성 분비물, 구역질나는 맛, 위장 등을 들 수 있다. 이 벡터들 중 어느 하나를 개선시키는 유전적 돌연변이는 선택될 것이며, 다른 조건이 그대로라면 자연적 군비 경쟁의 상승 나선에 또 다른 원을 추가할 것이다. 보다시피, 양쪽 목록 모두에 나타나는 유일한 벡터는 속도이며, 이것은 전원 지대의 유목형 전쟁기계에 의해 해방되거나 분리되는 벡터이다. "무기는 발사와 특권적 관계를 맺는다. 던지거나 던져지는 것은 무엇이든 기본적으로 무기이고, 추진은 그 본질적 계기다. 무기는 탄도적이다. 엄밀한 의미에서 투척 무기는 그것이 발사되는 것이든 발사하는 것이든 무엇보다도 오직 하나의 종류일 뿐이다. 그러나 손에 들고 쓰는 무기조차도 도구에 요구되는 것과는 다른 방식으로 손과 팔을 사용하는 것이 필요하며, 그것은 무술에서 볼 수 있는 발사적 사용법이다." Deleuze and Guattari, *A Thousand Plateaus*, p.

395.

46. Iberall, "A Physics," p. 531.

47. Paul Virilio, Deleuze and Guattari, *A Thousand Plateaus*, p. 396에서 인용.

48. Henry Guerlac, "Vauban: The Impact of Science in War," in Paret and Craig, *Makers of Modern Strategy*, p. 70. 오일러가 일반적으로는 강체, 특히 발사체를 위한 운동방정식을 공식화하기 전까지 한 세기가 넘는 격렬한 전쟁과 수학적 발전이 필요했다. 이것은 고대 그리스의 발견적 방법이 오늘날 '미분학'이라고 불리는 것으로 발전했기 때문에 가능했다. 오래된 실진법(method of exhaustion)의 재림은 무한소를 다루는 것과 같은 철학적 혼란에 빠지지 않았던 타르탈리아와 스테빈과 같은 공학 지향형 수학자들에 의해 가능했다. 토리첼리는 기본적으로 이런 측정 방법을 탄환의 궤적상 모든 점에서의 순간 속도를 측정하는 것과 같은 운동학적 문제에 적용시킨 최초의 사람이었다. 이후 뉴턴과 라이프니츠의 천재성까지 필요했던 것은 이 방법 속에서 수학의 독립적인 분야를 위한 토대를 확인하고, 고대 그리스식 절차가 진화한 여러 발견적 방법을 대신해서 보편적 알고리즘을 설계하기 위함이었다.

뉴턴에게도 발사체의 궤적은 물리적인 과정의 훌륭한 예시였다. 사실 '궤적'이라는 개념은 열역학으로 알려진 열에 관한 과학이 출현하기 전까지 고전물리학의 중심개념으로 볼 수 있다. 다음 장에서는 증기기관이 기계적 필룸으로 들어왔을 때, 과학의 세계에 일어난 근본적인 변화를 살펴볼 것이다. 이론은 더 이상 시계태엽장치 모델 위에서 구성되기를 그만두고 모터처럼 만들어지기 시작했다. 마찬가지로 '가역성'을 강하게 함축하는 '궤적'이라는 관념은 서서히 비가역적 과정이라는 개념에 의해 대체되었다. 발사체는 물리학의 중심적인 대상이기를 멈추고, 폭발──모터에서 피스톤을 움직이는 제어된 폭발이든, 훨씬 더 효과적인 파괴 엔진의 폭주 폭발이든──에게 자리를 내주었다. 특히 새로운 물리학이 맨해튼 계획에 응용된 이후 비가역적 과정의 물리학은 현대과학에 두드러진 존재가 되었음에도, 가역적인 궤적이 제기한 질문들은 수세기에 걸쳐 군사 탄도학 분야를 지배했다. '가역적' 시간의 '비가역적' 시간에 의한 대체에 관해서는 다음을 참조. Prigogine and Stengers, *Order Out of Chaos*, pp. 208–09.

49. Herman H. Goldstine, *The Computer: From Pascal to Von Neumann* (Princeton: Princeton University Press, 1972), p. 74.

50. "19세기 후반 물리학자들은 매우 복잡한 메커니즘의 작동이라도 수학적인 방정식으로 기술이 가능한 수학적 정교화를 이루었다. 그들은 또한 방정식이 주어지면 그 방정식에 따라 작동하는 기계와 장치를 만들 수 있는 역 작업도 수행할 수 있었다. 이것이 이런 기계들이 아날로그식이라 불리는 이유이다. 아날로그 장치의 설계자들은 실행하려는 계산이 어떤지를 결정하고, 그다음 실행하려는 계산과 유사(analogous)한 동작 법칙을 나타내는 물리적인 장치를 찾는다"(*ibid.*, p. 50).

결국에는 튜링기계가 아날로그측 기계를 흉내 냄으로써 디지털 종(種)의 승리를 알렸다 하더라도, 기계적인 계산에서의 아날로그와 디지털의 차이는 컴퓨터 역사에서 매우 중요하다. 최초의 디지털 계산기, 즉, '물건 세기'와 같은 인간 행동을 기계화하려고 한 최초의 시도는 주판이었다. 파스칼과 라이프니츠에 의해 설계된 17세기의 기계적 계산기는 디지털 기계의 다음 국면을 보여 준다. 그러한 기계는 숫자를 일련의 이산적인 기계적 사건들에 사상함으로써 덧셈, 곱셈과 같은 산술연산자를 모델화했다. 두 세기 후 '덧셈'과 '곱셈'의 연산자가 'AND'와 'OR'라는 논리적인 결합기호가 되었을 때, 연역 논리의 산술화가 실현되는 동시에, 디지털 계산기의 하드웨어적인 해결책은 논리적 기계에도 가능하게 되었다. 불과 배비지의 작업이 이 단계를 대표한다.

한편 아날로그 계산기는 이산적 사건이 아닌 막대의 길이나 기어의 회전운동 등 연속적인 물리량으로 숫자를 표현한다. 예를 들어 연산의 출력은 이산적인 사건의 발생 횟수를 세는 것이 아니라, 막대의 길이나 기어의 회전수를 측정한다. 이런 종류의 계산 장치의 좋은 예로는 수를 길이와 사상해서 슬라이드 작동에 의해 두 가지 길이를 합하는 계산자(slide rule)가 있다. 이 기계적인 '덧셈' 연산자는 수를 대수적으로 부호화함으로써 '곱셈' 연산자의 기능을 실행하도록 만들어졌다. '미분'과 '적분'의 산술 연산자는 이런 '연속적' 아날로그 기계에 구현되었다.

미적분학은 연역 논리와 같은 산술화 과정을 경험하였지만, 그 기계적인 실현을 위한 단서를 준 것은 미적분학의 구식 기하학적 해석으로, 곡선의 적분값은 곡선 아래의 영역에 의해 주어진다. 만일 영역을 측정하는 기계적인 장치를 개발할 수 있다면 그것은 적분연산자의 기계적인 실현에도 적합하게 된다.

51. *Ibid.*, ch. 10.

52. *Ibid.*, p. 76.

53. Paul Edwards, "A History of Computers and Weapon Systems," in David Bellin and Gary Chapman (eds.), *Computers in Battle: Will They Work?*(New York: Harcourt, Brace, Jovanovich, 1987), p. 51.

54. Steve J. Heims, *John Von Neumann and Norbert Wiener: From Mathematics to the Technologies of Life and Death* (Cambridge, MA: MIT Press, 1984), p. 184.

55. Edwards, "Computers and Weapon Systems," p. 69.

56. *The Military Frontier* (no author given; New York: Time/Life Books, 1988), p. 78.

57. Pollard, *A History of Firearms*, p. 19.

58. McNeill, *Pursuit of Power*, p. 68.

59. Paul Keegan, *The Face of Battle* (New York: Dorset, 1986), p. 307.

60. Dawkins, *Blind Watchmaker*, p. 180.

61. 기술의 발달에서의 양의 되먹임 고리가 맡은 역할에 대해서는 다음을 참조. W. Brian Arthur, "Positive Feedbacks in the Economy," *Scientific American* 262 (Feb., 1990).

62. Arthur Ferrill, *The Origins of War: From the Stone Age to Alexander the Great* (London: Thames & Hudson, 1985). p. 29.

63. Paul Virilio and Sylvère Lotringer, *Pure War* (New York: Semiotexte, 1986), p. 4. 비릴리오는 말한다. "고대 전쟁에서 방어는 속도를 높이고 있는 게 아니라 낮추는 중이었다. 전쟁 준비란 성벽, 누벽, 요새였다. 그리고 도시에 영속성을 부여한 것은 영구적인 방어시설로서의 요새였다. 도시의 정주성은 이와 같이 장애물의 내구성과 연결되어 있다……. 어느 장소에 전쟁이 일어나거나, 계엄 상태가 되거나, 거주구역 주위에 제방이 쌓이면 뒤이어 교역이 생겨났다……." '제방'(glacis)이란 16세기 요새 기술자가 요새의 가장 바깥쪽 누벽을 가리키기 위해 사용한 용어였다. 그것은 완전하게 소사(swept by fire) 가능한 단순하게 솟아오른 흙 언덕으로, 주위를 향해 완만하게 경사를 이뤘다. 제방은 요새의 다른 부분과 분리된 커다란 배수로로, 그곳을 올라서 접근하는 적군은 배수로 반대편에 있는 요새 누벽의 강력한 공격에 노출된다. 이런 의미에서 제방은 단지 전술적인 장치, 즉, 적을 방어 사격의 영역으로 들어오게 만드는 수단이었다. 그러나 새로운 방식의 요새가 유발한 것은 더 심오한 변화였다. 비교적 단순한 '개인의 성'에서 병참면에서 보다 복잡한 '국가의 요새'로의 전환이 이루어진 것이다. 추상적인 의미에서 '제방'이라는 용어는 전술적 장치를, 심지어 제방-배수로-흉벽-능보라는 계열을 가리킬 뿐만 아니라, 하나의 도시를 기계 같은 요새화된 벽으로 둘러싸는 계획으로 대표되는 대규모의 사회적인 사업도 가리킨다.

64. Paul Virilio, *Speed and Politics* (New York: Semiotexte, 1986), p. 14.

65. Ferrill, *Origins of War*, p. 170.

66. Christopher Duffy, *The Fortress in the Age of Vauban and Frederick the Great* (London: Routledge Kegan Paul, 1985), p. 1.

67. James Burke, *Connections* (Boston: Little, Brown, 1978), p. 256.

68. Duffy, *The Fortress*, p. 82.

69. *Ibid.*, p. 74. 보방 이후 제방이 전자화될 때까지 큰 돌파구는 마련되지 않았다. 구식 설계는 새로운 형태의 대포가 도입되자마자 대체되었다. 이와 같이 대포의 '수평' 사격이 박격포나 곡사포의 '수직' 사격으로 보완되자 게르만형의 분리된 누벽이 대포의 '수평'사격을 처리하기 위해 설계된 구식의 기하학적 형태보다 더 인기를 얻었다. 강선을 가진 대포가 등장해서 집중적인 화력이 가능함을 보여 주자, 흙 구조물은 철근 콘크리트 구조로 대체되었다. "문제의 핵심은 갑옷 방어력의 개발과 그것을 깨려는 발사체의 개발에서 앞서거나 뒤서거나 하는 지속적인 혁신이었다. ……[연철 갑옷은] 보통의 구형 포탄과 강선을 가진 총에서 발사된 초기의 연철 탄환은 견디었지만, 그것을 깨기 위해서 팰리저 탄(Palliser shot)이 개발되었다. 이것은 극도로 딱딱한 끝을 개발하기 위해, 주조 과정 중 탄환 머리 부위를 냉각한 주철탄이었다"(Ian Hogg, Fortress: A History of Military Defense, New York: St. Martin's, 1977, p. 93). 콘크리트 구조가 생겨나자, 폭발하기 전에 장갑을 뚫고 들어갈 수 있도록 지연 신관(delay fuse)이 포탄에 추가되었다. 그러한 폭발하는 포탄을 위해 혁신적으로 새로운 배송용 벡터인 폭격기가 발명될 때까지 경쟁은 계속되었다.

70. David E. Fisher, *A Race in the Edge of Time : Radar — The Decisive Weapon of World War II* (New York: McGraw Hill, 1988), p. 135.

71. *Ibid.*, p. 183.

72. Edwards, "Computer and Weapon Systems," p. 54.

73. Goldstine, *The Computer*, p. 212.

74. Fisher, *A Race*, pp. 28~30. 컴퓨터화된 전세계 규모의 제방은 공간 기반 레이더 외에도 이상한 형태나 이름을 가진 지상기지를 구성요소로 하고 있다. 항상 시베리아를 깊이 응시하는 거대한 레이더 벽, 코브라 주디(Cobra Judy), 양쪽 바다에 세워진 벽을 지탱하는 2개의 끝이 잘려진 피라미드, 페이브 포스(Pave Paws)가 그것이다. 제방의 '광물질 역사'의 유일한 계승자로는 미사일 격납용 콘크리트 저장고가 있으며, 그 저장고 밑에는 1200피트의 견고한 화강암으로 이루어진 핵 지휘센터 노래드(NORAD)가 위치하고 있다.

75. *Ibid.*, p. 96.

76. William E. Burrows, *Deep Black: Space Espionage and National Security* (New York: Random House, 1986), p. 323.

77. Prigogine and Stengers, *Order Out of Chaos*, p. 144.

78. *Ibid.*, p. 145. See also Peter Decker, "Spatial, Chiral and Temporal Self-Organization through Bifurcations in Bioids, Open Systems Capable of Generalized Darwinian Evolution," in Okan Gurel and Otto Rossler (eds.), *Bifurcation Theory and Applications in Scientific Disciplines* (New York: New York Academy of Sciences, 1979).

79. Ilya Prigogine, *From Being to Becoming* (New York: W. H. Freeman, 1980), p. 106.

80. Woodcock and Davis, *Catastrophe Theory*, ch. 4.

81. Ralph Abraham, "Dynamics and Self-Organization," in Yates, *Self-Organizing Systems*,

p. 606. 에이브러험은 계속해서 말한다. "자기 조직화 이론의 발전에 관한 현재 국면에서 역학적인 개념을 이용하는 것의 이점은 두 가지로 나눌 수 있다. 그 발전을 이끌면서 형태동역학에 편입될 수 있는 개념을 획득하는 영속적인 이점, 그리고 새로운 사고 패턴의 훈련이라는 일시적인 이점이 그것이다. 첫번째 범주에서 나는 형태학적 역학의 본질적인 특징으로서 끌개[특이점], 안정된 분기[하나의 끌개가 또 다른 것이 되는 특이점], 대국적 분기도를 말하고 있다. 역동설(dynamism)은 현재에도 영속적인 제약이라는 유산, 즉, 형태형성 과정에 가해지는 법칙적·보편적 제약의 분류학을 약속하는 것이다. 이것은 플라톤적 형상이론이다. 이 용어들에 대한 설명은 각주 9번을 참조하라. 다음도 참조. Gilles Deleuze, *Logic of Sense*.

82. Prigogine and Stengers, *Order Out of Chaos*, p. 187.

83. Harry Soodack and Arthur S. Iberall, "Thermodynamics of Complex Systems," in Yates, *Self-Organizing Systems*, p. 468. See also Prigogine and Stengers, *Order Out of Chaos*, p. 197.

84. Alan Garfinkel, "The Slime Mold Dictyostelium as a Model of Self-Organization in Social Systems," in Yates, *Self-Organizing Systems*, p. 200.

85. Prigogine and Stengers, *Order Out of Chaos*, p. 195.

86. J. Keegan, *Face of Battle*, pp. 72~73.

87. Gleick, *Chaos*, p. 55.

88. Martin Van Creveld, *Command in War* (Cambridge, MA: Harvard University Press, 1985), p. 269.

89. Prigogine and Stengers, *Order Out of Chaos*. p. 178.

90. Gordon A. Craig, "Delbruck: The Military Historian," in Paret and Craig. *Makers of Modern Strategy*, p. 340.

91. *Ibid.*, p. 339.

92. McNeill. *Pursuit of Power*, p. 67.

93. *Ibid.*, p. 145. 인구 증가율에서의 변동의 출현을 설명하는 질병 역학 이론을 발전시킨 이 역사가는 이러한 난류적 흐름이 군대의 규모와 형태에 영향을 줄 뿐만 아니라 무력 분쟁의 발단이 된다고 여긴다. "무엇보다도 민주주의 혁명과 산업 혁명이 18세기 말 서유럽을 침범한 인구 감소에 대한 대응이라고 한다면, 20세기의 군사적 격변도 마찬가지로 인구 성장과 전통적인 전원생활 방식이 설정한 한계 간의 충돌에 대한 대응으로 해석할 수 있을 것이다⋯⋯. 마을 관습과 전통적인 사회적 행동양식에 대한 압력들이 1914년까지 강해졌다. 그때 제1차 세계대전은 ⋯⋯ 중앙유럽과 동부유럽에서 수백만 명의 목숨을 빼앗으며 농촌 과잉인구문제를 완화시키기 위한 무언가를 하게 되었다. 그러나 제2차 세계대전의 거대한 탈출과 대규모 민족 이동, 그리고 더 엄청난 대량학살이 발발하고 나서야, 중부 및 동부 유럽 인구는 19세기 초 혁명적 격변에 대한 프랑스의 대응 ─ 그들이 인식한 경제 상황과 경제 전망에 맞는 출산 관리 ─ 을 모방했다"(*ibid.*, pp. 310~311).

94. Virilio, *Speed and Politics*, p. 148.

95. McNeil, *Pursuit of Power*, p. 74.

96. Dupuy, *Understanding War*, p. 216.

97. McNeill, *Pursuit of Power*, p. 131.

98. Van Creveld, *Command in War*, p. 24.

99. *Ibid.*, p. 45. "언제나 군대 전체에 전체 시간의 지시를 내리는 것은 불가능하였기에, 지휘관들

은 이 문제를 처리하기 위한 여러 가지 해결책을 고안했다……. [하나는] 문자 그대로 부대 전체를 하나의 덩어리, 밀집대형으로 압축함으로써 전체적인 통제를 실행하는 것이다……. 절충적인 해결책은 헬레니즘 시대 왕의 방식처럼 전체 시간에서 군대 일부를 지휘하거나, 말버러 공의 방법처럼 일부 시간에만 군대 전체를 지휘하거나 둘 중 하나였다. 프리드리히 2세는 전체 시간에 군대 전체를 지휘하도록 한 최초의 근대적인 지휘관 중의 한 사람이었으나, 그의 요구는 군대를 마음이나 생명이 없는 기계로 바꾸는 것에 의해서만 이룰 수 있었다……. 지금까지 이들 해결책 중에서 가장 성공적인 것, 즉, 수세기에 걸쳐 지속적인 승리를 만들고 지휘관의 개성에도 좌우되지 않는 유일한 해결책은 로마의 것이었다. 그것은 표준화된 대형, 최하층에서의 적절한 조직화, 그리고 세밀한 지휘의 필요성을 대폭 줄이기 위해 군대 전체에 걸쳐 분산된 권력, 이들에 의존한 지휘 체계였다"(*ibid.*, p. 56).

100. R. R. Palmer, "Frederick the Great, Guibert, Bulow: From Dynastic to National War," in Paret and Craig, *Makers of Modern Strategy*, p. 98.

101. Steven Ross, *From Flintlock to Rifle: Infantry Tactics, 1740~1866* (Cranberry, NJ: Associated University Presses, 1979), p. 30.

102. Van Creveld, *Command in War*, p. 53.

103. Ross, *From Flintlock to Rifle*, pp. 35~36.

104. Virilio, *Speed and Politics*, p. 21.

105. Ross, *From Flintlock to Rifle*, p. 38.

106. *Ibid.*, pp. 68~73.

107. Van Creveld, *Command in War*, p. 97. 다목적 병사들의 유연성은 다른 물리적인 규모에서도 달성되었다. 새로운 영구적인 대형이 1764년에 도입되었는데, 이것은 모든 무기가 유기적으로 구성된 작은 군대인 전투사단으로 예비대가 도착할 때까지 단독으로 행군하거나 싸울 수 있었다. 전투용의 견고한 전선을 형성하는 하나의 덩어리였던 시계태엽장치 군대는 분리 가능하고, 독립적인 작전 행동을 취할 수 있는 요소들로 이루어진 연결식 통일체로 교체되었다. 전략적인 계산 안에서 맡은 역할에 따라 수많은 다양한 기능을 수행할 수 있는 이런 자급자족형 소규모 '추상 군대'의 규모나 구성은 그들이 적의 공격에 최대 이틀 동안이나 저항할 수 있게 만들었다. 이것은 본부와 연락할 때 걸리는 시간을, 그다음으로는 통신범위를 연장시켰고, 스스로 행군이 가능하게 만들면서 작전 지역도 수천 제곱마일까지 확대시켰다.

108. *Ibid.*, pp. 63~64.

109. *Ibid.*, p. 75.

110. Michael Howard, "Men Against Fire: the Doctrine of the Offensive in 1914," in Paret and Craig, *Makers of Modern Strategy*, p. 513.

111. Sheldford Bidwell and Dominick Graham, *Fire Power: British Army Weapons and Theories of War 1904-1945* (London: George Allen & Unwin, 1985), p. 216.

112. *Ibid.*, p. 11.

113. Keegan, *Face of Battle*, p. 260: "왜 [지휘관이] 정보원에게 의존해야만 하는가? 그 이유는 간단히 설명할 수 있다. 제4군(the Fourth Army)의 통신체계는 서부전선 상하와 무인지대 양쪽에 설치한 것과 본질적으로 비슷한 포괄적인 체계였다. 그것은 전화나 전신을 기초로 하였고, …… 극도로 정교한 '육상 통신선'과 '공중 통신선' 네트워크를 통해서 작동되었다. …… [특정 지점에서] '공중 통신선'은 전신주를 떠나 대지 쪽으로 하강해 '육상 통신선'이 되어 …… 바닥의 깔개 아래에 매설되었다. [통신 체계가] 전선의 참호에 가까이 접근하면 할수록, 그것은 더욱 깊게 매설되어 전방 지역까지의 깊이가 6피트나 되었다. …… 이것이 정당화된

것은 적군의 가장 격렬한 포화 속에서조차 통신의 안전성을 제공하기 때문이었다. 그러나 치명적 결점이 하나 있었으니, 바로 무인 지대의 끝에서 멈추어 더 나아갈 수 없었다는 점이다."

114. Bidwell and Graham, *Fire Power*, p. 45; Van Creveld, *Command in War*, p. 175.

115. Bidwell and Graham, *Fire Power*, p. 191.

116. *Ibid.*, p. 205.

117. Van Creveld, *Command in War*, p. 192.

118. *Ibid.*, p. 266.

119. *Ibid.*, ch. 7.

120. Edward Feigenbaum and Pamela McCorduck, *The Fifth Generation: Artificial Intelligence and Japan's Computer Challenge to the World* (New York: Signet, 1984), p. 274.

121. Gary Chapman, "The New Generation of High-Technology Weapons," in Bellin and Chapman, *Computers in Battle*, p. 91.

122. Carl von Clausewitz, *On War* : Book Three: *Of Strategy in General* (New York: Penguin, 1968).

123. Gunther Rothemberg, "Moltke, Schlieffen, and the Doctrine of Strategic Envelopment," in Paret and Craig, *Makers of Modern Strategy*, pp. 307~308.

124. Douglas Hofstadter, *Metamagical Themas* (New York: Basic Books, 1985), p. 720. See also Robert Axelrod, *The Evolution of Cooperation* (New York: Basic Books, 1984).

125. Hajo Holborn, "The Prusso-German School: Moltke and the Rise of the General Staff," in Paret and Craig, *Makers of Modern Strategy*, p. 283. "새로운 프로이센 전략학교는 프로이센의 참모진 속에 군의 두뇌와 신경 중추가 될 자기 자신의 기관을 설립했다. …… 1809년 샤른호르스트가 전쟁성(War Ministry)을 재조직했을 때, 그는 조직과 동원 계획, 그리고 평화 시 군대의 훈련과 교육을 책임질 특별한 부서를 만들었다. 이 부서의 관할 아래 정보와 지형학 연구에 따른 작전 준비도 이뤄졌다. …… 그는 전쟁성 장관으로서 이 부서의 방향을 유지하고, 장교들을 전쟁게임과 참모진 대항연습으로 훈련시킴으로써 장교들의 전술적·전략적 사고에 강한 영향을 끼쳤다."

126. John Shy, "Jomini," in Paret and Craig, *Makers of Modern Strategy*, p. 73.

127. *Ibid.*, pp. 160~191.

128. Holborn, "The Prusso-German School," p. 292.

129. *Ibid.*, p. 314.

130. Holborn, "The Prusso-German School," p. 292.

131. Andrew Wilson, *The Bomb and the Computer: Wargaming from Ancient Chinese Mapboard to Atomic Computer* (New York: Delacorte Press, 1968), p. 5.

132. *Ibid.*, p. 11.

133. John Keegan, "Introduction," *Atlas of Twentieth Century Warfare* (New York: Gallery Books, 1982), p. 1.

134. Craig, "Delbruck," p. 326.

135. *Ibid.*, p. 332.

136. *Ibid.*, p. 334.

137. *Ibid.*, p. 335.

138. Richard Lanchester, "Mathematics in Warfare," in J. Newman (ed.), *The World of Mathematics* (New York: Simon & Schuster, 1956), vol. 4.

139. Fred Kaplan, *The Wizards of Armageddon* (New York: Simon & Schuster, 1983), p. 52.

140. *Ibid.*, p. 53.

141. *Ibid.*, p. 64. 폰 노이만은 1928년 이해 충돌과 관련된 단순한 상황에 대한 형식적 모델뿐만 아니라, 그런 갈등을 처리하기 위해 최선의 전략을 찾는 수학적인 기법까지 창조했다. 그는 연구를 시작하기 위해 갈등 상황을 재현하면서 과감한 단순화를 할 수밖에 없었다. 예를 들어 그는 모델화하려는 게임을 참가자의 손실이 상대방의 이익이 되는 게임, 즉 그의 용어로 말하면 '제로섬 게임'이라 가정했다. 그때부터 게임 이론은 협상과 협력을 포함한 게임뿐만 아니라 비제로섬 게임에까지 크게 확장되었다. 그러나 폰 노이만의 경력이 새로 탄생한 랜드연구소(1947)와 교차하게 되는 당시의 게임 이론은 대부분 가장 단순한 종류의 게임들만을 위해 기획되었고, 이것은 미국의 핵 전략에 악영향을 준 특정 편향을 군사 분석에 도입시킨다. 그것은 역시 란체스터 방정식의 문제였다. 다시 말해 극단적으로 단순한 '전쟁 법칙'의 올바른 모델이란 전략가들에게 전쟁 상황의 모든 영역에 이 모델을 적용할 수 있다는 느낌만 부추기지 실제로는 백해무익했던 것이다.

142. *Ibid.*, p. 65.

143. Mark Rappaport, *Two Person Game Theory: The Essential Ideas* (Ann Harbor: University of Michigan Press, 1973), p. 146.

144. Garfinkel, "The Slime Mold Dictyostelium," p. 205.

145. Kaplan, *Wizards of Armageddon*, p. 67.

146. Thomas B. Allen, *War Games* (New York: McGraw Hill, 1987), p. 79.

147. *Ibid.*, p. 40.

148. *Ibid.*, p. 211.

149. *Ibid.*, p. 77.

150. *Ibid.*, p. 288.

151. Kaplan, *Wizards of Armageddon*, p. 87.

152. *Ibid.*, p. 257.

153. *Ibid.*, p. 244.

154. Allen, *War Games*, p. 315.

155. *Ibid.*, p. 93.

156. *Ibid.*, p. 323.

157. *Ibid.*, p. 324. 정치 군사 게임은 다른 용도가 있기 때문에 살아남을 것이다. 예를 들어 정치 군사 게임은 시뮬레이션 위기에 대한 참모들의 반응을 점검하기 위해 감시 방법으로 사용될 수 있다. 그러나 SAM과 IVAN의 투쟁이 미국의 미래 핵전략에 관한 최선의 통찰을 제공하리라 여겨지지만, 이 둘의 탄생으로 인해 인간을 회로에서 제거하려는 경향은 더 큰 추진력을 얻게 되었다.

158. Dupuy, *Understanding War*, ch. 1.

159. *Ibid.*, p. 196. 존 키건은 최근 진정한 '전투의 얼굴'을 보여 주었다. 그는 전장의 안개가 만든 광경, 소리, 냄새, 화살떼가 표적에 박혔을 때 사람과 말이 동시에 내는 소리뿐만 아니라 날아가는 화살떼가 만든 소리를 생생하고 세밀하게 묘사한다. 전장이 더욱 확대되고 한층 더 치명적인 요소들이 전장을 지배하게 되자, 흑색 화약시대 전쟁의 냄새, 혼란스러운 광경, 모터화된

무기, 전쟁 중 생겨난 밀실공포증적인 느낌, 전반적인 무력감 등이 병사들 사이에 퍼져 나갔다. 하지만 그가 최고인 경우는 그런 공포의 극장에서 무엇이 병사들을 계속 싸우게 만드는가에 대한 질문에 답할 때이다. 약탈에 대한 보상과 장교들에 의한 강압을 제외하면, 전투의 열기 속에서 응집적인 전체로 부대를 계속 싸우게 만드는 '정신적 단결'은 대부분 경우 장교들의 모범적인 행동에서 비롯된다. 장교들의 역할은 시계태엽장치 시대가 시작하자 점차 적을 죽이는 일이 아니게 되었고, 군대가 진화함에 따라 그들의 무기도 그 규모나 살상력이 줄어들기 시작했다. 장교들의 새로운 역할은 가장 먼저 추상적인 전투 기계를 구현하는 것이었으며, 추상 기계가 물리적이 되자 가장 먼저 추상기계에 의해 자신들이 작동되도록 만드는 것이었다. "장교의 용기를 보여 주는 것은 죽음이라는 형벌이 아니라 부상을 받아들이는 것이다. …… 사관의 명예가 정점에 도달하는 것은 부상과 죽음을 피할 수 없게 만드는 명령에 복종하는 엄격함이다"(Keegan, *Face of Battle*, p. 189).

160. Allen, *War Games*, pp. 255~257.

161. B. A. Huberman, "The Behavior of Computational Ecologies," in B. A. Huberman, *The Ecology of Computation* (Amsterdam: North-Holland, 1988), p. 1.

162. Smith, "Army Ordnance," pp. 29~30.

163. McNeill, *Pursuit of Power*, p. 64.

164. Virilio, *Speed and Politics*, p. 43.

165. Edward Mead Earle, "The Economic Foundations of Military Power," in Paret and Craig, *Makers of Modern Strategy*, p. 219.

166. Gautam Sen, *The Military Origins of Industrialization and International Trade Rivalry* (New York: St. Martin's Press, 1984), p. 7.

167. *Ibid.*, p. 74.

168. Charles F. O'Connell, Jr., "The Corps of Engineers and the Rise of Modern Management, 1827~1856," in Smith, *Military Enterprise*.

169. Solomon Garfunkel (ed.), *For All Practical Purposes: Introduction to Contemporary Mathematics* (New York: W. H. Freeman, 1988), p. 28.

170. *Ibid.*, p. 79.

171. Martin Van Creveld, *Supplying War: Logistics from Wallenstein to Patton* (New York: Cambridge University Press, 1977), p. 35.

172. *Ibid.*, p. 232. "병참의 역사는 두 가지 주요 기준에 따라 기간을 나눠 왔다. 일부 저술가들은 클라우제비츠와 몰트케에서 비롯된 전통에 기초해서, 사용된 보급체계로 구분되는 세 개의 시대가 현대의 병참 역사에 있음을 확인했다. 첫번째는 군대가 탄창식이 된 상비군의 시대, 두번째는 나폴레옹식 '약탈' 전쟁의 시대, 세번째는 1870~71년에 걸쳐 시작된 기지로부터 지속적인 보급을 받는 시대이다. …… 이것은 병참의 발전이 …… 원활하고 연속적인 과정이었음을 함축한다. 다른 저자들은 사용된 운송의 기술적 방식에 흥미를 가졌다. ……마차의 시대는 철도의 시대로 계승되었고, 그다음에 화물 자동차의 시대로 대체되었다."

판 크레펠트는 어떻게 이런 병참의 역사에 대한 지나치게 단순한 설명들이 전쟁 ──제1차 세계대전의 처음 몇 주에 이르기까지 ──은 항상 약탈적인 행동이었다는 본질적인 진실을 놓치게 만드는지 보여 준다. 약탈품, 장물, 강탈은 항상 병참의 기반이었다. 물론 군사 작전마다 체계적으로 공급하려는 시도는 여러 번 있었으나, 이런 시도들은 (제1차 세계대전까지, 그리고 그후에도) 항상 좌절되었다. 그런 의미에서 시계태엽장치-모터-네트워크의 순서는 점진적인 개선의 순서가 아니라, 오히려 기계 전쟁(원추탄, 기관총 등)이나 식민지 전쟁의 유목화 압력에 대항해 국가 군대가 발견한 각각의 절충안을 제시하는 것이며, 이런 전쟁들 속에서 기동력 있는 군대와의 직접 대결은 보병대형의 경직성을 버리게 만들었다.

그것은 정주민의 군대는 몇 번이나 그 구조를 구성하거나 재구성했어야 했던 반면, 유목민은 지구의 기계적 퓔룸 속에 추상적인 전쟁기계가 존재하는 것처럼 그것을 어떻게든 구현할 수 있었던 것과 같다. 한 유목민 역사가는 다음과 같이 말한다. "밀집방진과 [고대 로마의] 군단은 사라졌는데, 그것들은 마케도니아나 로마의 정치체제에서 태어났었기 때문이다. 그것들은 조직화된 상태의 계획적인 창조물로, 모든 국가처럼 등장하고, 활동하고, 사라졌다. 초원의 기마 궁수들은 유라시아 대륙을 13세기에 걸쳐 통치했는데, 그것은 토지 자체의 자발적 생성이었기 때문이다.……" (Grousset, *Empire of the Steppes*, p. xi).

173. Arthur Iberall, "On Rivers," in Yates, *Self-Organizing Systems*.

174. Van Creveld, *Supplying War*, p. 13. "왕의 군대는 겨우 1만여 명이었지만, 그는 황폐한 포메라니아에서 군대를 먹여 살리기가 불가능하다는 것을 깨닫고 먼저 기지를 확대해야 했다. 이 때문에 그는 명확한 전략적 목적도 없이 여기저기로 이동했고, 이동 중 소도시들을 점령해 각각 주둔군을 파견했다. 이 과정으로 인해 보급을 끌어낼 수 있는 지역이 서서히 확대됐다." 몇 년간의 작전 행동 후, 그의 군대는 이제 10만이나 되었고, 스웨덴의 왕은 또 다시 유목민적인 경로를 택하도록 강요받았다. "비록 그의 병력은 이제 독일 절반의 자원을 끌어모을 수 있었지만, 새로운 곳을 정복하지 못하면 그런 거대한 군대가 유지될 수 없다는 것은 분명했다. 스웨덴 군은 도나우 강을 따라 동쪽으로 이동했고, 레히 강을 가로질러, 바이에른을 궁지로 몰아넣었다. 그러나 여름이 끝나기 전에 뉘른베르크와 아우구스부르크와 같은 도시에서 갈취한 거액조차 불충분하다는 것이 밝혀졌다. 분열을 막기 위해서 군대는 도나우 강을 따라 '전방으로의 탈출'을 계속해야만 했다." (*ibid.*, p. 16).

175. *Ibid.*, pp. 18~22.

176. *Ibid.*, p. 54.

177. *Ibid.*, p. 105.

178. *Ibid.*, pp. 206~207.

179. *Ibid.*, p. 214.

180. Peter Denning, "The ARPANET after Twenty Years," *American Scientist* 77 (Nov./Dec., 1989).

181. Howard Rheingold, *Tools for Thought: The People and Ideas Behind The Next Computer Revolution* (New York: Simon K Schuster, 1985), p. 217.

182. Allen, *War Games*, p. 219.

183. M. S. Miller and K. E. Drexler, "Markets and Computation: Agoric/Open Systems," in Huberman, *Ecology of Computation*, p. 137.

184. *Ibid.*, p. 161.

185. Noble, "Command Performance," p. 345.

186. Prigogine and Stengers, *Order Out of Chaos*, p. 190.

2장 _ 무혈 수혈

1. Michel Foucault, *Discipline and Punish* (New York: Vintage Books, 1979), p. 136.

2. Chapmann, "The New Generation," p. 95.

3. *The Military Frontier*, p. 68.

4. Andrew Hodges, *Alan Turing: The Enigma* (New York: Simon & Schuster, 1983), pp. 97~98 and 102~103.

5. John Haugeland, "Semantic Engines: An Introduction to Mind Design," in John Haugeland (ed.), *Mind Design: Philosophy, Psychology, Artificial Intelligence* (Montgomery, VT: Bradford, 1981), p. 14.

6. Jonathan Slocum, "A Survey of Machine Translation: Its History, Current Status and Future Prospects," in J. Slocum (ed.), *Machine Translation Systems* (New York: Cambridge University Press, 1988), p. 2.

7. 제1장의 각주 10번을 참조.

8. Prigogine and Stengers, *Order Out of Chaos*, p. 14.

9. Philip W. Anderson and Daniel L. Stein, "Broken Symmetry, Emergent Properties, Dissipative Structures, Life: Are They Related?" in Yates, *Self-Organizing Systems*.

10. Jeremy Campbell, *Grammatical Man: Information, Entropy, Language and Life* (New York: Touchstone, 1982), pp. 129~130. '프로그램'이 DNA 속에 저장되는 방식에 대한 문제는 이러한 프로그램이 DNA의 거대분자 속에서 저장된 정보의 상호작용, 그리고 그 자체가 과거의 DNA 생산물인 알 속의 위상기하학적 분포의 결과일 수 있다는 사실로 인해 더욱 복잡해지고 있다. 다시 말해서, 모든 정보는 DNA에서 나오지만, 현재의 거대분자로부터 전해지는 것은 일부일 뿐이다. 나머지 부분은 DNA의 과거 활동의 결과이다. 더 많은 정보는 다음을 참조. John Tyler Bonner, *On Development: The Biology of Form* (Cambridge, MA: Harvard University Press, 1978), p. 220.

11. Howard H. Pattee, "Instabilities and Information in Biological Self-Organization" in Yates, *Self-Organizing Systems*, p. 334. 패티에 의하면, 두 추상기계의 주된 차이는 다음과 같다. 프로그램은 '비율 독립적'인 데 반해 특이점은 '비율 의존적'이다. 즉, 자기 조직화 과정은 물질과 에너지의 흐름 비율에서의 임계점에 좌우된다. 예를 들어 난류에서 액체가 흐르는 속도, 화학시계에서의 화학물의 반응 속도와 확산 속도, 발생학적 발달의 경우 모르포겐 집중률 등에 의존한다. 한편 DNA(와 컴퓨터)는 '비율 독립적'이라 불리는데, 정보처리 기계('기호 시스템'이라고도 부를 수 있는)는 정보처리 속도와는 독립적으로 자기 조직화 과정을 촉발할 수 있기 때문이다. 다시 말해 그것들은 "넓은 제한 범위 내에서, 읽기와 쓰기 속도나 기호를 조작하는 하드웨어 내부의 에너지와 물질 흐름의 비율에 의존하지 않는다. 한편, 명령으로 기능하는 기호의 …… 효과는 비율을 선택적으로 제어하는 것을 통해 작용한다. 예를 들어 유전자를 읽거나 번역하는 비율(이 경우 속도)은 어떤 단백질을 제조하는지 결정하는 데에 영향이 없다. 유전자에 의해 명령받는 단백질의 합성은 효소에 의해 각각의 반응률을 선택적으로 제어함으로써 이루어진다"(*ibid*).

프리고진과 다른 연구자(피터 데커와 같은)들은 첫번째 종류와 같은 추상기계(분기나 특이점)가 형성된 배경과는 다른 배경에서 두번째 종류의 추상기계가 조립되었을 수 있다고 생각한다. 피터 데커와 관련해서는 다음을 참조. Peter Decker, "Spatial, Chiral and Temporal Self-Organization through Bifurcations in Bioids. Open Systems Capable of Generalized Darwinian Evolution." See p. 245, n. 78, above.

12. Douglas Hofstadter, *Gödel, Escher, Bach* (New York: Vintage, 1979), p. 663.

13. Goldstine, *The Computer*, p. 279. 자기 수정하는 기계의 문제는 군사적으로 극히 중요하다.

특히 핵 공격에도 살아남을 수 있는 자기 수정하는 통신 네트워크의 문제가 그러하다. 자기 수정하는 시스템의 이론적 관점을 위해서는 다음을 참조. Rolf Landauer, "Role of Relative Stability in Self-Repair and Self-Maintenance," in Yates, *Self-Organizing Systems*.

14. Arthur Burks, "Von Neumann's Self-Reproducing Automata," in Arthur Burks (ed.), *Essays on Cellular Automata* (Champaign, IL: University of Illinois Press, 1970), p. 60.

15. William Poundstone, *The Recursive Universe* (New York: William Morrow, 1985), p. 188. 시뮬레이션된 자기 복제에서 튜링기계의 역할은 완전히 같은 설계도 안에 새로운 로봇을 조립하기 위한 명령과 이러한 명령을 새로운 로봇에 복사하기 위한 명령, 양쪽을 동시에 저장하고자 하는 경우에 발생하는 무한회귀를 막는 것이었다. 다시 말해서 진정한 자기재생산은, 로봇+설계도 시스템이 단지 또 다른 로봇을 만드는 것이 아니라, 로봇+설계도의 복제물도 만들 수 있는 경우에만 이루어질 수 있다는 것이다. 따라서 복제물을 만드는 명령은 로봇이 명령을 새로운 기계에 복사시키기 위해서 그 로봇의 내부에 만들어진 그 자체의 작은 복사를 포함해야 한다. 그러나 그때 이 작은 복사는 훨씬 더 작은 복사를 포함하고 있어야 하고, 그 작은 복사의 작은 복사 식으로 무한대로 이어진다. 분명한 해결책은 그 로봇이 모드를 변환하도록 해주는 것이다. 우선 로봇은 해석하고 실행하는 명령으로서 설계도를 취급하고, 그것이 끝나면 모드를 변환하여 복제물에 복사하기 위한 문자열로서의 설계도를 취급하기 시작한다. 폰 노이만은 로봇을 모드를 '전환'할 수 있도록 튜링기계를 세포 공간에 부호화했다.

16. 이와 밀접히 연관된 최근 논의를 보려면 다음을 참조. Hartmut Jürgens, Heinz-Otto Peitgen and Dietmar Saupe, "The Language of Fractals," *Scientific American* (August. 1990). 저자들은 다음에 주목한다. "척도 불변 대상이 다른 공간 척도에서 비슷한 구조적 패턴을 보이긴 하지만 대기에서의 난류와 인간의 심장박동은 다른 시간 척도에서 유사한 변화를 보인다. 이러한 일치는 우연이 아니다. …… 프랙털 기하학은 카오스의 기하학이다." 특히 흥미로운 점은 수학자 존 E. 허치슨의 '상상의 …… 다중 축소 복사기계'에 대한 설명이다. 본질적으로 그것은 추상적인 사진복사기이다. 그 기계(혹은 특화된 기능을 수행하는 그런 기계들의 집합)가 단순한 반복 조작이 있는 되먹임 고리 ─ 출력이 입력으로서 다시 들어가는 ─ 로서 조직되었을 때, 이 기계는 '어떤 초기 이미지'도 놀랍도록 사실적 표현물, 특히 양치류 잎이나 나무와 같은 것으로 변환시킬 수 있다. 그때 특정 특이점이 다양한 물질적 구현 속에 '표현'되었을 때 펼쳐지는 형태를 그 기계가 시뮬레이션하는 것이라 할 수 있다.

17. Stewart, *Does God Play Dice?*, ch. 6.

18. Deleuze, *Logic of Sense*, p. 409.

19. Michel Serres, "It Was Before the (World) Exhibition," in Jean Clair and Harold Szeeman (eds.), *The Bachelor Machines* (New York: Rizzoli, 1975).

20. Michel Serres, *Hermes: Literature, Science and Philosophy* (Baltimore: Johns Hopkins, 1982), p. 54.

21. Martin Van Creveld, *Technology and War* (New York: Free Press, 1989), p. 167. 루스벨트는 나폴레옹이 증기력의 사용을 거부하다 영국 침공의 기회를 잃었던 이야기를 듣자마자 맨해튼 프로젝트를 승인했다고 전해진다. 다음을 참조. Wyden, *Day One*, p. 37.

22. Abbot Payson Usher, *A History of Mechanical Inventions* (New York: Dover, 1982), p. 335.

23 Lynn White, Jr., *Medieval Religion and Technology* (Los Angeles: University of California Press, 1978), p. 51.

24. *Ibid.*, p. 130. 만일 그 기관이 과학의 응용으로서 나온 것이 아니라면, 그것은 경제적 결정들

에 영향을 받았을까? 사실 뉴커먼은 광산에서 물을 퍼 올리는 장치에 대한 수요가 있음을 알고 있었다. 그러나 발명에 대한 경제적 영향은 종종 간접적이다. 경제적 수요는 기술의 최첨단 사건을 결정하기에는 불충분하다. 브로델은 기존의 해결책들이 새롭게 출현한 기술의 확산에 장애물이 될 때마다 직면해야 했던 문제들에 주목하게 만들었다. 1711년 뉴커먼의 모터의 경우, "30년 후인 1742년 잉글랜드에서 오직 한 대가 작동중이었다. 대륙에서도 두 대가 조립되었을 뿐이었다. 30년이 지나고 나서야 성공이 찾아왔다." 기계적 필룸의 최첨단 사건들은 직접적으로 경제적 요구에 기인하지 않으며, 많은 경우 기존의 해결책들에 의해 사실상 가로막힌다. "그러므로 모든 혁신들은 열 번이고 백 번이고 그것들을 가로막는 장애물에 직면했다. 그것은 잃어버린 기회들을 특징으로 하는 전쟁이었으며, 이 전쟁에서 가장 기본적인 기술들은 때때로 그 유용성에 비해 더 오래 살아남았다"(Braudel, *Capitalism and Material Life*, vol. 1, p. 324).

중세 사학자 린 화이트 주니어는 정치적·경제적 창의성이 매우 낮은 수준에 도달했던 암흑시대 전체 동안 기술의 연속된 진화를 조사하면서, 이런 기계들의 상대적 자율성 또한 받아들일 수밖에 없었다. 동시에 그는 고립된 개인은 기계적 필룸의 완전한 잠재력을 이용할 수 없다는 사실을 인정한다. 기계적 필룸의 첨단을 한계까지 몰아가려면 집단적 경영이 필요한데, 그는 이러한 집단적 노력의 조건을 중세 후기 유럽에서 발견한다. "근대 기술은 단지 그 세부사항뿐만 아니라 거기에 스며든 정신에서도 서구 중세 기술의 연장이다. 유럽의 13세기 후반은 인류와 자연환경의 관계가 무너진 역사 속 위기의 순간을 상징한다. 즉, 그 위기는 실제적인 효과가 바로 느껴지는 '발명의 발명'을 낳았다. 기술에 관한 초창기 기록은 전세계적으로 흩어졌기 때문에 종종 연속성이 부족하다. 다시 말해 그 기록은 고립된 특정 발명들의 일반적으로 느린 축적, 보급, 정교화를 이해하게 해준다. 그러나 오직 중세 유럽에서만 발명은 전체적이고 일관된 계획이 되었다"(White, *Medieval Religion and Technology*, p. 219).

25. Franz Reuleaux, Usher, *History of Mechanical Inventions*, p. 225에서 인용. "일찍이 인간은 모든 기계를 분리된 전체로 여겼으며, 그 기계에 고유한 부품들로 이뤄졌다고 여겼다.…… 분쇄기는 분쇄기, 쇄광기는 쇄광기 외에 아무것도 아니다. 따라서 우리는 처음부터 끝까지 각각의 기계를 따로 묘사하고 있는 초기의 책들을 보게 된다. 예를 들어 라멜리(1588)는 수차로 구동되는 여러 펌프에 대해 말할 때 물레방아, 심지어 물레방아를 흐르는 물에서부터 펌프의 배수관에 이르기까지 각각을 새롭게 묘사한다. …… [독립된 메커니즘으로서] '펌프'라는 개념, 그리고 그것을 위한 용어도 절대적으로 부족하다."

26. *Ibid.*, p. 335. 우리는 이제 헤론의 기구(기원후 62년)나 레오나르도 다빈치의 시계 장치(1513)에 대해 말해도 좋을 것이다. 그러나 왜 사람들은 구태여 이런 추상기계에 이름을 붙이거나 날짜를 부여할까? 그 주된 이유는 추상기계가 플라톤적 본질('시계'의 이데아), 즉, 인간에 의해 발견되었지만 인간에 선재하는 영원한 패러다임을 재현하고 있다는 생각을 막기 위함이다. 이와는 반대로 우리는 추상화 과정을 본질적으로 역사적인 것으로 봐야 한다. 기계적 필룸은 처음에는 인류 발생 이전 진화적 시간 속에서, 나중에는 인간의 역사적인 시간 속에서 조금씩 조립되어 온 것이다. 이름과 날짜는 추상기계가 역사적인 과정의 일부로서, 그리고 특별한 역사적인 지도리에서 기계적 필룸으로 들어갔다는 것을 상기시켜 준다. 이름과 날짜는 새로운 증거가 더 적합한 명칭을 나타내면 바뀔 수 있겠지만, 그것들은 중요하지 않다. 왜냐하면 하이픈으로 연결된 형태(예를 들면, 레오나르도-시계 장치)에서 이 이름들은 인간 주체나 영감의 순간이 아니라 추상화 과정의 한 점 — 문턱에 도달했을 때, 기능이 특정 기계 장치에서 분리되었을 때 — 을 의미하기 때문에 중요하지 않다.

사실상 이것은 일종의 '뒤집힌 플라톤주의'를 구성하며, 여기에서는 선재하는 영원한 본질들의 추상적인 차원을 역사적으로 조립되고 있는 기계적 필룸(그것의 부품이 한 번에 하나씩 기계적 필룸으로 통합되는)으로 대체한다.

27. 두 카르노 사이의 관계, 그리고 구체적 기계들의 추상화에 대한 그들의 기여에 대해서는 다음을 참조. Prigogine and Stengers, *Order Out of Chaos*, p. 112. 캠벨의 다음 설명도 참조. "섀넌은 통신 체계를 이상화했지만, [카르노는] 열기관을 이상화했고, 따라서 그 발견은 가능한 넓게, 모든 연료를 사용하는 모든 엔진에 적용되었다." (*Grammatical Man*, p. 35).

28. Serres, "It Was Before," p. 65.

29. *Ibid.*, p. 66.

30. Francis Sears, *Mechanics, Wave Motion and Heat* (Reading, MA: Addison-Wesley, 1958). p. 597.

31. Bertrand Russell, Martin Gardner, *Logic Machines and Diagrams* (Brighton, England: Harvester, 1983). p. 33 에서 인용.

32. Hilary Putnam, "Probability and Confirmation," in *Philosophical Papers* (New York: Cambridge University Press, 1979), vol. I. '학습'하는 기계는 모든 경우에 타당한, 단순한 규칙 집합에는 의존하지 않는다. 그러나 그 기계는 끊임없이 사례나 구체적인 사건의 진리에서 추상적·일반적 목적의 원리로 이동하는 일반화 전략을 생성해야 한다. 학습하는 기계는 마주치는 상황 혹은 주어지는 사례들의 특징들을 의미 네트워크라 불리는 그래프 ─ 요소 간의 개념적인 의존도를 표현할 수 있는 ─를 이용해 모델화해야 한다. 그다음 특수한 그래프 비교 프로그램을 이용하여, 상황이나 사례를 과거 발생한 것들에 대해 의미 네트워크상 기록된 그것의 메모리에 비추어 검사할 수 있다. 결국 기계는 계산에 일조하기 위해 잘못된 대응이나 그래프상 불완전한 치환을 자기 자신에게 설명해야 한다. 그때 귀납 엔진은 과거 동작의 기록, 혹은 일부는 내장되었고 일부는 습득된 개방형 지식 메모리와 상호 작용하는 능력을 의미한다. 다음을 참조. Margaret Boden, *Artificial Intelligence and Natural Man* (New York: Basic, 1977), ch. 10.

33. Feigenbaum and McCorduck, *Fifth Generation*, p. 147.

34. William Kneale and Martha Kneale, *The Development of Logic* (Oxford: Clarendon, 1986), pp. 404~419.

35. Gardner, *Logic Machines and Diagrams*, p. 127.

36. *Ibid.*, p. 129.

37. Lansing Lamont, *Day of Trinity* (New York: Atheneum, 1985), p. 6.

38. Hodges, *Alan Turing*, p. 109.

39. *Ibid.*, p. 303.

40. *Ibid.*, pp. 303~304.

41. *Ibid.*, p. 385.

42. Thomas Misa, "Military Needs, Commercial Realities, and the Development of the Transistor, 1948-1958," in Smith, *Military Enterprise*, p. 257.

43. *Ibid.*, p. 262.

44. Goldstine, *The Computer*, p. 153.

45. T. R. Reid, *The Chip* (New York: Simon & Schuster, 1984), p. 119.

46. *Ibid.*, p. 49.

47. *Ibid.*, p. 122. "페어차일드, 텍사스 인스트루먼츠, 그리고 급속히 성장한 다른 기업들은 방위와 우주 관련 판매에서 나온 수익으로 정교한 제조 시설과 칩 제조를 위한 정밀한 신기술을 개

발했다. …… 1964년까지는 초기 생산 기지들이 가동되었으며, 집적회로는 달로켓의 대기권 재진입 속도와 함께 학습곡선을 하강하기 시작했다."

48. Lenny Siegel and John Markoff, "High Technology and the Emerging Dual Economy," in Bellin and Chapman, *Computers in Battle*, p. 265.

49. *Ibid.*, p. 267.

50. Misa, *Military Needs*, p. 285.

51. See Chapter One, n. 39.

52. Axel Pavillet, "Integrated Circuits for US Defense —and Defense of US Integrated Circuits," *Military Technology* 12.5 (1988).

53. Joseph Weizenbaum. Hofstadter, *Gödel, Escher, Bach*. p. 600에서 인용.

54. Daniel Dennett, *Brainstorms: Philosophical Essays on Mind and Mythology* (Cambridge, MA: MIT Press, 1981), ch. 1. 기계에 대해서 지향적 태도를 취하는 것은 순수하게 실용주의적 판단이다. 믿음과 욕구를 기계에 귀속시키는 것은 기계의 미래 행동을 올바르게 예측할 수 있도록 그 행동을 체계적으로 만드는 것이다. 이런 의미에서 우리는 기계에게 이와 같은 태도를 취함으로써 지향적 체계를 창조한다. 특정 믿음이 정확히 어디에 존재하는지, 특정 욕구를 어떤 특정 톱니바퀴나 진공관이 갖고 있는지는 알 수 없다. 믿음과 욕구는 기계의 행동을 더욱 예측가능하게 만들기 위해 그 체계 전체에 귀속시키는 것이며, 이런 귀속으로 그 기계가 실제로 그 내부에 믿음과 욕구를 갖고 있다고 생각할 필요는 없어진다.

55. H. Rheingold, *Tools for Thought*, p. 277.

56. Harry Braverman, *Labor and Monopoly Capital* (New York: Monthly Review Press, 1974), p. 216.

57. Allan Newell and Herbert Simon, "Computer Science as Empirical Inquiry," in Haugeland, *Mind Design*, p. 45. 컴퓨터 과학의 개척자인 뉴웰과 사이먼은 그들의 학문 역사 속에 두 개의 이정표를 세웠다. 하나는 절차들을 그것들이 조작하는 데이터와 같은 단계에 코드화하는 내장 프로그램 개념을 탄생시킨 것이다. "1996년에 선택한 다음 단계는 리스트 처리였으며, 그것으로 인해 이전에는 고정된 구조를 가지고 있다고 생각되었던 기계 속에 진정한 동적 메모리 구조가 가능했다. [리스트 처리는] 컴퓨터가 한 조의 데이터 유형, 그리고 이런 데이터 유형에 맞는 일련의 조작에 의해서 구성되는 기본적인 추상화의 초기의 사례였다. 그 때문에 계산 시스템은 기반이 되는 기계와는 독립적으로, 응용에 적합한 것이라면 어떤 자료 유형이라도 이용해야 했다. [1959~1960년에 걸친 매카시의 LISP개발은] 추상화 단계를 완성했고, 구체적인 기계에 내장된 리스트 구조를 빼내 새로운 형식 체계를 창조했으며, …… 이것은 계산의 다른 보편적인 구조와 동등한 것으로 보일 수 있다[튜링기계, 처치의 람다 연산 등]" (*ibid.*, p. 45).

리스트가 탄생한 후, 데이터 구조들은 변신을 거듭해 '프레임'(리스트+데몬), '스크립트', '마이크로 월드' 등이 되었다. 일반적으로 데이터 구조는 인간 마음의 유연한 정보 저장 패턴을 잡아내려는 시도 속에서 자체의 추가적인 구조를 획득했다. 민스키의 '프레임'과 같은 선진적인 데이터 구조와 데몬의 융합이 함축하는 것에 대한 논의는 다음을 참조. Hofstadter, *Gödel, Escher, Bach*, p. 662.

58. Hodges, *Alan Turing*, p. 298.

59. Zenon Pylyshyn, "Complexity and the Study of Artificial and Human Intelligence," in Haugeland, *Mind Design*, p. 75. 1940년대 후반 튜링이 하위루틴(그리고 현대 프로그래밍)의 개념을 발명했다는 주장은 호지스에 의해 제출되고 있다(*Alan Turing*, pp. 324~326). 필리신

의 경우 60년대 초에 그것의 형식화가 TOTE(검사-연산-검사-단위)로 이루어지면서 이 개념이 출현했다는 주장을 선호한다.

60. Hofstadter, *Gödel, Escher, Bach*, p. 662.

61. Pylyshyn, "Complexity," p. 81.

62. 데몬과 생성규칙 사이에는 중요한 기술적인 차이가 존재한다. "데몬과 서번트(목적 구동형 데몬)는 부정형 프로그램일 수도 있기 때문에, 그들은 추가적이고 유용한 지식, 예를 들어 주어진 특별한 상황에서 어떤 지식이 적합한지를 결정하는 특정 검사와 같은 지식 ── 그것들이 부호화한 결과들을 통해 표현되는 것을 넘어서는 ── 을 집어넣을 수도 있다." (Bruce Arden, ed., *What Can Be Automated? The Computer Science and Engineering Research Study*, Cambridge, MA: MIT Press, 1984. p. 443).

　한편 생성규칙은 특정 조건의 발생에 대해 적합한 행동을 대응시키는, 단순한 'if 조건문' 구조이다. 그러나 우리의 목적에서 중요한 점은 양쪽 구성 모두 데이터베이스의 내용 변화에 반응할 수 있는 능력이 있으며, 따라서 그들이 조작하는 자료에 의해 제어될 수 있다는 것이다. 더 일반적으로는 판데모니움의 경우 메시지가 절대 특정 위치로 보내지지 않으며, 항상 모든 데몬들에게 한 번에 전송된다. 그러므로 제어는 메시지 수신자에 전달되지 않으며, 전송된 요구에 응하도록 되어 있는 어떤 데몬이라도 획득할 수 있다. '판데모니움'이라는 용어는 1959년 셀프리지가 만들었다. 다음을 참조. O. Selfridge, "Pandemonium: A Paradigm for Learning," in *Proceedings of the Symposium on the Mechanization of Thought Processes* (Teddington, England: National Physical Laboratory, 1959; reprinted in James A. Anderson and Edward Rosenfeld [eds.], Neurocomputing, Cambridge, MA: MIT Press, 1988).

　판데모니움을 '리좀적' 혹은 '매끈한' 구조로 해석한 것에 대해서는 다음을 참조. Deleuze and Guattari, *A Thousand Plateaus*, p. 16 . 이것들은 기계적 필룸의 구조와 과정을 지칭하는 다른 용어들이다. 이 장의 용어법에 따르면 판데모니움은 '시뮬레이션된 자기 조직화'의 형태, 정말로 진정한 '합성 지능'을 자발적으로 창발시키는 자기 조직화의 형태이다. 다음 장에서 주장하듯이 이것은 로봇지능을 창조하고 인간을 의사 결정 과정에서 제거하기 위해 이용되거나 아니면 (앨런 케이와 같은) 판데모니움의 창조자가 원하는 것처럼 인간과 기계의 진화 경로를 공생적인 관계로 들어서게 하기 위해 이용될 수 있다.

63. Ch. Chang and R. Lee, *Symbolic Logic and Mechanical Theorem Proving* (New York: Academic, 1973), p. 234.

64. Boden, *Artificial Intelligence and Natural Man*, p. 360.

65. Feigenbaum and McCorduck, *Fifth Generation*, p. xvi.

66. Jonathan Jacky, "The Strategic Computing Program," in Bellin and Chapman, *Computers in Battle*, p. 171에서 인용.

67. *ibid.*, p. 180 에서 인용.

68. Chapmann, "The New Generation," p. 86.

69. Siegel and Markoff, "High Technology," pp. 275~276.

70. Feigenbaum and McCorduck, *Fifth Generation*, p. 82.

71. 사실 전문가 시스템 이론의 초기 변종은 '닉슨 기계'나 '키신저 기계'를 만들려는 CIA의 유별난 시도였던 것으로 보인다. 탐사 저널리스트 시모어 허시에 의하면, "1969년 어느 날, 한 무리의 학자들이 …… 세계 지도자들의 행동을 흉내 내고 예측하는 추상적인 모델을 만든다는 초심리학의 새로운 기법을 논의하기 위해 NSC의 직원회의에 왔다……." 다음을 참조 Hersh,

The Price of Power (New York: Summit, 1983), quoted in Jim Hougan, *Secret Agenda* (New York: Random House, 1984), pp. 52~53. 전문가 시스템 기술의 이후 응용에 대해서는 다음을 참조. Feigenbaum and McCorduck, *Fifth Generation*, p. 303.

72. *Ibid.*, p. 80.

73. Foucault, *Discipline and Punish*, p. 19.

74. *Ibid.*, pp. 190~191.

75. Feigenbaum and McCorduck, *Fifth Generation*, p. 88.

76. H. L. Nieburg, *In the Name of Science* (Chicago: Quadrangle, 1966), p. 49.

77. Arden. *What Can Be Automated?*, p. 795.

3장 _ 스펙트럼 감시

1. Jean Baudrillard, *Simulations* (New York: Semiotexte, 1983), pp. 87~88.

2. Sun Tzu, *The Art of War* (New York: Oxford University Press, 1963).

3. Ferrill, *Origins of War*, pp. 181~183.

4. Van Creveld, *Command in War*, pp. 22~24.

5. *Ibid.*, p. 66.

6. Van Creveld, *Technology and War*, p. 157.

7. Richard W. Rowan, *The Story of Secret Service* (New York: Literary Guild of America, 1937), ch. 31.

8. *Ibid.*, p. 338. 프랑스군의 혁신을 발전시키는 것 외에, 슈티버는 스스로 몇 가지를 추가했다. 하나는 그가 러시아 오크라나에서 수년간 일하며 배운 침입자나 정부 공작원의 체계적인 이용이다. 다른 것들은 그에게 아주 익숙한 우편 검열의 광범위한 활용, 그리고 정보 수집을 위한 인구조사적인 접근법이다. 그리고 그가 벌인 스파이 활동의 군사적 가치는 여전히 논란이 많지만(그는 1870~1871년 프랑스와의 전쟁 중 프로이센군을 위해 활동했다), 그의 정보기관은 국내 반란을 통제하고, 외국인 여행자나 국외 체류하는 시민들을 관리하는 지역 기관으로서 수십 년 동안 아무런 의심 없이 활동했다.

9. Thomas Powers, *The Man who Kept the Secrets: Richard Helms and the CIA* (New York: Simon & Schuster, 1979), p. 43.

10. Philip Knightley, *The Second Oldest Profession: Spies and Spying in the Twentieth Century* (New York: Penguin, 1988), pp. 45 and 158~160.

11. Manfred Barthel, *The Jesuits: History and Legend of the Society of Jesus* (New York: William Morrow, 1984), p. 134.

12. *Ibid.*, p. 75.

13. Mike Tyler, "Thumbs Up for Military Simulation," *Computer Graphics Review* (May, 1989).

14. Jean Baudrillard, *For a Critique of the Political Economy of the Sign*, tr. Charles Levin (St. Louis: Telos, 1971). 이 책에서 보드리야르는 대량 생산된 것들(대중매체뿐만 아니라)이 어떻게 시뮬라크르가 되는지를 보여 준다. 즉, 대량 복제는 표면적으로 소비 대상(수많은 '부유하는 기호'를 형성하는)의 끝없는 흐름을 만들어 내며, 사회 지배 전략에 통합되는 것에도 자유롭다.

대중들의 영혼을 위한 예수회의 전쟁은 두번째 자리로 물러나게 되었고, 새로운 시뮬라크르는 새로운 전쟁, 즉, 거의 독점적 대상의 획득과 전시를 통한 '계급격차' 전투의 일부가 되었다. 그러나 보드리야르는 기호(시니피에)체계들을 지나치게 중시했기 때문에 그것들과 권력 문제와의 관련성을 명확히 정립하는 데는 실패한다.

15. Knightley, *Second Oldest Profession*, pp. 22~26. 시뮬라크르의 효과는 비밀공작원들의 경우, 특히(흔히 있는 일이지만), 그들 자신이 어떠한 지휘 계통에서도 벗어나 저지른 폭력행위의 스릴에 도취되었을 때 더욱 분명하다. 이에 대한 가장 좋은 예는 제2차 세계대전 때의 영국 특수 작전 집행부 SOE이다. "SOE의 요원들은 유럽에 대해서는 정치적으로 무지했을 뿐만 아니라 자신들의 존재에 대해서는 위험하리만큼 낭만적인 생각을 가지고 있었다. 그들은 영국인은 우월한 인종이라는 …… 영국인 한 명의 가치가 독일인 5명, 이탈리아인 10명에 해당하며, 그 이하인 인종들과는 비교 불가라는 가정하에 길러졌다. 거의 예외 없이 이들은 소년일 때뿐만 아니라 성인이 되어서도 영국 정보기관에서 일했던 작가 존 버컨의 열성 독자였다. SOE의 요원들은 버컨 소설의 영웅들처럼 아마추어였으며, 그것을 또한 자랑스럽게 생각했다. 그들은 엄격한 규율은 자신들의 업무에 도움이 되지 않을 뿐만 아니라 지루하다고 생각했다. …… 그들은 비밀과 진술거부권을 대단히 즐겼으며, 사회와 법률을 초월한다는 감각을 만끽했다. …… [SOE는] '유럽을 불사르라'는 명령하에 독일인뿐만 아니라 죄 없는 민간인들도 많이 죽였으며, 여기에는 연합국측의 열렬한 지지자들도 포함되어 있었다. SOE의 지도자들은 지방 사람들의 도움을 막기 위해 독일군은 반드시 끔찍한 보복을 가한다는 사실도 알고 있어야 했다."(pp. 22~26).

　　허구와 현실의 상호작용은 양쪽 모두의 길을 간다. 한 가지 흥미로운 예로 영국 비밀 정보부의 '한번 들어오면, 절대로 나갈 수 없다'라는 정책이 있다. 제2차 세계대전 중 그 기관의 전임 직원들 일부를 수용하기 위해 하나의 섬을 통째로 사용한 경우가 있다. 이것은 나중에 텔레비전 연속극인 「죄수」(The Prisoner)에 영감을 제공했다.

16. 예수회원들이 경쟁상대의 종교적 신념(루터와 같은)에 대해 준군사적 행동(왕의 암살을 위한 특공대의 공격)과 선전활동(지옥의 이미지)을 혼합시켜 싸운 것만큼이나, 서구의 첩보기관들은 맑스주의와 같은 경쟁상대의 국가적 종교에 대해 비밀스러운 폭력과 공포 전술을 혼합시켜 싸웠다. 그러나 어떤 의미에서 맑스주의는 종교일까? 그리고 어떤 의미에서 그것과 싸우는 것이 종교적 성전일까? (적어도) 세 개의 다른 '맑스주의'가 존재한다. 우선 칼 맑스의 정치경제이론이 있다. 물론 그 학문분야에서 몇 가지 경쟁하는 연구 프로그램 중 하나라는 사실만 기억한다면, 이것은 당연히 종교가 아니다. 다음으로 스탈린의 종교적 맑스주의가 있다. 스탈린은 리센코를 부정하는 모든 과학적인 증거에 맞서(그것이 소련 농업에 준 심각한 영향은 말할 필요도 없이), 리센코의 생물학 학설을 끝까지 지지했다. 테일러주의가 병참 기반을 공장에 강요하면서 노동관계의 군사화를 대표했을 때도, 레닌의 판단력을 잃게 만들어 그 테일러주의를 쉽게 허용하게 만든 것도 이 종교적인 맑스주의였다. 마지막으로 이것이 최악이겠지만 제5열의 맑스주의가 있다. 이것은 금세기 정보기관이 자신들의 존재를 합법화하기 위해 저질렀던 신화이자, 일찍이 노동계에서의 첩보활동을 정당화하기 위해 핑커튼과 같은 사설 기관이 만들어 낸 신화였다.

　　오랜 세월 서구 정보기관을 홀렸던 제5열이라는 맑스주의 '종교'는 사실상 KGB의 공으로 돌릴 수 있는 몇 안 되는 성공에 기여했다. 이 가장 비효율적인 기관의 직접적인 후예인 오크라나는 영국의 SIS나 CIA와 같은 종교적인 관점을 배제하면 거대한 힘을 가진 것도 아니며, 확실히 세계를 장악할 능력도 없었다. 그러나 그것의 진정한 성공, 예를 들어 킴 필비에 의한 SIS 상층부로의 침입은 유해한 반 맑스주의에 맞서 탈당한 이상주의자에 의해 이룩됐다. 얄궂게도 서구 정보기관을 묶어 주었던 바로 그 신화가 그들의 패배에 수단을 제공한 것이다.

물론 이것이 소련의 군사 체계가 다른 나라들에 위협이 되지 않는다는 말은 아니다. 오히려 그것은 종교적 맑스주의가 제외된 러시아 제국 이상으로 소련 정부는 위협이 되지 않는다는 사실을 의미한다. 러시아군은 볼셰비키 혁명 이전에는 몇 세기에 걸쳐 유럽 전쟁 방정식 속의 변수였으며, 혁명이 실패했더라면 (다른 제국들에게) 위협이 덜 되었을 거라 믿을 이유도 없다. 그러나 혁명이 있든 없든 간에, 러시아 제국의 위협은 (다른 많은 경우와 마찬가지로) 그것이 제국이라는 사실에서 나온 것으로 진정한 의미에서 세계지배를 이룩할 수 있는 능력에서 나온 것은 아니었다. 이러한 능력의 대부분은 거짓이며, 영국 SIS나 미국 CIA와 같은 기관들이 평화 시에 자신들의 존재를 정당화하기 위해 체계적으로 조작한 것이었다.

17. Knightley, *Second Oldest Profession*, pp. 6 and 389.

18. Rowan, *Story of the Secret Service*, p. 374.

19. Blaise Pascal, *The Provincial Letters* (Harmondsworth, Eng.: Penguin, 1967). See also Barthel, *The Jesuits*, p. 219.

20. Malachi Martin, *The Jesuits* (New York: Simon & Schuster, 1987), p. 216.

21. James Bamford, *The Puzzle Palace: A Report on America's Most Secret Agency* (New York: Penguin, 1983), p. 246.

22. Chambers, *Devil's Horseman*, ch. 2.

23. Martin, *The Jesuits*, p. 211.

24. Rowan, *Story of the Secret Service*, pp. 218 and 319. "오랫동안 평범한 개인성(모든 이의 일상적인 특성)은 묘사할 가치가 없었다. 주목되고 관찰되고 세부까지 기술되고, 매일같이 끊임없는 보고의 대상이 되는 것은 하나의 특권이었다. 한 사람의 연대기, 삶의 이야기, 그의 삶이 끝날 때까지 문서화된 역사는 그의 권력을 드러내는 의식의 일부였다. 규율의 방법은 이 관계를 역전시킨 것이다. …… [기록은] 이제 미래가 기억하기 위한 기념물이 아니라 활용 가능한 문서다. …… 봉건제가 유일한 사례지만, 특정 사회에서 개인화는 군주권이 행사되는 곳이나 권력의 상층부에서 최상의 것이라고 말할 수 있다. 사람은 권력이나 특권을 소유하면 할수록, 의식이나 문서화된 보고, 시각적인 재생 등에 의해 개인으로 더 드러나게 된다. [반면에] 규율 체계 안에서는 어른보다는 어린이, 건강한 사람보다는 환자, 정상인이거나 범죄자가 아닌 사람보다 광인과 범죄자가 더 개인화된다. 개인성의 형성을 위한 역사적·의식적(ritual) 메커니즘에서 학문적·규율적 메커니즘으로의 이행을 목격한 순간은, 전통적인 것이 정상적인 것으로, 신분이 측정 가능한 것으로 넘어갔을 때……, 나아가 인상적인 인간의 개인성 대신에 계산 가능한 인간의 개인성으로 대체되었을 …… 바로 그 순간이다." (Foucault, *Discipline and Punish*, pp. 191~193).

25. *Ibid.*, p. 141.

26. Burrows, *Deep Black*, pp. 28~30.

27. Bidwell and Graham, *Fire Power*, p. 108.

28. Burrows, *Deep Black*, pp. 34~36.

29. *Ibid.*, p. 40.

30. *Ibid.*, pp. 37, 47.

31. *Ibid.*, p. 51.

32. Knightley, *Second Oldest Profession*, p. 236.

33. *Ibid.*, p. 238.

34. *Ibid.*, p. 243.

35. Kaplan, *Wizards of Armageddon*, p. 156.

36. Burrows, *Deep Black*, pp. 75~76.

37. Kaplan, *Wizards of Armageddon*, pp. 286~288.

38. Burrows, *Deep Black*, p. 21. "1970년대에 분명해진 것은 제2차 세계대전 때의 방식으로 그러한 영상들을 본다면 …… NPIC에 쏟아지는 수백만의 영상들을 따라잡을 희망이 없다는 사실이다. 따라서 컴퓨터는 특정 장면의 새로운 영상과 옛 영상을 비교해, 변화가 없는 것은 무시하고 변화가 생긴 부분에 해석자의 주의를 기울이도록 교육받아야 했다. 컴퓨터는 해석 과정을 용이하게 하기 위해 우라늄광에서 철도선, 심지어 IRVM 저장고까지 이르는 방대한 양의 대상으로부터 인식 데이터를 공급받게 되었고, 이런 대상들이 새로운 영상에 등장하면 해석자들에게 알려주도록 프로그램되었다." (ibid., 218~19).

39. Rafael C. Gonzalez and Paul Wintz, *Digital Image Processing* (Reading, MA: Addison-Wesley, 1979), p. 183.

40. Burrows, *Deep Black*, p. 113.

41. Dana H. Ballard and Christopher M. Brown, *Computer Vision* (New York: Prentice Hall, 1982), ch. 4. 다른 접근법은 주어진 이미지를 개별적인 물체에 대응하는 세그먼트로 재분할 시도를 할 때 '모서리 탐지기'보다는 '영역 성장기'나 '영역 분할기'를 이용하는 것이다. 이러한 연산자들은 주어진 대상을 포함한 화소들이 하나 이상의 광학적 속성들(예를 들면 색의 강도)에 대하여 균질하다고 가정한다. 하나의 이미지는 비슷한 속성을 가진 화소의 무리를 찾아냄으로써 분할되고, 그다음 근처의 화소에 특정 통계적인 기준을 적용함으로써 그러한 화소들을 '성장'시킨다.

모서리의 탐지와 동질적인 화소의 무리를 찾아내는 이 두 가지 기법은 각각 장점과 단점을 가지고 있으며, 따라서 그것들은 보통 조합되어 사용된다. 이러한 수준의 분석이 갖는 목적은 이미지를 의미 있게 세그먼트로 나누는 것, 다시 말해 현실에 대응하는 형태로 배경이나 형상을 분리하는 것이다. 데몬은 이러한 목적을 달성하기 위해 이미지를 세그먼트화하는 방법에 관한 가설을 제안하는 것과 다른 조합으로 모서리 탐지기와 영역 성장기를 작동시킴으로써 그러한 가설을 '시험'하는 것에 동원될 수 있다. 예를 들면 모서리 탐지기는 주어진 불연속성의 문턱 내에서만 작동한다. 데몬은 (물체의 경계를 구성하는 것에 관해) 매번 다른 문턱 값과 함께 모서리 탐지기를 여러 번 작동시키면서 주어진 가설을 시험할 수 있다. 마찬가지로 데몬은 꼭 질적으로 균질할 필요 없는 화소들을 그룹으로 정리하기 위해, 특정 대상 유형의 특정 통계적 속성들에 관해 저장된 지식을 이용할 수 있다. 몇 가지 가설이 다른 가정들을 사용해 만들어지고 시험될 수 있다.

42. *Ibid.*, ch. 8.

43. 시각성, 그리고 암상자(camera obscura)에서 쌍안경에 이르기까지 다양한 광학적 장치들 사이의 내적 관계에 대한 자세한 논의는 다음을 참조. Jonathan Crary, *Techniques of the Observer* (Cambridge, MA: MIT Press, 1990).

44. Foucault, *Discipline and Punish*, pp. 171~172.

45. *Ibid.*, p. 205.

46. 이러한 감시 기술의 매체가 새로운 반면, 그 구조는 반드시 그럴 필요가 없다는 사실은 주목할 만한 가치가 있다. 예를 들어 파놉티콘 원리는 노동자들의 작업 진척도와 시간 활용 효율을 감독관이 워크스테이션에 기록하게 만들어 주는, 혹은 이들의 작업 진척을 감독관이 모니터에서 확인까지 가능하게 만들어 주는 컴퓨터 시스템에서 분명히 작동 중이다. 한층 더 극단적인 '기계감독'의 변종은 전화 영업에 이용되는 텔레커뮤니케이션 시스템에서 발견될 수 있다.

여기서는 앞사람의 전화가 끝나기 전에 다음 번호가 걸려오고, 교환원이 가능할 때까지 수신자를 기다리게 한다. 그렇게 함으로써 가속된 조립라인의 진화 속도를 상업적 거래에도 강요한다.

47. Burrows, *Deep Black*, p. 233.

48. Bamford, *Puzzle Palace*, p. 25.

49. *Ibid.*, pp. 82~83.

50. *Ibid.*, pp. 265~266.

51. *Ibid.*, p. 204.

52. *Ibid.*, p. 224.

53. Burrows, *Deep Black*, pp. 249 and 318.

54. *Ibid.*, pp. 221~223.

55. Dorothy E. Denning, *Cryptography and Data Security* (Reading, MA: Addison-Wesley, 1982), p. 8.

56. Hodges, *Alan Turing*, pp. 162~163 and 184.

57. Denning, *Cryptography and Data Security*, p. 16.

58. Garfunkel, *For All Practical Purposes*, p. 81.

59. Hodges, *Alan Turing*, ch. 4. "에니그마 기계가 사용된다는 것을 아는 것과 특정 배선이 내장되어 있다는 것을 아는 것은 굉장히 중요하지만 서로 전혀 다른 것이다. …… 매우 기발한 관찰, 좋은 추측, 그리고 초보적인 군론의 이용[당시에는 다소 미지의 수학 분야였던]은 회전자의 배선이나 반사체의 구조를 만들어 냈다. …… 그 결과 그들은 물리적으로 힘들다면 논리적으로라도 그 기계의 복제를 손에 넣었으며, 이런 사실을 계속하여 이용할 수 있었다." (p. 168).

60. *Ibid.*, pp. 196~197. 탐색과 대조 작업의 기계화, '좋은 추측'의 형식화 이외에도, 영국의 암호 분석 접근법에는 그 성공을 결정지은 또 다른 측면이 있었다. 평화 시 암호 해독자들은 장기적 가치를 갖는 전략적인 정보에 관심이 있기에, 특정 암호를 해독하기 위해 시간을 할애할 수 있다. 반면 전시에 중요한 것은 전술적인 정보이며, 그런 정보가 시기적절하고 유효한가는 직접적으로 해독하는 속도에 달려 있다. 그들은 영국 보급 선단을 사냥하던 독일군 잠수함 전투에서 중요한 역할을 하기 위해서, 에니그마 기계와 그 열쇠뿐만 아니라 독일군의 통신체계 전체에 대한 시뮬레이션을 만들 필요가 있었다. 문제는 "메시지뿐 아니라 적의 전체 통신 체계를 손에 넣는 것이었다. 그리고 [부대와 장비, 지도와 격자 기준, 지명과 인명, 서식과 관련된 축약 표현들을 해독하는 것이었다.] ……그러므로 암호 메시지에 전체적으로 의미를 부여하기 위해서 HUT3 파일 정리 시스템은 전체적인 독일군 시스템을 반영할 필요가 있었다. 이것이 완성되면 비로소 에니그마 해독은 실질적인 가치를 낳는 것이다. 그러나 이것은 흥미로운 비밀정보라기보다는 적의 생각에 관한 일반적인 지식을 주는 경우에서였다." (pp. 196~197).

61. Denning, *Cryptography and Data Security*, p. 331.

62. Bamford, *Puzzle Palace*, pp. 137~138.

63. *Ibid.*, pp. 126~127.

64. Slocum, "Survey of Machine Translation," p. 2.

65. Hofstadter, *Gödel, Escher, Bach*, p. 603.

66. Slocum, "Survey of Machine Translation," p. 8. "MT 시스템의 목적은 인간의 개입 없이 번역을 실행하는 것이다. 이것이 사전처리(구절을 끊거나 품사와 다른 애매함들을 해소하기 위한 것은 아니라고 가정하면)나 사후편집(어쨌든 인간 번역자를 위해서 보통 실행되기에)을 배제하

는 것은 아니다. …… [MT활용의 하나는] 정보 수집이다. 꼼꼼하게 추려야 할 방대한 데이터들에 대해서는, 그 모든 문서를 통상적인 수단(즉 인간)으로 주의 깊게 번역할 시간도, 돈도, 동기도 없다. …… 만약 매우 빠르고 싼 번역 수단이 있다면, ——독자의 전문 영역 내의 텍스트 경우——저품질의 번역이라도 충분히 정보 획득에 도움이 될지도 모른다. 최악의 경우에도 독자는 보다 공들인(그리고 보다 고가의) 번역 노력이 필요한지 아닌지를 결정할 수 있을 것이다. 더 가능성이 높은 경우는 독자가 그 텍스트의 내용을 특별히 공들여 번역할 필요가 없을 만큼 충분히 이해할 수 있다는 것이다."

마침 이것은 번역과정이 어떻게 NSA에서 이루어지는지를 보여 준다. 정보기관의 통신감시 패러다임은 '진공청소기' 접근법이기에, 엄청난 양의 원 텍스트들이 몇 가지 필터를 통과해야만 하고 그 과정 속에서 그들에게 잠재적으로 흥미로운 부분만 선택된다. 미리 뽑힌 특정 핵심어에 따라 그것을 포함한 메시지는 각각 전문 기관에 보내진다. 예를 들어 '잠수함'이라는 단어를 포함한 메시지는 해군에 보내지는데, 해군은 그 문장의 의미를 찾아내는 '세계 모델'이 인간 군사 전문가라는 형태로 '저장'된 곳이기 때문이다. 일단 적합한 전문가에게 새롭게 보내지면 대략적인 번역이 실행되고, 우연히 그 내용이 중요한 경우에는 완전한 번역작업으로 들어간다. 이러한 환경에서는 기계 보조 번역, 전문 용어 데이터 뱅크 등, 컴퓨터 언어학에서 개발한 다른 비자동적인 도구들뿐만 아니라, 당시 사용 중이던 비교적 원시적인 기계도 매우 도움이 된다.

67. Arden, *What Can Be Automated?* pp. 540~541. 데몬이나 '지식 근원'은 음향 신호 처리, 음운 조직, 어휘 검색, 구문 분석, 의미 처리, 그리고 화용론을 …… 포함한 조작을 실행한다. HEARSAY-II는 대국적인 데이터 구조, 즉 '칠판'(blackboard) 주위에 설계되었는데, 칠판은 말하기 입력과 같은 현재의 불완전한 분석을 3차원으로 표현하는 것이다. …… 어떤 지식근원도 칠판을 읽을 수 있고, 그 위에 쓸 수 있다. 이와 같이 각 구성요소는 항상 다른 구성요소들로부터 얻은 현재 최선의 예측을 사용할 수 있게 한다. 지식근원 그 자체는 분리, 독립적이고, 비동기적[병렬식]으로 작동한다(pp.540~541). 이처럼 머신 비전의 경우와 같이 판데모니움은 수많은 병렬적인 정보원천——그 모든 것들이 전체를 이해하기 위해 한 번에 고려되어야 하는——에서 얻은 복잡한 입력을 분석하는 문제에서 최선의 방법으로 보인다. 더 낮은 차원에서 만나는 애매함——비디오 영상에서 대상의 모서리를 찾거나 연속적인 발화를 단어로 나누는——은 높은 수준의 분석이 한 번만 실행되면 해결될 것이다.

이런저런 이유로 인해 NSA는 1984년 진정한 병렬 컴퓨터, 즉, 많은 프로세서가 거의 동시에 작업하는 기계를 개발하기 위한 내부 프로젝트를 시작했다. 이 하드웨어는 진정한 판데모니움을 실현시킬 것이다. 기존 판데모니움에서 데몬은 진정으로 동시에 작동하지 않으며, 오히려 병렬구조를 흉내 내는 정도이다.

68. S. Carmody, W. Gross, T. Nelson, D. Rice and A. van Dam, "A Hypertext Editing System for the -360," in M. Faiman and J. Nievergelt (eds.), *Pertinent Concepts in Computer Graphics* (Champaign, IL: University of Illinois Press, 1969).

69. H. Rheingold, *Tools for Thought*, ch. 14.

70. *Ibid.*, pp. 140, 143.

71. *Ibid.*, p. 141.

72. *Ibid.*, pp. 188~192.

73. *Ibid.*, pp. 194~195.

74. See Chapter Two, n. 12.

75. Rheingold, *Tools for Thought*, p. 246.

76. *Ibid.*, p. 252.

77. *Ibid.*, p. 249.

78. *Ibid.*, pp. 307~308.

79. *Ibid.*, p. 306.

80. Steven Levy, *Hackers* (New York: Anchor, 1984), p. 91.

81. Ralph Abraham, quoted in Gleick, *Chaos*, p. 247. 사실 에이브러험은 기계적 필룸을 시각적으로 추적하기 위해 그 자신의 전문화된 기계(다이나심the Dynasim)을 개발했다. 즉, 이것은 동역학계의 위상 묘사에서의 끌개와 분기를 연구하기 위해 개발한 것이다. 그는 저서 *Library of Visual Mathematics*에서 컴퓨터 없이도 추상기계를 시각적으로 연구할 수 있는 길을 개척했다. 그는 또한 과거에 과학자들이 특이점을 추적했던 다양한 방법과 같은 역사적 관점을 우리에게 보여 주었다. 그것은 처음에는 감으로, 그다음은 아날로그 컴퓨터로, 마지막은 디지털 기계로 이뤄졌다.

"분기이론에 관한 초기의 결정적인 실험은 …… 아마 세 가지 서로 중복되는 기간들로 설명할 수 있을 것이다. 직접 관측의 기간은, 우리가 생각하는 것보다 훨씬 더 오래되었는데 박판 진동의 분기를 관측한 베토벤과 동시대의 음악가인 클라드니에 의해 시작되었다 할 수 있다. …… 패러데이가 유체 속에서 발견한 유사한 현상은 여전히 활발하게 연구되고 있다. 이러한 실험은 매질이 현실의 것이라 가치는 있었지만 유연성이 없었고, 특히 초기 조건을 선택하는 데 어려움이 있었다."

"분기 실험의 그다음 물결은 내가 아날로그 시기라 부르는 3극관 발진기에 의해서 시작되었다. [1920년대의] 반 데 폴(van der Pol)의 선구적인 작업은 유연한 아날로그 컴퓨터, 그리고 저조파 분기를 제도화했다."

"초기 계산기계의 개발로 디지털 시대가 열렸다. 잘 알려진 수치 계산은 처음부터 실현되었고, 그래픽 출력도 문헌 속에 등장했다. 로렌츠, 슈타인, 울람의 선구자적인 논문은 여전히 연구되고 있다." (Ralph Abraham, "Dynasim: Exploratory Research in Bifurcations Using Interactive Computer Graphics," in Gurel and Rossler, *Bifurcation Theory*, p. 247). See also Chapter One, nn. 9 and 31.

추적해야 할, 혹은 따라야 할 것으로서의 기계적 필룸에 대한 개념은 다음을 참조. Deleuze and Guattari, *A Thousand Plateaus*, p. 409.

82. Evan Schuman, "Cornell Issues Worm [virus] Findings," *Unix Today* (April 3, 1989).

83. Rowan, *Story of Secret Service*, ch. 51.

84. Martin Lee and Bruce Shlain, *Acid Dreams: The CIA, LSD and the Sixties Rebellion* (New York: Grove, 1985), p. 232.

85. Foucault, *Discipline and Punish*, p. 168.

86. 나는 판테모니움이라는 용어를 계산의 모든 비순차적인 패러다임을 위한 일반적 용어로 사용해 왔다. 이것은 병렬처리의 소프트웨어 시뮬레이션에서부터 신경망 ——별, 고리, 원 등과 같은 형태로 상호 연결된 작은 컴퓨터 집합—— 과 같이 근본적으로 다른 계산 패러다임까지를 포함한다. 이 신경망들은 일반 컴퓨터처럼 프로그래밍으로써 '학습'하지 않고 '훈련'으로써 '학습'한다. 예를 들어 이 신경망들은 시각적인 '패턴'을 즉각 인식하도록 훈련이 가능하지만, 일반 컴퓨터 사양으로 맡기에는 무리한 작업이다. 자기 조직화 현상은 신경망 속에서 발생한다고 여겨진다. 이에 대한 더 많은 정보는 다음을 참조. Michael A. Arbib, "A View of Brain Theory," in Yates, *Self-Organizing Systems*.

사진 출처

(출처 표기는 본문에 표시된 순서를 따름)

36~37쪽   쥘리아 집합 _ Robert L. Devaney.
주기 배중 분기 도식 _ J. P. Crutchfield.
물 분사기에서의 난류 _ Dimotakis, Lye & Papantoniou, 1981.

80~81쪽   초창기 소총의 메커니즘과 탄환 _ Anne S. K. Brown Military Collection, Brown University Library.

92~93쪽   밀집방진 _ Anne S. K. Brown Military Collection, Brown University Library.
베트남 전쟁(1968년)의 소규모 미군 부대 _ https://www.flickr.com/photos/13476480@N07/36913898936

128~129쪽   나르던(Naarden) 요새의 항공사진 _ Foto K. L. M. Aerocarto.
초대형 조기 경보 레이더망 기지 _ U. S. Air Force.

146~147쪽   칼 폰 클라우제비츠 _ public domain.
앙리 조미니 _ public domain.

156~157쪽   전쟁 지도 _ Anne S. K. Brown Military Collection, Brown University Library.
컴퓨터 전쟁게임 _ Jim Beavers and RAND Corporation.

192~193쪽   버니바 부시 _ https://picryl.com/media/mr-vannevar-bush-chief-of-scientific-research-and-development-office-of-production.
존 폰 노이만 _ https://www.flickr.com/photos/departmentofenergy/11239892036.

256~257쪽   PROWLER _ Steven Shaker.

276~277쪽   캘빈 경의 조수 예측기 _ Trustees of the Science Museum(London).
찰스 배비지의 미분 엔진 _ International Business Machines Corporation.
자카드의 직조기 _ International Business Machines Corporation.

334~335쪽   에니그마 기계 _ Imperial War Museum(London)
쿠바 군사 기지의 위성 사진 _ U. S. Air Force.